ハングル検定準2級合格のために
まえがきにかえて

　ハングル能力検定試験が始まってから20年が過ぎようとしています。この20年間、日本における韓国語の教育環境は驚くほど大きく変貌を遂げてきました。ほとんどの大学で韓国語講座が設けられ、多くの学生たちが韓国語を学習し、一般社会での学習人口も大きく増加しています。学習書も入門や初級の段階では選択に迷うほど多くなっています。

　近年ハングル能力検定試験も年間の出願者が3万人近くに及ぶなど、韓国語の学習成果を測定しようとする学習者も大幅に増加してきました。しかし、残念なことに準2級試験の場合、いまだに試験を準備する上で参考になるような本格的な問題集がなく、効率的に試験を準備することが困難であるとの声が多くありました。本書はこのような現状と要望に答えて、準2級に出題される語彙と文法、出題問題の類型と傾向を詳細に分析し、類型別に実戦問題を豊富に収録して十分な試験対策ができるように構成しました。構成に際しては次のような点に特に留意しています。

❶ これまで出題された語彙と文法、発音、漢字、長文の問題を詳細に分析してその出題内容と傾向、ポイントを類型別に解説しています。
　　出題内容が体系的に把握でき、試験準備が効率よくできます。
❷ これまで出題された問題から語彙と文法、発音と漢字を詳細に分析し、類型別にまとめて「合格資料」として提示しています。
　　準2級に出題される語彙や文法事項、発音、漢字等が一目瞭然でわかります。
❸ 実戦問題は類型別にまとめ、本試験問題の配置順に提示しています。
　　本書収録の520題（本試験の11回分相当）の豊富な問題を通してすべての出題形式の問題が実戦的に練習できます。
❹ 語彙リストに、また全練習問題にチェックボックス（□）を設けています。
　　間違えた問題や不得意な問題は印をつけ、繰り返し練習ができます。

　本書での多様な練習問題を解くことによって準2級レベルの学習事項をより確実に理解し、身につけることができるはずです。準2級筆記編の試験対策用として、また準2級レベルの学習成果の総合的な確認用として大いに活用してください。
　みなさんの準2級の合格とさらなる韓国語力の向上を願います。

李　昌圭

目 次

ハングル能力検定準2級合格のために ……………………………………… 1
ハングル能力検定準2級受験にあたって ……………………………………… 8

第1章　発音 ……………………………………… 発音に関する問題

1 出題類型と対策 ……………………………………………………… 14

2 出題類型（発音の変化を問う） ……………………………………… 14
　　正しい発音を選ぶ問題 ………………………………………………… 26

第2章　語彙 ……………………………………… 語彙に関する問題

1 出題類型と対策 ……………………………………………………… 34

2 出題類型1（文の空欄補充） ………………………………………… 34

3 出題類型2（類義表現の選択） ……………………………………… 44

4 出題類型3（多義語・共通語の選択） ……………………………… 50
　　1. 文の空欄語句補充の問題 ………………………………………… 104
　　2. 類義表現を選ぶ問題 ……………………………………………… 116
　　3. 多義語 / 共通語彙を選ぶ問題 …………………………………… 124

第3章　漢字　　　　　　　　　　漢字に関する問題

1 出題類型と対策 ……………………………………………132

2 出題類型（漢字の韓国語読みを問う）…………………132
　　同音の漢字語選択の問題 ………………………………152

第4章　文法　　　　　　　　　　文法に関する問題

1 出題類型と対策 ……………………………………………162

2 出題類型（適切な文法的語句を選ぶ）…………………162
　　正しい文法表現を選ぶ問題 ……………………………202

第5章　文の理解　　　　　　　文の理解に関する問題

1 出題類型と対策 ……………………………………………214

2 出題類型1（対話文の空欄に入る短文を選ぶ）………214

3 出題類型2（長文の内容を確認する）…………………215
　　1．対話文の空欄補充問題 ………………………………220
　　2．長文の読解問題（1）…………………………………230
　　3．長文の読解問題（2）…………………………………234
　　4．長文の読解問題（3）…………………………………238

第6章 訳文 — 訳文に関する問題

1 出題類型と対策 ……………………………………………… 244

2 出題類型1（韓国語短文の日本語訳を選ぶ）……………… 244

3 出題類型2（日本語短文の韓国語訳を選ぶ）……………… 246
　　1．短文の日本語訳を選ぶ問題 ……………………………… 248
　　2．短文の韓国語訳を選ぶ問題 ……………………………… 252

第7章 模擬テスト

第1回　模擬テスト
　模擬テスト筆記問題（1番〜47番）……………………………… 258

第2回　模擬テスト
　模擬テスト筆記問題（1番〜47番）……………………………… 268

　模擬テストの正答と配点 ………………………………………… 278

第8章　解説編

筆記問題の解説

第1章　発音編 …………………………………… 282

第2章　語彙編 …………………………………… 287

第3章　漢字編 …………………………………… 305

第4章　文法編 …………………………………… 310

第5章　文の理解編 ……………………………… 316

第6章　訳文編 …………………………………… 331

模擬テストの解説 ………………………………… 336

● 答案用紙サンプル

合格資料

合格資料 −1	既出の発音問題例 …………………………………	15
合格資料 −2	激音化 ………………………………………………	17
合格資料 −3	鼻音化 ………………………………………………	17
合格資料 −4	濃音化 ………………………………………………	18
合格資料 −5	口蓋音化 ……………………………………………	22
合格資料 −6	流音化 ………………………………………………	22
合格資料 −7	絶音化 ………………………………………………	22
合格資料 −8	ㄴ添化 ………………………………………………	23
合格資料 −9	終声の発音規則 ……………………………………	24
合格資料 −10	連音の発音規則 ……………………………………	25
合格資料 −11	既出の空欄補充語句リスト（慣用句・連語）………	37
合格資料 −12	既出の空欄補充語句リスト（ことわざ）…………	38
合格資料 −13	その他準2級範囲のことわざリスト ……………	38
合格資料 −14	既出の空欄補充語句リスト（四字熟語）…………	39
合格資料 −15	その他準2級範囲の四字熟語リスト ……………	39
合格資料 −16	既出の空欄補充語句リスト（副詞語）……………	40
合格資料 −17	既出の空欄補充語句リスト（用言・名詞）………	42
合格資料 −18	既出の類義表現リスト ……………………………	45

合格資料ー 19	既出の多義語表現リスト ……………………… 51
合格資料ー 20	準2級出題範囲の連語リスト ……………………… 56
合格資料ー 21	準2級出題範囲の慣用句リスト ……………………… 70
合格資料ー 22	準2級出題範囲の動詞リスト ……………………… 88
合格資料ー 23	準2級出題範囲の形容詞リスト ……………………… 95
合格資料ー 24	準2級出題範囲の副詞語リスト ……………………… 99
合格資料ー 25	その他の準2級出題範囲の語彙リスト ………… 103
合格資料ー 26	既出の同音の漢字語選択の問題例 ……………… 133
合格資料ー 27	準2級出題範囲の日韓共通の漢字語リスト ……… 136
合格資料ー 28	既出の文法的語句の空欄補充問題例 …………… 164
合格資料ー 29	準2級出題範囲の助詞リスト ……………………… 167
合格資料ー 30	準2級出題範囲の連結語尾リスト ……………… 171
合格資料ー 31	準2級出題範囲の終結語尾リスト ……………… 176
合格資料ー 32	準2級出題範囲の連結表現リスト ……………… 182
合格資料ー 33	準2級出題範囲の終結表現リスト ……………… 191
合格資料ー 34	既出の日本語訳問題の例 ……………………… 245
合格資料ー 35	既出の韓国語訳問題の例 ……………………… 247

ハングル能力検定準2級受験にあたって

1 ハングル能力検定試験とは

❶ 対象：日本語を母語とする学習者を対象に日本国内だけで春季（6月の第1日曜日）と秋季（11月の第2日曜日）の年2回実施されています。

❷ 目的：ハングル能力検定試験は韓国語学習者の韓国語能力を測定、評価し、資格を与えることによって、日本における韓国語の普及を支援することを目的としています。

❸ 主管：試験の主管はNPO法人「ハングル能力検定協会」が試験の出題、採点などの試験全般を管理・運営しています。

❹ 「韓国語能力試験（TOPIK）」と混同される場合がありますが、「韓国語能力試験（TOPIK）」は韓国の政府機関が主催し、世界60数カ国で実施されている試験です。日本では年2回（4月と10月）実施されます。試験の結果は韓国での就職、留学などの際に韓国語力の評価基準として活用されます。

2 試験のレベル

等級	評価基準
準2級	・60分授業を240〜300回受講した程度。日常的な場面で使われる韓国語に加え、より幅広い場面で使われる韓国語をある程度理解し、それらを用いて表現できる。
	・様々な相手や状況に応じて表現を選択し、適切にコミュニケーションを図ることができる。
	・内容が比較的平易なものであれば、ニュースや新聞記事も含め、長い文やまとまりを持った文章をある程度理解でき、また日常生活で多く接する簡単な広告などについてもその情報を把握することができる。
	・頻繁に用いられる単語や文型については基本的にマスターしており、数多くの慣用句に加えて、比較的容易なことわざや四字熟語などについても理解し、使用することができる。

3 試験概要

❶ 実施時期：春季（6月の第1日曜日）と秋季（11月の第2日曜日）の年2回実施されます。
❷ 合格発表：検定日から約1か月後、成績通知書が郵送されます。
❸ 準2級問題の種類及び配点、合格基準

試験区分	聞き取り	筆記
試験時間	30分（14：00～14：30）	60分（14：30～15：30）
	合計90分：聞き取り試験から開始し、途中休憩時間なく筆記試験実施。	
試験形式	4択問題/マークシート使用	4択問題/マークシート使用
配点	40点	60点
合格基準	100点満点中70点以上で合格（必須得点：筆記30点、聞き取り12点以上）	
集合時間	試験開始20分前。試験開始後の入室は不可。	

4 願書の入手

❶「ハングル能力検定協会」のホームページからダウンロードして入手できます。
【http://www.hangul.or.jp/】

❷「ハングル能力検定協会」の事務局に請求できます。
・請求通数分の切手を貼った長形3号の返信用封筒（定型最大封筒：縦235mm×横120mm）に届け先の住所と氏名を記載し、封書にて協会へ請求。（併願は願書1通、一括の申し込み）家族分など願書2通以上希望の場合はその旨メモし、送料分の切手を返信用封筒に貼って請求。

〒136-0071　東京都江東区亀戸2-36-12（8階）
ハングル能力検定協会　願書請求係宛

❸ 受付期間に全国主要書店で入手できます。（無料配布）
・検定願書の配布と受付をしてくれる書店の一覧は検定協会のHPで確認できます。

5 試験内容

❶ 準2級 筆記試験 （47問 / 60分 / 60点）

区分			問題の類型	問題数	配点
筆記	1	4択	正しい発音を選ぶ問題	3	1
	2		文の空欄語句補充の問題	8	1
	3		類義表現を選ぶ問題	6	1
	4		多義語／共通語彙を選ぶ問題	3	2
	5		同音の漢字語選択の問題	3	1
	6		正しい文法表現を選ぶ問題	6	1
	7		対話文の空欄補充問題	4	2
	8		長文の読解問題	6	2
	9		短文の日本語訳を選ぶ問題	4	1
	10		短文の韓国語訳を選ぶ問題	4	1
問題数と配点合計				47問	60点

❷ 準2級 聞き取り試験 （20問 / 30分 / 40点）

区分			問題の類型	問題数	配点
聞き取り	1	4択	対話文の応答文選択の問題	4	2
	2		短文との内容一致選択の問題	4	2
	3		対話文・文章との内容一致や主題、題名選択の問題	4	2
	4		対話文との内容一致、対話の場所、文章の説明の対象、主題の選択の問題	4	2
	5		韓国語の日本語部分訳選択の問題	4	2
問題数と配点合計				20問	40点

※ 試験の内容や試験関連事項は変わることがあります。

受験に際しては「ハングル能力検定協会」のHP【http://www.hangul.or.jp/】で最新の情報を確認して下さい。

6 申込の方法・期間・場所

❶「ハングル能力検定協会」のＨＰでオンラインで申し込む、書店で申し込む、上記の事務局に願書を郵送して申し込む、この三つの方法のどれかで申し込みます。
❷ 検定日の約三か月前からの約一か月間に申し込めます。
❸ 試験会場は願書に記載されている全国主要都市の本会場、または準会場から自分の希望する会場を選択します。

☐　試験会場が開設される地域・都市

・札幌、盛岡、仙台
・東京、西東京、神奈川、埼玉、千葉、宇都宮
・長野、富山、新潟、静岡、名古屋
・京都、大阪、神戸、広島、愛媛、福岡、大分、鹿児島、沖縄

※ その他、一般の人も受験可能な準会場が全国に開設されています。

☐　準会場が開設される都道府県

・秋田県
・新潟県、石川県、福井県
・茨城県、群馬県、長野県
・静岡県、愛知県、三重県
・兵庫県、和歌山県、鳥取県、山口県、香川県、高知県
・福岡県、佐賀県、長崎県、熊本県

※ 試験会場・準会場の最新情報は「ハングル能力検定協会」のHPで確認してください。

発音

	問題類型	出題問題数	配点
1	正しい発音を選ぶ問題	3	1

発音に関する問題

出題類型と対策

発音に関する問題は、発音変化を問う問題が3問出題（配点1点）されます。

激音化、鼻音化、濃音化、流音化、口蓋音化、絶音化、ㄴ添加など、単語の中や語と語の結合の際に起こる発音変化のすべてが出題対象になっています。

特に「ㄴ添加」は準2級から追加されます。

出題類型　発音の変化を問う問題が出題される

発音の問題では、単語の中や語と語の結合の際に起こるさまざまな発音の変化を問う問題が3問（配点1点）構成で出題されます。発音の変化では、激音化・鼻音化・濃音化・流音化・口蓋音化・絶音化・ㄴ添加など韓国語における発音変化の規則のほぼすべてが出題対象になります。それぞれの発音規則の要領を理解し、韓国語を正しく発音できるか発音変化全般に対する総合的な理解力が問われます。

　下線部を発音どおりに表記したものを①～④の中から1つ選びなさい。
〈既出35回〉

새우를 통째로 <u>식용유</u>에 튀겼다.
① 시굥뉴　② 싱용뉴　③ 싱농유　④ 시굥유

【正解】　①（エビをまるごと食用油で揚げた。）

【解説】　「ㄴ添加」の知識を問う問題です。前の単語が子音で終わり、後ろの単語の最初の音節が「이, 야, 여, 요, 유」の場合は「ㄴ」音を添加して「니, 냐, 녀, 뇨, 뉴」で発音されますが、「식용유」はこれに該当します。

☞ 식용 + 유 → [시굥 + 뉴]

既出例 2 下線部を発音どおりに表記したものを①〜④の中から１つ選びなさい。

〈既出 35 回〉

결혼 4 년 만에 <u>첫아기</u>를 가졌습니다.
① 처사기　② 천나기　③ 처다기　④ 처아기

【正解】　③（結婚して 4 年で初めての子供を妊娠しました。）

【解説】「絶音化」の知識を問う問題です。前の単語や接頭語のパッチムの後に母音「ㅏ, ㅓ, ㅗ, ㅜ, ㅟ」で始まる単語が続く場合、前のパッチムがそのまま連音せず、その代表音が連音されますが、「첫아기」はこれに該当します。

☞ 첫 + 아기 → 첟 + 아기 → [처 + 다기]

合格資料－1　既出の発音問題例

- □삶고 [삼꼬]
- □협력자 [혐녁짜]
- □중국여행 [중궁녀행]
- □핥는다 [할른다]
- □몸짓만 [몸찐만]
- □버릇 없는 [버르덤는]
- □밟혔다 [발펻따]
- □앓는다 [알른다]
- □부엌일 [부엉닐]
- □넉넉할수록 [넝너칼쑤록]
- □물 난리 [물랄리]
- □식용유 [시굥뉴]
- □꽃잎 [꼰닙]
- □눈자 [눈똥자]
- □물약 [물략]
- □콩엿 [콩녇]
- □꽃밭 [꼳빧]
- □솜이불 [솜니불]
- □젖먹이 [전머기]
- □몸짓 하나 [몸찌타나]
- □못 할 일이 [모탈리리]
- □한여름 [한녀름]
- □엄격하신 [엄껴카신]
- □앞일은 [암니른]
- □장점과 [장쩜꽈]
- □불꽃놀이 [불꼰노리]
- □옳았을지도 [오라쓸찌도]
- □몇 손가락 안에 [면쏜까라가네]
- □낯익은 [난니근]
- □잘 나왔네요 [잘라완네요]
- □한자 평가 [한짜평까]
- □결정권 [결쩡꿘]
- □끊임없이 [끄니멉씨]
- □못해먹는 [모태멍는]
- □별일아니야 [별리라니야]
- □한여름에도 [한녀르메도]
- □식용유 [시굥뉴]
- □영업용 [영엄농]
- □넉넉할지라도 [넝너칼찌라도]
- □서울역 [서울력]
- □꽃무늬 [꼰무니]
- □판단력 [판단녁]

☐장점과 [장쩜과]
☐붙임성 [부침썽]
☐꽃잎 위에 [꼰니뷔에]
☐할 짓 아니야 [할찌다니야]
☐조건부로 [조껀부로]
☐수학여행 [수항녀행]
☐첫아기 [처다기]
☐첫인상 [처딘상]
☐비빔밥은 [비빔빠븐]
☐볼일이 [볼리리]
☐갈 것 없어 [갈꺼덥써]
☐확률이 [황뉴리]
☐꽃 위에 [꼬뒤에]
☐솜이불을 [솜니부를]
☐그곳 일이 [그곤니리]
☐못 읽습니다 [몬닉씀니다]
☐옛날 이야기 [옌날리야기]
☐특별 요리 [특뼐료리]
☐끊임없이 [끄니멉씨]
☐서른여섯에 [서른녀서세]
☐법률 / 볼일이 [범뉼 / 볼리리]
☐못 알아봐 [모다라봐]
☐협력 없이는 [혐녀겁씨는]
☐넋없이 [너겁씨]
☐못 입겠어요 [몬닙께써요]
☐한국 역사에 [한궁녁싸에]
☐꽃잎 위에 [꼰니뷔에]
☐한여름 밤 [한녀름빰]
☐꽃 향기 [꼬턍기]
☐부산역입니다 [부산녀김니다]
☐몇 알씩 [며달씩]
☐겉옷을 [거도슬]
☐꽃잎이 [꼰니피]
☐웬일로 [웬닐로]
☐서울역이야 [서울려기야]
☐365 일 [삼뱅뉵씨보일]

☐1664 년 [천뉵뺑뉵씹싸년]
☐106 번 [뱅뉵뻔]
☐열여덟 장 [열려덜짱]

合格資料－2　激音化

平音「ㄱ, ㄷ, ㅂ, ㅈ」は「ㅎ」の前や後では激音化して「ㅋ, ㅌ, ㅍ, ㅊ」で発音されます。「ㄱ, ㄷ, ㅂ, ㅈ」の前後に「ㅎ」があれば激音化に注意しましょう。

①	ㄱ + ㅎ ➡ ㅋ		
	국화→ [구콰] 菊	악화→ [아콰] 悪化	북한→ [부칸] 北朝鮮
②	ㅎ + ㄱ ➡ ㅋ		
	놓고→ [노코] 置いて	넣고→ [너코] 入れて	좋고→ [조코] 良くて
③	ㄷ (ㅅ, ㅊ) + ㅎ ➡ ㅌ		
	맏형→ [마텽] 長兄	옷한벌→ [오탄벌] 服一着	몇해→ [며태] 何年
④	ㅎ + ㄷ ➡ ㅌ		
	좋다→ [조타] いい	놓다→ [노타] 置く	많다→ [만타] 多い
⑤	ㅂ + ㅎ ➡ ㅍ		
	입학→ [이팍] 入学	급행→ [그팽] 急行	급히→ [그피] 急に
⑥	ㅈ + ㅎ ➡ ㅊ		
	맞히다→ [마치다] 当てる	앉히다→ [안치다] 座らせる	
⑦	ㅎ + ㅈ ➡ ㅊ		
	많지요→ [만치요] 多いです	좋지요→ [조치요] いいですよ	

合格資料－3　鼻音化

鼻音で発音されるものは「ㄴ, ㅁ, ㅇ」の3つです。この3つの鼻音「ㄴ, ㅁ, ㅇ」が終声や初声にあれば鼻音化に注意しましょう。

1 鼻音化1

終声「ㄱ, ㄷ, ㅂ」の後に「ㄴ, ㅁ」が続くと、終声「ㄱ, ㄷ, ㅂ」は鼻音化して「ㅇ, ㄴ, ㅁ」に発音されます。

①	ㄱ (ㅋ, ㄲ) + ㅁ ➡ ㅇ + ㅁ		
	한국말→ [한궁말] 韓国語	학문→ [항문] 学問	박물관→ [방물관] 博物館
②	ㄱ (ㅋ, ㄲ) + ㄴ ➡ ㅇ + ㄴ		
	작년→ [장년] 昨年	국내→ [궁내] 国内	학년→ [항년] 学年
③	ㄷ (ㅌ, ㅅ, ㅈ, ㅊ) + ㅁ ➡ ㄴ + ㅁ		
	맏며느리→ [만며느리] 長男の嫁	낱말→ [난말] 単語	옷맵시→ [온맵씨] 身なり
	낮마다→ [난마다] 毎昼	꽃무늬→ [꼰무니] 花模様	낮만→ [난만] 昼だけ

④	ㄷ(ㅌ,ㅅ,ㅆ,ㅈ,ㅊ)+ ㄴ ➡ ㄴ + ㄴ		
	믿는다→ [민는다] 信じる	끝나다→ [끈나다] 終わる	벗는다→ [번는다] 脱ぐ
	있는→ [인는] ある	짖는다→ [진는다] 吠える	꽃나무→ [꼰나무] 花木
⑤	ㅂ(ㅍ)+ ㄴ ➡ ㅁ + ㄴ		
	잡념→ [잠념] 雑念	십년→ [심년] 十年	겹눈→ [겸눈] 複眼
	앞니→ [암니] 前歯	앞날→ [암날] 将来	
⑥	ㅂ(ㅍ)+ ㅁ ➡ ㅁ + ㅁ		
	입문→ [임문] 入門	잡문→ [잠문] 雑文	입맛→ [임맛] 食欲
	업무→ [엄무] 業務	앞문→ [암문] 前の門	앞면→ [암면] 前面

2 鼻音化 2

終声「ㅁ, ㅇ」の後に「ㄹ」が来ると、「ㄹ」は「ㄴ」と発音されます。

①	ㅁ + ㄹ ➡ ㅁ + ㄴ		
	심리 → [심니] 心理	음력 → [음녁] 陰暦	금리 → [금니] 金利
②	ㅇ + ㄹ ➡ ㅇ + ㄴ		
	종로 → [종노] 鍾路	장래 → [장내] 将来	정류장 → [정뉴장] 停留場

3 鼻音化 3

終声「ㄱ, ㅂ」の後に「ㄹ」が来ると「ㄹ」は発音が「ㄴ」に変わり、変化した「ㄴ」のために終声「ㄱ, ㅂ」はそれぞれ鼻音「ㅇ, ㅁ」で発音されます。

①	ㄱ + ㄹ ➡ ㄱ + ㄴ → ㅇ + ㄴ		
	국력 → [궁녁] 国力	독립 → [동닙] 独立	식량 → [싱냥] 食糧
②	ㅂ + ㄹ ➡ ㅂ + ㄴ → ㅁ + ㄴ		
	법률 → [범뉼] 法律	급료 → [금뇨] 給料	협력 → [혐녁] 協力

合格資料－4　濃音化

濃音で発音されるものは「ㄲ, ㄸ, ㅃ, ㅆ, ㅉ」の5つです。この5つの濃音に発音が変化するのは末音「ㄱ, ㄷ, ㅂ」や「ㄴ, ㄹ, ㅁ, ㅇ」の後に「ㄱ, ㄷ, ㅂ, ㅅ, ㅈ」が続く場合に起こります。一部例外もあるので用例に注意しながら覚えていきましょう。

1 濃音化 1

終声「ㄱ, ㄷ, ㅂ」の後に続く「ㄱ, ㄷ, ㅂ, ㅅ, ㅈ」は、「ㄲ, ㄸ, ㅃ, ㅆ, ㅉ」で発音されます。

①	ㄱ+ㄱ ➡ ㄱ+ㄲ			
	학교→[학꾜]学校	약국→[약꾹]薬局	육교→[육꾜]歩道橋
②	ㄱ+ㄷ ➡ ㄱ+ㄸ			
	식당→[식땅]食堂	복도→[복또]廊下	적당→[적땅]適当
③	ㄱ+ㅂ ➡ ㄱ+ㅃ			
	학비→[학삐]学費	국밥→[국빱]クッパ	박봉→[박뽕]薄給
④	ㄱ+ㅅ ➡ ㄱ+ㅆ			
	학생→[학쌩]学生	약속→[약쏙]約束	책상→[책쌍]机
⑤	ㄱ+ㅈ ➡ ㄱ+ㅉ			
	맥주→[맥쭈]ビール	학자→[학짜]学者	걱정→[걱쩡]心配
⑥	ㄷ+ㄱ ➡ ㄷ+ㄲ			
	듣고→[듣꼬]聞いて	묻고→[묻꼬]訊いて	
⑦	ㄷ+ㄷ ➡ ㄷ+ㄸ			
	듣도록→[듣또록]聞くように	걷다가→[걷따가]歩く途中	
⑧	ㄷ,ㅅ,ㅈ,ㅊ+ㅂ ➡ ㄷ+ㅃ			
	어젯밤→[어젣빰]昨夜	맞벌이→[맏뻐리]共稼ぎ	몇 번→[멷뻔]何回
⑨	ㄷ,ㅅ,ㅈ,ㅊ+ㅅ ➡ ㄷ+ㅆ			
	햇살→[핻쌀]日差し	맞선→[맏썬]見合い	몇 사람→[멷싸람]何人
⑩	ㄷ,ㅅ,ㅈ,ㅊ+ㅈ ➡ ㄷ+ㅉ			
	못질→[몯찔]釘打ち	맞장구→[맏짱구]相槌	몇 장→[멷짱]何枚
⑪	ㅂ,ㅍ+ㄱ ➡ ㅂ+ㄲ			
	입국→[입꾹]入国	잡곡→[잡꼭]雑穀	덮개→[덥깨]蓋
⑫	ㅂ,ㅍ+ㄷ ➡ ㅂ+ㄸ			
	입대→[입때]入隊	잡담→[잡땀]雑談	앞뒤→[압뛰]前後
⑬	ㅂ,ㅍ+ㅂ ➡ ㅂ+ㅃ			
	잡비→[잡삐]雑費	십분→[십뿐]十分	입버릇→[입뻐릇]口癖
⑭	ㅂ,ㅍ+ㅅ ➡ ㅂ+ㅆ			
	접시→[접씨]皿	엽서→[엽써]葉書	접속→[접쏙]接続
⑮	ㅂ+ㅈ ➡ ㅂ+ㅉ			
	잡지→[잡찌]雑誌	답장→[답짱]返事	갑자기→[갑짜기]急に

第1章 発音

2 濃音化2

終声「ㄴ, ㄹ, ㅁ, ㅇ」の後に「ㄱ, ㄷ, ㅂ, ㅅ, ㅈ」が来ると、「ㄲ, ㄸ, ㅃ, ㅆ, ㅉ」と発音されます。

①	ㄴ+ㄱ ➡ ㄴ+ㄲ					
	인격→ [인꺽] 人格		안과→ [안꽈] 眼科		인기→ [인끼] 人気	
②	ㄴ+ㄷ ➡ ㄴ+ㄸ					
	신다→ [신따] 履く		문득→ [문뜩] ふっと		손등→ [손뜽] 手の甲	
③	ㄴ+ㅂ ➡ ㄴ+ㅃ					
	문법→ [문뻡] 文法		산불→ [산뿔] 山火事		헌법→ [헌뻡] 憲法	
④	ㄴ+ㅅ ➡ ㄴ+ㅆ					
	산새→ [산쌔] 山鳥		손수건→ [손쑤건] ハンカチ		촌사람→ [촌싸람] 田舎者	
⑤	ㄴ+ㅈ ➡ ㄴ+ㅉ					
	한자→ [한짜] 漢字		문자→ [문짜] 文字		단점→ [단쩜] 短所	
⑥	ㄹ+ㄱ ➡ ㄹ+ㄲ					
	갈길→ [갈낄] 行く道		헐값→ [헐깝] 安値		발가락→ [발까락] 足の指	
⑦	ㄹ+ㄷ ➡ ㄹ+ㄸ					
	발달→ [발딸] 発達		일등→ [일뜽] 一等		절대로→ [절때로] 絶対に	
⑧	ㄹ+ㅂ ➡ ㄹ+ㅃ					
	달밤→ [달빰] 月夜		이불보→ [이불뽀] 風呂敷		들보→ [들뽀] 梁	
⑨	ㄹ+ㅅ ➡ ㄹ+ㅆ					
	실수→ [실쑤] 失敗		걸상→ [걸쌍] いす		물수건→ [물쑤건] おしぼり	
⑩	ㄹ+ㅈ ➡ ㄹ+ㅉ					
	글자→ [글짜] 文字		실제→ [실쩨] 実際		발전→ [발쩐] 発展	
⑪	ㅁ+ㄱ ➡ ㅁ+ㄲ					
	엄격→ [엄껵] 厳格		염가→ [염까] 廉価		밤길→ [밤낄] 夜道	
⑫	ㅁ+ㄷ ➡ ㅁ+ㄸ					
	심다→ [심따] 植える		젊다→ [점따] 若い		좀도둑→ [좀또둑] こそ泥	
⑬	ㅁ+ㅂ ➡ ㅁ+ㅃ					
	봄볕→ [봄뼏] 春の光		밤비→ [밤삐] 夜雨		아침 밥→ [아침빱] 朝飯	
⑭	ㅁ+ㅅ ➡ ㅁ+ㅆ					
	점수→ [점쑤] 点数		섬 사람→ [섬싸람] 島人		꿈 속→ [꿈쏙] 夢の中	
⑮	ㅁ+ㅈ ➡ ㅁ+ㅉ					
	밤중→ [밤쭝] 夜中		힘줄→ [힘쭐] 筋		염증→ [염쯩] 炎症	

⑯	ㅇ + ㄱ ➡ ㅇ + ㄲ		
	강가→ [강까] 川辺	성격→ [성격] 性格	성과→ [성꽈] 成果
⑰	ㅇ + ㄷ ➡ ㅇ + ㄸ		
	용돈→ [용똔] 小遣い	장대→ [장때] 長竿	초승달→ [초승딸] 三日月
⑱	ㅇ + ㅂ ➡ ㅇ + ㅃ		
	등불→ [등뿔] 灯火	방바닥→ [방빠닥] 床	강바람→ [강빠람] 川風
⑲	ㅇ + ㅅ ➡ ㅇ + ㅆ		
	방세→ [방쎄] 部屋代	창살→ [창쌀] 窓の桟	종소리→ [종쏘리] 鐘の音
⑳	ㅇ + ㅈ ➡ ㅇ + ㅉ		
	빵집→ [빵찝] パン屋	맹점→ [맹쩜] 盲点	장점→ [장쩜] 長所

注意 終声「ㄴ, ㄹ, ㅁ, ㅇ」の後に来る「ㄱ, ㄷ, ㅂ, ㅅ, ㅈ」がすべて「ㄲ, ㄸ, ㅃ, ㅆ, ㅉ」に濃音化するわけではありません。有声音化するのも多いので注意が必要です。

친구	→ [친구] 友達	준비	→ [준비] 準備	간장	→ [간장] しょうゆ
얼굴	→ [얼굴] 顔	돌다리	→ [돌다리] 石橋	딸자식	→ [딸자식] 娘
감기	→ [감기] 風邪	침대	→ [침대] 寝台	담배	→ [담배] タバコ
공기	→ [공기] 空気	공부	→ [공부] 勉強	경제	→ [경제] 経済

3 濃音化3

語尾「-(으)ㄹ」の後に来る「ㄱ, ㄷ, ㅂ, ㅅ, ㅈ」は「ㄲ, ㄸ, ㅃ, ㅆ, ㅉ」と発音されます。

쓸 거야	→ [쓸 꺼야] 書くだろう	갈 수 있어	→ [갈 쑤 이써] 行ける
살 집	→ [살 찝] 住もうとする家	갈 데가	→ [갈떼가] 行くところが
만날 사람	→ [만날싸람] 会おうとする人	할 수 없다	→ [할쑤업따] 仕方ない

4 濃音化4

複合名詞になるとき、平音が濃音として発音されます。

바닷가	→ [바닫까] 海辺	햇살	→ [햇쌀] 日差し	뱃속	→ [밷쏙] 腹の中
다섯 시	→ [다섣 씨] 五時	숫자	→ [숟짜] 数字	햇수	→ [핻쑤] 年数

合格資料-5　口蓋音化

終声「ㄷ, ㅌ」の後に「ㅣ」の母音が来ると、「ㄷ, ㅌ」は「ㅈ, ㅊ」で発音されます。これを口蓋音化といいます。

①	ㄷ + 이 ➡ 지		
	맏이　→ [마지] 長子	굳이　→ [구지] 敢えて	곧이　→ [고지] まっすぐに
	해돋이 → [해도지] 日の出	미닫이 → [미다지] 引き戸	
②	ㅌ + 이 ➡ 치		
	같이　→ [가치] 一緒に	끝이　→ [끄치] 終わりが	햇볕이 → [햇뼈치] 陽射しが
	밭이　→ [바치] 畑が	밑이　→ [미치] 下が	바깥이 → [바까치] 外が
③	(ㄷ + ㅎ) + 이 ➡ 치		
	닫히다 → [다치다] 閉まる	묻히다 → [무치다] 埋まる	걷히다 → [거치다] 晴れる

合格資料-6　流音化

終声と次に続く初声の組合せが「ㄴ + ㄹ」か「ㄹ + ㄴ」の場合、「ㄴ」はどちらも「ㄹ」で発音されます。これを流音化といいます。この規則は単純なので用例を繰り返し練習して発音のコツを覚えておきましょう。

①	ㄴ + ㄹ ➡ ㄹ + ㄹ		
	편리 → [펼리] 便利	인류 → [일류] 人類	진리 → [질리] 真理
②	ㄹ + ㄴ ➡ ㄹ + ㄹ		
	오늘날 → [오늘랄] 今日	일년 → [일련] 一年	설날 → [설랄] 元日

合格資料-7　絶音化

複合語や単語と単語の間で前の単語の終声の後に母音「ㅏ, ㅓ, ㅗ, ㅜ, ㅟ」で始まる単語が続く場合は、前の終声がそのまま連音せず、その代表音が連音されます。これを絶音化といいます。

밭 아래　→ 받 + 아래　→ [바다래] 畑の端　　맛 없다　→ 맏 + 업따　→ [마덥따] まずい
몇 인분　→ 멷 + 인분　→ [며딘분] 何人前　　첫 인상　→ 천 + 인상　→ [처딘상] 第一印象
맛 있다　→ 맏 + 읻따　→ [마딛따] 美味しい　멋있다　→ 먿 + 읻따　→ [머딛따] 格好いい
몇 월　　→ 멷 + 월　　→ [며둴] 何月　　　꽃 위　→ 꼳 + 위　　→ [꼬뒤] 花の上

注意 1　「맛있다」,「멋있다」は、[마싣따], [머싣따] で発音される場合も多いのでこの発音も標準発音として認めています。

22

注意2 否定の副詞「못」が母音で始まる後続の単語と結合する場合も、終声「ㅅ」の代表音 [ㄷ] が連音されます。「못」の後に母音で始まる単語が続く場合は発音に注意しましょう。

못 알아듣다	→ 몯 + 아라듣따	→ [모다라듣따]	聞き取れない
못 알리다	→ 몯 + 알리다	→ [모달리다]	知らせられない
못 오르다	→ 몯 + 오르다	→ [모도르다]	のぼれない
못 옵니다	→ 몯 + 옴니다	→ [모돔니다]	来られません
못 와요	→ 몯 + 와요	→ [모돠요]	来られません
못 올라가다	→ 몯 + 올라가다	→ [모돌라가다]	のぼれない
못 올리다	→ 몯 + 올리다	→ [모돌리다]	上げられない
못 움직이다	→ 몯 + 움지기다	→ [모둠지기다]	動かせない
못 외우다	→ 몯 + 외우다	→ [모되우다]	暗記できない
못 없애다	→ 몯 + 업쌔다	→ [모덥쌔다]	なくせない
못 어울리다	→ 몯 + 어울리다	→ [모더울리다]	交われない

合格資料－8　ㄴ添加

複合語で前の単語・接頭語が子音で終わり、後ろの単語や接尾語の最初の音節が「이, 야, 여, 요, 유」の場合は「ㄴ」音を添加して「니, 냐, 녀, 뇨, 뉴」で発音します。

この「ㄴ添加」とそれに伴う鼻音化（꽃잎 [꼰닙]）、流音化（별일 [별릴]）などは準2級から出題されます。

무슨 + 약 → [무슨냑] 何の薬　　　　　무슨 + 요일 → [무슨뇨일] 何曜日
부산 + 역 → [부산녁] 釜山駅　　　　　색 + 연필　→ [색 + 년필] → [생년필] 色鉛筆
한 + 여름 → [한녀름] 真夏　　　　　　서른 + 여섯 → [서른녀섣] 三十六
첫 + 여름 → [첟 + 녀름] → [천녀름] 初夏　늦 여름　→ [늗 + 녀름] → [는녀름] 晩夏

注意1 終声「ㄹ」の後に添加される「ㄴ」音は流音化して「ㄹ」で発音する。
볼 + 일　→ [볼 + 닐] → [볼릴] 用事　서울 + 역 → [서울 + 녁] → [서울력] ソウル駅
할 + 일　→ [할 + 닐] → [할릴] 仕事　열 + 여섯 → [열 + 녀섣] → [열려섣] 十六

注意2 否定の副詞「못」は「ㄴ添加」が起きる後続の単語の前で、終声「ㅅ」の代表音 [ㄷ] が [ㄴ] に鼻音化して発音されます。

못 이기다	→ 몯 + 이기다	→ [몬니기다]	勝てない
못 이루다	→ 몯 + 이루다	→ [몬니루다]	果たせない
못 이용하다	→ 몯 + 이용하다	→ [몬니용하다]	利用できない
못 이야기하다	→ 몯 + 이야기하다	→ [몬니야기하다]	話せない
못 일어나다	→ 몯 + 이러나다	→ [몬니러나다]	起きられない
못 읽어요	→ 몯 + 일거요	→ [몬닐거요]	読めません
못 잊혀지다	→ 몯 + 이저요	→ [몬니저요]	忘れられません
못 여쭈다	→ 몯 + 여쭈다	→ [몬녀쭈다]	申し上げられない
못 열다	→ 몯 + 열다	→ [몬녈다]	開けられない

合格資料－9　終声の発音規則

終声の発音規則はすべての発音変化に関係する基本的なものです。念のためもう一度終声の発音規則に目を通しておきましょう。

❶ 終声規則1（1文字パッチム）

終声は「ㄱ, ㄴ, ㄷ, ㄹ, ㅁ, ㅂ, ㅇ」の七つの代表音のみで発音されます。終声「ㄱ, ㄲ, ㅋ」は「ㄱ」に、「ㄷ, ㅌ, ㅅ, ㅆ, ㅈ, ㅊ, ㅎ」は「ㄷ」に、「ㅂ, ㅍ」は「ㅂ」に発音されます。

① ㄱ, ㅋ, ㄲ ➡ ㄱ

약→[약] 薬　　부엌→[부억] 台所　　밖→[박] 外

② ㄷ, ㅌ, ㅅ, ㅆ, ㅈ, ㅉ, ㅎ ➡ ㄷ

닫다→[닫따] 閉める　밭→[받] 畑　　옷→[옫] 服　　갔다→[갇따] 行った
낮→[낟] 昼　　　　　꽃→[꼳] 花　　놓치다→[녿치다] 逃す

③ ㅂ, ㅍ ➡ ㅂ

입→[입] 口　　　　숲→[숩] 森

❷ 終声規則2（2文字パッチム）

二文字パッチムは、後に子音が来るとき、またはそのまま終わる場合は二つのパッチムのうち一つだけが代表音として発音されます。

못　→[몯] 分け前　많다→[만타] 多い　　닭　→[닥] 鶏　　읽다→[익따] 読む
여덟→[여덜] 八　　굶다→[굼따] 飢える　없다→[입따] ない

合格資料－10　連音の発音規則

　連音の発音規則はすべての発音変化に関係する基本的なものです。念のためもう一度連音の仕組みに目を通しておきましょう。

❶ 連音化1（1文字パッチム）

　前の音節の終声の後に母音で始まる音節が続くと、前の音節の終声が次の音節の初声として発音されます。

국어→［구거］国語　　　단어→［다너］単語　　　발육→［바륙］発育
음악→［으막］音楽　　　옷이→［오시］服が　　　낮에→［나제］昼に
부엌에→［부어케］台所に　　잎이→［이피］葉が

注意1　終声「ㅇ」は連音しない。
　　영어→［영어］英語　　고양이→［고양이］猫　　종이→［종이］紙

注意2　終声「ㅎ」は母音音節の前では発音されないので連音しない。
　　좋아요→［조아요］いいです　　놓아요→［노아요］置きます

❷ 連音化2（2文字パッチム）

　二文字パッチムの後に母音で始まる音節が続くと、左側の子音は残り、右側の子音だけが次の音節の初声として連音されます。

읽어요→［일거요］読みます　　짧아요→［짤바요］短いです　　앉아요→［안자요］座ります
흙이→［흘기］土が　　　　　　값은→［갑쓴］値段は　　　　　몫이→［목씨］分け前が

注意1　「ㄶ, ㅀ」は右側の「ㅎ」が母音音節の前で発音されず無音化し、残りの左側の子音「ㄴ, ㄹ」が次の音節の初声として連音されます。
　　많아요→［마나요］多いです　　끓어요→［끄러요］沸きます

注意2　「ㄲ, ㅆ」は二文字のようにみえるが、合成子音字の一文字なのでそのまま連音されます。
　　밖에→［바께］外に　　　있어요→［이써요］あります

正しい発音を選ぶ問題

※下線部を発音どおりに表記したものを①~④の中から1つ選びなさい。

❶ 해바라기 꽃무늬가 있는 블라우스를 샀다.
① [꼰무니]   ② [꼰므늬]   ③ [꼰무니]   ④ [꽁무니]

❷ 몇 인분을 주문하시겠어요?
① [며친부늘]   ② [며진부늘]   ③ [면닌부늘]   ④ [며딘부늘]

❸ 우리 팀은 창단 이후 첫 우승을 거두었다.
① [처수승을]   ② [처수스을]   ③ [처두승을]   ④ [처두쏭을]

❹ 밝은 햇볕이 쨍쨍 내리쬐어서 돌아다닐 수 없을 정도였다.
① [해뼈티]   ② [핻뼈티]   ③ [핻뼈치]   ④ [해뼈치]

❺ 지도에 색연필로 굵은 선을 그었다.
① [새견필로]   ② [생년필로]   ③ [새견필로]   ④ [생연필로]

❻ 그는 유혹을 못 이기고 다시 도박에 손을 대고 말았다.
① [몬니기고]   ② [모시기고]   ③ [모지기고]   ④ [모니기고]

❼ 급한 볼일이 생겨서 먼저 일어서겠습니다.
① [그판 보리리]   ② [그반 보리리]   ③ [그판 볼리리]   ④ [그반 볼리리]

❽ 생전에 그의 소설은 햇빛을 보지 못하고 묻히고 말았다.
① [무치고]   ② [무티고]   ③ [무지고]   ④ [묻치고]

정답 ❶-① ❷-④ ❸-③ ❹-③ ❺-② ❻-① ❼-③ ❽-①

〈解説は282ページへ〉

⑨ ── 당시 국력으로 볼 때 영국은 세계 최강의 나라였을 것이다.
　　① [궁려그로]　② [국녕으로]　③ [국녀그로]　④ [궁녀그로]

⑩ ── 입맛 없을 때일수록 음식은 골고루 먹어야 한다.
　　① [임만넙쓸 때]　② [임마섭쓸 때]　③ [입마섭슬 때]　④ [임마덥쓸 때]

⑪ ── 그녀는 늘 옷맵시가 단정하다.
　　① [온맵씨]　② [온맵시]　③ [온맵시]　④ [온맵씨]

⑫ ── 둘 사이는 이전보다 악화되어 말도 하지 않는다.
　　① [아과되어]　② [악콰되어]　③ [아콰되어]　④ [악꽈되어]

⑬ ── 부모님께 친척 결혼식 때 입을 옷 한벌을 선물했다.
　　① [오단버를]　② [온탄버를]　③ [오산버를]　④ [오탄버를]

⑭ ── 그녀는 그의 말을 곧이곧대로 들었다.
　　① [고디고때로]　② [고지고때로]　③ [고디곧때로]　④ [고지곧때로]

⑮ ── 웃는 사람은 그렇지 않은 사람보다 병에 걸릴 확률이 낮다.
　　① [활류리 낟따]　② [황뉴리 낟따]　③ [확뉴리 낟따]　④ [황뉴리 낟타]

⑯ ── 쓰레기를 줄이는 것에 못지 않게 중요한 것이 재활용이다.
　　① [몯지 안게]　② [몯찌 안케]　③ [몯찌 안케]　④ [모치 안케]

⑰ ── 한강변을 달리는 자동차 불빛만 점처럼 움직였다.
　　① [불빋만]　② [불빈만]　③ [불삗만]　④ [불삗만]

正しい発音を選ぶ問題

⑱ ── 오늘도 사고 없이 <u>잘 끝났구나</u> 하는 안도감 같은 거요.
① [잘 끈날꾸나]　　② [잘 끈날구나]
③ [잘 끈낟꾸나]　　④ [잘 끈나쿠나]

⑲ ── 글의 순서를 바꾸고 싶은 부분을 <u>복사해서 붙이기</u>를 하면 된다.
① [복사해서 부치기]　　② [복싸해서 부치기]
③ [복사해서 부티기]　　④ [복싸해서 부티기]

⑳ ── 택시에 타서 목적지도 말하지 않은 채 직진하라는 <u>손짓만 했다</u>.
① [손찓만 핻따]　　② [손짇만 해따]
③ [손짇만 핻따]　　④ [손찓만 해따]

㉑ ── <u>설날 연휴</u>에 고향을 찾는 이들은 눈길을 조심해야 할 것 같다.
① [설나려누에]　　② [설랄녀뉴에]
③ [설랄녀누에]　　④ [설랄려뉴에]

㉒ ── <u>첫인상이 좋아야</u> 상대방에게 긍정적인 느낌을 줄 수 있다.
① [처딘상이 조아야]　　② [처닌상이 조아야]
③ [처신사이 조아야]　　④ [천닌사이 저아야]

㉓ ── 우리는 좀 <u>넉넉한데</u> 친척은 그렇지 않아보여 안타깝다.
① [넉너칸데]　　② [넝너칸데]
③ [넉너간데]　　④ [넝너간데]

㉔ ── <u>식용유는 종류마다</u> 맛과 성질이 다르다.
① [시공유는 종뉴마다]　　② [시공유는 종류마다]
③ [시공뉴는 종뉴마다]　　④ [시공뉴는 종류마다]

㉕ ── 거리에서 활기찬 젊은이들의 일상을 보고 느낄 수 있습니다.
　　① [절므니드레 일상]　　　② [절믄니드레 일상]
　　③ [절믄니드레 일쌍]　　　④ [절므니드레 일쌍]

㉖ ── 그 사람에게 연락할 방법이 없을까 ?
　　① [연나칼 방법]　　　　② [연나칼 빵법]
　　③ [열라칼 방법]　　　　④ [열라칼 빵법]

㉗ ── 나뭇잎의 색깔이 노랗게 변하고 있다.
　　① [나무시페]　　　　　② [나문니페]
　　③ [나문니베]　　　　　④ [나무디페]

㉘ ── 그는 열일곱살 때 미국으로 건너가서 음악을 공부했다.
　　① [열릴곱쌀때]　　　　② [연닐곱쌀때]
　　③ [여릴곱쌀때]　　　　④ [여닐곱쌀때]

㉙ ── 문화 인류학은 인류의 사회와 문화에 대해 종합적으로 공부한다.
　　① [무놔인뉴하근]　　　② [무놔일류하근]
　　③ [문화인뉴하근]　　　④ [무놔일뉴하근]

㉚ ── 바람은 꽃잎 위에 머물지 않고 스쳐 지나갈 뿐이다.
　　① [꼰니퓌에]　　　　　② [꼬디뷔에]
　　③ [꼰니뷔에]　　　　　④ [꼬디퓌에]

㉛ ── 외모가 다 똑같아 이름도 못 외우겠다는 불만이 많다.
　　① [모되우겓따]　　　　② [몬뇌우겓따]
　　③ [모데우게따]　　　　④ [몬네우게따]

解答　㉕─④　㉖─④　㉗─②　㉘─①　㉙─③　㉚─③　㉛─①

〈解説は284ページへ〉

正しい発音を選ぶ問題

㉜ —— 몇몇 심리학자들이 지적하는 실패의 원인이 그것이다.
① [면면 심니학짜]   ② [면면 심리학짜]
③ [면면 심니학짜]   ④ [면면 심리학짜]

㉝ —— 늘 짧게 지나가는 봄볕이 아쉬웠는데 올해는 제법 길게 느껴진다.
① [짭께 지나가는 봄벼치]   ② [짭께 지나가는 봄벼티]
③ [짤께 지나가는 봄뼈치]   ④ [짤께 지나가는 봄뼈티]

㉞ —— 밥맛 없을때 간단히 만들어 먹을 수 있는 반찬을 소개할게요.
① [밤마섭쓸때]   ② [밤마덥쓸때]
③ [밥마섭쓸때]   ④ [밥마덥쓸때]

㉟ —— 직장 동료에게 호감을 느낀 이유를 남녀별로 조사해 보았다.
① [직짱동뇨]   ② [직짱동료]
③ [직창동료]   ④ [직장동뇨]

㊱ —— 한글날을 10월 9일로 정한 것은 한글이 공포된 날에서 비롯된다.
① [한글라를]   ② [한글나를]
③ [한근라를]   ④ [한근나를]

㊲ —— 두 사람은 열여섯 살의 나이 차를 극복하고 결혼했다.
① [여려섣쌀]   ② [열려섣쌀]
③ [열려서살]   ④ [열녀서쌀]

㊳ —— 새벽녘부터 바깥이 안 보일 정도로 눈발이 날렸다.
① [새병녁뿌터 바까치]   ② [새병력부터 바까치]
③ [새병녁뿌터 바까티]   ④ [새병녁부터 바까티]

解答　㉜—③　㉝—③　㉞—②　㉟—①　㊱—①　㊲—①　㊳—①

〈解説は 285 ページへ〉

㊴ ── 길가에 차를 세운 후 안개가 걷히기를 기다렸다.
　　① [걷티기를]　　　　　② [거티기를]
　　③ [거찌기를]　　　　　④ [거치기를]

㊵ ── 가을에 씨를 뿌려 이듬해 첫여름에 거둔다.
　　① [처셔르메]　　　　　② [처더르메]
　　③ [천녀르메]　　　　　④ [천녀르메]

㊶ ── 달력의 할 일 목록을 사용하여 일정을 관리한다.
　　① [할릴몽로글]　　　　② [할릴몽노글]
　　③ [할닐몽노글]　　　　④ [할닐몽로글]

㊷ ── 남자가 여자 마음을 못 읽는 이유는 뇌의 차이에서 비롯된다고 한다.
　　① [몬닝는]　　　　　　② [모딘는]
　　③ [몬닐른]　　　　　　④ [모싱는]

㊸ ── 서울역에 도착한 나는 가슴을 두근거리며 열차에 올랐다.
　　① [서울려케 도차칸]　　② [서울려게 도차칸]
　　③ [서울녀게 도차칸]　　④ [서우려게 도차칸]

㊹ ── 공항까지 직행 열차로 편리하고 빠르게 이동할 수 있다.
　　① [지캥열차로]　　　　② [직캥녈차로]
　　③ [지캥녈차로]　　　　④ [지켕렬차로]

㊺ ── 이 곤충은 풀잎 위에 맺힌 이슬을 먹고 산다.
　　① [풀리븨에 매친]　　　② [풀리븨에 매틴]
　　③ [풀리퓌에 매친]　　　④ [풀리퓌에 매틴]

解答　㊴-④　㊵-④　㊶-②　㊷-①　㊸-②　㊹-③　㊺-①

〈解説は 286 ページへ〉

第2章

語彙

	問題類型	出題問題数	配点
1	文の空欄語句補充の問題	8	1
2	類義表現を選ぶ問題	6	1
3	多義語 / 共通語彙を選ぶ問題	3	2

語彙に関する問題

出題類型と対策

　語彙に関連する問題は、
❶短文か対話文の空欄に当てはまる語句を選択する問題が8問（配点1点）、
❷語句の置換えが可能な類義表現を選択する問題が6問（配点1点）、
❸短文の空欄に共通に補充できる多義語、または共通語を選択する問題が3問（配点2点）、
　程度出題されます。語彙関係の問題では準2級レベルまでの単語・慣用句・連語・類義語・多義語・ことわざ・四字熟語など幅広い語彙力が問われます。

※ 準2級出題範囲の単語は、約6800語（5級新出の約450語＋4級新出の約950語＋3級約1500語＋準2級新出の約3900語）程度です。これに出題語彙リスト外からも5％程度出題されることがあります。

出題類型 1　文中の空欄に当てはまる語句を選ぶ問題が出題される

　短文か対話文全体の意味を理解して空欄に当てはまる語句を選ぶ問題が8問出題されます。
　この類型の問題では単語だけでなく、慣用句や連語、類義表現や多義語、ことわざや四字熟語など幅広い語彙力が問われます。
　本書ではこれらの準2級出題範囲の語彙をハングル検定協会の出題範囲の語彙リストを参考に、学習者が使いやすいように品詞別、連語・慣用句・四字熟語・ことわざ別に分類して合格資料リストとしてまとめてあります。既出語句のリストと合わせて、語彙力アップに活用してください。

> **既出例1**
>
> （　　）の中に入れるのに適切なものを①～④の中から１つ選びなさい。
> 〈既出37回〉
>
> 　■（　　）켤 줄 알아요?
>
> 　① 바이올린을　② 피아노를　③ 북을　④ 피리를
>
> 【正解】　①
>
> 【解説】（　　）弾けますか。
>
> 　① バイオリンを　② ピアノを　③ 太鼓を　④ 笛を
>
> ☞「① 바이올린을 켜다（バイオリンを弾く）　② 피아노를 치다（ピアノを弾く）　③ 북을 치다（太鼓を打つ）　④ 피리를 불다（笛を吹く）」のようにA語とB語が連動して使われる連語に対する知識が問われています。

> **既出例2**
>
> （　　）の中に入れるのに適切なものを①～④の中から１つ選びなさい。
> 〈既出32回〉
>
> 　■ 이거 너무 낡았으니까（　　）하나 새걸로 구입하시죠.
>
> 　① 유난히　② 웬만하면　③ 자칫하면　④ 멍하니
>
> 【正解】　②
>
> 【解説】これは古すぎるから（　　）一つ新しいものを購入されたらどうですか。
>
> 　① ひときわ　② できれば　③ ややもすると　④ ぼうっと
>
> ☞ ほぼ毎回副詞語の知識が問われる問題が出題されます。ほかに「어제 저녁 무렵부터 배가（살살）아팠는데（昨夜辺りからお腹がしくしく痛かった。）」のように擬声語・擬態語に対する知識が問われる問題も出題されています。

> **既出例3**
>
> （　　）の中に入れるのに適切なものを①～④の中から１つ選びなさい。
> 〈既出35回〉
>
> 　■ 밤에 못 잘 때는 우유를 따뜻하게（　　）마시면 잠이 잘 온다고 한다.
>
> 　① 데워　② 묻어　③ 익혀　④ 무쳐
>
> 【正解】　①
>
> 【解説】夜眠れないときは牛乳を温かく（　　）飲むとよく眠れるそうです。
>
> 　① 温めて　② ついて　③ 火を通して　④ 和えて
>
> ☞ 動詞のほかに名詞や形容詞などの語彙力が問われる問題も出題されます。

> **既出例 4**

（　　　）の中に入れるのに適切なものを①〜④の中から１つ選びなさい。
〈既出30回〉

　　A : 아니, 반에서 그렇게 인기가 있다면서요?
　　B : 네, 공부면 공부, 노래면 노래, 못하는 것이 없는 (　　　) 이에요./예요.

① 팔방미인　② 대동소이　③ 과대망상　④ 심사숙고

【正解】　①

【解説】A : やあ、クラスのなかでそんなに人気があるんですって。
　　　　B : ええ、勉強なら勉強、歌なら歌、何でもできる (　　　) です。
① 八方美人（日本語のように否定的には用いられない）
② 大同小異　③ 過大妄想　④ 深思熟考（深く十分に考えること）
☞ 四字熟語の問題は2回に1問の割合で出題されています。

> **既出例 5**

（　　　）の中に入れるのに適切なものを①〜④の中から１つ選びなさい。
〈既出34回〉

　　A : 결승전엔 김승진을 내 보낼까 하는데.
　　B : 좋아요. 그러면 (　　　).

① 그림의 떡이죠
② 물 위의 기름이죠
③ 도토리 키 재기죠
④ 범에게 날개죠

【正解】　④

【解説】A : 決勝戦には金スンジンを出場させようかと思うんだけど。
　　　　B : いいですね。そうすれば (　　　)。
① 絵に描いた餅ですね　② 水の上の油ですね
③ どんぐりの背比べですね　④ 鬼に金棒ですね
☞ ことわざの問題はほぼ毎回1問の割合で出題されています。

合格資料-11 既出の空欄補充語句リスト - 慣用句・連語

□가슴에 묻다	胸に納める	□코가 막히다	鼻が詰まる
□갈등이 심하다	葛藤が激しい	□피리를 불다	笛を吹く
□값을 부르다	値を付ける	□피아노를 치다	ピアノを弾く
□개성을 살리다	個性を生かす	□하루에도 열두 번 바뀌다	頻繁に変わる
□결심이 서다	決心がつく	□한몫 보다	大きな利益を得る
□고개를 떨구다	うなだれる	□한 배를 타다	運命を共にする
□기가 차다	呆れる	□한치 앞도 내다볼 수 없다	一寸先は闇
□깨가 쏟아지다	(夫婦) 仲が睦まじい	□한턱 내다	食事をおごる
□꽁무니를 빼다	しりごみする	□허풍을 치다	ほらを吹く
□눈물이 나다	涙が出る	□형편이 나아지다	暮し向きがよくなる
□눈이 높다	望みが高い	□형편이 어렵다	暮し向きが苦しい
□눈치를 채다	気配を察する	□형편이 풀리다	暮し向きがよくなる
□마음은 굴뚝 같다	〜たいのは山々だ	□간을 맞추다	塩加減を調整する
□마음이 답답하다	気が晴れない	□겁이 많다	臆病だ
□마음이 든든하다	安心だ	□귀에 거슬리다	耳障りだ、耳に逆らう
□맞장구를 치다	相づちを打つ	□나이는 못 속인다	年には勝てない
□목이 메다	感極まる	□낯이 익다	見覚えがある
□바가지를 긁다	愚痴をこぼす (妻が夫に)	□쥐가 나다	(手足が) つる
□바가지를 쓰다	ぼったくられる	□더위를 먹다	夏バテする
□바이올린을 켜다	バイオリンを弾く	□둘째로 치고	さておいて
□북을 치다	太鼓を打つ	□물 뿌린 듯이	水を打ったように
□비위를 건드리다	気分を害する	□발이 떨어지지 않다	名残惜しい
□비위를 맞추다	機嫌を取る	□사서 고생이다	苦労を買って出る
□속셈을 하다	胸算用をする	□신경을 끄다	気にしない
□손을 꼽다	指折り数える	□실감이 나다	実感がわく
□시샘을 하다	嫉妬する	□씨름을 하다	苦心する
□신세를 지다	世話になる	□장마가 들다	梅雨に入る
□애교를 부리다	愛嬌をふりまく	□재산을 날리다	身代をつぶす
□인상을 쓰다	嫌悪な表情をする	□코를 찌르다	(悪臭などが) 鼻を突く
□일손을 놓다	仕事の手を休める	□하루가 멀다 하고	毎日のように
□짚고 넘어가다	はっきりさせる	□한배를 타다	運命を共にする
□짜증 나다	苛立つ、嫌気が差す	□한숨을 돌리다	一安心する
□차비에 보태다	交通費の足しにする	□한턱 내다	おごる、ご馳走する

37

合格資料-12　既出の空欄補充語句リスト- ことわざ

□가는 말이 고와야 오는 말이 곱다	売り言葉に買い言葉
□그림의 떡	絵に描いた餅
□꿩 먹고 알 먹는다 (먹기)	一挙両得、一石二鳥
□누워서 떡 먹기	朝飯前
□도마에 오른 고기	まな板の上の鯉
□도토리 키 재기	どんぐりの背比べ
□무소식이 희소식	便りのないのはよい便り
□물 위의 기름	水の上の油
□범에게 날개	鬼に金棒（虎に翼）
□벼이삭은 익을수록 고개를 숙인다	実るほど頭の下がる稲穂かな
□비 온 뒤에 땅이 굳어진다	雨降って地固まる
□세살 버릇 여든까지 간다	三つ子の魂百まで
□쇠귀에 경읽기	馬の耳に念仏
□십 년이면 강산도 변한다	十年ひと昔
□아니 땐 굴뚝에 연기 날까?	火のないところに煙は立たぬ
□우물 안 개구리	井の中の蛙（大海を知らず）
□원숭이도 나무에서 떨어진다	猿も木から落ちる
□티끌 모아 태산	ちりも積もれば山となる
□피는 물보다 진하다	血は水よりも濃い

合格資料-13　その他準2級範囲のことわざリスト

□가는 정이 있어야 오는 정이 있다	かける情あれば返す情あり
□가려운 곳을 (데를) 긁어 주다	かゆいところに手が届く
□고생 끝에 낙이 온다 (있다)	苦労の末に楽が来る
□그 아버지에 그 아들	この親にしてこの子あり
□눈에 넣어도 아프지 않다	目の中へ入れても痛くない
□돌다리도 두드려 보고 건너라	石橋を叩いて渡れ
□백 번 듣는 것이 한 번 보는 것만 못하다	百聞は一見にしかず
□배보다 배꼽이 더 크다	本末転倒、主客転倒
□시작이 반이다	始めてしまえば半分成したも同様だ
□하나를 보고 열을 안다	一を聞いて十を知る
□호랑이도 제 말 하면 온다	噂をすれば影

38

合格資料-14 既出の空欄補充語句リスト- 四字熟語

- □ 과대망상　（誇大妄想）　誇大妄想
- □ 구사일생　（九死一生）　九死に一生を得る
- □ 대동소이　（大同小異）　大同小異
- □ 선견지명　（先見之明）　先見の明
- □ 속수무책　（束手無策）　手をこまねいているだけで、どうすることもできない
- □ 시행착오　（試行錯誤）　試行錯誤
- □ 심사숙고　（深思熟考）　深く考える
- □ 애매모호　（曖昧摸糊）　曖昧模糊　ことがあいまいではっきりしない
- □ 일석이조　（一石二鳥）　一石二鳥
- □ 전대미문　（前代未聞）　前代未聞
- □ 진수성찬　（珍羞盛饌）　ご馳走がたくさん並んだ様子
- □ 팔방미인　（八方美人）　多方面の才能がある人
- □ 호시탐탐　（虎視耽耽）　虎視耽耽

合格資料-15 その他準2級範囲の四字熟語リスト

- □ 남녀노소　（男女老少）　老若男女
- □ 남존여비　（男尊女卑）　男尊女卑　社会的に男の地位が高く女は低い
- □ 단도직입　（單刀直入）　単刀直入
- □ 미사여구　（美辞麗句）　美辞麗句　美しいだけで中身がない言葉
- □ 반신반의　（半信半疑）　半信半疑
- □ 방방곡곡　（坊坊曲曲）　津々浦々
- □ 부전자전　（父傳子傳）　父伝子伝　子供は親に似る、蛙の子は蛙
- □ 불가사의　（不可思議）　不可思議
- □ 비몽사몽　（非夢似夢）　夢うつつ
- □ 생사고락　（生死苦楽）　生死と苦楽
- □ 시기상조　（時期尚早）　時期尚早
- □ 시시각각　（時時刻刻）　時々刻々
- □ 십중팔구　（十中八九）　十中八九
- □ 임기응변　（臨機應變）　臨機応変
- □ 자업자득　（自業自得）　自業自得
- □ 자포자기　（自暴自棄）　自暴自棄
- □ 작심삼일　（作心三日）　三日坊主
- □ 정정당당　（正正堂堂）　正々堂々
- □ 천진난만　（天眞爛漫）　天真爛漫
- □ 희로애락　（喜怒哀楽）　喜怒哀楽

39

合格資料-16 既出の空欄補充語句リスト- 副詞語

□구불구불	くねくね	□떠듬떠듬	たどたどしく
□간질간질	くすぐったい	□띄엄띄엄	まばらに、とぎれとぎれ
□끄덕끄덕	こくりこくり	□시큰시큰	ずきずき
□끈적끈적	ねばねば、べとべと		
□더듬더듬	たどたどしく、手探りで		
□두근두근	どきどき		

......

□꿀꺽	ごくりと	□팔팔	ぐらぐら、かっかと
□바짝	からからに、きゅっと	□펄쩍	ぴょんと
□번쩍	ぱあっと、すっかり、ぴかっと	□활짝	にこっと、からっと、ぱあっと
□살살	しくしく		
□살짝	そっと、こっそり		
□솔솔	そよそよ		
□술술	すらすら		
□슬슬	そろそろ、ゆるゆる、こそこそと		
□슬쩍	こっそり		
□줄줄	ざあざあ		
□털썩	どっかりと、べたりと		

......

□가득	いっぱい、なみなみ、ぎっしり	□그만	つい
□가령	たとえ、仮に	□급히	急に
□간신히	やっとのことで、かろうじて	□대강	大体
□거저	ただ(で)	□더러	たまに
□게을리	おろそかに	□도무지	まったく
□결코	決して	□동시에	同時に
□곧	すぐ	□되는 대로	なるがままに
□곧장	まっすぐ	□드디어	ついに
□골고루	均等に、等しく	□막	まさに、ちょうど
□구태여	あえて	□막상	いざ
□굳이	強いて	□만약	もしも
□그나마	それさえも	□멍하니	ぼうっと
□그나저나	いずれにしても、ともかく	□모처럼	せっかく
□그럭저럭	どうにかこうにか	□몽땅	全部
□그런대로	それなりに	□바로	すぐ
□번갈아	交互に、交代で	□전혀	全然、まったく

☐ 비로소	やっと		☐ 제발	どうか
☐ 선뜻	快く、あっさりと		☐ 좀처럼	なかなか
☐ 설마	まさか		☐ 좌우간	とにかく
☐ 쓸데없이	いたずらに、無用に		☐ 차마	とても(〜ない)、とうてい(〜ない)
☐ 어김없이	間違いなく		☐ 통	まったく、全然
☐ 어찌나	どんなに、あまりに		☐ 틈틈이	暇あるごとに
☐ 어차피	どうせ、結局は		☐ 하도	あまりにも
☐ 억지로	無理やり、無理に		☐ 하여튼	とにかく
☐ 얼른	すぐ、素早く		☐ 하필	よりによって
☐ 얼핏	ちらっと		☐ 한가히	のんびりと
☐ 오직	ひたすら		☐ 한바탕	ひとしきり
☐ 온갖	あらゆる		☐ 한참	しばらく
☐ 우연히	偶然		☐ 할 일 없이	することなく
☐ 웬만하면	できれば、よかったら		☐ 환히	明らかに、はっきりと
☐ 유난히	格別に		☐ 형편없이	無茶苦茶に、ひどく
☐ 이따가	後で			
☐ 이왕	どうせ			
☐ 일일이	いちいち			
☐ 자꾸	何度も、しきりに			
☐ 자칫하면	ややもすれば			
☐ 잔뜩	いっぱい、ひどく			
☐ 잠자코	黙って			
☐ 저절로	自ら(みずか)			

……

☐ 하루가 멀다고	一日と置かず		☐ 하루바삐	一日でも早く
☐ 하루가 새롭게	日々新たに		☐ 아쉽게	残念にも
☐ 해마다	毎年		☐ 마지못해	やむを得ず
☐ 동시에	同時に		☐ 쑥스럽게	恥ずかしくも
☐ 말끔하게	きれいに、きちんと			
☐ 너절하게	だらしなく			
☐ 죽기살기로	死にもの狂いで			
☐ 침이 마르도록	口が酸っぱくなるほど			
☐ 김이 빠지게	興ざめするほど			
☐ 아쉬울 것 없이	不自由なく			
☐ 더할 것 없이	この上なく			

第2章 語彙

合格資料-17　既出の空欄補充語句リスト - 用言・名詞

□가난하다	貧しい		□싱싱하다	みずみずしい、新鮮だ
□고소하다	香ばしい		□쑥스럽다	照れくさい、気恥ずかしい
□고요하다	静かだ		□쓸쓸하다	寂しい
□근질근질하다	むずむずする		□씩씩하다	りりしい
□급격하다	急激だ		□억울하다	悔しい
□두껍다	厚い		□얼얼하다	ひりひりする
□두툼하다	分厚い		□유익하다	有益だ
□든든하다	頼もしい		□잔잔하다	静かだ
□따끈따끈하다	ほかほかだ		□저릿저릿하다	びりびりする(刺激で)
□딱딱하다	硬い		□정당하다	正当だ
□떳떳하다	堂々としている		□정정하다	かくしゃくとしている
□뚱뚱하다	太っている		□축축하다	じめじめしている、湿っぽい
□막연하다	漠然としている		□친하다	親しい
□못지않다	劣らない、ひけをとらない		□피곤하다	疲れている
□버릇없다	行儀が悪い、ぶしつけだ		□한가하다	ひまだ
□사소하다	些細だ、とるに足らない		□헛되다	無駄だ、むなしい
□심심하다	①退屈だ、②深甚だ		□흐뭇하다	ほほえましい、満足だ
……			……	
□규정하다	規定する		□익히다	①身につける、②火を通す
□꾸다	①(夢を)見る、②借りる		□잔소리하다	小言を言う
□꾸미다	①飾る、②たくらむ		□지연되다	遅延する
□끌어들이다	引き入れる		□착각하다	錯覚する
□낭비하다	浪費する		□참여하다	参加する
□다투다	争う		□치우다	片づける
□데우다	温める		□혼나다	①叱られる、②ひどい目にあう
□모여들다	集まってくる		□화나다	腹が立つ
□무치다	(ナムルなどを)和える			
□묶다	①縛る、②まとめる			
□묻다	①問う、②埋める、③くっつく			
□비기다	引き分ける			
□비키다	避ける、よける			
□빼다	抜く、差し引く			
□엮다	①編む、②編集する			
□이기다	勝つ			

□가시	とげ		□비위	気分
□갈등	葛藤		□산책	散歩
□개발	開発		□성탄절	聖誕祭、クリスマス
□고개	首、頭		□소나기	にわか雨
□고장	故障		□승진	昇進
□고집	我（意地）		□시야	視野
□기운	気運		□압력	圧力
□기후	気候		□얼굴	顔
□길목	街角、道の要所		□외할머니	母方の祖母
□낚시	釣り		□제삿날	祭祀の日
□넓적다리	太もも		□진찰	診察
□단속	取り締まり		□참여	参加
□동정	同情		□친할머니	父方の祖母
□마음씨	気立て		□태풍	台風
□머리말	序文		□판매량	販売量
□몸살	モムサル（疲労による病気）		□한갓	単に、ただ
□바람	風、勢い、姿		□한눈	①一目で、②わき見、よそ見
□발걸음	足どり		□한몫	分け前、一役
□보관	保管		□협상	協議
□비린내	生臭いにおい			

出題類型 2　問題文と意味が近い類義表現を選ぶ問題が出題される

　下線部の語句と置き換えても文の意味が変わらない類義語や類似表現を選ぶ問題が6問程度出題されます。
　名詞や用言、副詞、慣用語句、ことわざ、四字熟語などの語彙力が幅広く問われる問題で、文全体の意味を把握した上で適切な類似語句を選べる力が求められます。

既出例 1　下線部と意味が最も近いものを①～④の中から1つ選びなさい。
〈既出37回〉

　　이미 지나간 일을 아무리 후회해도 소용없다.
　　① 뉘우쳐도　② 닥쳐도　③ 망쳐도　④ 훔쳐도

【正解】　①

【解説】すでに過ぎたことをいくら後悔してもしようがない。
　　① 後悔しても　② 迫っても　③ 駄目にしても　④ 盗んでも
　☞ 動詞のほかに「흠＝탈（欠点）」、「뜨겁지도 차갑지도 않은（熱くも冷たくもない）＝미지근한（ぬるい）」、「이따금＝더러（たまに）」などのような名詞や形容詞、副詞語などの類義表現も出題されます。

既出例 2　下線部と意味が最も近いものを①～④の中から1つ選びなさい。
〈既出36回〉

　　그렇게 먼 길을 하루가 멀다고 여자 친구를 만나러 온다.
　　① 매일같이　② 이틀에 한 번씩　③ 하루바삐　④ 하루 종일

【正解】　①

【解説】あんなに遠いところを一日と置かず彼女に会いに来る。
　　① 毎日のように　② 二日に一回ずつ　③ 一日でも早く　④ 一日中
　☞ 慣用語句のほかに、「그게 그거야（どれもこれも同じだ）＝도토리 키재기（どんぐりの背比べ）」、「대동소이한（大同小異な）＝별 차이가 없는（あまり違いのない）」などのようなことわざ、四字熟語などの類義表現も出題されます。

合格資料-18　既出の類義表現リスト

置き換えられる類義表現	意味
□ 얼마나 <u>버티는지</u> 두고 보려고 한다. = 참아 내는지	・どれぐらい耐えるかみてみようと思う。 = 我慢できるか
□ 갑자기 <u>살찌는 것</u>은 스트레스로 인한 것일수도 있다. = 뚱뚱해지는	・急に太るのはストレスによることもあり得る。 = 太る
□ <u>교단에 서는 것</u>이 내 꿈이다. = 교편을 잡는	・教壇に立つことが私の夢だ。 = 教鞭を執る
□ 그런 <u>터무니없는</u> 얘기는 처음 듣는다. = 근거 없는	・そんな出鱈目な話は初めて聞く。 = 根拠のない
□ 어린아이들은 주변 사람의 말을 <u>흉내내면서</u> 언어를 배워 간다. = 따라 하면서	・子供は周辺の人の話を真似をしながら言葉を覚えていく。 = 真似をしながら
□ 이 상품은 <u>다 팔렸습니다</u>. = 품절됐습니다	・この商品はすべて売れました。 = 品切れになりました。
□ <u>뜨겁지도 차갑지도 않은</u> 물이 좋다. = 미지근한	・熱くもなく冷たくもない水が良い。 = ぬるい
□ 소비자의 <u>이목을 끄는</u> 새 상품 = 관심을 모으는	・消費者の注目を集めている新商品 = 関心を集めている
□ 그것은 시대에 <u>뒤떨어진</u> 생각이다. = 낡은	・それは時代遅れの考えである。 = 古い
□ 지역 발전에 <u>걸림돌이 되고 있다</u>. = 방해가 되고 있다	・地域発展に障害になっている。 = 邪魔になっている
□ 남을 <u>배려할</u> 줄 아는 사람 = 생각할	・他人に心を配ることのできる人 = 思いやる・考える
□ 피부색이 다르다고 <u>색안경을 끼고 보는</u> 것은 바람직하지 않다. = 사람을 차별하는	・皮膚の色が異なるといって色眼鏡で見るのは望ましくない。 = 人を差別する
□ 너무도 <u>어이없어</u> 모르는 체했다. = 기가 차서	・あまりにも呆れて知らないふりをした。 = 呆れて
□ 어머니께 <u>꾸지람을 들었어요</u>. = 야단을 맞았어요	・母に叱られました。 = 叱られました
□ 남자 친구하고 <u>다투는</u> 꿈을 꾸었다. = 싸우는	・彼氏とけんかする夢を見た。 = けんかする

☐ 어디서 그런 막가는 행동을 하는 거야. = 제멋대로 하는	・どこでそんな無礼な行動をするのだ。 =好き勝手な
☐ 시간이 넉넉하니까 푹 쉬고 가세요. = 충분하니까	・時間は十分あるのでゆっくり休んで行ってください。 =十分なので
☐ 저희가 운반해 드리겠습니다. = 날라	・私どもが運搬して差し上げます。 =運んで
☐ 오늘 회의는 이만 합시다. = 끝냅시다	・今日の会議はこの辺で終えましょう。 =終わらせましょう
☐ 고객 여러분께 깊은 감사를 드립니다. = 심심한	・顧客の皆様に深く感謝いたします。 =深い
☐ 망설이지 말고 빨리 정해요. = 주저하지	・ためらわないで早く決めなさい。 =躊躇し
☐ 한 번만 눈감아 주면 다시는 … = 모르는 체 해 주면	・一度だけ見逃してくれれば二度と… =知らんぷりをしてくれれば
☐ 여태껏 잠자코 있던 사람이 … = 말도 안 하고 있던	・今まで黙っていた人が… =何も言わなかった
☐ 자꾸 잠이 와 죽겠다. = 졸려	・やたらと眠くてしょうがない。 =眠くて
☐ 멍하니 손만 놓고 있으면 어떡해? = 그냥 보고만	・ぼうっと手をこまねいてばかりいたらどうする? =ただ見ているだけ
☐ 나이가 들면 혀가 굳어서 빠른 곡은 어렵다. = 발음이 잘 안 돼서	・年をとると舌がもつれて速い曲は難しい。 =発音がうまくできなくて
☐ 먼 길을 하루가 멀다고 여자 친구를 만나러 온다. = 매일같이	・遠い道のりを毎日のように恋人に会いに来る。 =毎日のように
☐ 아무리 후회해도 소용없다. = 뉘우쳐도	・いくら後悔しても無駄だ。 =悔やんでも
☐ 넌 너무 말이 많은 게 흠이야. = 탈	・きみは口数が多いのが欠点だよ。 =欠点
☐ 그렇게 행동하면 정말 난처합니다. = 곤란합니다	・そのように行動すると本当に困ります。 =困ります
☐ 번거로운 일을 부탁해서 죄송합니다. = 귀찮은	・面倒なことをお願いして申し訳ありません。 =面倒な
☐ 결과를 보고 속이 터지는 사람은… = 화가 나는	・結果をみて腹が立つ人は… =腹が立つ
☐ 뉘우치는 모습이 아니었어요. = 반성하는	・後悔する様子ではなかったです。 =反省する

□ 또 단단히 <u>열받은</u> 모양이구나. 　　　　= 화난	・またひどく<u>腹が立った</u>みたいね。 　　　　=腹が立った
□ 결승전에서 <u>뛰어난</u> 활약을 했다. 　　　　= 훌륭한	・決勝戦で<u>ずば抜けた</u>活躍をした。 　　　　=立派な
□ 이 약은 소화불량에 <u>잘 듣는다</u>. 　　　　= 효과가 크다	・この薬は消化不良に<u>よく効く</u>。 　　　　=効果が大きい
□ <u>여기저기 아는 사람이 많은</u> 사람 　　　　= 발이 넓은	・<u>あちこち知り合いが多い</u>人 　　　　=顔が広い
□ 모두 서로 <u>벽을 허물고</u> … 　　　　= 담을 없애고	・みんなお互いの<u>壁を崩して</u>… 　　　　=垣根を取り払って
□ 그런 일로 싸웠다니 <u>기가 막혀서</u> 말이 안 나온다.　　　= 어이가 없어서	・そんなことでけんかしたなんて<u>呆れて</u>言葉も 出ない。　　　=呆れて
□ 그는 한반도 정세에 <u>정통한</u> 사람이다. 　　　　= 밝은	・彼は韓（朝鮮）半島の情勢に<u>精通した</u>人だ。 　　　　=明るい
□ 혼자서 하는 걸 보고는 <u>흐뭇해했다</u>. 　　　　= 만족했다	・一人でやるのをみて<u>満足げだった</u>。 　　　　=満足した
□ 이웃사촌인데 <u>바가지를 씌우면</u> 안되죠. 　　　　= 비싸게 팔면	・隣人の間で<u>高く吹っ掛けては</u>いけません。 　　　　=高く売っては
□ <u>밑도 끝도 없이</u> 불쑥 그런 말을 하면… 　　　　= 근거도 없이	・<u>根も葉もなく</u>突然そんなことを言うと… 　　　　=根拠もなく
□ 이 음식은 만드는 데 <u>손이 많이 간다</u>. 　　　　= 복잡하다	・この料理は作るのに<u>手間がかかる</u>。 　　　　=複雑だ
□ 시간이 날 때마다 5 분만 투자하세요. 　　　　= 틈틈이	・<u>時間があるたびに</u>5 分だけ投資しなさい。 　　　　=ひまひまに
□ <u>스스럼없이</u> 이야기할 수 있는 사이. 　　　　= 편하게	・<u>気兼ねなく</u>話ができる間柄。 　　　　=気安く
□ 고향 가는 차를 <u>간신히</u> 탈 수 있었다. 　　　　= 겨우	・故郷に行く車に<u>かろうじて</u>乗ることができた。 　　　　=かろうじて
□ 조금 전에 <u>슬그머니</u> 갖다 놓았어요. 　　　　= 몰래	・先ほど<u>こっそり</u>置いておきました。 　　　　=密かに
□ 나도 <u>떳떳하게</u> 살고 싶구나. 　　　　= 당당하게	・私も<u>堂々と</u>生きたいものだ。 　　　　=堂々と
□ 시간을 <u>넉넉히</u> 잡고 출발하면 괜찮다. 　　　　= 충분히	・時間を<u>十分にとって</u>出発すれば大丈夫だ。 　　　　=十分に・ゆとりを持って
□ 한가할 때 <u>이따금</u> 산에 오르곤 한다. 　　　　= 더러	・暇な時は<u>時折</u>山に登ったりする。 　　　　=たまに

☐ 아이, **창피하게** 왜 그러세요? 　　　=쑥스럽게	・いやあ、恥ずかしいからそんなこと言わないでくださいよ。=恥ずかしく
☐ **진작** 연락해 주셨으면 … 　　=미리	・前もって連絡してくだされば… 　　　=前もって
☐ 다 아는 일인데 **구태여** 말해야겠니? 　　　　　　　=굳이	・みんな知っていることなのにわざわざ言わなきゃいけないの?　　　=強いて
☐ **마지못해** 할인 경쟁에 들어갔어요. 　　=할 수 없이	・仕方なく値下げ競争に入りました。 　　　=仕方なく
☐ **슬그머니** 다가가서 놀래자. 　　　=슬쩍	・そうっと近づいて驚かそう。 　　　=こっそり
☐ 로마는 **하루아침에** 이루어지지 않았다. 　　　=갑자기	・ローマは一日にして成らず。 　　　=突如
☐ 저 영화 **보나 마나야**. 　=안 봐도 뻔해	・あの映画、見ても見なくても同じだよ。 　　　=見なくても分かりきっているよ
☐ 매일 운동할 **여유가 있다면야** 좋기는 하지만… =여유가 생긴다면	・毎日運動する余裕があればいいのだが… 　　　=余裕ができるなら
☐ **먹기는커녕** 다 녹아버려서 어쩌지? 　=먹지도 못하고	・食べるどころか全部とけてしまってどうしよう? 　　　=食べられずに
☐ 왜 내 말을 **들은 체 만 체**하니? 　　=못 들은 척	・なんで僕の話を聞いてないふりをするの? 　　　=聞いてないふり
☐ 그땐 그게 **사랑인 줄 알았다**. 　　=사랑이라고 생각했다	・その時は、それが愛だと思った。 　　　=愛だと思った
☐ 그 소식을 **듣기가 무섭게** 뛰쳐나갔다. 　　=듣자마자	・その知らせを聞くやいなや飛び出した。 　　　=聞くやいなや
☐ 같이 가자고 **하도** 졸라대서 … 　　=계속 조르는 바람에	・一緒に行こうとあまりにもせがむので… 　　　=しきりにせがむので
☐ 일을 **끝내는 대로** 바로 연락 바란다. 　　=마치자마자	・仕事を終え次第、すぐに連絡してほしい。 　　　=終えるなり
☐ 생활은 비참하기 **짝이 없다**. 　　=그지없다	・生活は悲惨なことこの上ない。 　　　=極まりない
☐ 그렇다면 **일석이조**가 아니겠어요? 　　=꿩 먹고 알 먹기	・そうだったら一石二鳥じゃありませんか。 　　　=一石二鳥 / 一挙両得
☐ 교통사고에서 **구사일생으로** 살아났다. 　　　=간신히	・交通事故から九死に一生を得て助かった。 　　　=やっとのことで
☐ 설명이 분명하지 **않아서** 무슨 뜻인지 　　=애매모호해서	・説明がはっきりしないので何の意味か 　　　=曖昧(模糊)で

☐ 모두 <u>대동소이한</u> 내용을 되풀이했다. 　　　= 별 차이가 없는	・みんな大同小異な内容を繰り返した。 　　　=特に違いのない
☐ 일을 시작하기 전에 <u>심사숙고해야</u> 한다. 　　　　　　　= 깊이 생각해야	・仕事を始める前によく考えるべきだろう。 　　　=深く考えるべきだろう
☐ 상당히 다른 것 같아도 자세히 보면 <u>별 차이가 없다</u>. 　= 대동소이	・かなり違って見えても、よく見るとあまり差はない。 　　　=大同小異
☐ 네가 공부까지 잘하면 진짜 <u>범에게 날</u> <u>개야</u>. 　　　　　= 두려울 것 없어	・きみが勉強までできたら本当に鬼に金棒だな。 　　　=怖いものはない
☐ <u>아니 땐 굴뚝에 연기 날까</u>? 　= 원인이 있으니 결과가 있다.	・火のないところに煙はたたぬだろう。 　　　=原因があるので結果がある。
☐ 아무리 타일러도 <u>쇠귀에 경 읽기예요</u>. 　　　　　　= 소용없어요	・どんなに言い聞かせても馬の耳に念仏です。 　　　=無駄です
☐ <u>호랑이도 제 말 하면 온다더니</u>… =어떤 사람 이야기를 하면 그 사람이 나타난다.	・虎も自分の話をすればやって来ると言うけど… 　　　=ある人の話をするとその人が現れる。
☐ <u>무소식이 희소식이라고 했으니까</u> 괜 찮을 거예요. = 연락이 없으면 잘 지 낸다는 거니까	・便りのないことがいい便りというから大丈夫 だと思います。 　=連絡がないことは元気に過ごしているということだから
☐ 내가 보기엔 솔직히 <u>그게 그거야</u>. 　　　　　= 도토리 키 재기	・僕が見るにははっきり言ってどっちもどっちだよ。 　　　=どんぐりの背比べ
☐ '<u>하나를 보고 열을 안다</u>' 는 옛말이… 　　= 전체를 짐작할 수 있다	・「一を聞いて十を知る」という昔の言葉が… 　　　=全体を推し量ることができる
☐ 손을 쓰지도 못한 채 <u>강건너 불구경할</u> 수밖에 없었다.　　= 보고 있을	・どうすることもできず見ているしかなかった。 　　　=見ている

出題類型 3 文中の空欄に共通に入る語彙を選ぶ問題が出題される

　２〜３の文を提示し、その文中の空欄に共通に入れることができる単語を選ぶ問題が３問程度出題されます。動詞に多い多義語だけでなく名詞も取り上げ、多様な文脈の中で使われている単語の意味を的確に理解しているかが問われる問題です。

既出例 1

すべての（　　　）の中に入れることができるものを①〜④の中から１つ選びなさい。　　　〈既出35回〉

・어깨의 짐을（　　）쉬었다.

・온천에서 피로를（　　）돌아왔다.

・어려운 문제를（　　）나왔다.

① 줄이고　② 매고　③ 없애고　④ 풀고

【正解】　④

【解説】・肩の荷を（降ろして）休んだ。

・温泉で疲れを（癒して）帰ってきた。

・難しい問題を（解いて）出てきた。

① 減らして　② 締めて　③ なくして　④ 降ろして・解消して・解いて

既出例 2

すべての（　　　）の中に入れることができるものを①〜④の中から１つ選びなさい。　　　〈既出37回〉

・목적을 위해서라면 수단과 방법을（　　）않는다.

・그 아이는 전혀 낯을（　　）않는다.

・웃을 때는 입을（　　）말고 마음껏 웃어 보세요.

① 가리지　② 들지　③ 고르지　④ 다물지

【正解】　①

【解説】・目的のためなら手段と方法を（選ば）ない。

・あの子は全然（人見知りをし）ない。

・笑うときは口を（隠さ）ないで思いっきり笑ってみてください。

① 隠さ　② 持ち上げ　③ 選ば　④ つぐま

合格資料-19 既出の多義語表現リスト

※すべての( )に入れることができるもの(用言は適当な活用形に変えてよい)。

多義語(一部は共通語彙)	意味
□ 가리다	
・수단과 방법을 (가리지) 않는다.	・手段と方法を (選ば) ない。
・그 아이는 낯을 (가리지) 않는다.	・あの子は (人見知り) しない。
・입을 (가리지) 말고 웃어 보세요.	・口を (隠さ) ずに笑ってごらんなさい。
□ 구하다	
・저녁에 일하실 분을 (구합니다)!	・夕方働ける方を (求めています)!
・불편에 대해 양해를 (구합니다).	・ご不便をおかけしますが、ご理解を (願います)。
・이 와인 어디서 (구했어)?	・このワイン、どこで (入手したの)?
□ 깨다	
・약속을 (깼다).	・約束を (破った)。
・그 애길 들으니 잠이 확 (깼다).	・その話を聞いてぱっと目が (覚めた)。
・한국 현대사의 침묵을 (깬) 작품이다.	・韓国現代史の沈黙を (破った) 作品だ。
□ 나다	
・버스를 타자마자 멀미가 (났다).	・バスに乗ってすぐ乗り物酔いが (起きた)。
・호랑이가 나타나서 난리가 (났다).	・虎が現れて大騒ぎに (なった)。
・이 일이야말로 욕심이 (났다).	・この仕事こそ欲が (出た)。＝やりたかった
□ 날리다	
・종이 비행기를 (날리며) 놀았다.	・紙飛行機を (飛ばしながら) 遊んだ。
・꽃가루가 (날려) 눈병을 앓는 사람이 많다.	・花粉が (飛んで) 眼病を患う人が多い。
・작업을 하다가 파일을 (날렸다).	・仕事中ファイルを (消してしまった)。
□ 날카롭다	
・칼끝이 (날카롭다).	・刃先が (鋭い)。
・신문 사설 하나하나가 (날카롭다).	・新聞の社説一つ一つが (鋭い)。
・언니는 신경이 매우 (날카롭다).	・姉は神経がとても (鋭敏だ)。
□ 닿다	
・어느새 버스 정류장에 (닿았다).	・いつの間にかバス停に (着いた)。
・기회가 (닿는대로) 연락하겠다.	・機会が (あり次第) 連絡する。
・코가 땅에 (닿도록) 인사를 했다.	・鼻が地面に (触れんばかりに) 挨拶をした。
□ 돌리다	
・자동차를 이쪽으로 (돌리) 세요.	・車をこちらに (回して) 下さい。
・날이 어두워 발길을 (돌릴) 수밖에 없었다.	・日が暮れたので (引き返す) しかなかった。
・시선을 (돌리) 지 말고 똑바로 봐.	・視線を (そらさ) ずまっすぐ見なさい。

☐ 들다	
・햇볕이 잘 (**드는**) 방은 따뜻하다.	・日差しがよく (**入る**) 部屋は暖かい。
・잘못 (**든**) 버릇은 고치기 어렵다.	・誤って (**ついた**) 習慣は直しにくい。
・다시 고개를 (**든**) 추위가 오래갈 것 같다.	・再び (**ぶり返した**) 寒さが長引きそうだ。
☐ 따다	
・운전 면허를 (**따는**) 데 3년 걸렸다.	・運転免許を (**取る**) のに3年もかかった。
・병마개를 (**따는**) 데는 병따개가 필요하다.	・栓を (**ぬく**) ためには栓抜きが必要だ。
・점수를 (**따는**) 방법을 가르쳐 주겠다.	・点を (**稼ぐ**) 方法を教えてあげる。
☐ 먹다	
・거짓말이 들켜서 골탕을 (**먹었다**).	・うそがばれてひどい目に (**あった**)。
・할 일을 안 해서 욕을 (**먹었다**).	・やることをやらなくて非難 (**された**)。
・하도 아파서 약을 (**먹었다**).	・あまりにも痛くて薬を (**飲んだ**)。
☐ 보다	
・어른들 눈치 (**볼**) 줄도 알아야 한다.	・大人の顔色を (**窺う**) ことも知らなくてはならない。
・이 찌개 간 좀 (**볼**) 수 있어요?	・このチゲ、塩加減を (**見て**) もらえます?
・끝장을 (**볼**) 때까지 안심할 수 없다.	・けりが (**つく**) まで安心できない。
☐ 어색하다	
・(**어색한**) 문장을 수정했다.	・(**不自然な**) 文章を修正した。
・낯선 사람이 많아서 (**어색한**) 분위기였다.	・見知らぬ人ばかりで (**ぎこちない**) 雰囲気だった。
・고백을 하고 나서 (**어색한**) 사이가 돼 버렸다.	・告白してから (**ぎこちない**) 関係になってしまった。
☐ 지다	
・해가 (**지는**) 바닷가의 노을은 참 아름답다.	・日が (**暮れる**) 海辺の夕焼けは本当に美しい。
・잘못에 책임을 (**지는**) 것은 당연하다.	・過ちに責任を (**負う**) のは当然だ。
・남에게 (**지는**) 것을 싫어하는 성격이다.	・人に (**負ける**) ことを嫌う性格だ。
☐ 타다	
・상을 (**타는**) 것은 부끄러운 일이다.	・賞を (**もらう**) のは気恥ずかしいことだ。
・물에 약을 (**타는**) 것은 소화를 돕기 위해서이다.	・水に薬を (**溶かす**) のは消化を助けるためだ。
・얼굴이 (**타는**) 것을 막기 위해 모자를 쓴다.	・顔が (**焼ける**) のを防ぐために帽子をかぶる。
☐ 풀다	
・어깨의 짐을 (**풀고**) 쉬었다.	・肩の荷を (**降ろして**) 休んだ。
・온천에서 피로를 (**풀고**) 돌아왔다.	・温泉で疲れを (**癒して**) 帰ってきた。
・어려운 문제를 (**풀고**) 나왔다.	・難しい問題を (**解いて**) 出てきた。

☐ 풀리다
- 이제서야 그 사건의 수수께끼가 (풀렸다).
- 오랫동안의 오해가 드디어 (풀렸다).
- 연주가 끝나고 나서 겨우 긴장이 (풀렸다).

- 今やっとその事件の謎が (解けた)。
- 長い間の誤解がやっと (解けた)。
- 演奏が終ってやっと緊張が (解けた)。

☐ 낯
- (낯) 선 곳에서 외롭지 않아요?
- 이렇게 칭찬받으니 (낯) 간지럽잖아.
- 모임에 가서 회원들과 (낯) 을 익혀 왔다.

- (不慣れな) 所で寂しくありませんか。
- こんなに褒められたら (面) はゆいじゃないか。
- 集まりに出席して会員達と (知り合って) きた。

☐ 몸
- 어느새 직장 생활도 (몸) 에 배었다.
- 나라를 위해 (몸) 바쳤다.
- 혈관은 우리 (몸) 구석구석을 연결한다.

- いつの間にか会社生活も (身) についた。
- 国のために (身命) を賭した。=献身した。
- 血管は私たちの (体) の隅々をつなぐ。

☐ 소매
- (소매) 길이가 짧아서 안되겠다.
- 엄마의 (소매) 끝을 붙잡고 울었다.
- 빗물이 (소매) 속으로 흘러들어 갔다.

- (袖) 丈が短くて駄目だ。
- 母の (袖) 口をつかんで泣いた。
- 雨水が (袖) の中に流れて入った。

☐ 숨
- 바빠서 (숨) 돌릴 사이도 없다.
- 심장이 터질 정도로 (숨) 이 가빴다.
- 구급차 안에서 (숨) 이 끊어졌다.

- 忙しくて (息) つく暇もない。
- 心臓が破れるほど (息) 苦しかった。
- 救急車の中で (息) が絶えた。

☐ 첫 단추
- 그 협상은 (첫 단추) 를 잘못 끼고 시작했다.
- 교복 (첫 단추) 가 떨어졌다.
- (첫 단추) 가 안 맞으면 일이 어긋나는 법이다.

- その協議は (最初からボタン) を掛け違えて始めた。
- 制服の (第一ボタン) が落ちた。
- (最初のボタン) を掛け違うことがうまく行かないものだ。

☐ 거저
- 남에게 (거저) 달라고 할 수 없다.
- 삼촌이 오면 (거저) 보내지 않는다.
- (거저) 가 더 비싸게 먹힌다.

- 人に (ただで) くれとは言えない。
- おじが来ると (手ぶらでは) 帰らない。
- (ただ) が余計高くつく。

☐ 잔뜩
- 접시에 음식을 (잔뜩) 담았어요.
- 왜 그렇게 화가 (잔뜩) 났어요?
- (잔뜩) 찌푸린 얼굴을 하고 있었어요.

- 皿に食べ物を (たくさん) 盛りました。
- なんでそんなに (ひどく) 怒るのですか。
- (ひどく) 顔をしかめていました。

☐ 통	
· 무슨 뜻인지 (통) 알 수가 없었다.	· 何の意味なのか (全然) 分からなかった。
· 요새 (통) 얼굴 보기 힘드네요.	· 最近 (なかなか) 会えませんね。
· 나는 인터넷에 (통) 관심이 없다.	· 私はネットに (まったく) 興味がない。
☐ 하도	
· 교실이 (하도) 조용해서 아무도…	· 教室が (あまりにも) 静かで誰も…
· 장난감을 사 달라고 (하도) 졸라대서 할 수 없이 사 주었다.	· おもちゃを買ってくれと (すごく) せがむので仕方なく買ってやった。
· 평소에 (하도) 농담을 잘해서 또 거짓말인 줄 알았다.	· 普段 (あまりにも) 冗談を言うのでまたうそかと思った。
☐ 활짝	
· 창문을 (활짝) 열고 시원한 공기를 마셨다.	· 窓を (ぱあっと) 開けて涼しい空気を吸った。
· 여기저기서 꽃들이 (활짝) 피었다.	· あちこちで花が (ぱあっと) 咲いた。
· 얼굴에 (활짝) 웃음을 띠며 맞아 주었다.	· 顔 (いっぱいに) 笑みを浮かべて迎えてくれた。
☐ 뒤지다	
· 왜 남의 가방을 (뒤지니)?	· 何で人のかばんを (物色するの)?
· 시대에 (뒤지)지 않게 공부해야지.	· 時代に (遅れ) ないように勉強しなくちゃ。
· 사진첩을 (뒤지며) 추억에 잠긴다.	· アルバムを (めくりながら) 思い出に耽る。
☐ 부리다	
· 동생은 꾀병 (부리고) 학교를 결석했다.	· 弟は仮病を (使って) 学校を欠席した。
· 너무 욕심 (부리면) 벌 받아요.	· あまり欲 (張ると) 罰が当たります。
· 왜 나만 보면 신경질 (부려)?	· どうして私を見るといらいら (するの)?
☐ 물다	
· 어려운 문제들이 꼬리를 (물고) 터졌다.	· 困難な問題が連続 (して) 起こった。
· 담배를 (물고) 일을 하면 안 돼.	· タバコを (くわえて) 仕事をしてはだめ。
· 제대로 값을 (물고) 가져 가.	· ちゃんと金を (払って) 持って行きなさい。
☐ 달리다	
· 1등으로 (달리던) 영수가 넘어져 버렸다.	· 1位で (走っていた) ヨンスが転んでしまった。
· 일손이 (달려서) 못 끝낸다.	· 人手が (足りなくて) 終わらせられない。
· 밭에는 새빨간 고추들이 (달려) 있었다.	· 畑には真っ赤な唐辛子が (実って) いた。

☐ 말리다
- 머리를 (말리는) 시간도 짧아서 편해요 . | 髪を (乾かす) 時間も短いので楽です。
- 동생들이 싸우는데 안 (말렸어)? | 弟たちがケンカしているのに (止めなかったの)?
- 산나물을 (말려서) 제사 음식을 준비했다 . | 山菜を (干して) 祭祀の料理を準備した。

☐ 잡히다
- 어머니가 입원해서 일이 손에 안 (잡힌다). | 母が入院して仕事が手に (つかない)。
- 반년이 지나서야 겨우 자리가 (잡혔다). | 半年が経ってやっと (落ち着いた)。
- 무슨 말인지 이젠 감이 (잡힌다). | 何の意味かいまなら察しが (つく)。

☐ 켜다
- 바이올린 (켤) 줄 알아요? | バイオリンを (弾く) ことができますか。
- 지진이 일어나자 얼른 라디오를 (켰다). | 地震が起きるとすぐラジオを (つけた)。
- 경찰이 눈에 불을 (켜고) 단속하고 있다 . | 警察が目の色を (変えて) 取り締まっている。

☐ 떨어지다
- 발등에 불이 (떨어졌) 나 보지? | お尻に火が (ついた) ようだね。
- 밥맛도 (떨어지)고, 일할 의욕도 안 나네 . | 食欲も (落ち) て、働く意欲もわかないな。
- 아버지 벼락 (떨어지)기 전에 빨리 들어와! | お父さんに大目玉を (食らう) 前に早く帰って!

☐ 틀
- 프로젝트의 (틀)이 잡힌 것같다 . | プロジェクトの (枠組み) が整ったようだ。
- (틀)에 박힌 인사는 그만하고 건배하자 . | (決まり) 切った挨拶はやめて乾杯しよう。
- 초콜릿을 녹여서 (틀)에 붓는다 . | チョコレートを溶かして (型) に入れる。

☐ 벽
- 내 방 (벽)을 예쁘게 꾸며 보고 싶다 . | 私の部屋の (壁) をきれいに飾ってみたい。
- 그 사람은 이웃과 (벽)을 쌓고 살고 있다 . | 彼は隣と (関係) を絶って暮している。
- 언어의 (벽)을 넘어 친구가 되었다 . | 言語の (壁) を越えて友だちになった。

☐ 간
- (간)이 딱 맞아 . | (塩加減) がちょうどいい。
- 큰소리 치지 마 . (간) 떨어지겠다 . | 大声を出すな。(びっくり) するじゃないか。
- 몸은 작은데 (간)은 크구나 . | 体は小さいのに (度胸) があるね。

☐ 거품
- 옷에 묻은 (거품)을 닦아 주었다 . | 服についた (泡) を拭いてくれた。
- 지금 쓰는 세제는 (거품)이 잘 안 난다 . | 今使っている洗剤は (泡) があまり出ない。
- 부동산 (거품)이 꺼지면서 경기가 나빠졌다 . | 不動産の (バブル) が消えて景気が悪くなった。

準2級出題範囲の語彙リスト

※ここに収録のリストはハングル検定協会提示の語彙リストを参考に、分野別に分類し直してまとめたものである。分類と訳に際しては、使用頻度が少ないと思われるものは除外、または削除し、逆に必要と思われる語彙や意味の訳は一部追加してまとめた。名詞のリストは「連語リスト」に含まれた名詞と「漢字語リスト」に含まれた名詞でほぼカバーできると判断し、掲載を省いた。

合格資料-20　準2級出題範囲の連語リスト

ㄱ

- □ 가난에 쪼들리다　貧乏に打ちひしがれる
- □ 가방을 뒤지다　カバンの中を捜す
- □ 가벼이 보다　軽く見る
- □ 가슴속에 맺히다　心に残る(遺恨など)
- □ 가슴에 품다　胸に抱く
- □ 가시가 걸리다　小骨がつかえる
- □ 가시가 박히다　とげが刺さる
- □ 가야금을 뜯다　伽耶琴を弾く
- □ 가야금을 타다　伽耶琴を弾く
- □ 가죽만 남다　皮だけ残る
- □ 가죽을 벗기다　皮をはぐ
- □ 가죽이 늘어나다　皮が伸びる
- □ 각오가 서다　覚悟が決まる
- □ 각오를 다지다　覚悟を決める
- □ 간을 맞추다　塩加減を調整する
- □ 간을 보다　塩加減をみる
- □ 간이 녹다　魅了する、気をもむ
- □ 간지럼을 타다　くすぐったがり屋だ
- □ 간지럼을 태우다　くすぐる
- □ 갈등이 생기다　葛藤が起こる
- □ 갈등이 있다　葛藤がある
- □ 감을 잡다　見当をつける
- □ 감이 들다　思いがする
- □ 감이 있다　感がある
- □ 값을 치다　値をつける
- □ 개가 짖다　犬が吠える
- □ 개념이 없다　概念がない
- □ 개선이 이루어지다　改善がなされる
- □ 개성이 없다　個性がない
- □ 개성이 있다　個性がある
- □ 거래를 트다　取引を始める
- □ 거울이 달리다　鏡が付いている
- □ 거저 먹다　ただで得る、たやすい
- □ 거저 얻다　ただでもらう
- □ 거짓이 없다　嘘偽りがない、率直だ
- □ 거품을 물다　口角泡を飛ばす
- □ 걸음을 멈추다　足を止める
- □ 걸음이 빠르다　歩き方が速い
- □ 겁을 내다　怖がる、恐れる
- □ 겁을 먹다　恐れをなす
- □ 겁을 주다　脅かす
- □ 겁이 나다　怖い、恐怖心がわく
- □ 게으름을 부리다　怠ける
- □ 게으름을 피우다　怠ける
- □ 결심이 서다　決心がつく
- □ 결심이 흔들리다　決心が揺らぐ
- □ 결의를 다지다　決意を固くする
- □ 결점을 보완하다　欠点を補う
- □ 경고를 받다　警告を受ける

□ 경기가 나쁘다	景気が悪い	□ 공평을 잃다	公平を欠く
□ 경기가 좋다	景気が良い	□ 과오를 범하다	過ちを犯す
□ 경기가 호전되다	景気が好転する	□ 관계가 얽히다	関係が絡みあう
□ 경비가 들다	経費がかかる	□ 교단에 서다	教壇に立つ
□ 경의를 표하다	敬意を表する	□ 교단을 떠나다	教壇を離れる
□ 계기가 되다	きっかけになる	□ 교양이 없다	教養がない
□ 계기를 마련하다	きっかけを作る	□ 교양이 있다	教養がある
□ 계기를 만들다	きっかけを作る	□ 교편을 잡다	教鞭を執る
□ 계기를 삼다	きっかけにする	□ 구름에 싸이다	雲に包まれる
□ 계약을 맺다	契約を結ぶ	□ 구름이 끼다	雲がかかる
□ 계약이 만료되다	契約が満了する	□ 구미가 당기다	興味がわく
□ 계획을 짜다	計画を練る	□ 구미에 맞다	好みに合う
□ 고개를 끄덕이다	うなずく	□ 구실로 삼다	口実にする
□ 고개를 들다	頭を上げる、台頭する	□ 구실을 내세우다	口実を掲げる
□ 고개를 숙이다	頭を下げる	□ 구실을 만들다	口実を設ける
□ 고개를 젓다	首を横に振る	□ 구실을 삼다	口実にする
□ 고개를 흔들다	首を振る	□ 국력을 기르다	国力を養う
□ 고독에 빠지다	孤独に陥る	□ 국력을 키우다	国力を養う
□ 고독을 느끼다	孤独を感じる	□ 권위가 떨어지다	権威が落ちる
□ 고백 받다	告白を受ける	□ 권위가 서다	権威が立つ
□ 고집을 부리다	我を張る	□ 권위가 있다	権威がある
□ 고집을 피우다	我を張る	□ 궤도를 벗어나다	軌道を外れる
□ 고집이 세다	我が強い、頑固だ	□ 궤도에 오르다	軌道に乗る
□ 곤란에 부딪치다	困難にぶつかる	□ 궤도에 올리다	軌道に乗せる
□ 곤란을 겪다	困難を経験する	□ 귀가 솔깃하다	気持ちが傾く(耳寄りな話に)
□ 골을 넣다	ゴールを入れる	□ 귀에 거슬리다	気に障る
□ 골이 띵하다	頭がぼうっとする	□ 귀에 익다	耳に慣れる
□ 골이 아프다	頭が痛い	□ 규정을 짓다	規定する、事を決める
□ 골치가 아프다	頭が痛い	□ 균형을 유지하다	均衡を保つ
□ 골탕을 먹다	ひどい目にあう	□ 균형을 잡다	バランスを取る
□ 골탕을 먹이다	困らせる	□ 그네를 타다	ブランコに乗る
□ 공감을 느끼다	共感を感じる	□ 그늘이 지다	陰になる、陰がある
□ 공감을 불러일으키다	共感を呼び起こす	□ 그럼에도 불구하고	それにもかかわらず
□ 공감을 얻다	共感を得る	□ 그림자와 같다	影のようだ
□ 공감이 가다	共感する	□ 그물을 치다	網を張る
□ 공격을 가하다	攻撃をする	□ 그저 그렇다	まあまあだ
□ 공격을 받다	攻撃を受ける	□ 그저 그만이다	申し分ない、最高だ
□ 공평을 기하다	公平を期する	□ 그저 그만하다	まあまあだ

☐ 극과 극을 이루다	対極をなす	☐ 꾸중을 듣다	叱られる
☐ 극에 달하다	極み（最高）に達する	☐ 꾸지람을 듣다	叱られる
☐ 금을 긋다	線を引く	☐ 끈기가 있다	根気がある
☐ 금이 가다	ひびが入る	☐ 끝장을 내다	けりをつける
☐ 기름에 튀기다	油で揚げる	☐ 끝장을 보다	けりをつける
☐ 기말고사를 보다	期末考査を受ける	☐ 끝장이 나다	けりがつく
☐ 기말고사를 치르다	期末考査を実施する	☐ 끼니를 거르다	食事を抜く
☐ 기분이 거슬리다	気に障る		
☐ 기술을 익히다	技術を身につける	**ㄴ**	
☐ 기운 차다	生気があふれる	☐ 나물을 무치다	ナムルを和える
☐ 기운을 내다	元気を出す	☐ 낙엽이 지다	落ち葉が散る
☐ 기운을 차리다	元気を出す	☐ 난로를 때다	ストーブをたく
☐ 기운이 나다	元気が出る	☐ 난로를 쬐다 / 쪼이다	ストーブにあたる
☐ 기일을 앞당기다	期日を繰り上げる	☐ 난로를 피우다	ストーブをたく
☐ 기일을 지키다	期日を守る	☐ 난리가 나다	大騒ぎになる
☐ 기적을 낳다	奇跡を生む	☐ 난방이 잘 되다	暖房がよく効く
☐ 기적이 일어나다	奇跡が起きる	☐ 날을 세우다	刃を研ぐ
☐ 기침이 나다	咳が出る	☐ 날이 무디다	刃が鈍い
☐ 기타를 치다	ギターを弾く	☐ 날이 새다	夜が明ける
☐ 기품이 있다	気品がある	☐ 날이 서다	刃が鋭い
☐ 긴장을 풀다	緊張を解く	☐ 낮잠을 자다	昼寝をする
☐ 길을 닦다	道路を作る、道をつける	☐ 낯을 가리다	人見知りする
☐ 길을 익히다	道を覚える	☐ 낯을 익히다	顔を覚える
☐ 길이 어긋나다	道を行き違える	☐ 낯이 익다	見覚えがある
☐ 김이 나다	湯気が立つ	☐ 내리막길에 접어들다	下り坂に入る
☐ 까맣게 모르다	全然知らない	☐ 냄새를 맡다	臭いをかぐ
☐ 까맣게 잊다	すっかり忘れる	☐ 너 나 할 것 없이	誰かれなしに
☐ 껍질을 까다	皮をむく	☐ 넋이 나가다	魂が抜ける（驚いて）
☐ 꼼짝 안 하다	身じろぎもしない	☐ 노을이 지다	夕焼けになる
☐ 꼼짝 않다	微動だにしない	☐ 논란이 벌어지다	論議が起こる
☐ 꼼짝 (도)못하다	身動きが取れない	☐ 논에 물을 대다	田んぼに水を引く
☐ 꽁꽁 묶다	強く縛りつける	☐ 논의를 불러일으키다	論議を呼ぶ
☐ 꽁꽁 얼다	かちかちに凍る	☐ 논쟁을 벌이다	論争する
☐ 꾀가 많다	知謀に富む	☐ 논쟁이 벌어지다	論争が展開される
☐ 꾀를 부리다	策を弄する、ずるける	☐ 농담반 진담 반	冗談半分本気半分で
☐ 꾀를 쓰다	智恵を働かす	☐ 눈 앞이 캄캄하다	目の前が真っ暗だ
☐ 꾀를 피우다	ずるける	☐ 눈물이 고이다	涙ぐむ
☐ 꾀병을 부리다	仮病を使う	☐ 눈물이 맺히다	涙が浮かぶ

□눈살을 찌푸리다	眉をひそめる	□더욱 노력이 아쉽다	さらなる努力が望ましい
□눈살을 펴다	眉間のしわを伸ばす	□더위를 먹다	夏バテする
□눈시울을 적시다	目頭を濡らす	□더위를 타다	暑さに弱い
□눈시울이 뜨거워지다	目頭が熱くなる	□데이트를 신청하다	デートを申し込む
□눈썹을 그리다	眉を引く	□도덕을 지키다	道徳を守る
□눈에 거슬리다	目障りだ	□도둑을 맞다	盗難にあう
□눈에 익히다	目で覚える	□도둑이 들다	泥棒が入る
□눈을 가리다	目を隠す	□도라지를 캐다	キキョウを掘る
		□도를 깨치다	道を悟る
ㄷ		□도를 닦다	修行する
□다리가 저릿저릿 저리다	足がびりびりする	□도리에 맞다	道理にかなう
□다림질을 하다	アイロンをかける	□도리에 어긋나다	道理にはずれる
□다짐을 두다	誓う、念を押す	□도장이 찍히다	判が押される
□다짐을 받다	確約を受ける	□도전에 응하다	挑戦に応じる
□단단히 각오하다	固く覚悟する	□독감에 걸리다	インフルエンザにかかる
□단풍이 들다	紅葉する	□독을 타다	毒を盛る
□단풍이 물들다	紅葉する	□독후감을 쓰다	読後感を書く
□달갑게 받아들이다	甘んじて受け入れる	□돈을 갚다	お金を返す
□달갑지 않다	ありがたくない	□돈을 꾸다	お金を借りる
□담이 크다	肝っ玉が太い	□동의를 구하다	同意を求める
□답변에 궁하다	答弁に窮する	□동의를 얻다	同意を得る
□답장을 내다	返事を出す	□동정을 받다	同情を受ける
□답장을 주다	返事をくれる	□두말 말고	なんだかんだ言わずに
□대가 바뀌다	代が替わる	□두말 못하다	何も言えない
□대가를 치르다	代価を払う	□두말 않다	つべこべ言わない
□대가리를 치다	頭を殴る	□두말 할 나위 없다	言うまでもない、明白だ
□대를 물리다	跡を譲る	□두말 할 것 없다	とやかく言う必要がない
□대를 잇다	跡を継ぐ	□두통을 앓다	頭痛を患う
□대변을 보다	大便をする	□두통이 나다	頭痛がする
□대안을 내놓다	代案を出す	□뒷걸음을 치다	後ずさりをする
□대안을 제시하다	代案を提示する	□등골이 서늘해지다	背筋がひやりとする
□대안을 찾다	代案を探す	□등골이 오싹하다	背筋が寒くなる
□대안이 없다	代案がない	□등급을 매기다	等級をつける
□대안이 있다	代案がある	□등급을 정하다	等級を定める
□대우를 받다	待遇を受ける	□따지고 보면	考えて見ると
□대접을 받다	もてなしを受ける	□딱 부딪치다	こつんとぶつかる
□대조를 이루다	対照をなす	□딱 부러지다	ぽきっと折れる
□대출을 받다	貸出を受ける	□딱 질색이다	まっぴらごめんだ

第2章 語彙

□딴판이 되다	一変する		□말이 채 끝나기도 전에	話がまだ終わる前に
□딴판이다	まったく違う		□말허리를 끊다	話の腰を折る
□딸꾹질을 하다	しゃっくりをする		□매너가 나쁘다	マナーが悪い
□딸꾹질이 나다	しゃっくりが出る		□매너가 없다	マナーがなってない
□때가 묻다	垢がつく		□매너가 있다	マナーがある
□때를 밀다	垢を擦る		□매너가 좋다	マナーがいい
□때와 장소를 가리다	時と場所をわきまえる		□매를 맞다	打たれる（むちなどで）
□똥을 누다	大便をする		□맨발로 달리다	はだしで走る
□똥을 싸다	大便をもらす		□맨발로 뛰다	はだしで走る
□똥이 마렵다	便意を催す		□맺힌 데가 없다	わだかまりがない
			□머리가 지끈지끈 아프다	頭がずきずき痛む
ㅁ			□머리를 맞대다	頭を突き合わせる
□마감을 짓다	締め切る		□머리를 세팅하다	髪をセットする
□마개를 따다	栓を抜く		□멀미가 나다	乗り物に酔う
□마개를 막다	栓をする		□멋을 부리다	めかしこむ
□마개를 열다	栓を開ける		□멍이 들다	あざができる
□마당을 쓸다	庭を掃く		□면목이 서다	面目が立つ
□마무리를 짓다	仕上げる		□면목이 없다	面目がない
□마음씨가 곱다	気立てが優しい		□명성을 날리다	名を馳せる
□마음씨가 착하다	心根が優しい		□모기가 물다	蚊が刺す
□마음에 거슬리다	気に障る		□모기에게 물리다	蚊に刺される
□마음에 맺히다	心に残る（遺恨など）		□모자를 씌우다	帽子をかぶせる
□마음을 독하게 먹다	固く決心する		□목도리를 두르다	マフラーを巻く
□마음을 잡다	心を入れかえる		□목도리를 하다	マフラーをする
□마음을 돌리다	心を入れかえる		□목이 메다	喉がつまる
□마음에 차다	心にかなう		□목이 메이다	喉がつまる
□마음을 졸이다	気をもむ		□몸살이 나다	過労で寝込む
□마음을 쓰다	気を遣う		□몸에 익히다	体で覚える
□마음을 먹다	決心する		□몸을 가꾸다	身なりを整える
□마음을 놓다	安心する		□몸을 잠그다	没頭する
□마음을 끌다	気を引く		□몸이 든든하다	体が丈夫だ
□마음에 걸리다	気にかかる		□몸이 옥신옥신 아프다	体がずきずき痛む
□마음에 두다	意中に置く		□몸이 튼튼하다	体が丈夫だ
□마음이 든든하다	心強い		□몸조리 잘하세요	体調管理に気をつけてください
□마중 나오다	出迎えに来る		□몸집이 크다	体格が大きい
□마중을 나가다	出迎えに行く		□몸짓을 하다	身振りをする
□말씨가 거칠다	言葉遣いが荒っぽい		□못을 박다	くぎを打つ
□말씨가 곱다	言葉遣いがきれいだ		□못지 않게	劣らずに

□ 무기력에 빠지다	無気力に陥る		□ 방도를 마련하다	方策を講じる
□ 무리를 이루다	群れをなす		□ 방을 쓸다	部屋を掃く
□ 무지개가 걸리다	虹がかかる		□ 방해를 놀다	邪魔をする
□ 무지개가 뜨다	虹が立つ		□ 배가 살살 아프다	腹がしくしく痛む
□ 무지개가 서다	虹が立つ		□ 배낭을 메다	リュックを背負う
□ 문안을 드리다	ご機嫌を伺う		□ 배낭을 짊어지다	リュックを背負う
□ 문을 두드리다	戸をたたく		□ 배웅을 가다	見送りに行く
□ 문턱이 높다	敷居が高い		□ 배탈이 나다	腹をこわす
□ 물기를 빼다	水気を切る		□ 베개를 베다	枕をする
□ 물방울을 튀기다	水滴をはじく		□ 벼락을 맞다	雷に打たれる
□ 물에 타다	水で割る、水に入れる		□ 벼락이 떨어지다	雷が落ちる
□ 물을 얼리다	水を凍らす		□ 별말을 다 듣다	心外な話をあれこれ聞く
□ 물을 푸다	水を汲む		□ 별말을 안 하다	取り立てた話はしない
□ 물이 고이다	水が溜まる		□ 별말이 없다	特別な話はない
□ 미소를 띠우다	微笑を浮かべる		□ 보수를 지불하다	報酬を支払う
□ 미소를 짓다	微笑する、微笑む		□ 복잡하게 얽히다	複雑に絡み合う
□ 밑줄을 긋다	下線を引く		□ 본을 뜨다	手本のまねをする
□ 밑천을 날리다	元手をなくす		□ 본을 받다	手本にする、見習う
			□ 본을 보다	手本にする、見習う
ㅂ			□ 부아가 나다	腹が立つ
□ 바가지를 긁다	がみがみいう (妻が夫に)		□ 부아가 치밀다	腹が立つ
□ 바가지를 쓰다	ぼったくられる		□ 부아를 내다	腹を立てる
□ 바둑을 두다	碁を打つ		□ 부아를 돋우다	怒らせる
□ 바이올린을 켜다	バイオリンを弾く		□ 부지런을 떨다	せっせとやる
□ 박수를 치다	拍手する		□ 부지런을 피우다	せっせと働く
□ 박차를 가하다	拍車をかける		□ 부채를 부치다	扇であおぐ
□ 발길이 뜸해지다	足が遠のく		□ 북을 치다	太鼓を打つ
□ 발길이 멀어지다	足が遠のく		□ 분위기를 조성하다	雰囲気を作る
□ 밤을 새우다	夜明かしをする		□ 분위기를 타다	雰囲気に乗じる
□ 밥맛을 잃다	食欲をなくす		□ 불을 때다	火を焚く
□ 밥맛이 나다	食欲がわく		□ 붙임성이 있다	人あたりがいい
□ 밥맛이 떨어지다	食欲が落ちる		□ 비난을 받다	非難を受ける
□ 밥맛이 없다	食欲がない		□ 비난을 퍼붓다	非難を浴びせる
□ 밥이 되다	ご飯が柔らかい		□ 비밀에 싸이다	秘密に包まれる
□ 방 안이 엉망이다	部屋が散らかっている		□ 비상이 걸리다	非常命令がくだる
□ 방도가 서다	方策が立つ		□ 비위가 상하다	気に障る、むかつく
□ 방도가 없다	方策がない		□ 비위를 건드리다	気分を害する (他人の)
□ 방도가 있다	方策がある		□ 비위를 맞추다	機嫌を取る

第2章 語彙

61

□ 비위에 거슬리다	気に障る、気にくわない	□ 셔터를 누르다	シャッターボタンを押す
□ 비위에 안 맞다	口に合わない	□ 셔터를 올리다	シャッターを上げる
□ 비탈이 가파르다	傾斜が急だ	□ 소나기를 만나다	にわか雨にあう
□ 빚을 갚다	借金を返す	□ 소리를 지르다	大声を出す
□ 빚을 지다	負債を負う	□ 소문이 번지다	噂が広がる
□ 빨래를 걷다	洗濯物を取り込む	□ 소용 (이) 없다	不要だ、無駄だ
		□ 소용 (이) 있다	使い道がある、必要だ
		□ 소포를 부치다	小包を送る

ㅅ

□ 사기를 당하다	詐欺にあう	□ 속을 썩이다	心配をかけて苦しめる
□ 사기를 치다	詐欺を働く	□ 손가락질을 당하다	後ろ指をさされる
□ 사람됨이 좋다	性格がいい	□ 손가락질을 받다	後ろ指をさされる
□ 사업을 벌이다	事業に取り掛かる	□ 손길을 펴다	手を差し伸べる
□ 사위를 보다	婿を取る	□ 손길이 닿다	手が届く
□ 사위를 얻다	婿を取る	□ 손뼉을 치다	手をたたく
□ 사전을 엮다	辞書を編纂する	□ 손에 익히다	手に慣らす
□ 살림을 꾸리다	生計を切り回す	□ 손을 내밀다	手を差し出す
□ 살인을 내다	殺人を犯す	□ 손해가 가다	損になる
□ 살인이 나다	殺人が起きる	□ 손해가 나다	損害が発生する
□ 상을 차리다	膳を整える	□ 손해를 배상하다	損害を賠償する
□ 상을 타다	賞 (褒美) をもらう	□ 손해를 보다	損する
□ 생각다 못하여	考えあぐねて、思い余って	□ 솜씨가 있다	腕前がいい
□ 생각에 잠기다	物思いに沈む	□ 솜씨가 좋다	腕前がいい
□ 생각지 못하다	思いがけない	□ 솜을 타다	綿を打つ
□ 서리가 내리다	霜が降りる	□ 수고를 끼치다	面倒をかける
□ 서리를 맞다	霜が降りる	□ 수면을 취하다	睡眠をとる
□ 선뜻 응하다	快く応じる	□ 수속을 밟다	手続きを踏む
□ 선을 보다	見合いする	□ 수요가 늘다	需要が増える
□ 선을 보이다	初公開する	□ 수요가 줄다	需要が減る
□ 설사가 나다	下痢が起こる	□ 수저를 놓다	食事をやめる
□ 설사가 멎다	下痢が止まる	□ 수저를 들다	食事を始める
□ 설을 쇠다	正月を過ごす、迎える	□ 수줍음을 타다	はにかむ
□ 성격이 얌전하다	性格が温厚だ	□ 수표를 끊다	小切手を切る
□ 성과를 거두다	成果を収める	□ 숙소를 정하다	宿所を決める
□ 성을 내다	腹を立てる、怒る	□ 술을 익히다	酒をよく発酵させる
□ 성이 나다	腹が立つ、怒る	□ 술이 독하다	酒の度数が強い
□ 세금을 물다	税金を払う	□ 숨을 거두다	息を引き取る
□ 세금을 물리다	税金を払わされる	□ 숨이 가쁘다	息が苦しい
□ 셔터를 내리다	シャッターを下ろす	□ 숯을 굽다	炭を焼く

숱이 많다	髪が濃い
숱이 적다	髪が薄い
스트레스를 받다	ストレスを受ける
스트레스를 해소하다	ストレスを解消する
습기가 차다	湿気が多い
시선을 돌리다	視線をそらす
시선을 피하다	視線を避ける
시집 오다	嫁いでくる
시집을 가다	嫁に行く、嫁ぐ
시집을 보내다	嫁がせる
시치미를 떼다	しらを切る
식욕을 돋구다	食欲を高める
식욕이 돋다	食欲がわく
신경이 거슬리다	気に障る
신경이 예민하다	神経が鋭敏だ
신경질을 내다	癇癪を起こす
신경질을 부리다	癇癪を起こす
신경질이 나다	いらいらする、苛立つ
신명이 나다	興に乗る、興がわく
신분을 가리다	身分を区別する
신세를 지다	世話になる
신용을 얻다	信用を得る
신용을 잃다	信用を失う
신이 나다	興がわく、浮かれる
싫증을 내다	飽き飽きする、嫌がる
싫증이 나다	嫌気が差す、飽きる
심술을 부리다	意地悪をする
심심한 사의를 표하다	深甚な謝意を表する
싸움이 벌어지다	けんかが起こる
쌍을 이루다	対を成す
쓸데없는 수고	無駄な苦労
쓸모가 많다	使い道が多い
쓸모가 없다	役に立たない
쓸모가 있다	役に立つ

ㅇ

아득한 옛날	はるか昔
아랫배가 콕콕 쑤시다	下腹がちくちくとうずく

아무렇지도 않다	なんともない、平気だ
아쉬운 마음	名残惜しい気持ち
아이를 씻기다	子供を洗ってやる
악수를 나누다	握手を交わす
악수를 청하다	握手を求める
안개가 끼다	雲がかかる
안부를 묻다	安否を尋ねる
안부를 전하다	安否を伝える
안색을 살피다	顔色を伺う
안색이 나쁘다	顔色が悪い
안색이 좋지 않다	顔色が良くない
안약을 넣다	目薬を入れる
압력을 가하다	圧力を加える
앞뒤를 가리다	前後のことをよくわきまえる
애가 타다	気が気でない、気が焦る
애를 먹다	手を焼く、一苦労する
애를 먹이다	てこずらせる
애를 쓰다	努力する、尽くす
애를 태우다	気をもむ
야단을 맞다	叱られる
야단을 치다	叱る
야단이 나다	大騒ぎになる
야한 옷	派手な服
약속을 어기다	約束を破る
약점을 보이다	弱みを見せる
약점을 잡다	弱みを握る
약점을 잡히다	弱みを握られる
양같이 순하다	羊のように大人しい
양념을 치다	味付けをする
양다리를 걸치다	二股をかける
양떼를 몰다	羊の群れを追う
어리석은 놈	愚かなやつ
어리석은 짓	愚かなこと
어색한 변명	不自然な弁解
어색한 사이	ぎこちない仲
어이 (가) 없다	あきれる
억지를 부리다	無理を言う
억지를 쓰다	無理を言う

□ 언덕을 넘다	丘を越える	□ 예의를 갖추다	礼儀を整える
□ 얼굴을 가리다	顔を覆う	□ 예절을 갖추다	礼儀を整える
□ 얼굴을 찌푸리다	顔をしかめる	□ 오줌을 누다	小便をする
□ 얼굴을 쳐들다	顔を上げる	□ 오줌을 싸다	尿をもらす
□ 얼굴이 화끈거리다	顔がカッと熱くなる	□ 오줌이 마렵다	尿意を催す
□ 얽히고 설키다	複雑にもつれる	□ 오해를 사다	誤解を買う
□ 엄하게 키우다	厳しく育てる	□ 오해를 주다	誤解を与える
□ 업적을 남기다	業績を残す	□ 온데간데없다	影も形もない
□ 엉뚱한 생각	突飛な考え	□ 온돌을 놓다	オンドルを作る
□ 엉엉 울다	わあわあと泣く	□ 옷차림이 단정하다	身なりが端正だ
□ 엎드려팔굽혀펴기	腕立て伏せ	□ 왕래가 심하다	往来が激しい
□ 에어컨을 켜다	エアコンをつける	□ 왕래가 잦다	往来が頻繁だ
□ 엑스레이 사진을 찍다	レントゲン写真を撮る	□ 요령을 부리다	手を抜く
□ 여드름을 짜다	にきびをつぶす	□ 요령이 없다	要領が悪い
□ 여드름이 나다	にきびができる	□ 요령이 있다	要領がいい
□ 여드름이 생기다	にきびができる	□ 욕 보다	ひどく苦労する
□ 여지가 없다	余地がない	□ 욕심을 내다	欲張る
□ 열매가 달리다	実がなる	□ 욕심을 부리다	欲張る
□ 열매가 맺히다	実がなる	□ 욕심이 나다	欲が出る
□ 열매가 열리다	実がなる	□ 욕을 듣다	悪口を言われる
□ 열매를 맺다	実を結ぶ	□ 욕을 먹다	悪口を言われる
□ 열성을 다하다	真心を尽くす	□ 욕을 얻어먹다	ののしられる
□ 열성이 모자라다	真心が足りない	□ 욕이 되다	恥になる
□ 열을 재다	熱を計る	□ 용서를 빌다	許しを請う
□ 염원을 이루다	念願をかなえる	□ 우습게 보다	見くびる
□ 엿을 빨아 먹다	あめをしゃぶる	□ 우습게 여기다	軽んじる
□ 영 딴판이다	まったく違う	□ 운이 나쁘다	運が悪い
□ 영상에 나타나다	映像に現れる	□ 운이 좋다	運がいい
□ 옆구리를 찌르다	脇をつつく	□ 운이 트이다	運が開く
□ 예감이 들다	予感がする	□ 운전을 익히다	運転を習う
□ 예감이 맞다	予感があたる	□ 웃음보를 터뜨리다	こらえきれず笑い出す
□ 예나 지금이나	昔も今も	□ 웃음을 터뜨리다	笑い出す
□ 예로 부터	昔から	□ 웃음판이 벌어지다	どっと笑う
□ 예상대로	予想通り	□ 원수를 갚다	仇を討つ
□ 예상외로	予想外に	□ 원을 그리다	円を描く
□ 예선을 통과하다	予選を通過する	□ 월급을 받다	月給を受け取る
□ 예약을 취소하다	予約を取り消す	□ 월급을 타다	月給をもらう
□ 예외없이	例外なく	□ 위기를 벗어나다	危機を脱する

☐ 위기에 빠지다	危機に陥る		☐ 입맛을 잃다	食欲を失う
☐ 위기에 처하다	危機にひんする		☐ 입맛이 돌다	食欲が出る
☐ 위로가 되다	慰めになる		☐ 입맛이 당기다	食べたくなる
☐ 위로를 받다	慰められる		☐ 입맛이 떨어지다	食欲がなくなる
☐ 위협을 가하다	脅かす		☐ 입맛이 변하다	好みが変わる
☐ 유례가 없다	類例がない		☐ 입맛이 없다	食欲がない
☐ 유행을 타다	流行に影響される		☐ 입술을 깨물다	唇を噛む
☐ 은혜를 갚다	恩に報いる、恩を返す		☐ 입안이 얼얼하다	口の中がひりひりする
☐ 은혜를 입다	恩をこうむる		☐ 입을 가리다	口を隠す
☐ 음식을 가리다	食べ物の選り好みをする		☐ 입이 심심하다	口が寂しい
☐ 의사를 전하다	意思を伝える		☐ 잉크가 마르다	インクが乾く
☐ 의사를 표시하다	意思を示す		☐ 잉크가 번지다	インクがにじむ
☐ 의욕을 잃다	意欲をなくす			
☐ 의의가 있다	意義がある		**ㅈ**	
☐ 이 자리를 빌어서	この場を借りて		☐ 자금을 대다	資金を提供する
☐ 이가 쑤시다	歯がうずく		☐ 자금을 마련하다	資金を準備する
☐ 이름을 날리다	名を馳せる		☐ 자금이 달리다	資金が足りない
☐ 이성에 눈을 뜨다	性に目覚める		☐ 자리를 뜨다	席をはずす
☐ 이성에 호소하다	理性に訴える		☐ 자존심을 건드리다	プライドを傷つける
☐ 이성을 잃다	理性を失う		☐ 자존심을 걸다	プライドをかける
☐ 이슬이 맺히다	露を結ぶ		☐ 자존심을 버리다	プライドを捨てる
☐ 이해가 대립하다	利害が対立する		☐ 자존심을 세우다	プライドを立てる
☐ 이해가 일치하다	利害が一致する		☐ 자존심이 강하다	プライドが強い
☐ 인권을 유린하다	人権を蹂躙(じゅうりん)する		☐ 자존심이 상하다	プライドが傷つく
☐ 인권을 침해하다	人権を侵害する		☐ 자존심이 없다	プライドがない
☐ 인연을 끊다	縁を切る		☐ 작전을 세우다	作戦を立てる
☐ 인연을 맺다	縁を結ぶ		☐ 작전을 짜다	作戦を練る
☐ 인연이 멀다	縁が薄い		☐ 잔소리를 듣다	小言を聞く
☐ 인원이 차다	定員に達する		☐ 잔치를 벌이다	宴会を開く
☐ 인증을 받다	認証を受ける		☐ 잘못을 저지르다	過ちを犯す
☐ 일단락을 짓다	一段落する (をつける)		☐ 잠자리가 편치 못하다	寝心地がよくない
☐ 일손을 놓다	仕事の手を休める		☐ 잠자리에 들다	寝床に入る
☐ 일손을 떼다	仕事をやめる		☐ 장가 보내다	結婚させる (男を)
☐ 일을 벌이다	事を始める		☐ 장가를 가다	結婚する (男が)
☐ 일이 번지다	事が大きくなる		☐ 장가를 들다	嫁をもらう、結婚する
☐ 일자리를 구하다	勤め口を探す		☐ 장갑을 끼다	手袋をはめる
☐ 일자리를 얻다	勤め口を得る		☐ 장난을 치다	いたずらをする
☐ 입맛을 다시다	舌なめずりをする		☐ 장례를 지내다	葬式を行う

☐ 장례를 치르다	葬式を行う		☐ 정원을 가꾸다	庭を手入れする
☐ 장마가 들다	梅雨入りする		☐ 정책을 내걸다	政策をかかげる
☐ 장마가 지다	長雨になる		☐ 정체가 드러나다	正体がばれる
☐ 장을 보다	買い物をする		☐ 정체가 밝혀지다	正体が明らかになる
☐ 재간이 있다	才能がある、器用だ		☐ 정체를 모르다	正体が分からない
☐ 재산을 날리다	財産をつぶす		☐ 젖을 떼다	離乳させる
☐ 재주가 없다	芸がない、才能がない		☐ 젖을 먹이다	乳を飲ませる
☐ 재주를 부리다	技を見せる		☐ 제 맛이 나다	本来の味が出る
☐ 재채기가 나다	くしゃみが出る		☐ 제멋대로 굴다	自分勝手に行動する
☐ 저녁을 얻어먹다	夕食をおごってもらう		☐ 제비를 뽑다	くじを引く
☐ 적자가 나다	赤字になる		☐ 제사를 지내다	祭事を行う
☐ 적자를 보다	赤字になる		☐ 조각이 나다	割れる、ばらばらになる
☐ 전등을 끄다	電気を消す		☐ 조치를 취하다	措置を取る
☐ 전등을 켜다	電気をつける		☐ 존댓말을 쓰다	敬語を使う
☐ 전력을 기울이다	全力を傾ける		☐ 졸음이 오다	眠気がさす
☐ 전력을 다하다	全力を尽くす		☐ 종을 치다	鐘を鳴らす
☐ 전력을 쏟다	全力を尽くす		☐ 종이 울리다	鐘が鳴る
☐ 전망이 밝다	見通しが明るい		☐ 종이를 찢다	紙を破る
☐ 전망이 좋다	見晴らしがいい		☐ 주류를 이루다	主流を成す
☐ 전면에 나서다	前面に出る		☐ 주목을 받다	注目を受ける
☐ 전면에 내세우다	前面に立てる		☐ 주사를 놓다	注射を打つ
☐ 전보를 치다	電報を打つ		☐ 주연을 맡다	主演を担当する
☐ 전염병이 번지다	伝染病が広がる		☐ 죽을 쑤다	粥を炊く
☐ 전표를 끊다	伝票を切る		☐ 준비를 갖추다	準備を整える
☐ 절차를 거치다	手続きを経る		☐ 중상을 입다	重傷を負う
☐ 절차를 밟다	手続きを踏む		☐ 즙을 내다	絞って汁を出す
☐ 점을 치다	占う		☐ 지면을 장식하다	紙面を飾る
☐ 정권을 잡다	政権をとる		☐ 지장을 받다	支障をこうむる
☐ 정년을 맞다	定年を迎える		☐ 지장을 주다	支障を与える
☐ 정상에 서다	頂上に立つ		☐ 지장이 없다	支障がない
☐ 정성스럽다	真心がこもっている		☐ 지장이 있다	支障が出る
☐ 정성을 기울이다	真心をこめる		☐ 지지를 얻다	支持を得る
☐ 정성을 담다	真心をこめる		☐ 진단을 내리다	診断を下す
☐ 정성을 들이다	真心をこめる		☐ 진단을 받다	診断を受ける
☐ 정성이 어리다	真心がこもっている		☐ 진리를 탐구하다	真理を探究する
☐ 정열을 바치다	情熱をささげる		☐ 진을 치다	陳を張る
☐ 정열을 불태우다	情熱を燃やす		☐ 진찰을 받다	診察を受ける
☐ 정열을 쏟다	情熱を注ぐ		☐ 질투가 나다	嫉妬する、妬む

□질투를 사다	妬みを買う		□추위를 느끼다	寒さを感じる
□짐을 꾸리다	荷造りをする		□추위를 타다	寒さに弱い
□짐작이 가다	見当がつく		□추측이 맞다	推測が当たる
□짐작이 되다	推測される		□추측이 어긋나다	推測が外れる
□짜증을 내다	苛立って怒る		□축전을 보내다	祝電を送る
□짜증이 나다	苛立つ		□축전을 치다	祝電を打つ
			□출석을 부르다	出席を取る
			□출장을 가다	出張に行く

ㅊ

□차근차근 말하다	順々(丁寧)に話す		□충고를 받다	忠告を受ける
□차를 몰다	車を運転する		□충돌이 일어나다	衝突が起きる
□착각이 들다	錯覚を起こす		□취재를 받다	取材を受ける
□창피를 당하다	恥をかく		□친선을 도모하다	親善を図る
□창피를 주다	恥をかかす		□칠판을 지우다	黒板を消す
□천둥이 울리다	雷がとどろく		□침을 뱉다	つばを吐く
□천둥이 치다	雷が鳴る		□침을 삼키다	つばを飲み込む
□천막을 치다	テントを張る			
□천을 짜다	布を織る		## ㅋ	
□철을 놓치다	時期を逃す		□커튼을 치다	カーテンを閉める
□철을 만나다	シーズンを迎える		□코 앞에 닥쳐오다	目前に迫る
□철이 늦다	季節に遅れている		□큰일을 치르다	大事な行事を行う
□철이 들다	物心がつく		□키를 재다	身長を測る
□철이 없다	分別がない、幼稚だ			
□첫눈에 반하다	一目ぼれする		## ㅌ	
□첫발을 내딛다	第一歩を踏み出す		□탈이 나다	異常が生ずる
□청첩장을 보내다	結婚招待状を送る		□탈이 생기다	異常が起こる
□체면을 유지하다	体面を保つ		□탐을 내다	欲しがる
□체면을 지키다	面目を守る		□탐이 나다	欲が出る、欲しい
□체면을 차리다	体面をつくろう		□태도를 취하다	態度を取る
□체면이 깎이다	面目がつぶれる		□태세를 갖추다	態勢を整える
□체면이 서다	面目が立つ		□터를 닦다	地ならしをする
□체중을 달다	体重を量る		□터를 잡다	敷地を定める
□체중을 재다	体重を量る		□통 모르다	全然知らない
□체중이 늘다	体重が増える		□통 안되다	全然駄目だ
□체중이 붇다	体重が増える		□통조림을 따다	缶詰を開ける
□체중이 줄다	体重が減る		□통증이 멎다	痛みが止まる
□초를 치다	酢をかける		□통증이 있다	痛みがある
□최선을 다하다	最善を尽くす		□트집을 잡다	難癖をつける
□추위가 심하다	寒さが厳しい		□특색을 살리다	特色を生かす

第2章 語彙

67

☐ 특색이 나타나다	特色が現れる		☐ 핏줄을 잇다	血統を継ぐ
☐ 틀에 갇히다	型にはまる		☐ 핑계로 삼다	口実にする
☐ 틀에 맞추다	型にはめる		☐ 핑계를 대다	言い訳をする
☐ 틀에 박히다	型にはまる			
☐ 틈을 엿보다	隙をねらう			

ㅎ

ㅍ

			☐ 하늘을 올려다보다	空を見上げる
			☐ 하품이 나오다	あくびが出る
☐ 판결이 나다	判決が下る		☐ 학점을 따다	単位を取る
☐ 판을 깨다	場の雰囲気を壊す		☐ 한 턱 내다	おごる、ご馳走する
☐ 판을 치다	牛耳る、勢力を振るう		☐ 한계에 다다르다	限界に達する
☐ 판이 깨지다	場の雰囲気が白ける		☐ 한계에 부닥치다	限界にぶつかる
☐ 판이 벌어지다	場が開かれる		☐ 한기가 들다	寒気がする
☐ 편을 가르다	組に分ける		☐ 한눈에 반하다	一目ぼれする
☐ 편의를 도모하다	便宜を図る		☐ 한도를 넘다	限度を越える
☐ 편의를 제공하다	便宜を提供をする		☐ 한창 나이	働き盛りの年頃
☐ 평을 받다	評価を受ける		☐ 한창 때	働き盛りのとき
☐ 평이 나다	評判が立つ		☐ 함정에 빠뜨리다	わなにはめる
☐ 평판이 나쁘다	評判が悪い		☐ 함정에 빠지다	落とし穴に落ちる
☐ 평판이 떨어지다	評判が落ちる		☐ 해를 보다	害をこうむる
☐ 평판이 좋다	評判がいい		☐ 해를 입다	害をこうむる
☐ 폐가 많다	迷惑をかける		☐ 핸들을 꺾다	ハンドルを切る
☐ 폐를 끼치다	迷惑をかける		☐ 핸들을 잡다	ハンドルを握る
☐ 폭소를 터뜨리다	爆笑が沸き起こる		☐ 햇볕을 쬐다	日光を浴びる
☐ 폼을 잡다	格好つける、気取る		☐ 햇볕이 들다	日が差す
☐ 폼이 나다	格好いい		☐ 햇살이 따갑다	日差しが熱い
☐ 표가 나다	目立つ		☐ 행방을 감추다	行方をくらます
☐ 품위 좋다	品がいい		☐ 행방을 쫓다	行方を追う
☐ 품위가 없다	品がない		☐ 행주를 짜다	ふきんを絞る
☐ 품위가 있다	品がある		☐ 향기가 나다	におう、香る
☐ 품위를 지키다	品位を保つ		☐ 향기가 풍기다	香りが漂う
☐ 품을 팔다	手間仕事をする		☐ 향수를 뿌리다	香水をかける
☐ 품을 사다	労働力を買う		☐ 허가가 나다	許可が出る
☐ 품이 들다	手間がかかる		☐ 허가를 내주다	許可を出す
☐ 품이 큰 옷	身幅が広い服		☐ 허가를 받다	許可を受ける
☐ 풍선을 부풀리다	風船を膨らます		☐ 허락을 받다	許可を受ける
☐ 풍선이 터지다	風船が破れる		☐ 허리가 쑤시다	腰がずきずき痛む
☐ 피리를 불다	笛を吹く		☐ 허울을 벗다	仮面を脱ぐ
☐ 핏줄은 속일 수 없다	血は争えない		☐ 허울을 쓰다	仮面をかぶる

□ 허풍을 떨다	ほらを吹く	□ 흉내를 내다	まねをする
□ 허풍을 치다	ほらを吹く、大言を吐く	□ 흉터가 생기다	傷跡ができる
□ 허풍이 있다	誇張がある	□ 흉터가 있다	傷跡がある
□ 헤드폰을 끼다	ヘッドフォンをする	□ 흑자가 나다	黒字が出る
□ 헤엄을 치다	泳ぐ	□ 흔적을 남기다	痕跡を残す
□ 혈압을 재다	血圧を測る	□ 흔적이 남다	痕跡が残る
□ 혈압이 오르다	血圧が上がる	□ 흙이 묻다	泥がつく
□ 형편없이	さんざんに、ひどく	□ 흠이 나다	傷がつく
□ 형편이 어렵다	暮らし向きが苦しい	□ 흥정을 붙이다	仲立ちをする
□ 형편이 좋다	暮らし向きが良い	□ 히터를 켜다 (틀다)	ヒーターをつける
□ 혜택을 받다	恩恵を受ける	□ 힌트를 얻다	ヒントを得る
□ 호기심이 강하다	好奇心が強い	□ 힌트를 주다	ヒントを与える
□ 호흡을 맞추다	呼吸を合わせる	□ 힘을 가하다	力を加える
□ 호흡이 맞다	呼吸が合う		
□ 혼란에 빠지다	混乱に陥る		
□ 혼란을 가져오다	混乱をもたらす		
□ 홍수가 지다	洪水になる		
□ 화끈하게 한턱 사다	気前よくおごる		
□ 화상을 입다	やけどを負う		
□ 화제에 오르다	話題に上る		
□ 확 열리다	ぱっと開く		
□ 확 트이다	ぱっと開ける		
□ 확 풀리다	一気にゆるむ、晴れる		
□ 확신이 서다	確信を持つ		
□ 환갑을 맞다	還暦を迎える		
□ 활기를 띠다	活気を帯びる		
□ 활짝 개다	からっと晴れる		
□ 활짝 웃다	大きく笑う		
□ 활짝 피다	ぱあっと咲く		
□ 회답을 받다	回答を受ける		
□ 회식을 가지다	会食する		
□ 회화를 익히다	会話を習う		
□ 획 돌아서다	さっと背を向ける		
□ 효력을 가지다	効力を持つ		
□ 효력을 발휘하다	効力を発揮する		
□ 효력을 상실하다	効力を喪失する		
□ 효력을 잃다	効力をなくす		
□ 휴식을 취하다	休息を取る		

合格資料－21　準2級出題範囲の慣用句リスト

ㄱ

□ 가려운 데를 긁어 주듯	かゆいところに手が届く	□ 간판으로 내세우다	看板に掲げる
□ 가슴에 간직하다	心に刻む、胸に刻む	□ 간판을 걸다	看板を掲げる
□ 가슴에 그리다	胸に描く	□ 간판을 내리다	看板を下ろす、辞める
□ 가슴에 담아 두다	胸にしまっておく	□ 갈 길이 급하다	急いでやるべきことが多い
□ 가슴에 맺히다	(恨み)が心に残る	□ 갈 길이 멀다	やるべきことが多い
□ 가슴에 못을 박다	心を深く傷つける	□ 갈 데까지 가다	落ちるところまで落ちる
□ 가슴에 묻다	心にしまい込む	□ 갈데없는	無二の、間違いない
□ 가슴에 박히다	胸に突き刺さる	□ 감을 잡다	勘付く、状況を把握する
□ 가슴에 새기다	心に刻む	□ 감이 오다	状況が掴める、勘付く
□ 가슴에 손을 얹다	胸に手を当てる	□ 값을 부르다	値をつける
□ 가슴에 와 닿다	胸に響く、胸を打つ	□ 값이 나가다	高価だ、値が張る
□ 가슴에 짚이다	心当たりがある	□ 강 건너 불 보듯	高みの見物
□ 가슴에 파고 들다	胸を打つ	□ 같은 값이면	同じことなら
□ 가슴에 품다	胸に抱く	□ 같이 놀다	連れ立つ、一緒に行動する
□ 가슴을 불태우다	張り切る、意気込む	□ 같이 늙어가다	一緒に年をとる
□ 가슴을 앓다	胸を痛める	□ 같이 못 놀다	付き合いきれない
□ 가슴을 울리다	胸を打つ、胸に迫る	□ 거기서 거기다	どれもこれも同じだ
□ 가슴을 찌르다	胸を突き刺す	□ 거리를 좁히다	距離を狭める、近付く
□ 가슴을 치다	胸を打つ、胸に響く	□ 거북이걸음	牛歩、のろい歩み
□ 가슴을 태우다	胸を焦がす	□ 거울로 삼다	鑑とする、手本にする
□ 가슴을 펴다	胸を張る	□ 거짓말을 밥 먹듯 하다	平気で嘘をつく
□ 가슴이 두근거리다	胸がドキドキする	□ 걱정을 사서 하다	余計な心配をする
□ 가슴이 쓰리다	心が痛む	□ 걸음을 떼다	歩き出す、踏み出す
□ 가슴이 저리다	胸がうずく	□ 걸음이 가볍다	足取りが軽い
□ 가슴이 찢어지다	胸が張り裂ける	□ 걸음이 무겁다	足取りが重い
□ 가슴이 타다	胸が焦がれる	□ 검은 구름이 끼다	暗雲がたちこめる
□ 가슴이 터지다	胸が張り裂ける	□ 겁에 질리다	怯える
□ 가시가 돋치다	とげがある	□ 겁을 내다	怖気づく、怖がる
□ 가지고 놀다	①弄ぶ、②牛耳る	□ 겁을 먹다	恐れをなす
□ 간데없다	跡形もない	□ 겁이 많다	臆病だ、怖がりだ
□ 간이 떨어지다	非常に驚く	□ 겁이 없다	怖いもの知らずだ
□ 간이 붓다	怖いもの知らず	□ 겉과 속이 다르다	表裏がある
□ 간이 크다	大胆だ、度胸がある	□ 게임이 끝나다	勝ち目がない、負けだ
		□ 게임이 안 되다	太刀打ちできない

□경우가 아니다	常識から外れる	□궁둥이가 무겁다	尻が重い
□계절을 앞당기다	季節を先取りする	□귀가 가렵다	耳がかゆい、誰かに噂をさ
□고개를 끄떡이다	うなずく、同意する		れているような気がする
□고개를 내밀다	現れる、顔を出す	□귀가 먹다	耳が遠くなる
□고개를 돌리다	顔をそむける、そっぽを向く	□귀가 밝다	耳がいい、耳が早い
□고개를 들다	頭をもたげる、台頭する	□귀가 얇다	(話を)信じやすい
□고개를 떨구다	うなだれる	□귀가 어둡다	耳が遠い、(情報に)疎い
□고개를 못 들다	顔を上げられない	□귀를 기울이다	耳を傾ける、耳を澄ます
□고개를 숙이다	頭を下げる、うな垂れる	□귀를 의심하다	耳を疑う
□고개를 젓다	首を横に振る	□귀밑이 빨개지다	頬を染める
□고개를 흔들다	首を横に振る	□귀에 거슬리다	耳に障る、耳障りだ
□고양이 앞의 쥐	蛇ににらまれた蛙	□귀에 담다	耳に入れる、聞く
□고양이와 개	犬猿の仲	□귀에 익다	耳慣れる、聞きなれる
□고춧가루를 뿌리다	水を差す、茶々を入れる	□그 아버지에 그 아들	蛙の子は蛙
□곱게 자라다	苦労を知らずに育つ	□그 얼굴이 그 얼굴이다	顔ぶれが変わらない
□곱지 않은 시선	冷たい視線	□그걸 말이라고 해?	話にならない
□공공연한 비밀	公然の秘密	□그게 그거다	どれもこれも同じだ
□공백이 생기다	空白が生じる	□그놈이 그놈이다	似たり寄ったりだ
□과거가 있다	(複雑な)過去がある	□그늘에 가리다	陰に隠れる
□관심을 끄다	関心を持つのを辞める	□그늘이 지다	陰になる、(心が)曇る
□교단에 서다	教職に就く	□그도 그럴 것이	それもそのはず
□교단을 떠나다	教職から退く	□그래 좋다	よし、それはそうとして
□교문을 나서다	卒業する	□그러거나 말거나	そんなの関係なしに
□교통 정리를 하다	(意見を)まとめる	□그러게 말이다	そうだよ、本当にそうだ
□교편을 놓다	教員を辞める	□그러면 그렇지	そうだろうと思った、
□교편을 잡다	教鞭を執る		やっぱりね
□구경도 못하다	①見たことがない、	□그런 법이 어디 있어(요)?	そんなのあり得ない
	②(見る)機会に恵まれない	□그럼에도 불구하고	それにも関わらず
□구멍을 내다	穴を開ける、駄目にする	□그렇게 됐어	まあそういうことさ
□구멍을 메우다	穴埋めをする、穴を埋める	□그렇고 그렇다	まあそんなものだ、
□구멍이 나다	穴が開く、狂いが生じる		大したことはない
□구석에 몰리다	窮地に追い込まれる	□그렇다 치고	そうだとして
□국물도 없다	何のおこぼれにも預かれない	□그렇다 치더라도	そうだとしても
□국수를 먹다	結婚式を挙げる	□그림의 떡	絵に描いた餅
□굴러 온 호박	棚からぼた餅	□그림이 안 좋다	様にならない、絵にならない
□굵고 짧게 살다	太く短く生きる	□그림이 좋다	様になる、絵になる
□궁둥이가 가볍다	尻が据わらない	□그림자도 안 보이다	人影ひとつ見えない

第2章 語彙

71

□그림자도 없다	影も形もない	□꼬리를 밟다	跡をつける、尾行する
□그림자를 감추다	影を潜める	□꼬리를 밟히다	尻尾を掴まれる、ばれる
□그림자처럼 붙어다니다	影のように付いて回る	□꼬리를 빼다	逃げ出す、後ろを見せる
□그물에 걸리다	網にかかる、罠にかかる	□꼬리를 잇다	ひっきりなしに続く
□그물을 던지다	網を張る、罠をしかける	□꼬리를 잡다	尻尾を掴む
□그저 그렇다	まあまあだ	□꼬리를 잡히다	尻尾を掴まれる
□그저 그만이다	最高だ、申し分ない	□꼬리를 치다	尻尾を振る
□근처에도 못 가다	足元にも及ばない	□꼬리를 흔들다	尻尾を振る、媚びる
□근처에도 안 가다	関わろうとしない	□꼼짝 못하다	①身動きが出来ない、
□금이 가다	ひびが入る		②ものも言えない
□급한 불을 끄다	急場をしのぐ	□꼼짝 안하다	①身じろぎもしない、
□기가 꺾이다	気勢がくじける		②少しも動揺しない
□기가 막히다	①呆れる、②最高だ	□꽉 잡고 있다	掌握している、牛耳る
□기가 살다	気勢が上がる	□꿈나라로 가다	深い眠りに落ちる
□기가 죽다	しょげる、萎縮する	□꿈도 못 꾸다	思いも寄らない、考え
□기가 질리다	怖気づく		れない、夢のまた夢だ
□기가 차다	呆れる、驚くほどだ	□꿈도 안 꾸다	夢にも思わない
□기를 꺾다	気勢をくじく	□꿈에도 생각지 못하다	全く予想外だ、
□기를 쓰다	やっきになる、必死になる		思いも寄らない
□기를 죽이다	やる気をくじく、抑える	□꿈을 깨라	目を覚ませ、夢から醒めろ
□기를 펴다	羽を伸ばす、のびのびする	□꿩 먹고 알 먹기	一石二鳥、一挙両得
□기분이 아니다	気が乗らない	□끄떡도 않다	びくともしない
□길고 짧은 것은 대 봐야 안다	物事の違いは実際に比べ	□끝장을 보다	けりをつける
	てみないと分からない		
□길을 가는 사람에게 물어 보라	みんなに聞いてみろ	**ㄴ**	
□길을 열다	道を開く、方法を見出す	□나 몰라라 하다	知らんぷりする
□길이 바쁘다	道が急がれる	□나이는 못 속이다	年は争えない
□길이 열리다	道が開ける	□나이를 거꾸로 먹다	ますます若くなる
□김을 빼다	白けさせる、興ざめさせる	□난리가 나다	大騒ぎになる
□김이 빠지다	気が抜ける	□날 것 같다	(身や心が)とても軽い
□까놓고 말하다	包み隠さずに言う	□날개를 펴다	翼を広げる
□까짓 것	それしきのこと	□날과 더불어	日を追って
□꼬리가 길다	悪事を長く続ける	□날을 잡다	日取りを決める
□꼬리를 감추다	姿をくらます、隠れる	□날이 새다	夜が明ける、失敗する
□꼬리를 내리다	尻尾を巻く	□날이면 날마다	日々、日ごとに
□꼬리를 물다	相次ぐ、後を絶たない	□남 보기	人目、よそ目

□남는 장사다	儲かる商売だ	□누가 뭐라나?	誰も文句言わないよ
□남의 일 같지 않다	他人事とは思えない	□누가 뭐래도	誰が何と言おうと
□남의 입에 오르다	人の噂に上る	□누가 아니래	その通りだ
□남이 잘되는 꼴을 못 보다	他人の成功を認めず妬む	□누가 할 소리를 누가 하냐?	お前の言うことではないだろう！
□낮이고 밤이고	昼夜を問わず	□누구 마음대로	何で勝手に
□낯가죽이 두껍다	面の皮が厚い	□누구 좋으라고	誰のために
□낯을 가리다	人見知りをする	□누구는 몰라서 안 해?	私だって分かってるよ
□낯을 못 들다	顔を上げられない、面目が立たない	□누워서 떡 먹기	朝飯前
□낯을 붉히다	赤面する、色をなす	□누워서 침 뱉기	天に唾する
□낯이 간지럽다	面映い、照れくさい	□눈 깜짝할 사이	あっという間
□낯이 뜨겁다	顔から火が出る	□눈 둘 곳을 모르다	目のやりどころに困る
□낯이 설다	①見覚えがない、②なじみが薄い	□눈 밖에 나다	見限られる、憎まれる
		□눈 하나 깜짝하지 않다	びくともしない
□낯이 익다	顔なじみだ、見慣れている、なじみがある	□눈길을 끌다	人目を引く、目を奪う
		□눈길을 모으다	人目を引く、注目される
□내 마음이다	私の勝手だ	□눈길이 미치다	目が届く
□내 정신 좀 봐	（自分の失敗に気づいて言う）私ったら	□눈만 깜빡이다	目をぱちくりさせる
		□눈물을 거두다	涙を抑える、涙を拭う
□내가 알 게 뭐야	私の知ったことか	□눈물을 삼키다	涙を呑む
□내리막길을 가다	下り坂を下る	□눈물을 짜다	しくしく泣く
□냄새가 나다	においがする、臭い	□눈물이 앞서다	（言葉よりも先に）涙を流す
□냄새를 맡다	においを嗅ぎつける	□눈물이 앞을 가리다	涙が遮る
□냄새를 풍기다	漂わせる、におわせる	□눈시울을 붉히다	目頭を熱くさせる
□너는 너고 나는 나다	君は君、私は私だ、だからお互い関係ない、干渉するな	□눈시울을 적시다	涙を浮かべる
		□눈시울이 뜨거워지다	目頭が熱くなる
		□눈앞에 나타나다	目の前に現れる
□너도 나도 하다	我も我もと進み出る	□눈앞에 두다	目前に控える
□넋을 잃다	我を忘れる	□눈앞이 캄캄하다	お先真っ暗だ、途方に暮れる
□넋이 나가다	魂が抜ける	□눈앞이 환해지다	目を開く、前途が開ける
□넋이 빠지다	茫然とする、夢中になる	□눈에 거슬리다	目に障る、目障りだ
□넘어서는 안 될 선	最後の一線	□눈에 든 가시	目の上のこぶ、目の敵
□넘어야 할 산이 많다	やるべきことが多い	□눈에 불을 켜다	①目の色を変える、②目に角を立てる
□넘어지면 코 닿을 데	目と鼻の先		
□농담이 심하다	冗談の度が過ぎる	□눈에 불이 나다	①激怒する、②目から火が出る
□농담이 아니다	意外と大変だ、本当だ		

□눈에 익다	なじみがある、見慣れている、見覚えがある	□다리를 놓다	橋渡しをする
□눈에 차다	満足する、気に入る	□다리를 뻗고 자다	枕を高くして寝る
□눈에 흙이 들어가다	死ぬ	□다시 보다	見直す
□눈에 흙이 들어가기 전에는	目の黒いうちは	□다시 안 볼 사람	二度と会わない人
□눈에서 벗어나다	見放される、疎まれる	□단칼에	一気に、一刀両断に
□눈을 깜빡거리다	目をぱちくりさせる、きょとんとする	□달다 쓰다 말이 없다	無反応だ
		□닭살이 돋다	鳥肌が立つ
□눈을 똑바로 뜨다	目を開く、直視する	□담을 쌓다	壁を作る、関係を断つ
□눈을 뜨고 볼 수 없다	見るにたえない	□담이 크다	大胆だ、度胸がある
□눈을 뜨다	目を覚ます、目覚める	□답지 않다	お前らしくない
□눈을 맞추다	視線を合わせる	□더도 말고 덜도 말고	過不足なくいつも
□눈을 반짝거리다	目を輝かせる	□더위를 먹다	夏バテする、夏負けする
□눈을 붙이다	ちょっと眠る	□더위를 타다	暑がる、暑さに弱い
□눈을 속이다	目を欺く、騙す	□덕을 보다	恩恵を被る
□눈을 의심하다	目を疑う	□덕이 되다	ためになる、助けになる
□눈을 팔다	よそ見をする	□도마 위에 오르다	俎上に上る
□눈을 피하다	人目を避ける、身を隠す	□도마 위에 올려놓다	俎上に載せる
□눈이 나오다	(高価で) おどろく	□도마에 오른 고기	まな板の鯉、俎上の魚
□눈이 돌다	(忙しさで) 目が回る	□도장을 받다	確約をもらう
□눈이 동그래지다	目を丸くする	□도토리 키 재기	どんぐりの背比べ
□눈이 많다	人目がうるさい	□돈은 돌고 돌다	金は天下の回り物だ
□눈이 맞다	(男女間の) 気持ちが通じ合う、好きになる	□돈을 만지다	稼ぐ、金を扱う
		□돈을 물 쓰듯 하다	金を湯水のように使う
		□돈을 주고도 못 사다	金では買えない
□눈이 멀다	①目が見えなくなる、②目が眩む、盲目になる	□돌고 돌다	回り物だ
		□돌아서면 남이다	所詮は他人だ
□눈이 무섭다	人目が怖い	□돌아서면 잊어버리다	物忘れがひどい
□눈이 부시다	眩しい、目覚ましい	□돌을 던지다	非難する、負けを認める
□눈이 빛나다	目が輝く	□돌처럼 굳어지다	石のように固まる
□눈이 어둡다	(〜に) 目が眩む	□돌파구를 마련하다	突破口を開く
□눈이 팔리다	目をとられる	□돌파구를 열다	突破口を開く
□눈치를 채다	気配を察する、気付く	□돌파구를 찾다	突破口を探す
□눈코 뜰 사이 없다	目が回るほど忙しい	□동서남북을 모르다	右も左もわからない
		□되는 게 없다	何一つうまくいかない
ㄷ		□되다가 말다	出来損ないだ
□다 죽어가다	殆ど死にかけている	□되지 못하다	出来が悪い
□다 크다	すっかり成長する	□될 대로 돼라	なるようになれ

□두 귀가 번쩍 뜨이다	(意外な事を聞いて)はっとする
□두 다리 쭉 뻗다	何の心配もない様子
□두 마리 토끼를 잡다	二兎を追う
□두 손 두 발 다 들다	お手上げだ
□두 손을 들다	(降参して)手を上げる
□두고 보다	(成り行きを)見守る
□두고 봐 (라)	今に見てろ、覚えておけ
□두말없이	何も言わずに、黙って
□두말을 말고	つべこべ言わずに
□두말을 못하다	二の句が継げない
□두말을 하다	①あれこれ言う、②言葉をかえる
□두말을 할 것 없다	とやかく言う必要がない、言うまでもない
□두말할 필요가 없다	言うまでもない
□두통을 앓다	頭痛を患う
□둘째로 치다	二の次とする
□뒤가 깨끗하다	やましいところがない
□뒤를 따르다	後を追う、後に従う
□뒤를 맡기다	後の事を任せる
□뒤를 밀다	後押しする、後ろ盾になる
□뒤를 보아 주다	①後の面倒を見てやる、②後ろ盾になる、援助する
□뒤집어쓰다	①かぶる、②なすりつけられる
□뒷맛이 쓰다	後味が悪い
□듣기 좋으라고 하는 소리	お世辞、綺麗事
□듣도 보도 못하다	見たことも聞いたこともない、初耳だ
□들었다 놨다 하다	牛耳る、手玉に取る
□등에 업다	後ろ盾にする、笠に着る
□등을 돌리다	背を向ける
□등을 밀다	背中を押す、後押しする
□따로 없다	～も同然だ、～と変わらない
□따로 있다	～するにも程がある
□딱 잘라 말하다	きっぱりと言う
□땀이 비 오듯 하다	汗が滝のように流れる
□땅에 떨어지다	地に落ちる
□때가 묻다	垢がつく、世間ずれする
□때가 아니다	時期尚早だ
□떠오르는 별	新たなスター
□뚝 떨어지다	ぐっと落ちる
□뜨거운 맛을 보다	痛い目を見る
□뜻을 세우다	志を立てる、志す
□뜻이 맞다	考えが一致する
□뜻이 있는 곳에 길이 있다	志あらば道は開ける

ㅁ

□마음 같아서는	気持ちとしては
□마음먹기에 달리다	気持ち次第だ
□마음에 그늘이 지다	心が陰る
□마음에 두다	気にする、念頭に置く
□마음에 못을 박다	心を傷つける
□마음에 없는 소리를 하다	心にもないことを言う
□마음에 없다	気がない、気が進まない
□마음에 차다	心に叶う、満足に思う
□마음은 굴뚝 같다	(～したいのは)山々だ
□마음을 붙이다	心を寄せる、専念する
□마음을 비우다	無心になる
□마음을 풀다	気を緩める、気を抜く
□마음이 돌아서다	心が変わる
□마음이 풀리다	心のわだかまりがなくなる
□마침표를 찍다	終止符を打つ
□말끝마다	ふたこと目には
□말도 마라	さんざんだよ、とんでもない
□말만 앞세우다	口先ばかりだ
□말만 잘하면	うまく話しさえすれば
□말을 놓다	ため口をきく
□말을 돌리다	遠回しに言う、話をそらす
□말을 떼다	口を開く、口を切る
□말을 맞추다	口裏を合わせる
□말을 받다	(人の)話を継ぐ
□말을 붙이다	話しかける

第2章 語彙

□ 말을 안 해서 그렇다	言わないだけだ	□ 머리를 식히다	頭を冷やす、冷静になる
□ 말을 트다	ため口を使う	□ 머리를 짜다	頭を絞る、知恵を絞る
□ 말이 그렇지	そうは言っても	□ 먹고 살다	生きる、生活する
□ 말이 나오다	話が持ち上がる	□ 먹여 살리다	養う
□ 말이 나왔으니까 말이다	話のついでだ	□ 먹을 복이 있다	食べ物に関して運がいい
□ 말이 많다	口数が多い、やかましい	□ 멀미가 나다	乗り物に酔う
□ 말이 새다	秘密がもれる	□ 멀미를 내다	嫌気を起こす
□ 말이 아니다	話にならない、とてもひどい	□ 멍이 지다	①あざができる、
□ 말이 필요없다	言わずとも通じている		②(心に)しこりが残る
□ 말이야 쉽다	言うのは簡単だ	□ 메가폰을 잡다	(映画の)監督をする
□ 말할 수 없이	言葉で表せないほど	□ 면목이 서다	顔が立つ、面目が立つ
□ 말해 봐야 입만 아프다	言うだけ無駄だ	□ 면목이 없다	面目ない、
□ 맛만 보다	少しだけかじる、		合わせる顔がない
	味見程度にする	□ 몇 날 며칠(을)	何日も
□ 맛을 들이다	①味付けをする、	□ 모르긴 몰라도	恐らく、十中八九
	②味を占める	□ 모르면 가만히 있다	余計な事を言わない
□ 맛을 보다	①味見をする、	□ 모양을 내다	①おしゃれする、
	②味わう、体験する		②格式を整える
□ 맛이 들다	味がつく、食べごろだ	□ 목소리를 내다	声を上げる、意見を言う
□ 맞장구를 치다	相づちを打つ	□ 목숨을 거두다	息を引き取る
□ 매듭을 짓다	結末をつける	□ 목숨을 바치다	命を捧げる
□ 매스컴을 타다	①メディアで取り上げられる、②脚光を浴びる	□ 목에 걸리다	①のどにつかえる、②気にかかる
□ 머리 속이 비다	頭が空っぽだ	□ 목을 매다	①首を吊る、
□ 머리가 가볍다	頭が軽い、		②全力を尽くす、
	気分が爽やかだ		③すべてを頼る
□ 머리가 굳다	頭が固い、頑固だ	□ 목을 자르다	解雇する、首にする
□ 머리가 돌다	気が狂う、気が触れる	□ 목이 날아가다	解雇される、首が飛ぶ
□ 머리가 잘 돌아가다	頭の回転が速い	□ 목이 떨어지다	解雇される、首を切られる
□ 머리가 빠지다	髪が抜ける、腐心する	□ 목이 메다	感極まる
□ 머리끝에서 발끝까지	頭のてっぺんから爪の先まで、全身	□ 목이 잘리다	解雇される、首が飛ぶ
		□ 목이 잠기다	喉がかれる、声がかすれる
□ 머리를 긁다	頭を掻く	□ 목이 찢어지게	声を張り上げて
□ 머리를 들다	頭をもたげる、台頭する	□ 목이 타다	喉が渇く
□ 머리를 맞대다	額を集める、膝を交える	□ 목이 타게	切望して
□ 머리를 숙이다	うつむく、頭を下げる	□ 몰라도 한참 모르다	何も分かってない
□ 머리를 스치다	頭をよぎる	□ 몰라주다	分かってくれない

□몸살을 앓다	①(過労などで)体調を崩す、②苦しむ	□물 만난 고기	水を得た魚
		□물 뿌린 듯이	水を打ったように
□몸살이 나다	① (過労で) 体調を崩す、②(何かがしたくて) うずうずする、むずむずする	□물 쓰듯 하다	湯水のように使う
		□물 위의기름	水と油
		□물과 불	水と油
□몸에 배다	身に付く、身に染み付く	□물불을 가리지 않다	水火も辞さない
□몸을 던지다	身を投げる、熱中する	□물을 흐리다	和を乱す
□몸을 바치다	命を棒げる、献身する	□물이 좋다	活きがいい、新鮮だ
□몸을 버리다	健康を損なう、体を壊す	□뭐가 달라도 다르다	やはり何か違う
□몸을 아끼다	体を借しむ、骨を惜しむ	□뭐가 어때서	何で、どうして
□몸이 굳어지다	(緊張で) 固まる	□뭐니 뭐니 해도	何と言っても、
□몸이 무겁다	体が重い、妊娠している		何はともあれ、
□못 말리다	どうしようもない		何だかんだ言っても
□못 봐주다	目にあまる、見逃せない	□뭐라 뭐라 하다	ああだこうだ言う
□못 속이다	隠せない	□뭘 이런 걸 다	(お土産などをもらい)
□못 죽어 살다	やっと生きている		すみません、お気遣いなく
□못을 박다	①釘を刺す、念を押す、②人の心を傷つける	□뭘로 보다	何だと思う
		□미역국을 먹다	試験に落ちる
□못이 박히다	(恨みや悲しみなどが) 心の底に刻み付けられる	□미우나 고우나	否でも応でも
□못할 말을 하다	ひどいことを言う	**ㅂ**	
□못할 짓을 하다	ひどいことをする	□바가지를 긁다	(妻が夫に)愚痴をこぼす、不平を鳴らす
□무게를 두다	重点を置く		
□무게를 잡다	格好を付ける	□바가지를 쓰다	①ぼられる、②尻拭いをさせられる
□무대에서 사라지다	舞台から姿を消す		
□무덤을 파다	墓穴を掘る	□바가지를 씌우다	ふっかける、ぼる
□무릎을 맞대다	膝を交える	□바늘방석에 앉은 것 같다	針のむしろに座らされたようだ
□무릎을 치다	膝を打つ、膝を叩く		
□무슨 날이냐 (?)	何の日だ (？)	□바닥을 내다	底を突く、使い果たす
□무슨 말을 그렇게 하나	何てこと言うんだ	□바닥이 드러나다	底を突く、地金が出る
□무슨 말을 못하다	何も言えない	□바닥이 보이다	底を突く、見え透く
□무슨 바람이 불어서	どういう風の吹きまわしで、なんのつもりで	□바람 부는 대로	風の吹くまま、気の向くまま
□무슨 상관이냐	かまわない、関係ない	□바람을 맞다	①約束をすっぽかされる、②ふられる
□무슨 소용이 있겠나	何の役にも立たない		
□문을 두드리다	門を叩く、入門する	□바람을 쐬다	風に当たる、気分転換する
□문자 그대로	文字どおり	□바람을 피우다	浮気をする

□바람이 자다	風が止む、風がおさまる	□백 번 천 번	何度も何度も
□박수를 치다	拍手を送る	□백기를 들다	降伏する、白旗を揚げる
□박자를 맞추다	拍子を取る	□백날이 가도	いくら骨折っても
□발 벗고 나서다	積極的に乗り出す	□백일몽에 지나지 않다	白昼夢に過ぎない、空想に過ぎない
□발 뻗고 자다	安心して寝る		
□발걸음이 가볍다	足取りが軽い	□백지로 돌리다	白紙に戻す、ご破算にする
□발걸음이 무겁다	足取りが重い	□벌레가 먹다	虫が食う
□발길에 차이다	ありふれている	□빌린 입을 다물지 못하다	開いた口が塞がらない、唖然とする
□발등에 불이 떨어지다	尻に火がつく		
□발등의 불을 끄다	急場をしのぐ	□벼락을 맞다	①雷に打たれる、②罰が当たる、③大目玉を食らう
□발로 뛰다	自ら歩き回る		
□발로 차다	足蹴にする、ふる		
□발로 차이다	足蹴にされる、ふられる	□벼락이 떨어지다	大目玉を食らう、雷が落ちる
□발목을 잡다	縛り付ける、邪魔をする		
□발목을 잡히다	縛られる、足かせになる	□벼락치기	一夜漬け
□발에 차이다	ありふれている	□벽에 부딪치다	壁にぶつかる
□발을 맞추다	足並みをそろえる	□벽에 부딪히다	壁にぶち当たる
□발을 붙이다	落ち着く、腰を据える	□벽을 넘다	障害を切り抜ける
□발을 씻다	手を引く、足を洗う	□벽을 쌓다	関係を絶つ
□발이 넓다	顔が広い	□별 말씀을 다 하시다	とんでもない、どういたしまして
□발이 떨어지지 않다	名残惜しい、心残りだ、後ろ髪を引かれる		
		□별것 아니다	何でもない
□발이 묶이다	足止めを食らう	□별로다	いまいちだ
□밤낮을 가리지 않다	昼夜を問わない	□병이 들다	病気にかかる、病む
□밤을 밝히다	夜を明かす、徹夜する	□보기는 뭘 봐	何を見てるんだ
□밥 구경을 못하다	飯にありつけない	□보기만 해도 배가 부르다	見るだけでも満足だ
□밥 구경을 하다	久々に飯にありつく	□보도 듣도 못하다	見たことも聞いたこともない、初耳だ
□밥 먹듯 하다	しょっちゅう、平気で		
□밥맛이 떨어지다	①食欲がなくなる、②嫌気がさす	□보란 듯이	これ見よがしに
		□보면 몰라?	見てのとおりだ
□밥이 목에 안 넘어가다	食事が喉を通らない	□복이 달아나다	福が逃げていく
□배가 등에 붙다	とても腹が空く	□본때를 보이다	①手本を示してやる、②見せしめにする
□배가 부르다	満腹だ、満ち足りている		
□배가 아프다	①お腹が痛い、②妬ましい	□본을 뜨다	型を取る、真似る
□배보다 배꼽이 크다	本末転倒	□본을 받다	手本とする、見習う
□배운 사람	学のある人	□볼 낯이 없다	面目がない、顔向けができない
□배울 만큼 배우다	学がある		

□ 볼 일을 보다	①用を足す、②用事をすませる	□ 사람의 일은 모르다	一寸先は闇だ
□ 볼 장을 다 보다	万事休す	□ 사랑을 속삭이다	愛をささやく
□ 볼을 적시다	頬を濡らす	□ 사서 고생을 하다	苦労を買って出る
□ 봇짐을 싸다	荷造りをする	□ 사흘이 멀다 하고	三日にあげず、頻繁に
□ 봇짐을 지다	荷物を背負う	□ 산이 떠나갈 듯	(声や音が)非常に大きい様子、うるさく響く様
□ 분위기가 있다	いい雰囲気が漂う		
□ 분위기를 타다	雰囲気に流される	□ 살다 살다	長生きしていたら
□ 불을 끄다	目先の急務を処理する	□ 살다가 별일을 다 보다	とんでもないことだ、どうかしている
□ 불을 보듯 뻔하다	火を見るよりも明らかだ	□ 살로 가다	身になる、滋養になる
□ 불이 나다	火事が起きる、出火する	□ 살림을 맡다	所帯を受け持つ
□ 불행 중 다행	不幸中の幸い	□ 살을 붙이다	肉付けする
□ 붓을 놓다	筆を置く、筆を絶つ	□ 살자고 하는 짓	生きるために仕方なくやること
□ 비 오듯 하다	①とめどなく流れる、②ひっきりなしに飛んでくる	□ 새빨간 거짓말	真っ赤な嘘
□ 비가 오나 눈이 오나	毎日、年がら年中	□ 색안경을 끼고 보다	色眼鏡で見る、偏見を持つ
□ 비린내가 나다	生臭い、青臭い		
□ 빈손으로	手ぶらで	□ 생각다 못해	思い余って
□ 빈틈이 없다	隙間がない、抜け目がない	□ 생각을 접다	諦める
□ 빛을 보다	日の目を見る	□ 서리를 맞다	①霜が降りる、②打撃を受ける
□ 빛이 나다	輝く		
□ 빛이 보이다	希望が見える	□ 서리를 이다	白髪になる
□ 뼈에 새기다	骨に刻む、肝に銘じる	□ 서울 안 가본 놈이 더 잘 알다	知ったかぶりをする
□ 뿌리가 깊다	根深い、根強い	□ 서쪽에서 해가 뜨다	あり得ない、非常に珍しい
□ 뿌리가 뽑히다	根を絶やされる		
□ 뿌리를 박다	根を下ろす、根付く	□ 선을 긋다	線を引く、線引きをする
□ 뿌리를 뽑다	根を絶やす、根絶する	□ 선이 가늘다	①ひ弱だ、②線が細い、気が小さい
ㅅ		□ 선이 굵다	①骨格が太い、②線が太い、腹が太い
□ 사고를 치다	しでかす		
□ 사람 같지 않다	人の数にも入らない	□ 설마가 사람 잡다	油断大敵だ
□ 사람 냄새가 나다	生活感がある、人間臭い	□ 성이 나다	腹が立つ、怒る
□ 사람 사는 집 같다	賑やかだ、生活感が漂う	□ 성이 머리끝까지 나다	怒り心頭に発する
□ 사람 살려	助けて	□ 성이 차다	十分に満足する
□ 사람을 버리다	人を駄目にする	□ 성질을 내다	怒る、腹を立てる
□ 사람을 잡다	(人を)捕まえる、殺す、駄目にする、陥れる	□ 성질이 나다	腹が立つ
		□ 세상 돌아가는 얘기	世間話

□ 세상 없어도	何が何でも	□ 손때가 묻다	使い慣らされる
□ 세상에 공짜는 없다	ただより高いものはない	□ 손목 발목을 묶다	手足を縛りつける
□ 세상을 뜨다	世を去る、亡くなる	□ 손바닥을 뒤집듯	手のひらを返すように
□ 세상을 버리다	①世に背を向ける、	□ 손발이 되다	手となり足となる
	②世を去る、亡くなる	□ 손발이 묶이다	身動きが取れない
□ 세상을 얻다	我が意を得たり	□ 손뼉을 치다	手を叩く、拍手する
□ 세상이 돌아가다	世の中が移り変わる	□ 손에 걸리다	手にかかる、引っ掛かる
□ 세상이 무서운 줄 모르다	怖いもの知らず	□ 손에 꼽히다	指折り数えられる
□ 세상이 바뀌다	世の中が変わる	□ 손에 달리다	手腕にかかる、腕次第だ
□ 세상이 좋아지다	世の中が良くなる	□ 손에 땀을 쥐다	手に汗を握る
□ 세월 한번 빠르다	歳月が流れるのは早い	□ 손에 익다	手慣れる、熟練する
□ 세월이 약이다	時が物事を解決してくれる	□ 손에 잡히다	①(仕事などが)手につく、
□ 소득이 없다	無駄骨を折る		②手に取る
□ 소리 소문도 없이	ひそかに、こっそり	□ 손에 쥐다	手にする、物にする
□ 소리를 죽이다	音をたてない、声を殺す	□ 손에 넘어가다	手に渡る、手に落ちる
□ 속고만 살다	いつも騙されている	□ 손에서 벗어나다	手の内から抜け出す
□ 속는 셈 치다	騙されたつもりだ	□ 손을 거치다	手を経る、手を通じる
□ 속된 말로	俗に言う	□ 손을 꼽다	指を折って数える、屈指だ、
□ 속을 끓이다	気を揉む		有数だ
□ 속을 썩이다	心配させる、悩ませる	□ 손을 내밀다	手を差し出す、物を要求する
□ 속을 태우다	気を揉む、思い煩う	□ 손을 놓다	①していたことをやめる、
□ 속을 털어놓다	本音を打ち明ける		②手をこまねく
□ 속이 검다	腹黒い	□ 손을 들어주다	賛成する、支持する
□ 속이 끓다	腹わたが煮えくり返る	□ 손을 벌리다	手を差し出して金品を要求する
□ 속이 보이다	見え透いている	□ 손을 보다	①修正する、②懲らしめる
□ 속이 상하다	気に障る、頭に来る	□ 손을 뻗치다	手を伸ばす、触手を伸ばす
□ 속이 시원하다	せいせいする、胸がすく	□ 손을 씻다	(悪いमから) 手を引く、足を洗う
□ 속이 타다	気が揉める	□ 손을 젓다	(拒絶する意味で) 手を振る
□ 속이 터지다	怒りが込み上げる	□ 손을 털다	手を引く、やめる
□ 속이 풀리다	気が済む、気が晴れる	□ 손이 가다	手間がかかる
□ 손 하나 까딱하지 않다	指一本動かさない	□ 손이 나가다	手が出る、殴る
□ 손가락을 걸다	指切りをする	□ 손이 부족하다	人手が足りない
□ 손길을 뻗치다	手を差し伸べる	□ 손이 서투르다	下手だ、手慣れていない
□ 손길이 닿다	手が入る、手を付ける	□ 손이 크다	気前がいい
□ 손꼽아 기다리다	指折り数える、今日か	□ 손톱만큼도	爪の垢ほども、少しも
	明日かと待つ	□ 수단과 방법을 안 가리다	手段と方法を選ばない
□ 손끝도 안 대다	手を触れもしない	□ 술맛이 떨어지다	酒がまずくなる

□술이 고프다	酒が飲みたい	□아쉬운 대로	もの足りないままに
□술이 사람을 먹다	酒に飲まれる	□아쉬운 소리	人に頼みごとをする、
□술잔을 기울이다	杯を傾ける		借金を頼む
□술잔을 나누다	酒を酌み交わす	□아시다시피	ご存じの通り
□숨 돌릴 사이도 없다	息つく暇もない	□아이고, 어머니	ああ、大変だ
□숨도 크게 못 쉬다	畏縮する、すくむ	□안 먹어도 배가 부르다	胸がいっぱいだ
□숨을 거두다	息を引き取る	□안 주고 안 받다	関わらない
□숨을 돌리다	息を整える、一息入れる	□안 하던 짓을 하다	柄にもないことをする
□숨을 죽이다	息を殺す	□안 할 말로	言葉は悪いが
□숨이 가쁘다	息苦しい	□안경을 쓰다	①先入観を持つ、
□숨이 끊어지다	息が絶える、死ぬ		②一度に二つの杯を受ける
□숨이 턱에 닿다	息せき切る、あえぐ	□안방 드나들 듯하다	頻繁に出入りする
□쉽게 보다	侮る、軽く見る	□안색을 살피다	顔色をうかがう
□시간을 죽이다	時間をつぶす	□안색이 굳어지다	顔がこわばる
□시도 때도 없이	ところかまわず	□앉으나 서나	いつも
□시치미를 떼다	しらを切る、とぼける	□앉으면 눕고 싶고	人間、楽をすれば、
□시키는 대로 하다	言うことを聞く	누우면 자고 싶다	もっと楽したくなる
□시험대에 오르다	試験台に上がる	□알 것 다 알다	何でも知っている
□식기 전에	温かいうちに	□알 만한 사람	分別のありそうな人
□식은 밥이 되다	役にたたなくなる	□알게 모르게	知らず知らず
□식은 죽 먹기	朝飯前だ	□알다가도 모를 일	不可解なこと、
□식은 땀이 나다	冷や汗をかく		理解できないこと
□신경을 끄다	気にしない	□알아서 기다	自ら進んでする
□신경을 끊다	全く気にしない	□앓는 소리	大げさな苦しいふり、うめき声
□심심치 않다	めずらしくない、よくある	□앞뒤가 꽉 막히다	融通が利かない
□심장에 새기다	胸に刻む	□앞뒤를 가리지 않다	後先を考えない
□싸움 끝에 정들다	雨降って地固まる	□앞뒤를 재다	①後先を考える、②損得を
□쓰레기 같다	人間のクズだ		考える、ためらう
□씨를 뿌리다	種をまく、原因を作る	□앞에 내세우다	引き立てる、前面に出す
□씨름을 하다	取り組む、苦心する	□앞을 내다보다	先を見据える
		□앞이 캄캄하다	お先真っ暗だ
ㅇ		□애가 타다	やきもきする
□아니 할 말로	こう言ってはなんだが	□애가 터지다	苛立たしい、気が気でない
□아니나 다를까	案の定、予想通り	□애교를 부리다	愛嬌をふりまく
□아니면 말고	違うんだったらいいや	□애들 보는 데서는	子供の前では言行に気
□아무 생각 없다	それで満足だ	찬물도 못 마신다	をつけなければならない
□아무렇지 않다	何ともない、平気だ	□애들 장난	子供の遊び、ままごと

☐ 야단을 맞다	叱られる		☐ 업어라도 주고 싶다	とてもかわいらしい
☐ 야단을 치다	叱る		☐ 없는 말 하다	嘘を言う
☐ 야단이 나다	騒ぎが起こる		☐ 없어 보이다	貧乏に見える、貧相だ
☐ 약도 없다	つける薬がない		☐ 엉덩이가 근질근질하다	むずむずしてじっとしていられない
☐ 어깨가 올라가다	得意そうにする		☐ 엉덩이가 무겁다	尻が長い、尻が重い
☐ 어느 떡이 더 클까?	どちらにしようかな？		☐ 엉덩이를 붙이다	尻を据える、腰を落ち着ける
☐ 어느 세월에	いつになったら			
☐ 어느 정도라야지	ある程度ならばまだしも		☐ 엎어지면 코 닿을 데	目と鼻の先
☐ 어디 두고 보자	今に見ていろ		☐ 엎질러진 물	覆水盆に返らず
☐ 어디서 배워 먹은 버릇	けしからんこと		☐ 여간이 아니다	並大抵ではない、なかなかだ
☐ 어디에다 대고	誰に向かって		☐ 연극을 하다	芝居を打つ、演技する
☐ 어려운 걸음을 하다	わざわざ来る/行く		☐ 열 번 죽었다 살아도	①努力を尽くしても、②難関にぶつかっても
☐ 어린이 장난 같다	子供のいたずらのようで笑わせる		☐ 열매를 맺다	実を結ぶ、努力が実る
☐ 어제가 다르고 오늘이 다르다	日に日に変わる、日進月歩だ		☐ 영 아니다	全然だめだ
☐ 언제 그랬나？	そんなことあったっけ？、しらを切る		☐ 옆길로 새다	脇道にそれる
			☐ 옆으로 빠지다	横へそれる
☐ 얼굴 가죽이 두껍다	面の皮が厚い、図々しい、厚かましい		☐ 옛날 같지 않다	昔と違う
			☐ 옛날 버릇이 나오다	例の癖が出る
☐ 얼굴에 그늘이 지다	顔を曇らす、顔が暗い		☐ 옛날 옛적에	昔々
☐ 얼굴에 뭐가 묻다	顔に何かがついている		☐ 옛날 이야기를 하다	古臭いことを言う
☐ 얼굴에 씌어 있다	顔に書いてある		☐ 옛말이 되다	過去の話になる
☐ 얼굴을 고치다	化粧のくずれを直す		☐ 오간 데 없다	消え去る
☐ 얼굴을 내밀다	顔を出す、顔を見せる		☐ 오늘 내일 하다	いまにも〜する
☐ 얼굴을 더럽히다	面目を潰す、顔を汚す		☐ 오늘 죽었다	許さない
☐ 얼굴을 보기 힘들다	なかなか会えない		☐ 오늘따라	今日に限って
☐ 얼굴을 비치다	顔を出す		☐ 오도 가도 못하다	立ち往生する
☐ 얼굴을 살리다	顔を立てる		☐ 오라 가라 하다	勝手に指図する
☐ 얼굴을 쳐다보다	①顔色を伺う、②頼りにする		☐ 온 세상을 얻은 듯	とても満足げに
			☐ 온다 간다 말없이	何も言わないで
☐ 얼굴이 두껍다	面の皮が厚い、図々しい、厚かましい		☐ 온데간데없다	影も形もない
			☐ 올 것이 오다	来るべきものが来る
☐ 얼굴이 피다	①(年ごろになって)色気づく、②あかぬける		☐ 옷을 벗다	(ある職業を)辞める
			☐ 와 닿다	身に染みる
☐ 얼굴이 홍당무가 되다	顔が真っ赤になる、顔から火が出る		☐ 욕심이 많다	欲張りだ、欲が深い
			☐ 욕을 먹다	悪口を言われる、非難される
☐ 업어 가도 모르다	熟睡している		☐ 우레와 같은 박수	割れるような拍手

□우리끼리 얘기	ここだけの話	□이야기가 끝나다	話ができない
□우습지도 않다	ばかげていてあきれる	□이야기가 났으니 말이지	話が出たから言
□운동장만하다	広々としている		うのだが
□운명의 장난	数奇な運命	□인상을 쓰다	険悪な表情をする
□울리고 웃기다	泣かせたり笑わせたりする	□인왕산 호랑이	恐ろしい人、鬼
□울며 불며	泣く泣く、泣き泣き	□일 년을 십 년같이	待ちこがれる様子
□울음을 삼키다	泣くのをこらえる	□일손을 놓다	仕事の手を休める
□울타리를 벗어나다	枠を抜け出す	□일손이 잡히다	仕事が手につく
□웃겨도 보통 웃기는 게 아니다	冗談にも程がある、	□일을 내다	事故を起こす、もめ事を起こす
	度が過ぎる	□입 밖에 내다	口に出す、口外する
□웃기는 이야기다	とんでもない話だ	□입 안에서 뱅뱅 돌다	うまく言い表せない
□웃기지도 않다	とんでもない	□입 안이 쓰다	苦々しい
□웃음을 사다	笑われる	□입만 벌렸다 하면	ふたこと目には
□웬 떡이냐	思いがけない幸運、	□입만 살다	口先ばかりだ
	もっけの幸い	□입만 아프다	言うだけ無駄だ
□위아래가 없다	上下の秩序が乱れる	□입맛대로 하다	好き勝手にする
□의문에 붙이다	疑問に付す	□입맛이 당기다	①興味がわく、
□이 핑계 저 핑계	あれやこれやの言い訳		②食べたくなる
□이가 빠지다	歯が抜ける、刃がこぼれる、	□입맛을 들이다	味を占める
	縁が欠ける、一部分が欠ける	□입술에 침 바른 소리	見え透いたお世辞、
□이래라 저래라	ああしろこうしろと		心にもない言葉
□이러지도 저러지도 못하다	抜き差しならない	□입술에 침도 마르기 전에	舌の根も乾かぬうちに
□이렇다 저렇다 말이 없다	何の意見も言わない、	□입술을 깨물다	唇をかむ
	意思表示をしない	□입에 달고 살다	しょっちゅう口にする
□이를 깨물다	歯を食いしばる	□입에 담지 못하다	口にできない
□이름도 성도 모르다	どこの馬の骨とも知れ	□입에 발린 소리	心にもないお世辞
	ない	□입에 침도 안 바르고 거	平気で嘘を言う
□이름을 날리다	名を馳せる	짓말을 하다	
□이름을 팔다	名を売る、名前を出す	□입에 침이 마르도록	口を極めて、言葉を尽
□이름이 나다	名が知れる、有名になる		くして（褒め称える）
□이름이 높다	名高い、評判だ	□입을 내밀다	ムッとする
□이름이 없다	知られてない、無名だ	□입을 놀리다	無駄口をたたく
□이리 뛰고 저리 뛰다	忙しく動き回る	□입을 다물다	①口を閉ざす、
□이마를 맞대다	額を突き合わせる、膝を		②黙り込む、
	突き合わせる		③口外しない
□이만 저만이 아니다	並大抵ではない、ちょ	□입을 떼다	口を開く、話を切り出す
	っとやそっとではない	□입을 봉하다	口を閉ざす、口をつぐむ

第2章 語彙

83

입을 싹 닦다	口を拭う	□ 잠을 못 이루다	眠れない
□ 입이 귀밑까지 찢어지다	ご満悦だ、笑いが止まらない	□ 장난을 치다	いたずらをする、ふざける
□ 입이 더럽다	口が汚い	□ 장난이 아니다	ただ事じゃない
□ 입이 무섭다	噂になるのが怖い	□ 장래를 약속하다	将来を約束する
□ 입이 열 개라도 할 말이 없다	何も言えない	□ 장마가 지다	長雨になる、入梅する
□ 입이 찢어지다	喜色満面だ	□ 재를 뿌리다	邪魔をする、水を差す、茶々を入れる
□ 있는 소리 없는 소리 하다	あることないことを言う	□ 재미를 붙이다	①興味を持つようになる、②味を占める
□ 잉크도 마르기 전에	すぐ、インクも乾く前に	□ 재주를 부리다	①技を見せる、②策を弄する

ㅈ

□ 자고 나면	毎日、すぐ、寝て起きると	□ 재주를 피우다	①技を見せる、②策を弄する
□ 자고 일어나니	一夜にして		
□ 자나 깨나	寝ても覚めても、明けても暮れても	□ 저 세상 사람이 되다	あの世に行く、亡くなる
		□ 점수를 따다	良いところを見せる
□ 자다가 벌떡 일어나다	睡眠の途中で飛び起きる（好き、悔しさなどで）	□ 점잖은 자리	かしこまった席
		□ 정도껏 하다	ほどほどにする
□ 자리가 나다	席が空く、ポストが空く	□ 정을 붙이다	愛情を注ぐ、落ち着く、親しむ
□ 자리가 잡히다	定着する、落ち着く		
□ 자리를 뜨다	席を外す、中座する	□ 정을 쏟다	愛情を注ぐ
□ 자리를 잡다	席を取る、定着する、腰を据える、根付く	□ 제 궤도에 들어서다	軌道に乗る
		□ 제 밑도 못 닦다	自分のこともろくにできない
□ 자리를 차고 일어나다	勢いよく席を立つ、席を蹴って立ち上がる	□ 제 발로	自ら
		□ 제 발로 걸어가다	独り歩きする、独り立ちする
□ 자리를 털고 일어나다	起き上がる		
□ 자존심이 허락 않다	プライドが許さない	□ 제 아무리	いくら
□ 자취를 감추다	①行方をくらます、②跡形も無く消える	□ 제 정신이 아니다	正気でない
		□ 제 코도 못 닦다	自分の尻も拭けない
□ 잔을 기울이다	杯を傾ける	□ 제집 드나들듯 하다	頻繁に出入りする
□ 잔을 비우다	杯を空ける	□ 조용할 날이 없다	心の休まる日がない
□ 잘 먹고 잘 살아라	勝手にしろ	□ 종이 한 장 차이	紙一重の差
□ 잘 빠지다	スタイルが良い	□ 좋다가 말다	がっかりする
□ 잘못 만나다	良くない人に会う	□ 좋은 말 할 때	おとなしく言っている内に
□ 잘못 먹다	おかしくなる	□ 주머니가 가볍다	懐が寒い、懐が寂しい
□ 잘못돼도 한참 잘못되다	間違っても相当間違っている	□ 주머니가 넉넉하다	懐が暖かい
□ 잠에 떨어지다	眠りに落ちる	□ 주머니를 털다	財布をはたく

□ 주먹을 휘두르다	こぶしを振り回す	□ 짐을 벗다	重荷を下ろす
□ 죽겠다고 웃다	笑い転げる	□ 짐을 싸다	荷造りをする
□ 죽기 살기로	死に物狂いで、必死に	□ 짐을 지다	責任を負う
□ 죽기보다 싫다	死んでも嫌だ	□ 집 떠나면 고생이다	家を出れば苦労する、わが家が一番だ
□ 죽어!	ただでは済ませない!		
□ 죽어라 (하고)	①死に物狂いで、②頑として	□ 집에 가서 애나 보다	やめる
□ 죽어야 산다	捨て身の覚悟を持つ	□ 집을 빼다	家を明け渡す
□ 죽었다	おしまいだ、終わりだ	□ 짚고 넘어가다	はっきりさせる
□ 죽었다 깨어도	いくら頑張っても~できない		
□ 죽여 주다	①最高だ、②困らせる	**え**	
□ 죽으나 사나	仕方なく、何が何でも	□ 찬물을 마시고 정신을 차리다	頭を冷やす
□ 죽을 고생을 하다	死ぬほど苦労する	□ 찬밥 더운밥을 가릴 때가 아니다	贅沢を言っている場合ではない
□ 죽을 맛이다	死にそうだ、大変だ		
□ 죽을 죄를 짓다	とても大きな罪を犯す、取り返しのつかないことをしでかす	□ 책을 써도 몇 권이나 쓰다	話したいことが山ほどある
		□ 천만의 말씀	とんでもないこと、めっそうもないこと
□ 죽을 줄 알아라	ただじゃおかないぞ		
□ 죽을 힘을 다하다	死力を尽くす	□ 첫눈에 들다	一目で気に入る
□ 죽자 하고	死ぬ気で、必死に	□ 첫단추를 잘못 끼우다	ボタンの掛け違いだ
□ 죽지 못해 살다	否応なしに生きる、大変な思いで生きる	□ 첫발을 떼다	第一歩を踏み出す
		□ 총을 잡다	銃を手に取る
□ 죽지도 살지도 못한다	にっちもさっちもいかない	□ 추위를 타다	寒がる、寒さに弱い
□ 줄로 친 듯하다	線を引いたようにまっぐだ	□ 춥고 배고프다	惨めな思いをする
		□ 치고 받다	殴り合う
□ 줄을 서다	並ぶ、列をなす	□ 치맛바람을 일으키다	スカートの風を巻き起こす（主婦たちの度が過ぎた社会活動・教育ママ的な活動を例える言葉）
□ 줄을 타다	綱渡りをする、綱をよじ登る		
□ 중심을 잡다	重心を取る	□ 치맛바람이 세다	スカートの風が強い（主婦たちの圧力・ロビー活動が強い）
□ 쥐 잡듯이	一つも残さず、徹底的に		
□ 쥐 죽은 듯이	水を打ったように		
□ 쥐가 나다	しびれが来る、こむら返りを起こす	□ 침을 삼키다	①(とても食べたくて)唾を飲み込む、②(欲しがって)よだれを垂らす、よだれを流す
□ 쥐고 흔들다	牛耳る、手玉に取る		
□ 쥐도 새도 모르게	こっそり、密かに		
□ 지고는 못 살다	負けず嫌いだ	□ 침이 마르도록	口がすっぱくなるほど
□ 지금이 어느 때라고	このご時世に、いまだに		
□ 지나가는 말로	社交辞令で		

ㅋ

□ 칼을 쥐다	主導権を握る、生殺与奪の権を握る
□ 코가 땅에 닿다	深々とお辞儀する
□ 코가 비뚤어지게	へべれけになるまで
□ 코를 맞대다	鼻を突き合わせる
□ 코를 찌르다	鼻を突く、鼻を刺激する
□ 코에 걸다	鼻にかける
□ 코웃음을 치다	せせら笑う、鼻先で笑う
□ 콧대가 높다	鼻が高い、気位が高い
□ 콧대가 세다	鼻っ柱が強い
□ 콧대를 꺾다	鼻っ柱を折る、鼻を折る
□ 콧대를 세우다	鼻を高くする、傲慢な態度を取る
□ 크나 작으나	大小にかかわらず
□ 큰 맘을 먹다	一大決心をする
□ 큰소리가 나다	言い争う、喧嘩の声がする
□ 큰일 날 소리를 하다	危ない事を言う
□ 큰일을 내다	大きな事件を起こす、大それたことをしでかす

ㅌ

□ 탈을 벗다	仮面を脱ぐ、正体をさらけ出す
□ 탈을 쓰다	仮面を被る、面をつける
□ 터무니가 없다	とんでもない、でたらめだ、法外だ
□ 테이프를 끊다	①テープカットをする、②スタートを切る
□ 트집을 잡다	ケチをつける、難癖をつける、揚げ足を取る
□ 틀에 갇히다	枠にはまる
□ 틀에 맞추다	型にはめる
□ 틀에 박히다	型にはまる、決まりきった、型通り、陳腐だ
□ 틀을 잡다	枠組みを整える
□ 틀이 잡히다	①骨組みが整う、②板につく、堂に入っている

□ 틈이 벌어지다	①すき間ができる、②不和になる

ㅍ

□ 파리를 날리다	商売あがったりだ、閑古鳥が鳴く
□ 판에 박은 것 같다	判で押したようだ
□ 판을 깨다	場の雰囲気を壊す
□ 판을 치다	幅を利かせる、のさばる
□ 판이 깨지다	場の雰囲気が白ける
□ 펄쩍 뛰다	強く否定する
□ 펄펄 뛰다	猛反発する
□ 표를 던지다	一票を投じる
□ 품을 팔다	手間仕事をする
□ 품이 들다	手間がかかる
□ 피가 끓다	血が沸く、血潮がたぎる
□ 피가 되고 살이 되다	血となり肉となる、大いに役に立つ
□ 피가 뜨겁다	情熱的だ
□ 피는 못 속이다	血は争えない
□ 피도 눈물도 없다	血も涙もない
□ 피땀을 흘리다	血と汗を流す、汗水流す
□ 피를 나누다	血を分ける
□ 피를 보다	血を見る、損をする
□ 피를 빨다	血を吸う、搾取する
□ 피를 흘리다	血を流す
□ 피부에 와닿다	実感できる
□ 피와 살이 되다	血となり肉となる
□ 필름이 끊기다	(飲み過ぎで) 記憶をなくす

ㅎ

□ 하나 가득	目一杯、いっぱいに
□ 하나는 알고 둘은 모르다	一面だけ見て全体を見ない、考えが浅い
□ 하는 일 없이 바쁘다	なんだかんだ忙しい
□ 하늘 높은 줄 모르다	天井知らずだ
□ 하늘을 찌르다	天を衝く

□하늘이 부끄럽다	天に恥じる	□허리가 부러지다	腰が砕ける
□하늘이 캄캄하다	お先真っ暗だ、ショックだ	□허리를 굽히다	腰をかがめる
□하늘처럼 믿다	頼り切る、信じきる	□허리를 못 펴다	頭が上がらない、小さくなる
□하루 아침에	一晩にして	□허리를 펴다	腰を伸ばす、楽になる
□하루 이틀도 아니고	一両日ならともかく	□허풍을 치다	ほらを吹く
□하루가 멀다고	ほぼ毎日のように	□허풍이 세다	ひどいほら吹きだ
□하루가 새롭다	①日が立つのも惜しい、②(日一日と)見違えるほどだ	□혀가 굳다	舌がよく回らない、舌がもつれる
□하루에도 열두 번	頻繁に	□혀가 돌아가는 대로	出まかせに、口から出るにまかせて
□하품만 하고 있다	何もすることがない		
□한 걸음씩	一歩ずつ、少しずつ	□혀가 짧다	舌足らずだ
□한 귀로 듣고 한 귀로 흘리다	聞き流す	□혀를 깨물다	歯を食いしばる
□한 귀로 흘리다	聞き過ごす、聞き流す	□혀를 놀리다	しゃべる
□한 날 한 시에	同時に、一緒に	□혀를 차다	舌打ちをする
□한 두 살 먹은 아이	幼い子供	□호흡을 같이하다	呼吸を合わせる、歩調をそろえる
□한 목소리로	一つになって		
□한 몸이 되다	一体となる	□호흡을 맞추다	呼吸を合わせる、歩調を合わせる
□한 발 물러나다	一歩下がる		
□한 발 앞서다	一歩リードする	□호흡이 맞다	呼吸が合う、息が合う
□한 배를 타다	運命を共にする	□혹시해서	もしやと思って
□한 소리를 듣다	お叱りを受ける	□홍수를 이루다	洪水になる、溢れかえる
□한 팔을 잃다	片腕を失う、腹心を失う	□화가 머리끝까지 나다	怒り心頭に発する
□한도 끝도 없다	きりがない	□회를 치다	刺身を作る
□한마음 한뜻	心を一つにして	□흑백을 가리다	白黒をつける
□한몫 끼다	一口乗る、一枚かむ	□힘에 겹다	手に余る、手に負えない
□한숨을 돌리다	一安心する、一息つく	□힘이 닿다	力が及ぶ
□한시가 급하다	一刻を争う、急を要する		
□한턱을 내다	おごる、ご馳走する		
□할 말 안 할 말을 다 하다	洗いざらい話す		
□할 말을 다 하다	言いたいことを全部言う		
□해가 서쪽에서 뜨다	日が西から昇る(あり得ないことが起きることのたとえ)		
□해도 해도 너무하다	あまりにもひどすぎる		
□해본 소리	言ってみただけ		
□해와 달이 바뀌다	長い月日が流れる、長い歳月が過ぎる		

合格資料－22　準2級出題範囲の動詞リスト

ㄱ

□가꾸다	①栽培する、②手入れをする、③(身なりを)整える	□곱하다	掛ける
□가라앉다	沈む	□관두다	やめる (그만두다の縮約形)
□가로막다	塞ぐ	□구르다	転がる
□가로지르다	横切る	□구하다	救う、助ける
□가르다	分ける、裂く	□굳다	固くなる
□가리다①	①遮る、覆う、②遮られる、覆われる	□굶다	飢える、食事を抜く
□가리다②	①選ぶ、より分ける、②選り好みする、③わきまえる、心得る	□굽다	曲がっている
□가져다주다	持ってきてくれる、もたらしてくれる	□그리다	懐かしく思う
		□긁다	掻く
		□긋다	①線を引く、②(マッチを)擦る、③つけで買う
□가하다	加える	□기대다	①もたれる、②頼る
□간략하다	簡略だ	□기울다	傾く
□간직하다	大切にしまっておく	□까다	皮をむく
□갈다①	研ぐ、磨く	□까불다	ふざける
□갈다②	替える	□깎이다	①削られる、②刈られる
□감다	巻く	□깔다	敷く
□갖추다	整える、備える	□깔보다	見下す
□갚다	返す、報いる	□깨닫다	悟る
□거두다	①収穫する、取り入れる、②世話する、手入れする、③(成果などを)収める	□깨우다	覚ます、起こす
		□꺼리다	はばかる、ためらう
		□꺾다	折る
		□꼽다	指折り数える
□거슬리다	①傷つく、②(感情・感覚に)障る	□꽂다	差し込む、挿す
□거치다	①こすれる、触れる、②立ち寄る、経由する、経る	□꾸다	(お金を)借りる
		□꾸리다	①荷造りをする、②切り盛りする、③手入れする
□건네다	渡す	□꾸미다	①飾る、整える、作る、②企てる
□걸치다	①かかる、②及ぶ、③ひっかける	□끊기다	絶たれる
□겸하다	兼ねる	□끊이다	途切れる、絶える
□겹치다	重なる	□끌리다	引かれる
□곁들이다	添える	□끼다	曇る
□고이다	①(液体が)たまる、よどむ、②(涙が)にじむ	□끼치다	及ぼす、(迷惑を)かける

ㄴ

□나르다	運ぶ
□나아가다	進む
□날리다①	①(〜を) 飛ばす、あげる、②(名を) 馳せる、③なくす
□날리다②	(風に) 翻る、飛ばされる
□낮추다	低くする
□내걸다	掲げる、標榜する
□내다보다	見通す
□내던지다	①勢いよく投げる、②放り出す、③見捨てる
□내려다보다	見下ろす
□내밀다	①差し出す、②押し出す
□내버려두다	放っておく
□내보내다	送り出す
□내세우다	掲げる
□널다	干す
□넓히다	広くする
□넘기다	①渡す、②越えさせる
□넘어가다	①傾く、倒れる、②騙される、③越えていく
□넘어서다	越す、通り越す
□넘치다	溢れる
□노리다	狙う
□녹이다	溶かす、温める
□놀래다	①驚かす、②驚く
□놀리다	①遊ばせる、休ませる、②からかう、自由に動かす
□놓아주다	①置いてあげる、②放してやる、許してやる
□눌리다	押さえつけられる、抑圧される
□눕히다	横たえる
□뉘우치다	後悔する
□늘리다	①延ばす、②増やす、③広げる
□늘어놓다	並べる
□늘어지다	①垂れる、ぶら下がる、②へたばる、げんなりする
□늘이다	①伸ばす、②垂らす、③増やす
□늦추다	遅らせる

ㄷ

□다듬다	仕上げる
□다물다	口をつぐむ
□다지다	①念を押す、確かめる、②固める、③(漬物などをつけるとき) 軽く押さえつけて味をなじませる、④みじん切りにする、たたき潰す
□다투다	争う
□다하다	①終わる、②果たす、終える
□닥치다	追ってくる
□닦이다	①磨かれる、拭かれる、②(〜を) 磨かせる
□달라붙다	くっつく
□달래다	宥める
□달려들다	飛びかかる、飛び込む
□달리다①	①ぶら下がる、掛かる、②取り付ける、付設されている
□달리다②	足りない
□달아나다	早く走る、逃げる
□달하다	達する
□담그다	浸す、漬ける
□담기다	入れられる、込められる
□당기다	①引かれる、そそられる、②引く、繰り上げる、そそる
□대하다	①向かい合う、②接する
□더듬다	触る
□더럽히다	汚す
□덤비다	飛び掛る
□덧붙이다	付け加える
□덮이다	覆われる
□데다	やけどをする
□데우다	温める
□돌려보내다	①そのまま帰らせる、追い返す、②送り返す、戻す

89

□ 돌보다	面倒を見る	□ 떠올리다	思い浮かべる
□ 돌아다니다	歩き回る	□ 떨구다	落とす
□ 돌아서다	①振り返る、②背を向ける、③ひるがえる	□ 떨다	払い落とす、落とす、はたく
		□ 떨어뜨리다	落とす
□ 돌이켜보다	①振り返ってみる、振り向いてみる、②顧みる	□ 뚫다	（穴を）開ける、打ち抜く
		□ 뚫리다	開けられる、打ち抜かれる
□ 돌이키다	①振り返る、②取り戻す	□ 뛰어들다	飛び込む、駆け込む、身を投じる
□ 되돌리다	振り戻す	□ 뜨다	離れる
□ 되돌아가다	帰っていく	□ 뜯다	取り外す
□ 되살리다	蘇らせる	□ 띄우다	浮かべる
□ 되찾다	取り戻す	□ 띠다	帯びる、締める
□ 두근거리다	どきどきする		
□ 두드러지다	目立つ、際立つ	**ㅁ**	
□ 두드리다	叩く	□ 마렵다	便意を催す
□ 둘러보다	見回す	□ 마주치다	ぶつかる
□ 둘러싸다	取り囲む	□ 말다	巻く
□ 뒤늦다	①遅い、②立ち遅れる	□ 말리다①	乾かす
□ 뒤따르다	後を追う	□ 말리다②	止める
□ 뒤떨어지다	劣る、遅れる	□ 망설이다	躊躇する
□ 뒤지다①	①くまなく探す、②めくる	□ 망치다	壊す、だめにする
□ 뒤지다②	遅れる、引けを取る、及ばない	□ 망하다	亡びる
□ 뒤집다	裏返す	□ 맞대다	互いにくっつける、突き合わせる
□ 드나들다	出入りする	□ 맞먹다	五分五分である、匹敵する
□ 드러나다	①現れる、見える、②ばれる、見つかる、③知られる	□ 맞서다	①向かい合って立つ、②立ち向かう、③ぶつかる
□ 들어맞다	ぴったり合う、的中する	□ 맞히다	的中する
□ 들여다보다	①のぞき見る、②見つめる、③見抜く	□ 맡다	嗅ぐ
		□ 매기다	（等級などを）付ける
□ 들이닥치다	①切迫する、差し迫る、②訪れる	□ 매달리다	①ぶらさがる、②すがる
		□ 매이다	結ばれる、縛られる
□ 들이켜다	飲み込む	□ 맺다	結ぶ
□ 들이키다	飲み込む	□ 맺히다	①（実が）結ばれる、実る、②（液体が）宿る、③（心に）こびりつく、忘れられずに残る
□ 들키다	ばれる		
□ 따라잡다	追いつく		
□ 따르다	つぐ、注ぐ		
□ 따지다	①問いただす、明らかにする、調べる、②計算する	□ 머무르다	とどまる、滞在する
		□ 먹이다	食べさせる
□ 때다	焚く、火をたく	□ 먹히다	食べられる

□멎다	やむ、止まる	□반하다②	惚れる、魅惑される
□메다①	担ぐ	□받치다	①込み上げる、②支える
□메다②	①ふさがる、詰まる、	□밟히다	①踏まれる、②踏ませる
	②ふさぐ、埋める、補う	□배다	しみこむ
□면하다	免ずる	□뱉다	吐く
□명심하다	肝に銘じる	□버티다	持ちこたえる、辛抱する
□모여들다	集まってくる	□번지다	にじむ、広がる
□몰다	①追いやる、②運転する、③集める	□벌어지다	①広がる、②繰り広げられる
□몰리다	偏って集中する	□벌이다	①始める、②並べる、③繰り広げる
□몰아내다	追い出す	□벗기다	①脱げる、取れる、
□몰아넣다	①追い込む、②押し込む		②（〜を）脱がす、脱がせる
□못나다	出来の悪い	□베끼다	書き写す
□못살다	貧しく暮す	□베다	切る、刈る、断つ
□무너지다	崩れる、倒れる	□베풀다	催す、施す
□무치다	あえる	□보태다	①加える、②補う
□묶다	括る、束ねる	□봉하다	封ずる、閉鎖する、ふさぐ
□묻다①	付く	□부딪히다	①ぶつかる、②直面する、
□묻다②	埋める		③偶然出くわす
□묻히다	付ける	□부러지다	折れる
□물다	支払う、納める、弁償する	□부리다	使う
□물러서다	退く、下がる	□부수다	①割る、砕く、②壊す
□물리다	①延期する、②譲る、伝える	□붇다	①（水を吸って）ふやける、
□뭉치다	塊になる、固める		②増える
□미끄러지다	①滑る、滑って転ぶ、	□불리다①	①呼ばれる、招待される、
	②落第する、③（地位が）下がる		②歌わせる
□미치다①	狂う	□불리다②	①ふやかす、②増やす
□미치다②	①及ぶ、②及ぼす	□불리다③	①吹かれる、②吹かせる
□밀다	①押す、②取り去る、③推薦する	□붉히다	赤くする
□밀리다	①滞る、渋滞する、②押される	□붐비다	込み合う
		□붓다	腫れる
ㅂ		□붙들다	捕まえる
□바래다	見送る	□붙잡다	つかむ、握る
□바래다주다	見送ってあげる、見送ってくれる	□비기다①	引き分ける
□바로잡다	直す、正す	□비기다②	①比べる、肩を並べる、
□바치다	捧げる		②たとえる
□박다	打ち込む	□비뚤어지다	曲がる、ゆがむ
□반하다①	反する	□비롯되다	始まる

□비추다	①照らす、②映す		□썰다	刻む、切る
□비키다	退く、避ける		□쑤시다	うずく、ずきずき痛む
□비틀거리다	ふらつく		□쓰이다①	①書かれる、②書かせる
□빌다	借りる		□쓰이다②	使われる、用いられる
□빠뜨리다	抜かす		□쓸다	①掃く、②手で軽くなでる、③広まる
□빨다	吸う		□씌우다	かぶせる、覆う
□빼앗다	奪う		□씹다	①噛む、②繰り返して言う、③非難する、④じっとおさえる
□뻗다	①伸びる、②伸ばす			
□뻗치다	①強く伸ばす、②強く伸びる、張る		□씻기다	①洗われる、②洗わせる、③洗ってやる
□뽑히다	①抜ける、②選ばれる、抜かれる、③抜かせる、選ばせる			
			ㅇ	
□삐다	①(関節が)はずれる、②(手足などを)くじく		□안기다	①抱かれる、②抱かせる
			□앉히다	①座らせる、②置く
			□알아내다	①分かる、見分ける、②割り出す、見つける
ㅅ				
□사로잡다	①生け捕る、②(心を)とらえる、ひきつける		□알아맞히다	当てる、言い当てる
□살아나다	助かる、生き返る		□알아차리다	予知する、気づく、見破る
□삶다	ゆでる		□앞당기다	(予定を)早める、繰り上げる
□삼가하다	慎む		□앞두다	目前に控える
□삼다	とみなす、にする		□앞세우다	先に立たせる、前面に押し立てる
□삼키다	飲み込む		□얕보다	さげすむ
□상하다	腐る、傷つく		□얕잡다	甘く見る、さげすむ
□새기다	刻む		□어긋나다	食い違う、はずれる、行き違う
□새다	漏れる		□어기다	破る、背く、反する
□새다	夜が明ける、夜明かしをする		□얹다	置く、載せる
□생겨나다	生じる、発生する		□얻어맞다	殴られる
□선보이다	①初公開する、お目見えさせる、②見合いをさせる		□얻어먹다	①おごってもらう、②悪口を言われる
□속다	騙される		□얼리다	凍らせる、冷凍する
□솟다	①湧く、噴き出る、②そびえる、③昇る、④突き出る		□얽히다	①絡み合う、②入り乱れる、③関係する、④縛られる
□숨지다	息を引き取る、死ぬ		□업다	①背負う、おぶう、②担ぐ
□시들다	①しぼむ、しおれる、②衰える		□엎드리다	①うつ伏せになる、②(一ヶ所に)閉じこもる
□식히다	冷やす、冷ます			
□싸이다	覆われる、包まれる		□여기다	見なす、感ずる、思う
□썩이다	①腐らせる、②気をもませる		□여쭙다	伺う

92

□연달다	相次いで (연달아の形で)	□젓다	①振る、②漕ぐ、③かき混ぜる、④当たる、⑤付き合う
□열리다	(実が) 実る		
□오가다	行き来する	□조르다	①せがむ、ねだる、②催促する
□오르내리다	上り下りする	□좁히다	狭める、縮める
□올라서다	①上がる、登る、②昇る	□주어지다	与えられる
□올라타다	乗る、乗り込む	□주저앉다	①座り込む、②へこむ
□올려놓다	上に置く、載せる	□준하다	準ずる
□올려다보다	①見上げる、②尊敬する	□줍다	拾う
□우기다	意地を張る、言い張る	□지다	(ある現象・状態に) なる
□의거하다	よる、基づく	□지르다①	①突く、②挿す、③(道を)突っ切る、④(火を)つける
□의지하다	①寄りかかる、②頼る		
□이끌다	引く、導く	□지르다②	叫ぶ、怒鳴る、声を張り上げる
□익다	慣れている、癖になっている	□질리다	①真っ青になる、おびえる、②飽き飽きする
□익히다	①十分に火を通す、②(酒を)発酵させる、③習う、身につける、④慣らす		
		□짊어지다	背負う、担ぐ、負う
		□짖다	ほえる
□읽히다	①読まれる、②読ませる	□짜다	①組む、②絞る、③織る、編む
□입히다	①着せる、②負わせる、③覆う	□쪼개다	割る、裂く
□잇다	①結ぶ、つなぐ、②続ける	□쫓다	①追う、追いかける、②追い払う
		□찌다	蒸す、ふかす
ㅈ		□찌르다	刺す、突く
□잘리다	①切られる、②解雇される	□찍히다	押される
□잠그다	①浸す、つける、②投資する	□찢다	破る、裂く
□잠기다	①(鍵などが)かかる、②(戸が)閉められる、③(声が)かれる		
		ㅊ	
□잠기다	①浸る、つかる、②沈む、ふける	□차이다	①蹴られる、②ふられる、拒まれる
□재다	①量る、測る、②推し量る	□차지하다	占める
□재우다	①寝かせる、②泊める	□채다	すぐ気がつく、感づく
□저리다	しびれる	□채이다	悟られる、気づかれる
□저지르다	犯す、しでかす	□처하다	処する、置かれる
□적시다	浸す、ぬらす	□처박다	押し込められる、閉じこもる
□적합하다	適している、向いている	□청하다	請う、頼む
□적히다	記される、書かれる	□체하다	胃もたれする、消化不良になる
□절박하다	切迫している	□취하다	取る
□접다	①折る、畳む、②(考え、主張を)引っ込める、③大目にみてやる	□치다	張る、吊る
		□치다	①値段をつける、②見積もる、③占う
□접하다	①接する、触れる、②間近		

□ 치우다	①移す、②片付ける、③やめる	□ 헤치다	①掘り返す、②はだける、③かき分ける、④克服する
ㅋㅌㅍ		□ 혼나다	ひどい目にあう、叱られる
□ 캐다	①掘る、②探る、突きとめる	□ 훔치다	①盗む、②ふく、ぬぐう、③強く殴る
□ 타고나다	生まれつく	□ 흘러내리다	流れ落ちる、こぼれる
□ 타다①	混ぜる、割る	□ 흩어지다	①散る、散らばる、②広がる
□ 타다②	もらう		
□ 타다③	弾く		
□ 타다④	敏感に反応する、まける		
□ 타오르다	①燃え上がる、②胸を焦がす		
□ 타이르다	言い聞かせる		
□ 택하다	選ぶ		
□ 터뜨리다	爆発させる、破裂させる		
□ 털어놓다	打ち明ける、明かす、ぶちまける		
□ 토하다	戻す、吐く		
□ 튀기다①	はねとばす、はねのける、はじく		
□ 튀기다②	揚げる		
□ 튀다	はじける、はねる		
□ 튀어나오다	飛び出す、飛び出る		
□ 틀다	①ねじる、ひねる、②(方向を)変える、③スイッチを入れる		
□ 팔리다	売れる		
□ 펄쩍 뛰다	①強く否定する、② (おもいがけずうれしいことに出会って) 跳び上がる、非常に喜ぶ		
□ 표하다	表する、示す、表す		
□ 품다	抱く		
□ 풍기다	漂う、漂わす		

ㅎ

□ 한하다	限る
□ 해먹다	①こしらえて食べる、②着服する、横領する、③業として暮らす
□ 행하다	なす、行う
□ 헐다	壊す、崩す
□ 헐다	①ただれる、②古くなる、朽ちる
□ 헤매다	さまよう、うろつく
□ 헤아리다	ざっと数える、察する

合格資料−23　準2級出題範囲の形容詞リスト

ㄱ

□가늘다	細い	□날씬하다	すらっとしている
□가렵다	かゆい	□날카롭다	鋭い
□가쁘다	（息が）苦しい	□낯설다	面識がない、見慣れない
□간략하다	簡略だ	□냉정하다	①冷静だ、②冷淡だ、冷たい
□간절하다	切実だ	□너절하다	①汚らしい、②下品だ、ずるい
□간지럽다	くすぐったい	□넉넉하다	十分だ
□갑작스럽다	急だ	□누렇다	黄色い
□건방지다	生意気だ	□눈부시다	眩しい
□게으르다	怠惰だ	□느끼하다	①（食べ物が）脂っこい、しつこい、②（胃が）やや重い
□경솔하다	軽率だ		
□경쾌하다	軽快だ	□능숙하다	熟練している、上手だ
□공연하다	〈공연한の形で〉無駄な、つまらない、余計な		

ㄷ

□괴롭다	苦しい、辛い	□다정하다	①情が深い、思いやりがある、②親しい
□귀중하다	貴重だ		
□귀찮다	面倒だ	□단단하다	硬い
□귀하다	尊い	□달콤하다	甘ったるい
□그럴듯하다	もっともらしい	□당당하다	堂々としている
□그르다	正しくない	□당황하다	慌てる、うろたえる、慌てている
□그립다	恋しい、懐かしい	□독특하다	独特だ
□그만이다	①おしまいだ、②十分だ、満足だ、③最高だ、申し分ない	□독하다	①毒々しい、②（性格など）激しい、③（味など）きつい、ひどい、④忍耐強い
□그지없다	限りない、計り知れない、言い尽くせない		
		□동그랗다	丸い
□근사하다	①似通っている、②素敵だ	□두껍다	厚い
□급격하다	急激だ	□두텁다	分厚い
□까다롭다	ややこしい	□둔하다	鈍い
□깔끔하다	さっぱりしている	□둥글다	丸い
□꾸준하다	根気がある、粘り強い	□뒤늦다	遅れる
□끈질기다	粘り強い	□든든하다	心強い、丈夫だ
		□딱딱하다	①硬い、②固い、③堅苦しい
		□딱하다	かわいそうだ、気の毒だ

ㄴ

		□떳떳하다	堂々としている
□나른하다	けだるい	□똑똑하다	明瞭だ、利口だ
□난처하다	つらい、困っている	□뚜렷하다	はっきりしている

□뚱뚱하다	太っている	□부지런하다	勤勉だ、まめだ
□뛰어나다	優れている	□분하다	くやしい
		□불리하다	不利だ
ㅁ		□비겁하다	卑怯だ
□마땅하다	当然だ	□비리다	生くさい、青臭い
□마지 못하다	やむを得ない、仕方がない	□비좁다	狭苦しい、窮屈だ
□막연하다	漠然としている	□비참하다	悲惨だ
□망설이다	躊躇する	□뻔뻔하다	図々しい
□먹음직하다	おいしそうだ	□뻔하다	ほの明るい、分かり切っている
□멋지다	素敵だ		
□메스껍다	吐き気がする、むかむかする	**ㅅ**	
□명백하다	明白だ	□사납다	荒っぽい
□명심하다	肝に銘じる	□사소하다	些細だ
□명확하다	明確だ	□산뜻하다	爽やかだ
□못나다	出来が悪い、みにくい	□상쾌하다	爽快だ
□못마땅하다	気に入らない、納得がいかない	□새까맣다	真っ黒だ
□못쓰다	よくない、いけない、どうしようもない	□새빨갛다	真っ赤だ
		□새삼스럽다	事新しい、今更
□못지않다	劣らない	□새파랗다	真っ青だ
□못하다	(より) 劣る、(〜に) 及ばない	□새하얗다	真っ白だ
□무덥다	蒸し暑い	□색다르다	目新しい、風変わりだ
□무심하다	無心だ、無情だ	□서늘하다	涼しい
□미끄럽다	すべすべする	□서운하다	名残惜しい
□미묘하다	微妙だ、デリケートだ	□세심하다	細心、注意深い
□미숙하다	未熟だ	□세차다	強烈だ
□미지근하다	①ぬるい、②手ぬるい	□소박하다	素朴だ
□믿음직하다	頼もしい	□소홀하다	おろそかだ、いいかげんだ
□밀접하다	密接だ	□속되다	①俗っぽい、②卑しい、下品だ
		□손쉽다	たやすい
ㅂ		□수상하다	怪しい
□바람직하다	望ましい	□수줍다	内気だ、はにかみ屋だ
□바르다	正しい	□순조롭다	順調だ
□번거롭다	①面倒くさい、煩わしい、②騒々しい	□순진하다	純真だ
		□순하다	①おとなしい、素直だ、②(味が) まろやかだ
□별나다	変わっている、変だ		
□별다르다	一風変わっている、特に変わっている	□시들다	①しぼむ、しおれる、②衰える
		□시커멓다	真っ黒い、真っ黒だ

96

□신기하다	なんとも不思議だ		□오래다	長くたっている、久しい
□신선하다	新鮮だ		□올바르다	正しい
□심술궂다	意地悪だ		□외롭다	心細い、寂しい、孤独だ
□심심하다①	退屈だ		□용감하다	勇敢だ
□심심하다②	深甚なる (심심한の形で)		□우습다	おかしい、こっけいだ
□싱싱하다	①みずみずしい、新鮮だ、②鮮やかだ、③元気だ		□우울하다	憂鬱だ、うっとうしい
			□원만하다	円満だ、むつまじい
□쑥스럽다	照れくさい、きまり悪い		□웬만하다	①まあまあだ、②相当のものだ、③ (웬만하면) よかったら
□쓸데없다	役に立たない、無駄だ			
□쓸쓸하다	①寂しい、②どんよりして、③薄ら寒い		□위대하다	偉大だ、偉い
			□위태롭다	危ない、危うい
□씩씩하다	男らしい、りりしい		□유력하다	有力だ
			□유리하다	有利だ
ㅇ			□유익하다	有益だ
□아무렇다	どうこうである		□유일하다	唯一だ
□안타깝다	①気の毒だ、不憫だ、②もどかしい		□유창하다	流暢だ
			□유치하다	幼稚だ、幼い
□애매하다	曖昧だ		□의아하다	いぶかしい、疑わしい
□얌전하다	おとなしい、しとやかだ			
□어리석다	愚かだ、間抜けだ		□이롭다	得だ、有利だ
□어색하다	①言葉に窮す、②不自然だ、ぎこちない		**ㅈ**	
			□자신만만하다	自信満々だ
□어이없다	あきれる		□잔잔하다	①静かだ、穏やかだ、②静まる
□어중간하다	中途半端だ、どっちつかずだ		□잠잠하다	①静かだ、ひっそりしている、②黙っている
□어지간하다	①まずまずだ、②ほどよい、③普通だ、まあまあだ			
			□적합하다	適している、向いている
□어지럽다	①目眩がする、めまぐるしい、②乱れている、③雑然としている		□절실하다	切実だ
			□점잖다	温厚だ、物静かだ、上品だ
□억울하다	無念だ、悔しい、やりきれない		□정당하다	正当だ
□얼얼하다	ひりひりする、しびれる		□정중하다	①丁重だ、丁寧だ、②厳粛だ
□엄격하다	厳格だ、厳しい		□정직하다	正直だ
□엄청나다	すごい、途方もない		□정통하다	精通する、精通している
□엄하다	厳しい、きつい		□조급하다	せっかちだ
□엉뚱하다	とんでもない		□조마조마하다	はらはらする、ひやひやする
□연하다	① (肉などが) 軟らかい、② (色が) 薄い		□중대하다	重大だ
			□지긋지긋하다	飽き飽きする、うんざりする
□예민하다	鋭敏だ		□지루하다	退屈だ

□지저분하다	きたならしい、散らかっている	□환하다	①明るい、②透けて見える
□진지하다	真摯だ、真剣だ	□활발하다	活発だ
□진하다	①濃い、②においが強い	□흉하다	①醜い、②不吉だ、忌まわしい
□집요하다	執拗だ	□흐뭇하다	満足である
		□흥미진진하다	興味津々だ
		□흥성거리다	繁盛する、賑やかだ

ㅊ ㅋ ㅌ ㅍ

□차분하다	落ち着いている、物静かだ	□희미하다	かすかだ、ほのかだ、ぼんやりとしている
□창피하다	①恥ずかしい、②みっともない	□힘겹다	①力に余る、力が要る、②苦しい、大変だ、③苦心する、苦労する
□초조하다	いらいらしている		
□촌스럽다	やぼったい、田舎臭い		
□축축하다	湿っぽい、じめじめしている		
□친근하다	親しい		
□캄캄하다	①真っ黒だ、②疎い、③希望が持てない		
□태연하다	泰然としている、落ち着いて物事に動じない		
□통통하다	①丸々としている、むくむくしている、②ぽっちゃりと、ぽってりとする		
□튼튼하다	丈夫だ、頑固だ		
□평범하다	平凡だ、ありきたりだ		
□평탄하다	平坦だ		
□폭넓다	幅広い		
□풍기다	漂う、漂わす		

ㅎ

□한가하다	ひまだ
□한심하다	情けない
□허옇다	白い
□험하다	険しい、ひどく荒い
□헛되다	むなしい、甲斐がない
□형편없다	①甚だ良くない、②取るに足らない、③ひどい、むちゃくちゃだ
□호화롭다	豪華だ、贅沢で派手だ
□화끈하다	①ほてっている、熱い、②(性格が)きっぷがいい
□화려하다	華麗だ、派手だ

合格資料-24 準2級出題範囲の副詞語リスト

ㄱ

가벼이	軽く、軽々と
간결히	簡潔に
간신히	辛うじて
간절히	切に
간질간질	むずむず(と)、うすうす(と)
갈수록	ますます
거꾸로	逆に、逆さまに
거저	①ただで、②手ぶらで
고루고루	等しく、平等に
곧바로	まっすぐに
곧잘	しばしば
곧장	まっすぐ
골고루	均等に、等しく
곰곰이	じっくり(と)、つくづく(と)
괜히	空しく、無駄に
구불구불	くねくねと
구태여	敢えて、わざわざ
굳이	無理に、強いて
그까짓	それくらいの、それしきの
그나마	それさえも、その上にまた
그나저나	いずれにしても、ともかく
그래야	①それでこそ、②そうしてみたところで
그러게	だから、それで
그러자	そうすると、そういうと
그럭저럭	どうにか、どうにかこうにか、どうやら
그런대로	それなりに
그럼에도	それにもかかわらず
그야	そりゃ、それは
그저	ただ
그제서야	やっと
그토록	それほど
극히	極めて
근질근질	むずむず(と)、うすうす(と)
급격히	急激に
급속히	急速に
기껏	たかが、せいぜい、せっかく
기껏해야	せいぜい
기어이	必ず
까맣게	①黒く、②すっかり、全く
깔끔히	きちんと、すっきりと
껄껄	からから(と)(高らに笑う声)
꼬불꼬불	くねくねと
꼼짝	ぴくっと
꽁꽁	①かちかちに、②ぎゅうぎゅうに(結ぶ)
꽉	ぎゅっと
꾸불꾸불	くねくねと
꿀꺽(하)	ごくりと、ぐっと、ごくんと
꿀꺽꿀꺽	ごくごく(と)
끄덕끄덕	こくりこくり(と)
끈적끈적	ねばねば、べたべた、べとべと
끊임없이	絶え間なく、ひっきりなしに

ㄴ

나날이	日ごとに、日に日に、日増しに
나름대로	自分なりに、それなりに
난생처음	生まれて初めて
남김없이	残らずすべて
내내	ずっと
너나없이	誰彼無しに、誰もが
넉넉히	十分に、裕福に
넋없이	ぼんやり、呆然と
능히	よく、巧みに、十分

ㄷ

| 다소 | 多少、いくらか |
| 다시금 | もう一度 |

99

□다행히	幸いに、幸運に	**ㅁ**		
□단번에	一度に、直ちに	□마구	やたらに、いいかげんに	
□단숨에	一息に、一気に	□마땅히	当然	
□단지	単に、ただ	□마음껏	真心を尽くして、心ゆくまで	
□대충	大体、ざっと、おおよそ、おおまかに	□막상	いざ、実際に	
		□막연히	漠然と	
□대충대충	ざっと、おおまかに	□머지않아	間もなく、近いうちに	
□더더욱	もっと、一層	□멈칫	ぎょっと、はっと	
□더러	①多少、いくらか、②たまに	□멈칫멈칫	もじもじ	
□더럭	どっと、にわかに	□멍하니	ぽっと	
□더불어	ともに、それに加えて	□명확히	明確に	
□더욱더	なお一層	□몇몇	若干、幾つか、何人か	
□더욱이	しかも	□모처럼	わざわざ、せっかく	
□더이상	これ以上	□몰래	こっそり、密かに	
□도로	元に	□못마땅히	不満に	
□도리어	かえって	□몽땅	全部	
□도무지	まったく、どうも	□무려	なんと、実に	
□돌연히	突然	□무사히	無事に	
□되는대로	①いい加減に、②なるがままに、③なるべく	□무심히	無心に、何気なく	
		□무지무지	ものすごく、とても	
□되도록	なるべく	□미처	いまだ	
□되풀이	繰り返し			
□두고두고	何度も何度も、くどくど(と)	**ㅂ**		
□따끈따끈	あつあつ、ほかほか	□바짝	①からからに、②ぴったり、③めっきりと	
□따끔따끔	ひりひり(と)、ちくちく(と)			
□딱	①かちんと、こつんと、②ぽきっと	□반짝	ぴかっと、きらっと	
		□반짝반짝	きらきら、ぴかぴか	
□떠듬떠듬	たどたどしく、つかえつかえ	□방글방글	にこにこ(と)	
□떳떳이	堂々と	□방긋	にこやかに、にっこり	
□똑똑히	明瞭に、はっきりと	□방긋방긋	にこにこ	
□뚝	①ぴたっと、ぷっつりと、②ぽとんと	□번갈아	交互に	
		□번쩍	①軽々と、さっと、②ぱっと、③ぴかっと、きらっと	
□뜨끈뜨끈	ほかほか、熱々			
□띄엄띄엄	まばらに、ちらちらと、点々と、とぎれとぎれ	□번쩍번쩍	ぴかぴか	
		□벌떡	がばっと	
		□벌벌	ぶるぶる、おどおど	
		□빙글빙글	にこにこ(と)	

□ 부들부들	ぶるぶる、がくがく	□ 시큰시큰	ずきんずきん、ずきずき
□ 부디	どうか、どうぞ	□ 실컷	思う存分、飽きるほど
□ 불과	わずか、ほんの	□ 심지어	それにしても、その上
□ 불쑥	ぬっと、突然	□ 싱글벙글	にこにこ (と)
□ 불쑥불쑥	①にょきにょき、②だしぬけに	□ 싹	①ずばっと、②さっと、③すっかり、④がらりと
□ 불쾌히	不快に		
□ 불행히	不幸に	□ 썩	①さっさと、②とても、③さっと
□ 비로소	初めて、ようやく	□ 쑥스러이	照れくさく、決まり悪く
□ 비슷이	似かよって	□ 쓸데없이	無駄に、いたずらに
□ 비틀비틀	ふらふら、よろよろ		
□ 빙	ぐるりと	**ㅇ**	
□ 뻔히	ちゃんと、確かに、十分に	□ 아무렇게나	いいかげんに
		□ 아무튼	とにかく
ㅅ		□ 아예	①最初から、はなから、②絶対に、決して
□ 살며시	そっと、こっそり		
□ 살살	①こっそり、②さらりと、③たくみに、④そうっと	□ 안타까이	もどかしく、切なく、歯がゆく
		□ 얌전히	おとなしく、つつましやかに
□ 살짝	そっと、こっそり	□ 어느덧	いつのまにか
□ 새삼스레	今更、今更のように	□ 어디	①よし、ようし、②いったい
□ 서서히	徐々に	□ 어지간히	かなり、大分
□ 선들선들	そよそよ (と)	□ 어째서	どうして、なぜ
□ 선뜻	気軽に	□ 어쨌든	とにかく、いずれにせよ
□ 설마	まさか	□ 어쩌다 (가)	①偶然に、②たまたま
□ 성실히	まじめに、誠実に	□ 어쩌면	①ひょっとすると、②どうすれば
□ 손수	手ずから、みずから	□ 어쩐지	どうやら、なんだか
□ 솔솔	そよそよ(と)、すうすう(と)	□ 어쩜	①ひょっとすると、②どうすれば
□ 수없이	数多く	□ 어찌나	どんなに、あまりに
□ 순식간에	あっという間(に)、瞬く間(に)	□ 어차피	どうせ、結局は
□ 순조로이	順調に	□ 언뜻	ふっと、ちらりと
□ 술술	①ちょろちょろと、②そよそよ(と)、③すらすら(と)	□ 얼핏	①チラッと、②ふと
		□ 엉엉	おいおい (と泣く)
□ 슬그머니	そっと、こっそり	□ 여간	並大抵の (〜ではない)、ありきたりの (〜ではない)
□ 슬금슬금	そっと、こっそり		
□ 슬슬	①そろそろ、ぼちぼち、②すっと、③巧みに、④そよそよ(と)	□ 여태껏	今まで
		□ 여하튼	とにかく、いずれにせよ
		□ 영	まったく、全然
□ 슬쩍	こっそり、するりと、さっと	□ 예외없이	例外なしに
□ 시급히	緊急に、急いで、一刻も早く		

101

□ 예컨대	例えば	□ 제각기	めいめいに
□ 오래도록	長く、長らく、久しい	□ 제꺽	さっさと、手早く
□ 요컨대	要するに、要は	□ 제멋대로	勝手に、好き放題 (に)
□ 우뚝	にょっきり	□ 제발	なにとぞ、どうか頼むから
□ 우연히	偶然に	□ 조마조마	はらはら、ひやひや
□ 욱신욱신	ずきずき、ずきんずきん	□ 좀처럼	なかなか、めったに
□ 워낙	①あまりにも、なにしろ、②もともと	□ 좌우간	とにかく、いずれにせよ
□ 유난히	ひときわ、際立って、特別に	□ 죽	①ずらりと、②まっすぐに、③ぐっと、④すらすらと、⑤さっと
□ 은근슬쩍	ひそかに		
□ 은근히	それとなく、ひそやかに		
□ 이내	すぐ、まもなく	□ 줄곧	絶えず
□ 이따금	時々、時折	□ 줄줄	①ざあざあと、だらだら、②ぞろぞろ、③すらすら(と)
□ 이래서	①こうなので、②こうして		
□ 이렇듯	このように	□ 즉	すなわち、つまり
□ 이른바	いわゆる	□ 즉시	即時、すぐさま、直ちに
□ 이를테면	たとえば、いわば	□ 지금껏	今まで
□ 이리	このように、こう、こちらへ	□ 진작	①とっくに、②前もって
□ 이만	これで、これくらいで	□ 쭉	①ずらりと、ずっと、②さっと、③ぐいっと
□ 이모저모	あれこれ、各方面		
□ 이왕에	どうせ、せっかく	□ 차근차근	きちんきちん、丹念に
□ 이왕이면	どうせなら	□ 차마	とても、とうてい
□ 이제껏	今まで	□ 차차	①だんだん、しだいに、②そのうち、おいおい
□ 이제야	やっとのことで、今まさに		
□ 이토록	このように、これほどまでに	□ 차츰	①だんだん、しだいに、②そのうち、おいおい
□ 인제	今になって、今		
□ 일일이	いちいち、すべて		
□ 일찍이	①かつて、②早く、早めに	**ㅋ ㅌ ㅍ**	
		□ 콕콕	ちくちく
ㅈ ㅊ		□ 콱	①がつんと、ぶすっと、②ぐっと、つんと、③すっかり
□ 자칫하면	ちょっと間違えば、ともすると、まかり間違えば		
□ 잔뜩	①ひどく、非常に、②いっぱい	□ 탁	①ごつんと、ばたっと、②ばたんと、③ばちんと、④すうっと
□ 잠잠히	黙って		
□ 재빨리	すばやく、いち早く	□ 털썩	①べったりと、どかっと、②どすんと、どさりと
□ 저릿저릿	じんじん		
□ 저마다	それぞれ、各自	□ 텅	がらんと
□ 저절로	自然に、ひとりでに	□ 통	全然、まったく、さっぱり
□ 정작	本来、いざ	□ 통째로	丸ごと、そっくり

102

□통틀어	ひっくるめて、あわせて	□한갓	単に、ただ
□툭	①ぽきっと、ぶつんと、②ぶくっと、③ばんと	□한결	ひとしお、一層
		□한데	ところで
□틈틈이	暇あるごとに、合間合間に	□한바탕	ひとしきり、一度、一発
□퍽	非常に、すごく	□한층	いっそう
□펄쩍	①ぱっと、②ぴょんと	□형편없이	ひどく、さんざんに
□펄펄	①ぐらぐらと、②かっかと、③ぴょんぴょんと、④はたはたと、⑤めらめらと	□혹	あるいは、もしか（すると）
		□홀로	一人で
		□확	①びゅんと、②ぱっと、③かっと
□편히	気楽に、楽に、ゆったりと	□활짝	①からっと、②ぱあっと、③にっこりと
ㅎ		□획	①さっと、②ひらり（と）
□하기는	そういえば、もっとも	□훨훨	①ゆらゆら、ばたばた、②ぼうぼう、③ふわふわ、④さらりと
□하기야	そりゃ、もっとも、実のところ		
□하긴	そういえば、もっとも	□흔들흔들	ゆらゆら（と）、ぐらぐら（と）、ぶらぶら（と）
□하도	とても、あまりにも		
□하루같이	一日のごとく、長年変わりなく	□힐끗	①ちらっと、②じろりと
□하루걸러	一日おきに		
□하루빨리	一日も早く		
□하물며	まして、なおさら		
□하여간	とにかく、いずれにせよ		
□하여튼	とにかく、いずれにせよ		
□하필	どうして、よりによって		

合格資料-25　その他の準2級出題範囲の語彙リスト

感嘆詞

		□올	今年（올해の縮約形）
□아냐	いや（아니야の縮約形）	□요	この、これしきの
□아야	痛い、あっ痛い	□웬	どんな、なんという、どういうわけの
□아차	（하）あっ、しまった	□이만	これくらいの、この程度の
□어	あっ、あれ、おい、ああ	□한	①およそ、②同じ
□여보	①(夫婦間で)あなた、おまえ、おい、②もし、すみません	**代名詞**	
□이런	あら、まあ、こりゃ、おやおや	□너	おまえ、君
□저런	（意外なことでおどろいて）あら、まあ、なんとまあ	□너희	お前たち、君たち
		□네	お前（が）、君（が）
		□네	お前の、君の
□파이팅	ファイト、頑張れ	□자네	（対等、目下の相手に）君、お前

冠形詞 （連体詞）

□여느	普通の

1 文の空欄語句補充の問題

※(　)の中に入れるのに適切なものを①～④の中から1つ選びなさい。

❶ 집들이에 가면서 (　) 으로 갈 수는 없어 과일을 좀 샀다.
① 맨주먹　② 맨발　③ 발등　④빈손

❷ 서울시는 날로 증가하는 교통량 때문에 심각한 (　) 을 하고 있다.
① 고민　② 계획　③ 배탈　④ 부작용

❸ 여성의 상품화를 (　) 시키는 등 여성을 보호하는 법들을 만들었다.
① 촉진　②금지　③ 성립　④ 상담

❹ 형이 말수가 적고 낯을 가리는 것에 비해 동생은 쾌활하고 (　) 이 있다.
①자존심　② 장점　③ 붙임성　④ 자랑

❺ 그녀는 별로 경계하는 (　) 도 없이 문을 열어 주었다.
① 행동　② 정열　③ 얼굴　④ 빛

❻ 오늘 이처럼 쓰레기 줄이기 운동이 (　) 에 올라서게 된 것은 자원봉사자들의 헌신적인 노력 때문입니다.
① 꼭대기　② 궤도　③ 한가운데　④ 관심

解答　1—④　2—①　3—②　4—③　5—①　6—②

〈解説は287ページへ〉

104

❼ ――사고로 인해 그 일대 (　　) 이 거의 마비되었다.
□　① 살림　　　② 식장　　　③ 산업　　　④ 교통

❽ ――일회용 그릇은 (　　) 를 할 필요가 없어 편리하지만 환경 오염을 초래할 수 있다.
□　① 설거지　　② 바비큐　　③ 핑계　　　④ 행위

❾ ――엄마는 아들의 일기장을 (　　) 에 다시 넣고 건드린 흔적이 없도록 해 두었다.
□　① 굴뚝　　　② 대합실　　③ 서랍　　　④ 비품

❿ ――예전에는 졸음을 쫓거나 식후에 (　　) 으로 껌을 씹는 사람들이 많이 있었다.
□　① 감상　　　② 입가심　　③ 습관　　　④ 즐거움

⓫ ――그들에게는 자신의 가족뿐만 아니라 이 모임에 참가하고 있는 회원들도 커다란 (　　) 안의 가족인 셈이다.
□　① 그물　　　② 문턱　　　③ 울타리　　④ 장터

⓬ ――가능하면 술이나 담배, 그리고 맵고 짠 음식 등 (　　) 인 것을 피하는 것이 좋다.
□　① 실질적　　②자극적　　③ 필연적　　④ 비관적

⓭ ――우리는 (　　) 부부입니다. 그래서 아이를 어린이집에 맡기거나 아이 보는 사람을 고용합니다.
□　① 동창생　　② 막대기　　③ 당사자　　④ 맞벌이

解答　❼-④　❽-①　❾-③　❿-②　⓫-③　⓬-②　⓭-④

〈解説は287ページへ〉

105

1 文の空欄語句補充の問題

⑭ ──민수는 말은 (　) 하지만 실제로 실천에 옮기는 것을 본 적이 없다.
① 평범하게　② 그럴듯하게　③ 축축하게　④ 촌스럽게

⑮ ──대부분의 발전 도상국은 산업화를 조속히 이루기 위해 환경 문제에는 (　) 경우가 많다.
① 캄캄한　② 한가한　③ 소홀한　④ 환한

⑯ ──이 나이에 다시 학업을 시작한다는 것이 조금 (　) 두렵지만 열심히 해 보려고 합니다.
① 쑥스럽고　② 조급하고　③ 지루하고　④ 유치하고

⑰ ──이 문제를 (　) 해결하려면 어떤 방식으로 접근하는 게 좋을까?
① 연하게　② 심술궂게　③ 험하게　④ 원만하게

⑱ ──옆에서 보는 나는 마음이 (　) 데도 정작 본인은 태연한 얼굴을 하고 있다.
① 차분한　② 조마조마한　③ 의아한　④ 뻔뻔한

⑲ ──아이를 (　) 키우려면 어려서부터 편식을 하지 않도록 해야 한다.
① 딱하게　② 똑똑하게　③ 튼튼하게　④ 믿음직하게

⑳ ──반쯤 열려진 커튼 사이로 (　) 달빛이 새어 들어왔다.
① 희미한　② 흐뭇한　③ 지저분한　④ 화끈한

解答 ⑭-②　⑮-③　⑯-①　⑰-④　⑱-②　⑲-③　⑳-①

〈解説は288ページへ〉

㉑ ──바위 사이에 뿌리를 박고 자라난 소나무의 (　　) 한 모습에서 자연의 놀라운 생명력이 느껴졌다.

　　① 따끔따끔　　② 선들선들　　③ 구불구불　　④ 멈칫멈칫

㉒ ──그는 여태껏 눈앞에 놔 두었던 잔을 들어 한숨에 (　　) 마셔 버렸다.

　　① 반짝　　② 벌떡　　③ 꽁꽁　　④ 꿀꺽

㉓ ──가을이 되면 늘 피부가 건조해져서 몸이 (　　) 하다.

　　① 두근두근　　② 근질근질　　③ 부들부들　　④ 싱글벙글

㉔ ──멀리 어둠 속에서 마치 밤하늘의 별처럼 (　　) 불빛이 나타났다.

　　① 저릿저릿　　② 욱신욱신　　③ 띄엄띄엄　　④ 슬금슬금

㉕ ──계단을 내려오다가 갑자기 현기증이 나서 (　　) 주저앉고 말았다.

　　① 멍하니　　② 털썩　　③ 선뜻　　④ 줄줄

㉖ ──자신이 이곳에서 장사를 하게 되기까지의 얘기를 (　　) 털어놓기 시작했다.

　　① 떠듬떠듬　　② 두근두근　　③ 느릿느릿　　④ 흔들흔들

㉗ ──학교에 가서도 계단을 오르내릴 때마다 다리가 무겁고 무릎이 (　　) 해서 아주 힘들었다.

　　① 구불구불　　② 따끈따끈　　③ 끈적끈적　　④ 시큰시큰

解答　㉑-③　㉒-④　㉓-②　㉔-③　㉕-②　㉖-①　㉗-④

〈解説は 289 ページへ〉

1 文の空欄語句補充の問題

㉘ ──이번 행사는 한일 양국이 새로운 교류의 차원에 진입하는 계기를 (　　).

① 이루어졌다　② 끄덕였다　③ 범했다　④ 마련했다

㉙ ──나는 중요한 것에는 줄을 (　　) 공부를 해요.

① 쓰면서　② 치면서　③ 그리면서　④ 이으면서

㉚ ──그녀는 작년에 애인과 헤어진 후 아직도 마음을 (　　) 못하고 방황하고 있다고 합니다.

① 잡지　② 쓰지　③ 끌지　④ 먹지

㉛ ──그것이 누구의 잘못인지 (　　) 기에 앞서 제 책임이 크다는 것을 잘 압니다.

① 헤아리　② 따지　③ 털어놓　④ 풍기

㉜ ──언니는 운전면허를 (　　) 나서 5년 동안 한 번도 운전을 한 적이 없대요.

① 잡고　② 얻고　③ 받고　④ 따고

㉝ ──영민이는 눈을 가늘게 (　　) 민수의 이상한 행동을 주시했다.

① 열고　② 뜨고　③ 벌리고　④ 닫고

㉞ ──매년 여름이면 관광객들이 버리고 간 쓰레기가 우리의 눈살을 (　　) 게 한다.

① 아프　② 펴　③ 찌푸리　④ 흘리

解答　㉘-④　㉙-②　㉚-①　㉛-②　㉜-④　㉝-②　㉞-③

〈解説は 289 ページへ〉

㉟ ──경찰을 보고 슬금슬금 뒷걸음을 (　　) 것을 보니 뭔가 켕기는 게 있는 모양이다.
① 치는　　② 걷는　　③ 매기는　　④ 내놓는

㊱ ──마을 앞 시냇물에서는 물고기가 떼를 (　　) 노는 모습을 볼 수 있다.
① 만들어　　② 앞세워　　③ 지어　　④ 가려

㊲ ──그는 그것을 받아 껍질을 (　　) 가 무섭게 한입에 삼켜 버렸다.
① 부수기　　② 담그기　　③ 벗어던지기　　④ 까기

㊳ ──미선이가 김이 (　　) 떡국을 들고 들어와서 먹으라고 권했다.
① 나는　　② 뜨는　　③ 서린　　④ 샌

㊴ ──이 건물은 설계 변경으로 인해 건설비가 예정보다 배로 들게 되어서 아주 골치가 (　　).
① 괴롭다　　② 아프다　　③ 까다롭다　　④ 우울하다

㊵ ──옆 집에서 들려오는 음악 소리가 귀에 (　　) 독서에 집중할 수 없었다.
① 잡혀서　　② 솔깃해서　　③ 설어서　　④ 거슬려서

㊶ ──영민이는 핼쑥한 얼굴로 요즈음 너무 더운 탓인지 입맛이 없어서 끼니를 (　　) 때가 많다고 했다.
① 더할　　② 뺄　　③ 거를　　④ 갖출

【解答】 ㉟-① ㊱-③ ㊲-④ ㊳-① ㊴-② ㊵-④ ㊶-③

〈解説は 290 ページへ〉

1 文の空欄語句補充の問題

㊷ —— 오전에는 구름이 많이 끼겠으나 (　) 맑아지겠고, 비 올 확률은 10 퍼센트밖에 안 된다고 합니다.
① 차차　② 차마　③ 진작　④ 한결

㊸ —— 소득 수준이 높아지면서 대형 가전제품의 수요가 (　) 늘어나고 있다.
① 간신히　② 갈수록　③ 거꾸로　④ 그나마

㊹ —— 강물도 쓰면 준다는데 (　) 돈을 그렇게 아무 생각 없이 썼다가는 나중에 크게 후회할 거야.
① 하물며　② 한갓　③ 하필　④ 한바탕

㊺ —— 그는 (　) 빈 객석을 바라보며, 밤늦게까지 연습을 하던 무명 시절을 떠올렸다.
① 통　② 퍽　③ 텅　④ 쭉

㊻ —— 나는 말을 너무도 잘하는 사람을 보면 (　) 믿음이 가지 않는다.
① 어쩐지　② 어쩌면　③ 언뜻　④ 어느덧

㊼ —— 지금까지 토론을 했으니 이제 (　) 마무리를 하고 저녁을 먹으러 갑시다.
① 술술　② 줄줄　③ 콕콕　④ 슬슬

㊽ —— 일생을 통해서 사람에게 찾아오는 기회는 (　) 한두 번밖에 안된다.
① 불쑥　② 뻔히　③ 불과　④ 비로소

解答　㊷—④　㊸—②　㊹—①　㊺—③　㊻—①　㊼—④　㊽—③

〈解説は 291 ページへ〉

㊾ ——A：어젠 출석한다고 하더니 오늘 와선 못 오겠대？
B：그러게 말이야．(　　) 바뀌는 그 속을 알 수가 있어야지．

☐ ①혹시해서　②하루에도 열두 번　③하루이틀도 아니고　④하는 일 없이

㊿ ——A：혜영이는 시집 가서 잘 산대요？
B：걔가 (　　) 잘 사는 모양이에요．지난달엔 딸을 낳았대요．

☐ ① 고소하게　② 떨어지게　③ 맛이 들게　④ 쏟아지게

51 ——A：(　　)．이렇게 중요한 걸 잊고 있었네．이거 네 기차표야．
B：고마워．출발 한 시간 전에 대합실에 가서 기다릴게．

☐ ① 내가 알게 뭐야　② 내 마음이다　③ 내 정신 좀 봐　④ 나몰라라하네

52 ——A：결혼 하기로 했다면서？ 축하해．그런데 날은 (　　)?
B：일이 너무 바빠서 혼인 신고만 하고 식은 내년에 올리기로 했어．

☐ ① 샜어　② 잡았어　③ 세웠어　④ 지었어

53 ——A：오늘 회사에서 보너스를 받았어요．내가 (　　)．
B：그러지 마세요．지난번에도 얻어먹었는데．이번에는 내가 낼게요．

☐ ① 해본 소리예요　② 재를 뿌릴게요　③ 한시가 급해요　④ 한턱낼게요

54 ——A：나는 버스를 오래 타면 좀 어지러운데 영미 씨는 괜찮아요？
B：저도 그래요．버스를 탈 때마다 멀미 때문에 (　　)．

☐ ① 애를 먹어요　② 야단을 쳐요　③ 애가 타요　④ 약도 없어요

解答　㊾—②　㊿—④　51—③　52—②　53—④　54—①

〈解説は 291 ページへ〉

1 文の空欄語句補充の問題

55 ── A : 민수네 집은 굉장히 부자인 것같아. 재산이 몇 십억이래.
　　　　B : 그 애 말은 안 믿는 게 좋아. 허풍이 (　　).
　　　① 닿으니까　　② 세니까　　③ 부니까　　④ 높으니까

56 ── A : 이거 어때? 만 원에 샀는데 괜찮지?
　　　　B : 이게 만 원이야? 난 삼천 원에 샀는데. 완전히 (　　).
　　　① 바가지 썼구나　② 감을 잡았구나　③ 난리가 났구나　④ 무덤을 팠구나

57 ── A : 왜 그렇게 기운이 없니? 어디 아프니?
　　　　B : 애인이랑 약속을 했었는데 결국 (　　) 돌아오는 길이야. 그래서 좀…
　　　① 미역국을 먹고　② 바람을 피우고　③ 바람을 맞고　④ 발로 차고

58 ── A : 저쪽에 앉은 사람이 참 (　　) 누구인지 모르겠어요.
　　　　B : 혹시 옛날 학교 때 친구가 아니에요?
　　　① 눈을 피하는데　② 낯이 선데　③ 눈이 부신데　④ 낯이 익은데

59 ── A : 영민 씨가 오늘 모임에도 (　　) 않았네요.
　　　　B : 아마 무슨 사정이 있는 것 같아요. 요즘 통 볼 수가 없어요.
　　　① 입을 내밀지　② 얼굴을 비치지　③ 시치미를 떼지　④ 얼굴을 살리지

60 ── A : 경민 씨도 슬슬 결혼할 때가 됐지요?
　　　　B : 네, 결혼하고 싶은 마음은 (　　) 좋은 사람이 없네요.
　　　① 굴뚝같지만　② 기둥같지만　③ 아쉽지만　④ 뜨겁지만

㊿ A：왜 다리를 절어요? 어디 다쳤어요?
　　 B：길에서 (　) 자전거에 부딪쳤어요.
　　 ① 호흡을 맞추다가　② 중심을 잡다가　③ 한눈을 팔다가　④ 탈을 쓰다가

㊷ A：이번 일은 영수 씨랑 같이 하게 되었다면서요?
　　 B：네, 우리는 호흡이 잘 (　) 정말 잘 됐어요.
　　 ① 맞으니까　② 가쁘니까　③ 잡히니까　④ 당기니까

㊸ A：그 친구 삼성에 취직한 후부터 (　) 것 같아.
　　 B：그래? 학생 때는 참 겸손한 친구였는데…
　　 ① 탈을 쓰는　② 콧대가 높아진　③ 트집을 잡는　④ 한 귀로 흘리는

㊹ A：그렇게 일만 하다가는 건강을 해쳐요. 가끔씩 쉬는 게 좋아요.
　　 B：이 일만 끝나면 돼요. 그러면 (　) 쉴 수가 있어요.
　　 ① 가슴을 펴고　② 고개를 들고　③ 마음 놓고　④ 마음을 비우고

㊺ A：왜 그렇게 목이 (　)?
　　 B：어젯밤에 축구를 보러 가서 목이 터지게 응원을 했더니 그래.
　　 ① 메었어?　② 잠겼어?　③ 날아갔어?　④ 탔어?

㊻ A：물도 마시고 천천히 먹어요. 그렇게 급하게 먹으면 체하겠어요.
　　 B：요즘 며칠 동안 (　) 거든요.
　　 ① 밥맛이 없었　② 속이 상했　③ 술이 고팠　④ 밥 구경을 못했

〈解説は293ページへ〉

1 文の空欄語句補充の問題

67 ── 그 문제에 대하여 회원들끼리 머리를 맞대고 (　) 를 거듭했지만 마땅한 해결책을 찾지 못했다.
① 시행착오　② 생사고락　③ 단도직입　④ 심사숙고

68 ── A : 영민이가 그렇게 고집이 세요?
B : (　) 인 것 같아요. 성격이 남편이랑 똑같아요.
① 천진난만　② 팔방미인　③ 비몽사몽　④ 부전자전

69 ── A : 어떠세요? 여기가 마음에 드세요?
B : 네, 전국 (　) 안 가 본 데가 없는데 여기처럼 좋은 곳은 보지 못했어요.
① 선견지명　② 방방곡곡　③ 호시탐탐　④ 정정당당

70 ── A : 그건 계약서를 읽어 보면 알 수 있을 거예요.
B : 읽어 보긴 했는데 내용이 (　) 해서 무슨 말인지 통 모르겠어요.
① 반신반의　② 미사여구　③ 애매모호　④ 속수무책

71 ── 우리 남편은 새해만 되면 담배를 끊고 열심히 운동하겠다고 큰소리를 치지만 항상 (　) 이에요.
① 작심삼일　② 구사일생　③ 자업자득　④ 진수성찬

72 ── A : 외국 농산물을 개방하기로 결론이 났나요?
B : 아뇨, 개방이 좋은지 나쁜지 평가를 내리기에는 좀 (　) 인 것 같아요.
① 시시각각　② 임기응변　③ 시기상조　④ 과대망상

解答　67-④　68-④　69-②　70-③　71-①　72-③

〈解説は293ページへ〉

(73) ——A:어느 할머니가 평생 김밥만 팔아서 10 억을 모았다는 얘기가 신문에 났네요.
B:(　　) 이라더니 그 말이 맞네요.

☐ ① 그림의 떡　② 물 위의 기름　③ 티끌 모아 태산 ④ 무소식이 희소식

(74) —— A:오늘 전시회를 본 느낌이 어때요?
B:이렇게 다양한 제품을 보고 많이 놀랐어요. 저는 그동안 (　　) 처럼 우리 회사 제품만이 최고인 줄 알았어요. 더 많이 연구해야겠어요.

☐ ① 우물 안 개구리　② 십 년이면 강산 (산천) 도 변한다
③ 꿩 먹고 알 먹기　④ 백 번 듣는 것이 한 번 보는 것만 못하다

(75) —— A:아이가 컴퓨터 게임만 해서 걱정이에요. 그만하라고 해도 듣지 않아요.
B:우리 애도 마찬가지예요. (　　) 예요.

☐ ① 도토리 키 재기　② 하나를 보고 열을 안다
③ 쇠귀에 경 읽기　④ 세 살 적 버릇이 여든까지 간다

(76) —— A:영민이는 요즘 바쁜 모양이지? 통 볼 수가 없네.
B:그런 것 같아. 어! (　　) 더니 저기 영민이가 오네.

☐ ① 호랑이도 제 말 하면 온다　② 하나를 보고 열을 안다
③ 피는 물보다 진하다　④ 젊어서 고생은 사서도 한다

(77) —— A:이름이 좀 나면 콧대를 세우는 사람들이 많은데 저분은 언제 봐도 늘 겸손하네요.
B:(　　) 더니 저분을 두고 하는 말인 것 같아요.

☐ ① 돌다리도 두드려 보고 건너라　② 눈에 넣어도 아프지 않다
③ 비 온 뒤에 땅이 굳어진다　④ 벼 이삭은 익을수록 고개를 숙인다

解答　(73)—③　(74)—①　(75)—③　(76)—①　(77)—④

〈解説は 294 ページへ〉

2 類義表現を選ぶ問題

※次の文の意味を変えずに下線部の単語と置き換えが可能なものを①～④の中から１つ選びなさい。

❶ ―― 그 사람은 술만 먹으면 말이 많은 게 탈입니다.
　　① 불안　　② 불평　　③ 경솔　　④ 결점

❷ ―― 경민이는 어려운 가정 형편으로 중학교를 마치고 사회에 나가 가족을 돌보았다.
　　① 불행　　② 조건　　③ 기운　　④ 사정

❸ ―― 박 씨는 경찰에 붙잡힌 아들에 대한 걱정으로 밤을 새웠다.
　　① 구명　　② 고생　　③ 절망　　④ 근심

❹ ―― 미스 코리아들의 연예계 진출에 대해서 부정적인 시각에서 비판하는 사람들도 많다.
　　① 관점　　② 착용　　③ 눈짓　　④ 논쟁

❺ ―― 저 사람은 술을 마시면 남에게 시비를 거는 못된 버릇이 있다.
　　① 성격　　② 잠꼬대　　③ 습관　　④ 고집

❻ ―― 합격 소식을 듣고서도 그의 표정에는 반가워하는 기색이 전혀 보이지 않았다.
　　① 눈시울　　② 얼굴 빛　　③ 면목　　④ 몸짓

❼ ―― 그는 참을성이 없으며 성실하지도 않고, 게다가 가끔 정직하지 않을 때도 있다.
　　① 친근감　　② 책임감　　③ 부지런함　　④ 인내심

解答　❶-④　❷-④　❸-④　❹-①　❺-③　❻-②　❼-④

〈解説は295ページへ〉

❽ ── 나는 그 순간 너무나 창피하여 보이지 않는 곳에라도 숨고 싶은 심정이었다.
　　① 뻔뻔스러워서　② 안타까워서　③ 부끄러워서　④ 괴로워서

❾ ── 결과를 제대로 말하지 못하는 걸 보니 일을 잘못 처리한 것이 틀림없다.
　　① 유력하다　　② 확실하다　　③ 바람직하다　④ 당연하다

❿ ── 어린이의 웃음이 사라진다면 우리 사회는 밝은 미래를 기대할 수 없다.
　　① 줄어든다　　② 달아난다　　③ 없어진다　　④ 뉘우친다

⓫ ── 그녀가 이혼을 결심하게 된 데에는 남편과의 성격 차이가 원인인 것 같다.
　　① 마음을 비우게　② 애를 먹게　③ 마음 먹게　④ 본을 뜨게

⓬ ── 청소년 문제를 해결하기 위해서는 가족의 사랑이 필요하다는 것을 깨달아야 된다.
　　① 느껴야　　　② 달래야　　　③ 헤아려야　　④ 알아야

⓭ ── 낯 선 사람과 둘만이 마주앉아 있기가 어색하여 나는 화장실에 가는 척하고 나와 버렸다.
　　① 쑥스러워　　② 솔깃해서　　③ 어중간해서　④ 쓸쓸해서

⓮ ── 아무리 교육 환경이 좋다고 해도 교사의 열의와 노력이 없으면 쓸모없다.
　　① 터무니 없다　② 면목 없다　③ 소용 없다　④ 변함 없다

解答　❽-③　❾-②　❿-③　⓫-③　⓬-④　⓭-①　⓮-③

〈解説は 296 ページへ〉

117

2 類義表現を選ぶ問題

⑮ ── 이 소설이 이토록 큰 반향을 일으킬 것이라고는 누구도 짐작하지 못했다.
① 기대하지   ② 각오하지   ③ 고백하지   ④ 예상하지

⑯ ── 진찰 결과가 나와 봐야 알겠지만 몸에 이상이 있는 것만은 확실하다.
① 변함없다   ② 틀림없다   ③ 빈틈 없다   ④ 쓸데없다

⑰ ── 몇 년 전부터 안경을 대신하여 콘택트렌즈를 착용하는 사람들이 늘어나고 있다.
① 감소하고   ② 몰려들고   ③ 줄어들고   ④ 증가하고

⑱ ── 갑작스럽게 배가 아파 참을 수 없어 병원에 갔더니 체했다는 진단을 받았다.
① 토할   ② 견딜   ③ 접을   ④ 품을

⑲ ── 우리 아들은 미국에서 유학을 마치고도 일자리가 확정되지 않아서 귀국을 연기하고 있다.
① 뒤집고   ② 미루고   ③ 택하고   ④ 멀리하고

⑳ ── 콧물 감기에는 이게 잘 들어. 이걸 먹어 봐.
① 유명해   ② 잘 팔려   ③ 효과가 있어   ④ 많이 먹어

㉑ ── 나는 멍하니 양파 껍질을 벗기고 있는 아내의 손을 보고 있었다.
① 까고   ② 뜯고   ③ 무치고   ④ 말리고

解答 ⑮—④ ⑯—② ⑰—④ ⑱—② ⑲—② ⑳—③ ㉑—①

〈解説は 296 ページへ〉

㉒ ── 이번 시합에서는 질 거라고 생각했는데 예상 외로 이겨서 무척 기뻤다.
　　① 오히려　　② 뜻밖에　　③ 하여튼　　④ 더구나

㉓ ── 한꺼번에 부모와 형제를 모두 잃은 그 애가 너무 가엾게 느껴졌다.
　　① 불쌍하게　② 가난하게　③ 외롭게　　④ 못마땅하게

㉔ ── 많은 사람들의 놀림감이 되면서도 꾸준히 노력한 결과 마침내 그는 새로운 제품 개발에 성공했다.
　　① 이렇듯　　② 막상　　　③ 어차피　　④ 드디어

㉕ ── 그녀는 고통스러워하는 친구의 모습을 보고 눈물이 나서 살며시 병실을 빠져 나왔다.
　　① 슬쩍　　　② 슬슬　　　③ 단숨에　　④ 순식간에

㉖ ── 그녀는 그의 부탁을 마지못해 들어주었다.
　　① 별말 없이　② 할 수 없이　③ 쓸데없이　④ 보람 없이

㉗ ── 어린이날은 공부만 빼고 하고 싶은 것을 하면서 실컷 놀게 해 주세요.
　　① 되도록　　② 멍하니　　③ 마음껏　　④ 이모저모

㉘ ── 설이나 추석같은 전통 명절의 의미는 현재까지 변함없이 이어지고 있다.
　　① 요컨대　　② 아무튼　　③ 오래도록　④ 그대로

解答 22-②　23-①　24-④　25-①　26-②　27-③　28-④

〈解説は 297 ページへ〉

2 類義表現を選ぶ問題

㉙ ── 실은 그 모든 게 불과 몇 초 사이에 일어난 일이었다.
　① 무려　　② 자칫하면　　③ 하기는　　④ 기껏해야

㉚ ── 헤맨 끝에 새벽 무렵이 되어서야 간신히 마을로 내려가는 길을 찾아냈다.
　① 마침내　　② 겨우　　③ 몰래　　④ 드디어

㉛ ── 그들은 오직 먹고살기 위해서 열심히 일하고 있다.
　① 더러　　② 다만　　③ 부디　　④ 이른바

㉜ ── 입안이 얼얼할 정도로 맵던 비빔냉면이 요즘은 손님들의 입맛에 따라 점차 새콤하고 달콤하게 변하고 있다.
　① 차츰　　② 도리어　　③ 더더욱　　④ 다시금

㉝ ── 그는 입사한지 얼마 되지 않아서 이 회사의 형편을 대충 짐작할 수 있었다.
　① 충분히　　② 몽땅　　③ 대체로　　④ 이모저모

㉞ ── 그는 눕자마자 바로 코를 골기 시작했다.
　① 돌연　　② 단숨에　　③ 즉시　　④ 진작

㉟ ── 보통 사람이면 누구나 감추고 싶어하는 부끄러운 과거도 그는 숨김없이 털어놓았다.
　① 용감하게　　② 점잖게　　③ 스스럼없이　　④ 솔직하게

解答　㉙-④　㉚-②　㉛-②　㉜-①　㉝-③　㉞-③　㉟-④

〈解説は297ページへ〉

㊱ ── 속이 터져서 그 애한테 너무 못할 말을 많이 한 것 같아서 마음이 아프다.
　　① 심한　　② 벼락을 맞을　　③ 마음에 없는　　④ 심술궂은

㊲ ── 남 속 타는 줄 모르고 옆에서 계속 농담만 하고 있어요.
　　① 지긋지긋한　　② 숨 가쁜　　③ 초조한　　④ 성이 난

㊳ ── 마음이 어지러워서 일이 손에 잡혀야지.
　　① 일손이 부족하다　　② 일할 맛이 안 난다
　　③ 손이 많이 간다　　　④ 집중이 안 된다

㊴ ── 이번 시험에서의 실패를 거울로 삼아 더욱더 열심히 공부하기로 결심했다.
　　① 구실로 삼아　　② 교훈으로 삼아　　③ 계기로 삼아　　④ 극복하여

㊵ ── 외국어를 배우는 데는 뭐니 뭐니 해도 현지에 가서 생활하면서 배우는 것만큼 확실하고 좋은 방법은 없다고 본다.
　　① 말이 그렇지　　② 좌우간　　③ 미우나 고우나　　④ 아시다시피

㊶ ── 혼자서 생각다 못하여 선생님의 조언을 들으러 학교로 찾아갔다.
　　① 생각을 접고　　② 영 아니라서　　③ 고민 끝에　　④ 알게 모르게

㊷ ── 이사 간 집은 비교적 새 집이었으나 손 볼 곳이 많아 뭘 먼저 해야 될지 모르겠다.
　　① 고칠　　② 칠할　　③ 치울　　④ 만질

解答　㊱-① ㊲-③ ㊳-④ ㊴-② ㊵-② ㊶-③ ㊷-①

〈解説は 298 ページへ〉

2 類義表現を選ぶ問題

43 —— 미국에 유학 가서 처음에는 말이 잘 안 통해서 <u>애를 먹었다</u>.
① 많이 슬펐다　　　　　② 고생을 했다
③ 안타까웠다　　　　　④ 노력을 많이 했다

44 —— 하늘은 <u>어둡기는 했지만</u> 좀처럼 비가 내릴 것 같지는 않았다.
① 어두운 줄 몰랐지만　　② 어두운 것도 어두운 것이지만
③ 어둡다고 할 수 있지만　④ 어둡지도 않았지만

45 —— 그 책은 굉장히 읽기가 어렵다고 하던데 다른 책을 <u>사지 그래요</u>.
① 살 만해요　　　　　② 살까 말까 해요
③ 사면 좋대요　　　　④ 사는 게 좋을걸요

46 —— 입시에 떨어질까 봐 걱정했는데 꼴지로라도 붙어서 정말 다행이에요.
① 떨어질수록　　　　② 떨어질 것 같아서
③ 떨어질 텐데　　　　④ 떨어질 정도로

47 —— 당분이 많은 음식은 <u>식욕을 떨어뜨리므로</u> 피하는 것이 좋다.
① 밥 먹듯 하므로　　　② 밥이 목에 안 넘어가므로
③ 밥구경을 못하므로　　④ 밥맛을 잃게 하므로

48 —— 아이에게 휴대폰을 사 줄 생각이 전혀 없었는데 아이가 <u>하도 사 달라고 해서</u> 할 수 없이 사 줬어요.
① 슬그머니 졸라서　　　② 계속 조르는 바람에
③ 난생처음 조르니까　　④ 모처럼 졸랐기 때문에

〈解説は 299 ページへ〉

㊾ ── 자격증이 여러 개 있으면 취직하는 데 <u>유리하다기</u>에 자격증을 따 놓았지요.
① 유리하다고 해서　② 유리한데　③ 유리할텐데　④ 유리하더라도

㊿ ── 차를 닦거나 유리창을 <u>닦기만 하면</u> 비가 와서 속상하다.
① 닦을수록　② 닦자마자　③ 닦기는 하지만　④ 닦을 때마다

㊼ ── 모두들 종이를 <u>아껴 봤자</u> 얼마나 아끼겠느냐는 생각으로 종이를 마음대로 쓰고 버린다.
① 아끼기보다는　② 아낀다고 해도　③ 아끼자든가　④ 아끼려다가

㊽ ── 제주도에 갔다 <u>오셨다면서요</u>? 어땠어요?
① 오셨는가요　② 오셨대요　③ 오셨다지요　④ 오셨던데요

㊾ ── 아무리 <u>힘들더라도</u> 끝까지 포기하지 않고 노력할 것이다.
① 힘들지라도　② 힘든 데다가　③ 힘들길래　④ 힘든 탓에

㊿ ── 그는 어떠한 일이 있어도 결코 고객과의 약속을 <u>어기는 법이 없다</u>.
① 어기지 않을 수 없다　② 어기고야 만다
③ 어기게 마련이다　④ 어기지 않는다

㊿ ── 상당히 다른 것 같아도 자세히 보면 <u>별 차이가 없다</u>.
① 불가사의하다　② 대동소이하다　③ 전대미문이다　④ 시기상조이다

123

3 多義語 / 共通語彙を選ぶ問題

※ すべての（　）の中に入れることができるもの（用言は適当な活用形に変えてよい）を①〜④の中から1つ選びなさい。

❶
이천만 원을 내 이름으로 형님에게 (　　　) 했다.
그 사실은 모두에게는 비밀에 (　　　) 했다.
나는 좀더 깊이 있게 연구하고 싶었으나 힘에 (　　　) 그만 두었다.

① 보태다　　② 올려놓다　　③ 적시다　　④ 부치다

❷
비에 젖은 옷이 벌써 (　　　).
공부를 하느라 몸이 많이 (　　　).
가을이 되자 나뭇잎이 누렇게 (　　　) 떨어졌다.

① 말리다　　② 마르다　　③ 변하다　　④ 망치다

❸
그는 상대편을 보고는 속으로 코웃음을 (　　　).
번개가 (　　　) 순간, 어둠 속에서 그의 얼굴을 보았다.
시험에 붙겠다고 큰소리를 (　　　) 떨어졌다.

① 흘리다　　② 터뜨리다　　③ 치다　　④ 지르다

❹
우리 고장을 (　　　) 관광객에게 친절하게 대합시다.
그에게서는 옛날의 자취는 (　　　) 수가 없었다.
은행에 가서 저금했던 돈을 (　　　).

① 오르내리다　　② 더듬다　　③ 보살피다　　④ 찾다

정답　❶-④　❷-②　❸-③　❹-④

〈解説は300ページへ〉

❺ 그는 어제 집 앞에 차를 (　　　) 접촉 사고를 냈다.
아이들은 서로 신발의 크기를 (　　　) 보았다.
위험하니까 절대로 손을 (　　　) 마세요.

① 대다　　② 재다　　③ 비키다　　④ 세우다

❻ 신문에 (　　　) 학교 기사를 오려서 정리해 두었다.
불이 (　　　) 않도록 조심해서 다루도록 해라.
화가 (　　　) 때마다 엄마 얼굴을 떠올리며 참았다.

① 붙다　　② 태우다　　③ 싣다　　④ 나다

❼ 팔짱을 (　　　) 거닐면서 장래를 이야기했다.
안개가 (　　　) 운전할 때 조심해야 한다.
너무 추워서 장갑을 (　　　) 손끝이 얼얼하다.

① 띠다　　② 메다　　③ 번지다　　④ 끼다

❽ 학점을 못 (　　　) 결국 졸업을 하지 못했다.
풋고추를 (　　　) 된장에 찍어 먹었다.
쉰이 넘어서야 간신히 운전 면허를 (　　　).

① 얻다　　② 따다　　③ 집다　　④ 받다

❾ 부모님 곁을 떠난 후부터 일찍 일어나는 습관이 (　　　).
남쪽 방이라서 햇볕이 잘 (　　　) 따뜻하다.
유학을 가면 처음에는 돈이 많이 (　　　).

① 걸리다　　② 붙다　　③ 들다　　④ 몰리다

3 多義語 / 共通語彙を選ぶ問題

❿
혼자서 집을 (　　　) 때 전화가 울렸으나 무서워서 받지 않았다.
남의 눈치만 (　　　) 말고 스스로 생각해서 일을 해 봐라.
손해를 (　　　) 장사한다는 것은 거짓말이다.

□　① 엿보다　　② 취하다　　③ 보다　　④ 지키다

⓫
냄새가 너무 심해서 코를 (　　　) 기절할 것 같았다.
내 방은 나뭇가지가 창문을 (　　　) 낮에도 어둡다.
범죄를 (　　　) 상점가 골목마다 카메라를 설치했다.

□　① 막다　　② 덮다　　③ 봉하다　　④ 가리다

⓬
며칠 동안 머리를 (　　　) 않았더니 가렵다.
그는 팔에 붕대를 (　　　) 테니스를 치러 나갔다.
그는 조용히 눈을 (　　　) 한숨을 내쉬었다.

□　① 매다　　② 감다　　③ 쓰다　　④ 풀다

⓭
그런 일을 보고 나니 뒷맛이 (　　　).
그렇게 인상 (　　　) 말고 사이 좋게 지내라.
여러가지로 힘을 (　　　) 결과는 좋지 않았다.

□　① 다하다　　② 새기다　　③ 쓰다　　④ 가르다

⓮
이익은 모두에게 골고루 (　　　) 불만이 생기지 않는다.
우리는 기쁨과 슬픔을 함께 (　　　) 생활하고 있다.
그 문제에 대해서 의견을 (　　　) 결론은 내지 못했다.

□　① 빼다　　② 더하다　　③ 곱하다　　④ 나누다

解答　⓾-③　⓫-①　⓬-②　⓭-③　⓮-④

〈解説は 301 ページへ〉

⑮ 좋은 자리를 (　　) 새벽부터 교문 앞에서 기다렸다.
　　할아버지는 아직도 배를 타고 나가 고기를 (　　).
　　가족 여행은 9월초에 서울로 가기로 날을 (　　).

☑　① 정하다　　② 구하다　　③ 잡다　　④ 노리다

⑯ 내 친구는 시골에서 마늘 농사를 (　　) 있다.
　　약국에서 (　　) 준 약인데 별로 효과가 없는 것 같다.
　　오늘 회의에서 이 문제의 결론을 (　　) 한다.

☑　① 내다　　② 짓다　　③ 만들다　　④ 부치다

⑰ 딸은 봉투에서 우표를 (　　) 모으는 것이 취미다.
　　그는 서류에서 눈을 (　　) 않고 말했다.
　　모두들 다 알고 있으면서 시치미를 (　　).

☑　① 오리다　　② 돌리다　　③ 떼다　　④ 찢다

⑱ 이곳에서 빠져나갈 방법이 있는지 (　　) 보았다.
　　그녀는 베개에 얼굴을 (　　) 소리를 죽여 울었다.
　　옷에 (　　) 흙을 털고 일어나면서 말했다.

☑　① 감추다　　② 붙다　　③ 뒤지다　　④ 묻다

⑲ 운동화 끈이 자꾸 (　　) 뛸 수가 없다.
　　하루종일 잤더니 피곤이 좀 (　　) 것 같다.
　　주말쯤에는 추위가 (　　) 고 한다.

☑　① 풀리다　　② 걸리다　　③ 사라지다　　④ 늦추다

解答　⑮—③　⑯—②　⑰—③　⑱—④　⑲—①

〈解説は302ページへ〉

3 多義語 / 共通語彙を選ぶ問題

⑳
집에 오면 (　　　) 를 벗고 치마로 갈아입는다.
(　　　) 를 걷고 강을 건너려다가 그만두었다.
윗옷 색깔과 (　　　) 가 잘 어울리네.

① 소매　　② 셔츠　　③ 바지　　④ 스니커

㉑
둘은 무슨 애기를 하는지 입을 (　　　) 에 대고 속삭이고 있다.
그 얘긴 너무 많이 들어서 (　　　) 가 아플 정도다.
그녀가 결혼한다는 말에 (　　　) 를 의심하지 않을 수 없었다.

① 보조개　　② 사나이　　③ 몸매　　④ 귀

㉒
아기가 돌이 지나자 바로 (　　　) 을 걷기 시작했다.
가벼운 (　　　) 으로 산을 내려가는데, 어디선가 물소리가 들렸다.
무거운 (　　　) 으로 집에 돌아와서 크게 한숨을 쉬었다.

① 옷차림　　② 걸음　　③ 마음　　④ 모습

㉓
그런 식으로 말하다니 그 녀석은 (　　　) 이 심한 것 같아.
그의 말은 다소 (　　　) 으로 느껴졌지만 잠자코 듣고 있었다.
(　　　) 치지 말고 오늘은 좀 솔직하게 말해 봐라.

① 욕심　　② 과장　　③ 허풍　　④ 거짓말

㉔
무슨 행동을 할지 몰라 우리는 (　　　) 을 죽이고 지켜보았다.
그 아이는 선생님 앞에만 서면 (　　　) 도 크게 못 쉰다.
사고를 일으킨 청년을 병원으로 옮겼으나 결국 (　　　) 을 거두었다.

① 숨　　② 호흡　　③ 목숨　　④ 한숨

解答　⑳—③　㉑—④　㉒—②　㉓—③　㉔—①

〈解説は 303 ページへ〉

㉕

그는 가진 돈을 (　　　) 털어 복권을 샀다.
갑자기 소나기가 내리는 바람에 옷이 (　　　) 젖어 버렸다.
여행의 추억이 담긴 필름을 (　　　) 잃어버렸다.

☐ ① 슬쩍　② 얼핏　③ 몽땅　④ 통틀어

㉖

다른 사람도 많은데 왜 (　　　) 내가 가야 해?
(　　　) 그날 결석을 하면 어떻게 해?
(　　　) 오늘같이 더운 날 대청소를 할 게 뭐야.

☐ ① 심지어　② 정작　③ 어쨌든　④ 하필

㉗

그게 무슨 말인지 (　　　) 이해가 안 돼요.
그녀 생각 때문에 책 내용이 (　　　) 머리에 들어오지 않았다.
영미는 어디 갔어? 요즘 (　　　) 안 보이네.

☐ ① 워낙　② 통　③ 여태　④ 유난히

㉘

그는 (　　　) 아내의 손을 잡았다.
잠든 엄마의 얼굴을 (　　　) 들여다보았다.
진달래를 코에 대고 (　　　) 꽃 향기를 맡아 보았다.

☐ ① 몰래　② 실컷　③ 살며시　④ 선뜻

㉙

널어놓은 빨래가 순식간에 (　　　) 말랐다.
나는 선생님 옆으로 (　　　) 다가앉았다.
몸은 (　　　) 말랐지만 건강에는 전혀 문제가 없다.

☐ ① 힐끗　② 벌떡　③ 바짝　④ 활짝

解答　㉕—③　㉖—④　㉗—②　㉘—③　㉙—③

〈解説は 304 ページへ〉

第3章

漢字

	問題類型	出題問題数	配点
1	同音の漢字語選択の問題	3	1

漢字に関する問題

出題類型と対策

漢字に関する問題は、
漢字の韓国語読みを問う問題が3問出題（配点1点）されます。5級から準2級までの語彙リストの中に登場する漢字語のうち、日本の常用漢字と対応し、頻度高く用いられる漢字について韓国語読みで読むことができるかが問われます。主に日韓の共通の漢字語が主な出題対象で、漢字の字体は韓国では旧字体が使われますが、試験では日本の新字体で出題されています。

出題類型　漢字の韓国語読みを問う問題が出題される

漢字の問題では、漢字でできた単語を一つ提示してその中の漢字1字と韓国語読みが同じものはどれかを選ぶ問題が3問出題されます。準2級までの語彙リストの中の漢字語のうち、日本の常用漢字と対応する漢字について韓国語読み(すべて音読み)で読むことができるかが問われます。

既出例 下線部の漢字と同じハングルで表記されるものを①～④の中から1つ選びなさい。　〈既出39回〉

微笑
①比　②備　③飛　④未

【正解】　④（미소）

【解説】① 비　② 비　③ 비　④ 미

日本語の「微笑」の「微」の読みは「び」、選択肢の「比」は「ひ」、「備」は「び」、「飛」は「ひ」、「未」は「み」で読まれるので、ともすると日本語の音読みに振り回されやすい。問題と選択肢は日本語の音読みが同じか似ているものの提示が多いので注意が必要です。

合格資料−26 既出の同音の漢字語選択の問題例

問題	韓国語読み
☐ 施設 ① 視　② 支　③ 紙　④ 事	☐ 시설 ① 시　② 지　③ 지　④ 사
☐ 切実 ① 設　② 雪　③ 節　④ 接	☐ 절실 ① 설　② 설　③ 절　④ 접
☐ 細心 ① 成　② 勢　③ 制　④ 最	☐ 세심 ① 성　② 세　③ 제　④ 최
☐ 経済 ① 計　② 系　③ 形　④ 軽	☐ 경제 ① 계　② 계　③ 형　④ 경
☐ 同感 ① 当　② 東　③ 度　④ 道	☐ 동감 ① 당　② 동　③ 도　④ 도
☐ 覚悟 ① 牛　② 依　③ 誤　④ 護	☐ 각오 ① 우　② 의　③ 오　④ 호
☐ 注文 ① 周　② 収　③ 推　④ 追	☐ 주문 ① 주　② 수　③ 추　④ 추
☐ 混同 ① 困　② 陥　③ 憲　④ 婚	☐ 혼동 ① 곤　② 함　③ 헌　④ 혼
☐ 乾杯 ① 完　② 間　③ 官　④ 件	☐ 건배 ① 완　② 간　③ 관　④ 건
☐ 断定 ① 短　② 暖　③ 男　④ 談	☐ 단정 ① 단　② 난　③ 남　④ 담
☐ 訪問 ① 奉　② 法　③ 放　④ 報	☐ 방문 ① 봉　② 법　③ 방　④ 보
☐ 申請 ① 真　② 進　③ 審　④ 身	☐ 신청 ① 진　② 진　③ 심　④ 신
☐ 将来 ① 称　② 張　③ 賞　④ 少	☐ 장래 ① 칭　② 장　③ 상　④ 소
☐ 挑戦 ① 超　② 処　③ 忠　④ 盗	☐ 도전 ① 초　② 처　③ 충　④ 도
☐ 郊外 ① 効　② 校　③ 構　④ 公	☐ 교외 ① 효　② 교　③ 구　④ 공
☐ 交替 ① 代　② 題　③ 太　④ 逮	☐ 교체 ① 대　② 제　③ 태　④ 체

第３章　漢字

□ 除外				□ 제외			
① 弟	② 序	③ 材	④ 徐	① 제	② 서	③ 재	④ 서

□ 反抗				□ 반항			
① 高	② 救	③ 港	④ 康	① 고	② 구	③ 항	④ 강

□ 追加				□ 추가			
① 主	② 秋	③ 祝	④ 随	① 주	② 추	③ 축	④ 수

□ 才能				□ 재능			
① 細	② 制	③ 災	④ 最	① 세	② 제	③ 재	④ 최

□ 創造				□ 창조			
① 像	② 奏	③ 常	④ 窓	① 상	② 주	③ 상	④ 창

□ 依存				□ 의존			
① 遺	② 偉	③ 疑	④ 危	① 유	② 위	③ 의	④ 위

□ 頂上				□ 정상			
① 聽	② 重	③ 停	④ 超	① 청	② 중	③ 정	④ 초

□ 破綻				□ 파탄			
① 覇	② 把	③ 輩	④ 敗	① 패	② 파	③ 배	④ 패

□ 資金				□ 자금			
① 史	② 字	③ 次	④ 誌	① 사	② 자	③ 차	④ 지

□ 遺跡				□ 유적			
① 胃	② 委	③ 意	④ 唯	① 위	② 위	③ 의	④ 유

□ 純真				□ 순진			
① 準	② 順	③ 潤	④ 損	① 준	② 순	③ 윤	④ 손

□ 稅金				□ 세금			
① 勢	② 制	③ 設	④ 精	① 세	② 제	③ 설	④ 정

□ 通過				□ 통과			
① 果	② 化	③ 花	④ 賀	① 과	② 화	③ 화	④ 하

□ 間隔				□ 간격			
① 乾	② 官	③ 看	④ 感	① 건	② 관	③ 간	④ 감

□ 知識				□ 지식			
① 置	② 治	③ 値	④ 地	① 치	② 치	③ 치	④ 지

□ 普及				□ 보급			
① 付	② 捕	③ 富	④ 保	① 부	② 포	③ 부	④ 보

□ 選擇				□ 선택			
① 洗	② 宣	③ 戰	④ 專	① 세	② 선	③ 전	④ 전

□ 反抗				□ 반항			
① 飯	② 版	③ 犯	④ 販	① 반	② 판	③ 범	④ 판

□ 反省					□ 반성			
① 生	② 声	③ 政	④ 勢		① 생	② 성	③ 정	④ 세
□ 野菜					□ 야채			
① 才	② 最	③ 催	④ 採		① 재	② 최	③ 최	④ 채
□ 支障					□ 지장			
① 至	② 治	③ 置	④ 示		① 지	② 치	③ 치	④ 시
□ 郊外					□ 교외			
① 講	② 攻	③ 僑	④ 購		① 강	② 공	③ 교	④ 구
□ 果然					□ 과연			
① 誇	② 化	③ 個	④ 括		① 과	② 화	③ 개	④ 괄
□ 断定					□ 단정			
① 胆	② 但	③ 達	④ 担		① 담	② 단	③ 달	④ 담
□ 継続					□ 계속			
① 恵	② 敬	③ 契	④ 軽		① 혜	② 경	③ 계	④ 경
□ 雇用					□ 고용			
① 弧	② 戸	③ 個	④ 固		① 호	② 호	③ 개	④ 고
□ 損害					□ 손해			
① 孫	② 村	③ 尊	④ 存		① 손	② 촌	③ 존	④ 존
□ 充分					□ 충분			
① 忠	② 注	③ 秋	④ 十		① 충	② 주	③ 추	④ 십
□ 監督					□ 감독			
① 得	② 徳	③ 特	④ 独		① 득	② 덕	③ 특	④ 독
□ 包装					□ 포장			
① 総	② 章	③ 像	④ 創		① 총	② 장	③ 상	④ 창
□ 均衡					□ 균형			
① 京	② 刑	③ 携	④ 経		① 경	② 형	③ 휴	④ 경
□ 指示					□ 지시			
① 施	② 歯	③ 支	④ 持		① 시	② 치	③ 지	④ 지
□ 返納					□ 반납			
① 変	② 班	③ 判	④ 防		① 변	② 반	③ 판	④ 방
□ 所要					□ 소요			
① 予	② 幼	③ 曜	④ 余		① 예	② 유	③ 요	④ 여
□ 微笑					□ 미소			
① 比	② 備	③ 飛	④ 未		① 비	② 비	③ 비	④ 미
□ 侵略					□ 침략			
① 和	② 親	③ 深	④ 寝		① 화	② 친	③ 심	④ 침

第3章 漢字

合格資料-27　**準2級出題範囲の日韓共通の漢字語リスト**

※この資料は準2級出題の語彙リストの名詞、動詞、形容詞の中から日韓で共通に用いられる漢字語を選び、まとめたものである。ただ、一部日本語にはない単語でも漢字で容易に意味が分かるような単語はリストに収録している。

※この資料は準2級出題の語彙リストの中でも漢字語の名詞が中心だが、出題範囲内の名詞の約7割が収録されているので名詞の語彙学習としても活用してもらいたい。

가

- □가구　　家具
- □가사　　家事
- □가요　　歌謡
- □가입　　加入
- □가전제품　家電製品
- □가정　　仮定
- □각도　　角度
- □각오　　覚悟
- □각종　　各種
- □간　　　肝
- □간격　　間隔
- □간결　　簡潔
- □간략　　簡略
- □간부　　幹部
- □간식　　間食
- □간접[적]　間接[的]
- □간판　　看板
- □간호　　看護
- □갈등　　葛藤
- □갈색　　褐色
- □감　　　材料
- □감각　　感覚
- □감격　　感激
- □감독　　監督
- □감상　　感想
- □감상　　鑑賞
- □감소　　減少
- □감옥　　監獄
- □감점　　減点
- □감탄사　感嘆詞
- □강당　　講堂
- □강산　　江山
- □강요　　強要
- □강제　　強制
- □강화　　強化

개

- □개개인　個個人
- □개국　　開国
- □개념　　概念
- □개발　　開発
- □개방　　開放
- □개별　　個別
- □개선　　改善
- □개성　　個性
- □개소　　個所
- □개시　　開始
- □개점　　開店
- □개최　　開催
- □개표구　改札口
- □개학　　開学
- □객관[적]　客観[的]
- □객석　　客席
- □객실　　客室

거

- □거부　　拒否
- □건배　　乾杯
- □건설　　建設
- □건축　　建築
- □검색　　検索
- □검진　　検診
- □검토　　検討

겨

- □견본　　見本
- □견학　　見学
- □견해　　見解
- □결근　　欠勤
- □결승　　決勝
- □결심　　決心
- □결의　　決意
- □결점　　欠点
- □결제　　決済
- □결함　　欠陥
- □결합　　結合
- □겸　　　兼
- □겸손　　謙遜
- □경계　　境界
- □경고　　警告
- □경기　　景気
- □경력　　経歴
- □경비　　経費

136

□경비	警備	□공식	公式	□교복	校服
□경솔	軽率	□공적	空的	□교양	教養
□경어	敬語	□공중	公衆	□교외	郊外
□경의	敬意	□공중	空中	□교정	校正
□경찰서	警察署	□공통	共通	□교제	交際
□경축	慶祝	□공평	公平	□교체	交替
□경쾌	軽快	□공해	公害	□교편	教鞭
		□공휴일	公休日	□교환	交換
				□교훈	教訓

계 고
과 괴
구

□계기	契機	□과로	過労	□구간	区間
□계약	契約	□과목	科目	□구내	構内
□계열	系列	□과반수	過半数	□구명	救命
□계통	系統	□과시	誇示	□구별	区別
□고객	顧客	□과실	果実	□구분	区分
□고교	高校	□과오	過誤	□구성	構成
□고대	古代	□과외	課外	□구식	旧式
□고도	高度	□과장	誇張	□구실	口実
□고독	孤独	□과정	課程	□구어	口語
□고립	孤立	□관객	観客	□구역	区域
□고백	告白	□관념	観念	□구입	購入
□고사	考査	□관람	観覧	□구조	構造
□고속	高速	□관세	関税	□구출	救出
□고용	雇用	□관습	慣習	□구혼	求婚
□고유	固有	□관절	関節	□국가	国歌
□고전	古典	□관점	観点	□국경	国境
□고정	固定	□관찰	観察	□국기	国旗
□고집	固執	□괄호	括弧	□국력	国力
□곡식	穀食	□광경	光景	□국립	国立
□곡조	曲調	□광장	広場	□국번	国番
□곤란	困難	□괴물	怪物	□국산	国産
□곤충	昆虫			□국어	国語
□공감	共感	## 교		□국왕	国王
□공개	公開	□교내	校内	□국적	国籍
□공격	攻撃	□교단	教壇	□국토	国土
□공공	公共	□교대	交代	□국회	国会
□공기	空器	□교류	交流	□군사	軍事
□공립	公立	□교문	校門		
□공백	空白				

第3章 漢字

137

□군사	軍士	□급여	給与	□기후	気候
□군인	軍人	□급행	急行	□긴급	緊急
□궁	宮	□긍정	肯定	□긴장	緊張
□궁전	宮殿				

기

□기	旗		

궈 궤 귀 규

□권력	権力	□기구	器具
□권위	権威	□기구	機構
□궤도	軌道	□기능	技能
□귀국	帰国	□기도	祈祷
□귀중	貴重	□기독교	基督教
□귀하	貴下	□기력	気力
□귀화	帰化	□기린	麒麟
□규격	規格	□기부	寄附
□규범	規範	□기사	技士
□규정	規定	□기상	気象
□균형	均衡	□기상	起床
		□기숙사	寄宿舎
		□기술	記述

나

□낙서	落書
□낙심	落心
□낙엽	落葉
□낙제	落第
□낙천[적]	楽天[的]
□난로	暖炉
□난방	暖房
□납득	納得
□납부	納付
□낭독	朗読
□낭비	浪費

내 노 느

□내과	内科
□내면	内面
□내성적	内性的
□내심	内心
□내의	内衣
□내지	乃至
□냉동	冷凍
□냉방	冷房
□냉수	冷水
□냉정	冷静
□노선	路線
□녹차	緑茶
□녹화	録画
□논리	論理
□논의	論議
□논쟁	論争
□농담	冗談
□농민	農民
□농산물	農産物
□농작물	農作物

그

□극단	極端	□기압	気圧
□극복	克服	□기여	寄与
□근대	近代	□기운	気運
□근로	勤労	□기원	祈願
□근무	勤務	□기원	起源
□근방	近方	□기원전	紀元前
□근원	根源	□기일	期日
□근육	筋肉	□기입	記入
□금년	今年	□기적	奇跡
□금속	金属	□기절	気絶
□금액	金額	□기종	機種
□금연	禁煙	□기지	基地
□금융	金融	□기타	其他
□금주	禁酒	□기품	気品
□금지	禁止	□기한	期限
□급격	急激	□기행	紀行
□급료	給料	□기호	記号
□급속	急速	□기혼	既婚
□급식	給食	□기획	企画

□농장	農場	□대략	大略	□독감	毒感
□능률	能率	□대륙	大陸	□독방	独房
		□대리	代理	□독특	独特
		□대립	対立	□독	毒 –
다		□대문	大門	□독학	独学
□다년간	多年間	□대변	大便	□독후감	読後感
□다소	多少	□대비	対比	□돌연	突然
□다수	多数	□대비	対備	□동갑	同甲
□단결	団結	□대사	大使	□동굴	洞窟
□단기	短期	□대사	台詞	□동급	同級
□단념	断念	□대상	対象	□동기	同期
□단언	断言	□대안	代案	□동양	東洋
□단일	単一	□대용	代用	□동요	童謡
□단점	短点	□대우	待遇	□동의	同意
□단정	断定	□대응	対応	□동전	銅銭
□단지	団地	□대접	待接	□동정	同情
□단축	短縮	□대조	対照	□동창	同窓
□달성	達成	□대출	貸出	□동포	同胞
□담당	担当	□대합실	待合室	□동해	東海
□답변	答弁	□대항	対抗	□동화	同化
□답안	答案	□대형	大形・大型	□동화	童話
□답장	答状			□두통	頭痛
□당	党			□등교	登校
□당국	当局	**도 두 드**		□등급	等級
□당번	当番	□도구	道具	□등록	登録
□당분간	当分間	□도난	盗難	□등산	登山
□당사자	当事者	□도달	到達		
□당선	当選	□도덕	道徳		
□당일	当日 –	□도리	道理	**마 매**	
□당첨	当籤	□도식	図式	□마비	麻痺
		□도심	都心	□마찰	摩擦
대		□도입	導入	□막연	漠然 –
□대가	代価	□도자기	陶磁器	□만년필	万年筆
□대강	大綱	□도적	盗賊	□만원	満員
□대국	大国	□도전	挑戦	□만점	満点
□대기	大気	□도중	途中	□말기	末期
□대기	待機	□도표	図表	□매력	魅力
□대담	大胆	□도회지	都会地	□매부	妹夫
□대등	対等	□독	毒	□매실	梅実

第3章 漢字

139

□ 매장	売場	□ 무사	無事	□ 발휘	発揮
□ 매점	売店	□ 무의미	無意味	□ 방도	方途・方道
□ 매체	媒体	□ 무조건	無条件	□ 방문	訪問
□ 매화	梅花	□ 무책임	無責任	□ 방영	放映
		□ 무한	無限	□ 방충제	防虫剤
며		□ 문방구	文房具	□ 방침	方針
□ 면	麺	□ 문어	文語	□ 방해	妨害
□ 면목	面目	□ 문화재	文化財		
□ 면세점	免税店	□ 물가	物価	**배**	
□ 면적	面積	□ 물리	物理	□ 배경	背景
□ 면접	面接	□ 물질	物質	□ 배달	配達
□ 면회	面会	□ 물체	物体	□ 배려	配慮
□ 명	命	□ 미남 [자]	美男 [子]	□ 배반	背反・背叛
□ 명단	名単	□ 미녀	美女	□ 배상	賠償
□ 명란	明卵	□ 미묘	微妙	□ 배신	背信
□ 명백	明白	□ 미성년자	未成年者	□ 배우	俳優
□ 명소	名所	□ 미소	微笑	□ 백발	白髪
□ 명절	名節	□ 미혼	未婚	□ 백색	白色
□ 명칭	名称	□ 민간	民間	□ 백인	白人
□ 명함	名銜	□ 민요	民謡	□ 백지	白紙
		□ 민주주의	民主主義		
모		□ 밀접	密接 -	**버 벼**	
□ 모	某			□ 벌	罰
□ 모국	母国	**바**		□ 범인	犯人
□ 모순	矛盾	□ 박수	拍手	□ 범죄	犯罪
□ 모자	母子	□ 박차	拍車	□ 법원	法院
□ 모집	募集	□ 반납	返納	□ 법칙	法則
□ 목록	目録	□ 반도	半島	□ 변경	変更
□ 목사	牧師	□ 반복	反復	□ 변소	便所
□ 목욕탕	沐浴湯	□ 반성	反省	□ 변신	変身
□ 목적어	目的語	□ 반영	反映	□ 변호	弁護
□ 목차	目次	□ 반지	半指	□ 별도	別途
		□ 반품	返品	□ 병실	病室
무 미		□ 반항	反抗		
□ 무관심	無関心	□ 반환	返還	**보**	
□ 무기력	無気力	□ 발명	発明	□ 보고	報告
□ 무력	無力	□ 발송	発送	□ 보관	保管
□ 무례	無礼	□ 발신	発信	□ 보급	普及

□보석	宝石	□북	太鼓	□사물	事物
□보수	報酬	□분노	憤怒	□사방	四方
□보약	補薬	□분단	分断	□사복	私服
□보어	補語	□분담	分担	□사사오입	四捨五入
□보육원	保育園	□분량	分量	□사상	思想
□보장	保障	□분류	分類	□사생활	私生活
□보조	補助	□분발	奮発	□사설	社説
□보존	保存	□분석	分析	□사양	辞譲
□보증	保証	□분열	分裂	□사연	事縁
□보충	補充	□불리	不利	□사자	獅子
□보험	保険	□불법	不法	□사적	史跡
□복권	福券	□불쾌	不快	□사전	事前
□복귀	復帰	□불평	不平	□사증	査証
□복사	複写	□불행	不幸	□사태	事態
□복지	福祉			□사표	辞表
□본격적	本格的	**비**		□사항	事項
□본래	本来	□비겁	卑怯	□사회	司会
□본론	本論	□비극	悲劇	□산소	酸素
□본명	本名	□비난	非難	□산수	算数
□본부	本部	□비례	比例	□산업	産業
□본사	本社	□비망록	備忘録	□산책	散策
□본인	本人	□비상	非常	□살인	殺人
□본점	本店	□비서	秘書	□삼계탕	参鶏湯
□봉사	奉仕	□비유	比喩	□상	賞
□봉	封-	□비율	比率	□상가	商(店)街
		□비중	比重	□상담	相談
부		□비품	備品	□상당	相当
□부근	附近	□빈도	頻度	□상무	常務
□부대	部隊			□상반기	上半期
□부동산	不動産	**사**		□상사	上司
□부문	部門	□사고	思考	□상식	常識
□부상	負傷	□사교성	社交性	□상업	商業
□부인	否認	□사기	詐欺	□상연	上演
□부자	富者	□사례	謝礼	□상영	上映
□부자 [간]	父子 [間]	□사례	事例	□상쾌	爽快
□부작용	副作用	□사립	私立	□상표	商標
□부정	不正	□사막	沙漠・砂漠	□상행	上行
□부하	部下	□사망	死亡		

第3章 漢字

141

새
- 생동 生動
- 생략 省略
- 생물 生物
- 생방송 生放送
- 생산 生産
- 생선 生鮮-
- 생애 生涯
- 생전 生前
- 생활용품 生活用品

서 세
- 서류 書類
- 서면 書面
- 서점 書店
- 석유 石油
- 석탄 石炭
- 선율 旋律
- 선언 宣言
- 선장 船長
- 선전 宣伝
- 선정 選定
- 선진국 先進国
- 선천 先天
- 선풍기 扇風機
- 선(후)배 先(後)輩
- 설계 設計
- 설득 説得
- 설비 設備
- 설정 設定
- 설치 設置
- 성과 成果
- 성립 成立
- 성명 姓名
- 성실 誠実
- 성인 成人
- 세관 税関
- 세금 税金
- 세력 勢力
- 세면장 洗面場
- 세심 細心-
- 세제 洗剤

소
- 소극적 消極的
- 소독 消毒
- 소득 所得
- 소박 素朴
- 소방서 消防署
- 소속 所属
- 소수 少数
- 소심 小心
- 소원 所願
- 소위 所謂
- 소유 所有
- 소재 素材
- 소주 焼酎
- 소지품 所持品
- 소질 素質
- 소포 小包
- 소형 小型
- 소화 消化
- 속달 速達
- 속보 速報
- 속어 俗語
- 속편 続編
- 손해 損害
- 송금 送金
- 송료 送料
- 송이 松茸

수 스
- 수강 受講
- 수도 水道
- 수도권 首都圏
- 수동 手動
- 수료 修了
- 수리 修理
- 수면 睡眠
- 수사 数詞
- 수상 首相
- 수상 受賞
- 수속 手続
- 수수료 手数料
- 수영 水泳
- 수요 需要
- 수정 修正
- 수족관 水族館
- 수집 蒐集
- 수집 収集
- 수첩 手帳
- 수표 手票
- 수필 随筆
- 수학 数学
- 수학여행 修学旅行
- 수행 遂行
- 수행 修行
- 수험 受験
- 수화기 受話器
- 숙박 宿泊
- 숙소 宿所
- 순수 純粋
- 순위 順位
- 순조 順調-
- 순진 純真
- 술어 述語
- 습기 湿気
- 습득 習得
- 승리 勝利
- 승용차 乗用車
- 승차 乗車

시
- 시가지 市街地

□시각	時刻	□신선	新鮮-	□안	案
□시도	試図	□신속	迅速	□안과	眼科
□시력	視力	□신앙	信仰	□안부	安否
□시사	時事	□신용	信用	□안색	顔色
□시사	示唆	□신인	新人	□안약	眼薬
□시사회	試写会	□신입	新入	□안정	安定
□시상	施賞	□신중	慎重	□암	癌
□시선	視線	□신청	申請	□암기	暗記
□시속	時速	□신체	身体	□암시	暗示
□시식	試食	□신호	信号	□압력	圧力
□시야	視野	□신혼	新婚	□애매	曖昧
□시장	市長	□신화	神話	□애완동물	愛玩動物
□시점	時点	□실감	実感	□액수	額数
□시차	時差	□실내	室内	□액체	液体
□시청	視聴	□실내화	室内靴	**야**	
□시합	試合	□실력	実力	□야간	夜間
□식	式	□실명	実名	□야식	夜食
□식구	食口	□실물	実物	□야외	野外
□식기	食器	□실시간	実時間	□약력	略歴
□식량	食糧	□실업	失業	□약사	薬師
□식료품	食料品	□실용	実用	□약점	弱点
□식비	食費	□실장	室長	□약제사	薬剤師
□식욕	食欲	□실정	実情	□약혼	約婚
□식용 [유]	食用 [油]	□실제	実際	□양	羊
□식장	式場	□실질	実質	□양력	陽暦
□식초	食酢	□실행	実行	□양보	譲歩
□식탁	食卓	□실현	実現	□양성	養成
□식품	食品	□실화	実話	□양식	洋食
□신경질	神経質	□심사	審査	□양식	様式
□신고	申告	□심야	深夜	□양심	良心
□신규	新規	□심정	心情		
□신념	信念	□심판	審判	**어 여**	
□신랑	新郎			□어업	漁業
□신뢰	信頼	**아 애**		□언론	言論
□신부	神父	□아동	児童	□엄격	厳格-
□신부	新婦	□악기	楽器	□업적	業績
□신분	身分	□악수	握手	□여고생	女(子)高生
□신사	神社	□악화	悪化		

□여권	旅券	□예민	鋭敏	□욕망	欲望
□여대생	女(子)大生	□예방	予防	□욕실	浴室
□여론	与論	□예비	予備	□욕심	欲心
□여지	余地	□예상	予想	□용감	勇敢
□역무원	駅務員	□예선	予選	□용어	用語
□연결	連結	□예약	予約		
□연령	年齢	□예외	例外	**우**	
□연료	燃料	□예의	礼儀	□우선	優先
□연립	連立	□예절	礼節	□우송	郵送
□연립주택	連立住宅	□예정	予定	□우수	優秀
□연설	演説	□오락	娯楽	□우승	優勝
□연속	連続	□오염	汚染	□우승자	優勝者
□연예인	演芸人	□오자	誤字	□우연	偶然
□연장	延長	□오해	誤解	□우울	憂鬱
□연재	連載	□온도	温度	□우울	憂鬱
□연주	演奏	□온수	温水	□우정	友情
□연중무휴	年中無休	□온천	温泉	□우주	宇宙
□연출	演出			□우호	友好
□연회	宴会	**와 외**		□운	運
□열정	熱情	□완료	完了	□운동복	運動服
□열중	熱中	□완벽	完璧	□운동화	運動靴
□열차	列車	□완성	完成	□운명	運命
□염려	念慮	□왕래	往来	□운반	運搬
□염원	念願	□왕복	往復	□운영	運営
□엽서	葉書	□외과	外科	□운전	運転
□영광	栄光	□외교	外交	□운행	運行
□영상	映像	□외래	外来		
□영양	栄養	□외출	外出	**워 위**	
□영업	営業	□외투	外套	□원	円
□영웅	英雄	□외향적	外向的	□원가	原価
□영원	永遠			□원고	原稿
□영주	永住	**요**		□원동력	原動力
□영토	領土	□요령	要領	□원료	原料
□영하	零下	□요소	要素	□원리	原理
		□요약	要約	□원만	円満
예 오		□요점	要点	□원망	怨望
□예감	予感	□요지	要旨	□원서	願書
□예고	予告	□요청	要請	□원작	原作

□원칙	原則	□응용	応用	□인식	認識
□월급	月給	□응원	応援	□인연	因縁
□위	胃			□인원	人員
□위기	危機	**의**		□인정	認定
□위대	偉大	□의도	意図	□인증	認証
□위로	慰労	□의뢰	依頼	□인형	人形
□위협	威脅	□의사	意思	□일등	一等
		□의상	衣裳	□일방적	一方的
유		□의심	疑心	□일상	日常
□유감	遺憾	□의외	意外	□일시	一時
□유교	儒教	□의욕	意欲・意慾	□일정	日程
□유도	柔道	□의원	医院	□일치	一致
□유력	有力	□의원	議員	□일화	逸話
□유례	類例	□의의	意義	□임무	任務
□유리	有利	□의장	議長	□임시	臨時
□유물	遺物	□의존	依存	□임신	妊娠
□유사	類似	□의학	医学	□입국	入国
□유아	乳児			□입금	入金
□유의	留意	**이**		□입대	入隊
□유익	有益	□이동	移動	□입력	入力
□유일	唯一	□이력 [서]	履歴 [書]	□입문	入門
□유적	遺跡	□이론	理論	□입사	入社
□유창	流暢	□이민	移民	□입수	入手
□유치	幼稚	□이발	理髪	□입시	入試
□육군	陸軍	□이사	理事	□입원	入院
□육상	陸上	□이상	理想	□입장	立場
□육지	陸地	□이성	異性	□입장	入場
□육체	肉体	□이성	理性		
		□이자	利子	**자**	
으		□이주	移住	□자가용	自家用
□은	銀	□이중	二重	□자각	自覚
□은혜	恩恵	□이해	利害	□자극	刺戟
□음력	陰暦	□이혼	離婚	□자금	資金
□음료	飲料	□인격	人格	□자녀	子女
□음성	音声	□인공	人工	□자동판매기	自動販売機
□음악회	音楽会	□인권	人権	□자막	字幕
□음주	飲酒	□인명	人名	□자모	字母
□응모	応募	□인쇄	印刷	□자본	資本

☐자살	自殺	☐재배	栽培	☐절실	切実-
☐자석	磁石	☐재벌	財閥	☐절약	節約
☐자세	姿勢	☐재정	財政	☐점검	点検
☐자신만만	自信満満	☐재학	在学	☐점수	点数
☐자외선	紫外線	☐재해	災害	☐점원	店員
☐자원	資源	☐재혼	再婚	☐접근	接近
☐자존심	自尊心			☐접대	接待
☐자주	自主	**저**		☐접촉	接触
☐자택	自宅	☐저자	著者	☐정가	定価
☐작성	作成	☐저축	貯蓄	☐정거장	停車場
☐작업	作業	☐적	敵	☐정권	政権
☐작자	作者	☐적외선	赤外線	☐정기	定期
☐작전	作戦	☐적용	適用	☐정년	定年
☐작정	作定	☐적자	赤字	☐정답	正答
☐잠재	潜在	☐전개	展開	☐정당	政党
☐잡초	雑草	☐전달	伝達	☐정당	正当
☐장	醤(油)	☐전등	電灯	☐정력	精力
☐장관	長官	☐전력	全力	☐정면	正面
☐장군	将軍	☐전망	展望	☐정문	正門
☐장기	長期	☐전면	前面	☐정반대	正反対
☐장기	将棋	☐전면	全面	☐정상	頂上
☐장남	長男	☐전멸	全滅	☐정성	精誠
☐장녀	長女	☐전반	全般	☐정세	情勢
☐장년	壮年	☐전보	電報	☐정식	正式
☐장래	将来	☐전선	電線	☐정식	定食
☐장례	葬礼	☐전설	伝説	☐정열	情熱
☐장미	薔薇	☐전술	戦術	☐정오	正午
☐장애	障碍	☐전시	展示	☐정월	正月
☐장점	長点	☐전용	専用	☐정육점	精肉店
☐장차	将次	☐전원	全員	☐정장	正装
☐장학금	奨学金	☐전임	専任	☐정전	停電
☐장화	長靴	☐전적	全的	☐정중	丁重
		☐전제	前提	☐정지	停止
재		☐전표	伝票	☐정직	正直
☐재간	才幹	☐전형	典型	☐정착	定着
☐재개	再開	☐전환	転換	☐정책	政策
☐재고	在庫	☐절망	絶望	☐정체	正体
☐재능	才能	☐절반	折半	☐정체	停滞

□정통	精通-	□종업원	従業員	□중소기업	中小企業
		□종일	終日	□중순	中旬

제
□제과점	製菓店	□종점	終点	□중지	中止
□제기	提起	□종착역	終着駅	□중퇴	中退
□제도	制度	□좌석	座席		
□제복	制服	□좌우	左右	## 즈	
□제사	祭祀			□즉시	即時
□제안	提案	## 주		□즙	汁
□제자	弟子	□주간지	週刊誌	□증가	増加
□제작	製作	□주관	主観	□증거	証拠
□제작자	製作者	□주기	周期	□증명	証明
□제조	製造	□주년	周年	□증상	症状
□제출	提出	□주력	主力	□증세	症勢
□제한	制限	□주류	主流	□증인	証人
		□주목	注目		
## 조 좌		□주부	主婦	## 지	
□조	組	□주사	注射	□지구	地区
□조	兆	□주석	主席	□지대	地帯
□조각	彫刻	□주식	株式	□지리	地理
□조간	朝刊	□주어	主語	□지면	紙面
□조교	助教	□주역	主役	□지명	指名
□조국	相国	□주연	主演	□지방	脂肪
□조명	照明	□주저	躊躇	□지불	支払
□조미료	調味料	□주차	駐車	□지상	紙上
□조부모	祖父母	□주체	主体	□지연	遅延
□조상	祖上	□주택	住宅	□지옥	地獄
□조성	造成	□준	準	□지장	支障
□조언	助言	□중고	中古	□지적	知的
□조절	調節	□중년	中年	□지점	支店
□조직	組織	□중단	中断	□지점	地点
□조치	措置	□중대	重大	□지정	指定
□조퇴	早退	□중독	中毒	□지지	支持
□조합	組合	□중력	重力	□지진	地震
□존경	尊敬	□중립	中立	□지출	支出
□존중	尊重	□중반	中盤	□지폐	紙幣
□종	鐘	□중상	重傷	□지혜	智慧
□종료	終了	□중성	中声	□직감	直感
		□중세	中世	□직결	直結

□ 직선	直線
□ 직전	直前
□ 직통	直通
□ 직행	直行
□ 직후	直後
□ 진	陣
□ 진급	進級
□ 진단	診斷
□ 진도	進度
□ 진리	真理
□ 진보	進歩
□ 진심	真心
□ 진정	鎮靜
□ 진지	真摯
□ 진찰	診察
□ 진출	進出
□ 진학	進学
□ 질서	秩序
□ 질투	嫉妬
□ 집계	集計
□ 집합	集合
□ 집회	集会

차 채

□ 차	差
□ 차남	次男
□ 차별	差別
□ 착각	錯覚
□ 착륙	着陸
□ 착신	着信
□ 찬성	賛成
□ 참고	参考
□ 참여	参与
□ 창간	創刊
□ 창고	倉庫
□ 창조	創造
□ 채점	採点

처

□ 처	妻
□ 처분	処分
□ 처자	妻子
□ 천국	天国
□ 천사	天使
□ 천재	天才
□ 천하	天下
□ 철	鉄
□ 철도	鉄道
□ 철수	撤収
□ 철학	哲学
□ 첨부	添附
□ 청강	聴講
□ 청구	請求
□ 청소년	青少年
□ 청춘	青春
□ 청혼	請婚

체

□ 체계	体系
□ 체념	諦念
□ 체력	体力
□ 체면	体面
□ 체온	体温
□ 체적	体積
□ 체제	体制
□ 체조	体操
□ 체중	体重
□ 체포	逮捕
□ 체험	体験

초 촤 최

□ 초대	招待
□ 초등학교	初等学校
□ 초록색	草緑色
□ 초보	初歩
□ 초성	初声

□ 초순	初旬
□ 초점	焦点
□ 초조	焦操
□ 초청	召請
□ 촉진	促進
□ 총	銃
□ 총리	総理
□ 총액	総額
□ 총장	総長
□ 촬영	撮影
□ 최대한	最大限
□ 최상	最上
□ 최선	最善
□ 최소한	最小限

추

□ 추가	追加
□ 추구	追求
□ 추방	追放
□ 추석	秋夕
□ 추진	推進
□ 추천	推薦
□ 추첨	抽籤
□ 추측	推測
□ 축소	縮小
□ 축전	祝電
□ 출국	出国
□ 출산	出産
□ 출석	出席
□ 출연	出演
□ 출장	出張
□ 출판	出版
□ 충고	忠告
□ 충돌	衝突
□ 충족	充足
□ 충치	虫歯

취 츠
- 취급 — 取扱
- 취업 — 就業
- 취재 — 取材
- 취침 — 就寢
- 측면 — 側面

치
- 치과 — 歯科
- 치안 — 治安
- 치약 — 歯薬
- 친선 — 親善
- 친절 — 親切
- 친족 — 親族
- 침대 — 寝台
- 침략 — 侵略
- 침묵 — 沈黙
- 침실 — 寝室
- 칭찬 — 称賛

타 태
- 타당 — 妥当
- 타자 — 打字
- 타협 — 妥協
- 탁아소 — 託児所
- 탁자 — 卓子
- 탄산 — 炭酸
- 탈출 — 脱出
- 탑 — 塔
- 탑승 — 搭乗
- 태권도 — 跆拳道
- 태세 — 態勢
- 태연 — 泰然
- 택 — 択
- 택배 — 宅配

토 퇴
- 토대 — 土台
- 토론 — 討論
- 토지 — 土地
- 통계 — 統計
- 통과 — 通過
- 통근 — 通勤
- 통로 — 通路
- 통신 — 通信
- 통역 — 通訳
- 통장 — 通帳
- 통제 — 統制
- 통지 — 通知
- 통학 — 通学
- 통행 — 通行
- 퇴근 — 退勤
- 퇴원 — 退院
- 퇴직 — 退職
- 퇴학 — 退学

투 트
- 투명 — 透明
- 투쟁 — 闘争
- 특급 — 特急
- 특급 — 特級
- 특등실 — 特等室
- 특산 — 特産
- 특색 — 特色
- 특수 — 特殊
- 특유 — 特有
- 특정 — 特定
- 특집 — 特集

파
- 파견 — 派遣
- 파괴 — 破壊
- 파산 — 破産
- 파생 — 派生
- 파손 — 破損
- 파악 — 把握
- 파출소 — 派出所
- 파탄 — 破綻
- 판 — 板
- 판결 — 判決
- 판정 — 判定

펴 페
- 편도 — 片道
- 편성 — 編成
- 편의 — 便宜
- 평 — 評
- 평등 — 平等
- 평방 — 平方
- 평범 — 平凡
- 평상복 — 平常服
- 평상시 — 平常時
- 평생 — 平生
- 평소 — 平素
- 평일 — 平日
- 평탄 — 平坦
- 평판 — 評判
- 폐 — 肺
- 폐지 — 廃止
- 폐해 — 弊害

포 표
- 포기 — 放棄
- 포도 — 葡萄
- 포장 — 包装
- 폭동 — 暴動
- 폭력 — 暴力
- 폭로 — 暴露
- 폭발 — 爆発
- 폭설 — 暴雪
- 폭소 — 爆笑
- 폭포 — 瀑布
- 폭풍 — 暴風
- 폭행 — 暴行

第3章 漢字

149

□ 표	表
□ 표기	表記
□ 표면	表面
□ 표시	表示
□ 표준	標準
□ 표창	表彰

푸

□ 품위	品位
□ 품절	品切
□ 품질	品質
□ 풍경	風景
□ 풍선	風船
□ 풍습	風習

피

□ 피난	避難
□ 피로	疲労
□ 피서	避暑
□ 필기	筆記
□ 필사	必死
□ 필수	必需
□ 필연 [적]	必然 [的]
□ 필자	筆者
□ 필착	必着
□ 필통	筆筒

하

□ 하반기	下半期
□ 하숙	下宿
□ 하순	下旬
□ 학과	学科
□ 학력	学歴
□ 학력	学力
□ 학문	学問
□ 학부	学部
□ 학부모	学父母
□ 학용품	学用品

□ 한가	閑暇 −
□ 한계	限界
□ 한기	寒気
□ 한도	限度
□ 한복	韓服
□ 한식	韓食
□ 한약	漢薬
□ 한정	限定
□ 한파	寒波
□ 할부	割賦
□ 할인	割引
□ 함정	陥穽
□ 합계	合計
□ 합동	合同
□ 합류	合流
□ 합리적	合理的
□ 합성	合成
□ 합성수지	合成樹脂
□ 합의	合意
□ 합창	合唱
□ 항공	空港
□ 항구	港口
□ 항목	項目
□ 항의	抗議

해 햐

□ 해	害
□ 해고	解雇
□ 해답	解答
□ 해당	該当
□ 해명	解明
□ 해방	開放
□ 해변	海辺
□ 해산	解散
□ 해석	解釈
□ 해설	解説
□ 해소	解消
□ 해수욕	海水浴

□ 해안	海岸
□ 해약	解約
□ 해열	解熱
□ 해초	海草
□ 핵	核
□ 핵심	核心
□ 행	行
□ 행방	行方
□ 행선지	行先地
□ 행정	行政
□ 향기	香気
□ 향상	向上
□ 향수	香水

허 혀

□ 허가	許可
□ 허락	許諾
□ 허용	許容
□ 헌법	憲法
□ 혁명	革命
□ 현관	玄関
□ 현장	現場
□ 현지	現地
□ 혈관	血管
□ 혈압	血圧
□ 혈액	血液
□ 협력	協力
□ 협박	脅迫
□ 협상	協商
□ 협조	協調
□ 협회	協会
□ 형광등	蛍光灯
□ 형사	刑事
□ 형성	形成

호

| □ 호기심 | 好奇心 |
| □ 호수 | 湖水 |

□호평	好評	□회전	回転
□호흡	呼吸	□횡단보도	横断歩道
□혼동	混同		
□혼란	混乱	**효 후 휘**	
□홍보	弘報	□효능	効能
□홍수	洪水	□효력	効力
		□후보	候補
화 회		□후퇴	後退
□화가	画家	□후회	後悔
□화려	華麗-	□휘발유	揮発油
□화면	画面		
□화보	画報	**휴 흐 희**	
□화산	火山	□휴강	休講
□화상	火傷	□휴업	休業
□화재	火災	□휴직	休職
□화제	話題	□휴학	休学
□화학	化学	□흑백	黒白
□확대	拡大	□흑인	黒人
□확률	確率	□흑자	黒字
□확보	確保	□흔적	痕跡
□확신	確信	□흡수	吸収
□확정	確定	□흡연	吸煙
□환영	歓迎	□흥미진진	興味津津
□활기	活気	□흥분	興奮
□활발	活発	□희극	喜劇
□활약	活躍	□희생	犠牲
□활용	活用		
□황사	黄砂		
□회견	会見		
□회고	回顧		
□회관	会館		
□회담	会談		
□회답	回答		
□회복	回復		
□회색	灰色		
□회수	回収		
□회식	会食		
□회장	会場		

第3章 漢字

同音の漢字語選択の問題

※下線部の漢字と同じハングルで表記されるものを①〜④の中から1つ選びなさい。

❶ ──限界
① 現　　② 減　　③ 兼　　④ 寒

❷ ──慎重
① 真　　② 身　　③ 賃　　④ 侵

❸ ──試食
① 詞　　② 姉　　③ 施　　④ 誌

❹ ──室内
① 実　　② 執　　③ 湿　　④ 質

❺ ──到達
① 頭　　② 討　　③ 童　　④ 図

❻ ──通帳
① 総　　② 層　　③ 創　　④ 統

解答　❶—④　❷—②　❸—③　❹—①　❺—④　❻—④

〈解説は305ページへ〉

❼ ── 逮捕
□　① 替　　② 忘　　③ 弟　　④ 対

❽ ── 彫刻
□　① 走　　② 草　　③ 超　　④ 兆

❾ ── 住宅
□　① 抽　　② 獣　　③ 株　　④ 柔

❿ ── 急速
□　① 球　　② 級　　③ 宮　　④ 休

⓫ ── 証明
□　① 将　　② 蔵　　③ 焦　　④ 増

⓬ ── 親切
□　① 設　　② 絶　　③ 舌　　④ 接

⓭ ── 秩序
□　① 質　　② 執　　③ 臭　　④ 鉄

解答　⑦—④　⑧—④　⑨—③　⑩—②　⑪—④　⑫—②　⑬—①

〈解説は 305 ページへ〉

同音の漢字語選択の問題

⑭ ──構成
① 綱   ② 稿   ③ 吸   ④ 口

⑮ ──混乱
① 魂   ② 献   ③ 金   ④ 均

⑯ 送──金
① 装   ② 挿   ③ 松   ④ 争

⑰ ──疲労
① 費   ② 避   ③ 微   ④ 否

⑱ ──透明
① 投   ② 討   ③ 渡   ④ 頭

⑲ ──勤務
① 根   ② 魂   ③ 禁   ④ 緊

⑳ ──提出
① 底   ② 体   ③ 勢   ④ 製

解答 ⑭─④ ⑮─① ⑯─③ ⑰─② ⑱─① ⑲─① ⑳─④

〈解説は306ページへ〉

154

㉑ ──教養
- ① 鏡
- ② 狂
- ③ 巧
- ④ 購

㉒ ──特色
- ① 触
- ② 職
- ③ 植
- ④ 索

㉓ ──判定
- ① 情
- ② 提
- ③ 状
- ④ 従

㉔ ──破損
- ① 端
- ② 麻
- ③ 波
- ④ 凡

㉕ ──孤独
- ① 項
- ② 弧
- ③ 湖
- ④ 鼓

㉖ ──合唱
- ① 衝
- ② 創
- ③ 忠
- ④ 章

㉗ ──読後感
- ① 得
- ② 徳
- ③ 独
- ④ 諾

解答　㉑─③　㉒─④　㉓─①　㉔─③　㉕─②　㉖─④　㉗─③

〈解説は 306 ページへ〉

同音の漢字語選択の問題

㉘ ──弱点
① 翌　　② 約　　③ 訳　　④ 役

㉙ ──考査
① 校　　② 功　　③ 香　　④ 顧

㉚ ──評判
① 平　　② 票　　③ 病　　④ 並

㉛ ──寒波
① 看　　② 感　　③ 閑　　④ 歓

㉜ ──契機
① 軽　　② 計　　③ 京　　④ 脅

㉝ ──親族
① 即　　② 属　　③ 続　　④ 足

㉞ ──鋭敏
① 栄　　② 泳　　③ 予　　④ 幼

㉘─② ㉙─④ ㉚─① ㉛─③ ㉜─② ㉝─④ ㉞─③

〈解説は 307 ページへ〉

㉟ ──登録
□　　① 銅　　　② 棟　　　③ 藤　　　④ 童

㊱ ──簡潔
□　　① 館　　　② 幹　　　③ 管　　　④ 環

㊲ ──契約
□　　① 階　　　② 恵　　　③ 改　　　④ 敬

㊳ ──結果
□　　① 化　　　② 賀　　　③ 夏　　　④ 過

㊴ ──暴動
□　　① 幅　　　② 棒　　　③ 貿　　　④ 望

㊵ ──誇示
□　　① 貨　　　② 仮　　　③ 課　　　④ 顧

㊶ ──該当
□　　① 涯　　　② 海　　　③ 概　　　④ 街

解答　㉟－③　㊱－②　㊲－①　㊳－④　㊴－①　㊵－③　㊶－②

〈解説は 307 ページへ〉

同音の漢字語選択の問題

㊷ ── 初旬
① 招　② 彫　③ 兆　④ 促

㊸ ── 農作物
① 悩　② 納　③ 濃　④ 能

㊹ ── 判決
① 飯　② 反　③ 販　④ 犯

㊺ ── 穀物
① 刻　② 曲　③ 告　④ 極

㊻ ── 概念
① 害　② 改　③ 怪　④ 界

㊼ ── 空気
① 功　② 鋼　③ 強　④ 驚

㊽ ── 乾杯
① 困　② 兼　③ 検　④ 健

解答　㊷─④　㊸─①　㊹─③　㊺─②　㊻─②　㊼─①　㊽─④

〈解説は308ページへ〉

㊾ ——貴重

□ ① 既 ② 帰 ③ 軌 ④ 寄

㊿ ——短縮

□ ① 談 ② 誕 ③ 炭 ④ 団

(51) ——変換

□ ① 編 ② 弁 ③ 返 ④ 便

(52) ——反省

□ ① 声 ② 生 ③ 静 ④ 整

(53) ——画家

□ ① 河 ② 夏 ③ 華 ④ 賀

(54) ——看板

□ ① 冠 ② 管 ③ 観 ④ 刊

(55) ——周囲

□ ① 遺 ② 異 ③ 為 ④ 畏

解答 ㊾—② ㊿—④ (51)—② (52)—① (53)—③ (54)—④ (55)—③

〈解説は 308 ページへ〉

第4章

文法

	問題類型	出題問題数	配点
1	正しい文法表現を選ぶ問題	6	1

文法に関する問題

出題類型と対策

本試験では、短文か対話文中の空欄に当てはまる語尾や慣用表現を選ぶ問題が6問(配点1点)程度出題されます。
主に準2級出題範囲までの語尾や慣用表現、助詞などを的確に覚えているかの文法的知識を問う形式で出題されます。

出題類型　空欄に適切な文法的語句を選ぶ問題が出題される

文法の問題では、短文か対話文の中の空欄に当てはまる文法的語句(同じ用言や名詞に異なる語尾や助詞を結合した選択肢)を選ぶ問題が6問出題されます。文全体の意味に沿って空欄に当てはまる単語に接続する語尾としてはどれが適切なのか、語尾や慣用表現、助詞などの文法的意味と機能についての知識が問われる問題構成になっています。

既出例1　（　）の中に入れるのに適切なものを①～④の中から1つ選びなさい。
〈既出36回〉

A：그 소문이 진짜일까요?
B：내가 본인에게 직접（　　）아니래요.
①물어봤더니　②물어봤더라면　③물어봤으면　④물어봤을지라도

【正解】①

【解説】A：その噂はほんとうでしょうか。
B：私が本人に直接（聞いてみたら）違うと言ってましたよ。
① 聞いてみたら　②（もし）聞いてみたならば　③ 聞いてみれば　④ 聞いてみたとしても

※現試験形式になった26回以降の既出約70問中、連結表現からの出題が約8割程度を占めている。

> **既出例 2**
>
> （　　）の中に入れるのに適切なものを①～④の中から１つ選びなさい。
> 〈既出31回〉
>
> A : 도로 공사 때문에 밤에 너무 시끄럽지 않나요?
> B : 맞아요. 잠을 제대로 (　　　　).
> ① 자지 않을래요　　② 잘 수가 있어야지요
> ③ 자기만 하면 뭐 해요　④ 잤나 봐요
>
> 【正解】 ②
>
> 【解説】A : 道路工事で夜とてもうるさくありませんか。
> 　　　　B : そうなんですよ。まともに（寝られません）。
> ① 寝ないつもりです　　　　② 寝られません
> ③ 寝てばかりいてどうしますか　④ 寝たようです
> ※現試験形式になった26回以降の既出約70問中、終結表現からの出題は約1割程度である。

> **既出例 3**
>
> （　　）の中に入れるのに適切なものを①～④の中から１つ選びなさい。
> 〈既出29回〉
>
> 약속 시간이 다 됐는데 (　　　) 왜 이렇게 바쁠까?
> ① 오늘조차　② 오늘같이　③ 오늘따라　④ 오늘처럼
>
> 【正解】 ③
>
> 【解説】もう約束の時間になったのに（今日に限って）何でこんなに忙しいんだろう。
> ① 今日さえ　② 今日のように　③ 今日に限って　④ 今日のように
> ※現試験形式になった26回以降の既出約70問中、助詞からの出題は約6問程度で多くはない。

> **既出例 4**
>
> （　　）の中に入れるのに適切なものを①～④の中から１つ選びなさい。
> 〈既出39回〉
>
> 촬영 중에 부상을 입었다. (　　　) 촬영을 마쳐 화제가 되고 있다.
> ① 그래 봤자　② 그럼에도 불구하고　③ 그것이야말로　④ 그로 인해
>
> 【正解】 ②
>
> 【解説】撮影中に怪我をした。（にもかかわらず）撮影を撮り終え、話題になっている。
> ① そうやっても　② それにもかかわらず　③ それこそ　④ それによって
> ※現試験形式になった26回以降の既出約70問中、接続表現からの出題は約4問程度と少ない。

第4章 文法

163

合格資料―28　既出の文法的語句の空欄補充問題例

※この資料は準2級の文法的語句の空欄補充問題の既出問題の中から一部を選び、その形式と傾向がわかるようにまとめたものである。長い問題文は意味に支障がない限り短く端折り、訳は理解度の現状が試せるようにあえてつけていない。

1 連結語尾・連結表現語句問題の例

□술에 강한 사람이 (　　　) 약한 사람도 있다.
　☑　① 있을수록　② 있는가 하면　③ 있던 터에　④ 있을 바에야

□요즘같이 쏟아지듯 정보가 (　　　) 어떻게 다 소화할 수 있을까?
　☑　① 많아서야　② 많은지　③ 많더라도　④ 많다고 해서

□집이 좀 낡았지만 (　　　) 좋아질 거야.
　☑　① 살다 보니까　② 살다 말면　③ 산다기보다는　④ 살다 보면

□체중을 줄이기 위해서 한 달 전부터 저녁밥을 (　　　) 했어요.
　☑　① 굶었다가　② 굶더니　③ 굶다니　④ 굶다시피

□그가 할 수 있는 (　　　) 오직 돈을 버는 것뿐이다.
　☑　① 일인 양　② 일이라고는　③ 것이라야만　④ 것이든지 간에

□여기서 희망 없이 (　　　) 해외에서 새 삶을 살겠다고 떠났다.
　☑　① 살 바에야　② 살려고　③ 살 테니까　④ 사느라고

□어제 너무 더워 문을 (　　　) 잤더니 모기한테 물렸어요.
　☑　① 열어 놓은 척　② 열어 놓은 채　③ 열어 놓은 사이　④ 열어 놓으면서

□뭐든지 어려우면 (　　　) 그만한 가치가 있는 법이다.
　☑　① 어려우면서　② 어려울수록　③ 어려운 채　④ 어려운 나머지

□많이 기다리셨죠? 내가 더 일찍 (　　　) 그랬나 봐요.
　☑　① 나올 걸　② 나오지　③ 나온 걸　④ 나왔지

□그렇게까지 말을 (　　　) 상당히 자신이 있는 거야.
　☑　① 한대도　② 한다고　③ 하고는　④ 한다고 하면

164

□간단한 (   ) 절대로 가볍게 생각하면 안 된다.
☑   ① 일이라고 해서   ② 일이라고 하면   ③ 일이라고 하는   ④ 일이라고 하지

□막상 (   ) 시키면 하기 싫어진다.
☑   ① 공부하려다가도   ② 공부하려고도   ③ 공부하려면서도   ④ 공부하더라도

□스트레스가 (   ) 서민들의 술, 담배 소비가 늘어났다고 한다.
☑   ① 쌓이다 보니   ② 쌓이다 보면   ③ 쌓이다가는   ④ 쌓인다면

□범죄가 (   ) 시민들이 안심하고 살 수 있어요.
☑   ① 없는데   ② 없느니   ③ 없어야   ④ 없도록

2 終結語尾・終結表現語句問題の例

□옆집 조카 (   )?
☑   ① 더라고요   ② 던지요   ③ 란대요   ④ 라면서요

□저도 막 (   ). 같이 나갈까요?
☑   ①나가려던 참이에요   ②갈 것만 같아요   ③나가는 수가 있어요   ④가는 척 했어요

□A : 좀 보여줘.
　B : 안돼. (   ).
☑   ① 비밀이라니까   ② 비밀이군   ③ 비밀이면서   ④ 비밀이더구나

□땅이 이렇게 젖은 걸 보니 밤새 비가 (   ).
☑   ① 왔나 보다   ② 왔으면 싶다   ③ 왔을까 보다   ④ 오지 않겠는가

□그 배우, TV에서 보는 거하고는 달리 별로 안 (   ).
☑   ① 멋있기는   ② 멋있을걸   ③ 멋있다지   ④ 멋있더라

□어머, 국이 짜네 간 다시 (   ).
☑   ① 맞아야겠어   ② 봐야겠어   ③ 놓아야겠어   ④ 부어야겠어

3 助詞語句問題の例

☐ "하늘은 (　　) 구름이 되라 하고 땅은 (　　) 바람이 되라 하네."
☑　　① 날더러　　② 나마냥　　③ 나한테서　　④ 나만치

☐ 이 길이 평소 안 막히더니 오늘 (　　) 막히는 거 있지 .
☑　　① 이나　　② 뿐　　③ 마저　　④ 따라

☐ 우리 아들은 초등학교 1 학년 (　　) 키가 큰 편이다 .
☑　　① 치고는　　② 마저　　③ 조차　　④ 더러

☐ A : 등산을 못 했다면서요 ?
　 B : 네 . 그날 (　　) 날씨가 사나워서요 .
☑　　① 따라　　② 더러　　③ 깨나　　④ 치고

☐ 원래 학교 선생님이었던 (　　) 아이들을 잘 다룬다 .
☑　　① 만에　　② 만은　　③ 만큼　　④ 만도

☐ 나는 야구의 기본적인 규정 (　　) 모른다 .
☑　　① 인지　　② 에도　　③ 인가　　④ 조차

合格資料-29　準2級出題範囲の助詞リスト

※一部助詞か語尾かで論議が分かれているものもここではハングル検定協会の提示リストに従って収録した。意味の分類と用例は筆者による。

助詞			意味／用例
1	(으)로부터	起点、出所	～から、～より
・이건 그 사람**으로부터** 들은 이야기다.			これは彼から聞いた話だ。
・남쪽**으로부터** 꽃 소식이 전해 온다.			南のほうから花の便りが伝わって来る。
2	(이)고	並列・無関係	～でも、～であれ～であれ、～も～も
・나는 어느 때**고** 다 좋다.			私はいつでもいい。
・사과**고** 배**고** 다 가져와.			りんごでも梨でも全部持って来て。
▶ -(이)고 -(이)고 (간에)の形で			
・밤**이고** 낮**이고** **간에** 전화를 해 댄다.			夜も昼も構わず電話をかけまくる。
・공부**고** 뭐**고** 다 집어치워라.			勉強も何も全部やめちまえ。
・개**고** 돼지**고** 모두 포유동물이다.			犬も豚も皆哺乳動物である。
3	(이)나	限定・条件、推測	～だけが、～では・くらい～だろうか
▶ ～だけが			
・돈 있는 사람**이나** 할 수 있다.			お金のある人だけができる。
・날씬한 사람**이나** 입을 수 있다.			すらっとした人だけが着られる。
▶ -(이)나 - (으)ㄹ까の形で			
・혹시 암**이나** 아닐까?			もしかして癌ではないだろうか。
・그 여자, 서른 살**이나** 되었을까?			その女性、三十歳くらいだろうか。
4	(이)든가	例示、羅列・無関係	～でも、～でも～でも、～か～か、～だとか＊「(이)든지」と置き換えできる。
▶ ～でも			
・뭐**든가** 하나는 잘하는 게 있어야 한다.			何でも一つは得意なことがなければならない。
▶ -(이)든가 -(이)든가 (간에)の形で			
・밥**이든가** 빵**이든가** 간에 빨리 줘.			ご飯でもパンでも(とにかく)早くちょうだい。
▶ -{ 다/ㄴ다/는다/(이)라, (으)라…} + -든가			
・음악을 듣고 싶**다든가**…			音楽を聞きたいとか…
・책을 읽**는다든가**…			本を読むとか…
・시**라든가** 소설**이라든가**…			詩だとか小説だとか…
・기다리**라든가** 먼저 가**라든가**…			待てとか先に帰れとか…
5	(이)란	定義	～とは、～と言ったら
・여자**란** 눈물이 흔한 법이다.			女って涙もろいものだ。
・그의 중대한 결심**이란** 무엇일까?			彼の重大な決心とは何だろう?

6	(이)며	羅列・列挙	～や(ら)～や(ら)、～(だ)とか～(だ)とか

▶ -(이)며 -(이)며の形で

・배며 대추며 사과며 실컷 먹었다.	梨やらナツメやらリンゴやらを飽きるほど食べた。
・눈이며 코며 아빠를 꼭 닮았다.	目とか鼻とかパパそっくりだ。

7	거나	羅列・列挙	～だとか、～したりとか

▶ -다/ㄴ다/는다/(이)라,(으)라 + - 거나

・예쁘다거나 귀엽다거나 하는 칭찬…	きれいだとか可愛いとかの褒め言葉…
・공부를 한다거나 일을 한다거나 …	勉強をするとか仕事をするとか…
・가라거나 오라거나 하는 명령이 싫다.	行けとか来いとか言う命令が嫌いだ。

8	더러	対象（人・動物）	～に、～に向かって、～に対して（話し言葉）

・동생더러 천천히 먹으라고 했다.	弟にゆっくり食べなさいと言った。
・나더러 어디에 가느냐고 물었다.	私にどこへ行くのかと聞いた。

9	따라	意外・限定	～に限って（時を示す一部の名詞に付いて）

・오늘따라 택시도 안 잡힌다.	今日に限ってタクシーすらつかまらない。
・그날따라 일이 몹시 바빴다.	その日に限って仕事が大変忙しかった。

10	ㄹ더러	対象（人）	～に、～に向かって、～に対して（話し言葉）

▶主に人称代名詞「나,너,저」などに付いて

・날더러 어쩌란 말인지 모르겠다.	私にどうしろという意味か理解できない。
・누가 널더러 이런 걸 사오라고 했니?	誰が君にこんなものを買って来いと言ったの?

11	마냥	例示、比喩（非標準語）	～のように ☞標準語は「처럼」

・발걸음이 새털마냥 가벼웠다.	足取りが羽毛みたいに軽かった。
・너마냥 요리를 잘할 수 있었으면…	君みたいに料理が上手だったらいいのに…

12	마저	否定的な状況の追加	～まで（も）、～さえ（も）

・너마저 나를 떠나는구나.	お前までも私から離れていくんだな。
・막내마저 시집을 보내니 허전하다.	末っ子まで嫁に行かせたら寂しい。

13	만치	比較、程度・限度	～ほど、～くらい ☞標準語は「만큼」

・나도 어제 술을 너만치 마셨다.	僕も昨夜酒をお前くらい飲んだ。
・부모님에게만치 잘해 드리고 싶었다.	親にだけは良くしてあげたかった。

14	만치도	比較、程度の強調	ほど、～くらい、～も ☞標準語は「만큼도」

▶主に否定表現と共に用いられて

・털끝만치도 신세를 안 지겠다.	これっぽっちも世話になるつもりはない。
・내 생각은 요만치도 안 한다.	私のことはこれっぽっちも気にかけない。

15	만큼도	比較、程度の強調	～ほど、～くらい、～も

▶主に否定表現と共に用いられて

・돈을 벌 생각은 손톱만큼도 없다.	金を稼ぐつもりは爪の垢ほどもない。
・그런 생각은 티끌만큼도 없다.	そういう考えは毛頭ない。

16	보고	対象（人・動物）	～に、～に向かって、～に対して（話し言葉）
· 누가 너보고 그 일을 하라고 그랬어?			誰がお前にそれをしろと言ったの?
· 너 나보고 욕하지 마.			お前、私に対して悪口を言うんじゃない。
· 내 잘못인데 누구보고 원망하겠니.			私のミスなんだから誰も恨めない。

17	아/(이)야	呼びかけ（人・動物）	～君、～ちゃん、～よ、～や
· 철수야, 나 좀 보자.			チョルス、ちょっといい?
· 잠자리야, 이리로 날아와.			トンボよ、こっちに飛んできて。
· 희영아, 나랑 같이 놀자.			ヒヨン、私と一緒に遊ぼう。

18	에게로 (縮)게로	対象、到達点 （人・動物）	～に、～のところに
· 이 행운이 누구에게로 갈 것인지…			この幸運が誰のところに行くのか…
· 그 둘에게로 관심이 집중되었다.			その二人に関心が集中した。
· 고양이가 나에게로 다가왔다.			猫が私に近付いてきた。

19	에게서나 (縮)게서나	出所の例示・限定 （人・動物）	①～からでも、②～からだけ
· 언제, 어디서나, 누구에게서나 배운다.			いつ、どこでも、誰からでも学ぶ。
· 그에게서나 들을 수 있는 이야기다.			彼からだけ聞くことができる話だ。
· 서양인에게서나 볼 수 있는 현상이다.			西洋人からだけ見られる現象だ。

20	에로	方向、志向	～に、～へ、～のところに
· 호텔에로 돌아온 건 밤이 깊어서였다.			ホテルに帰って来たのは深夜だった。
· 미래에로 나아가기 위해 노력하고 있다.			未来へ進むために努力している。

21	에서나 (縮)서나	場所の例示・強調、限定	～ででも、～でだけ、～からでも、～からだけ
· 세금은 전국 어디에서나 낼 수 있다.			税金は全国どこででも払える。
· 꿈에서나 본듯한 아름다운 풍경.			夢ででも見たような美しい風景。
· 영화에서나 보던 미래 세계 같다.			映画でだけ見ていた未来世界のようだ。

22	에서부터 (縮)서부터	起点・始まり・由来	～から、～より
· 한 시에서부터 두 시 사이에…			一時から二時の間に…
· 여기에서부터 2시간은 걸어야 할 거야.			ここから2時間は歩かなければならない。
· 싸움은 아이 문제에서부터 시작되었다.			喧嘩は子供の問題から始まった。

23	은커녕/는커녕 (縮)ㄴ커녕	否定の内容強調	～どころか、～はおろか
· 돕기는커녕 방해만 한다.			手伝うどころか邪魔ばかりする。
· 잎은커녕 싹도 나지 않았다.			葉っぱどころか芽も出なかった。
· 말은커녕 서로 쳐다보지도 않는다.			会話どころか互いに視線も合わせない。

24	을 / 를 (縮 ㄹ)	強調、語調の整え	~ではない、~しはしない、~するに（は）

▶ - 지를 않다의 形で
- 아무도 날 믿어 주지를 않아. → 誰も私を信じてくれない。
- 좀처럼 흥분이 가라앉지를 않았다. → なかなか興奮が収まらなかった。
- 무엇이 중요한지를 모르겠어. → 何が重要なのかが分からない。

▶ 副詞や用言の接続形について強調したり語調を整えたりする
- 엄마는 내 말은 곧이를 듣지 않아. → 母は私の話は真に受けてくれない。
- 어쩌자고 혼자 시장에를 갔니? → どうするつもりで一人で市場に行ったの？
- 내 말도 좀 들을를 봐. → ちょっと私の話も聞いてくれる？

▶「말하기를」などの形で
- 그 판매원이 **말하기를**… → その販売人が言うには…
- 공자께서 **말씀하시기를** 마흔에는… → 孔子がおっしゃるには四十には…

25	이 / 가	強調	~ではない、~しはしない、~（から…）して

▶ - 지가 않다의 形で
- 방이 깨끗하**지가 않다**. → 部屋がきれいではない。
- 오늘 밤까지 끝날 것 같**지가 않구나**. → 今夜までに終わりそうにないなあ。

▶ 부터 + 가의 形で
- 이름**부터가** 헷갈린다. → 名前からして紛らわしい。

26	조차	事柄の強調、極端・譲歩	~まで（も）、~さえ（も）、~すら（も）

- 편지는커녕 제 이름**조차** 못 쓴다. → 手紙どころか自分の名前すら書けない。
- 술은 물론 담배**조차** 끊었다. → 酒はもちろんタバコまでやめた。
- 그것은 생각**조차** 할 수 없는 일이다. → それは想像すらできないことだ。

27	치고 (는) (縮 치곤)	①当然、②例外	①~ならば、~はすべて、 ②~にしては、~のわりには

- 겨울 날씨**치고는** 따뜻한 편이다. → 冬の天気にしては暖かいほうだ。
- 대학생**치고** 그걸 모르는 사람은 없다. → 大学生でそれを知らない人はいない。
- 동생은 중학생**치고는** 키가 너무 작다. → 弟は中学生にしては背が低すぎる。

28	한테로	対象（人・動物）	~に、~のところに（話し言葉）

- 아이는 어머니**한테로** 달려갔다. → 子供はお母さんに走り寄った。
- 아이를 먼 친척**한테로** 보냈다. → 子供を遠い親戚のところに行かせた。

29	한테서나	起点・出所、限定（人・動物）	①~からでも、②~からだけ（話し言葉）

- 아무**한테서나** 과자를 받으면 안 돼. → 誰からでもお菓子をもらっちゃだめ。
- 한국 사람**한테서나** 볼 수 있는 특징. → 韓国人からだけ見られる特徴。

合格資料-30　準2級出題範囲の連結語尾リスト

※結合関係の表示：V（動詞）、A（形容詞）、N（名詞）。
※ほかに時制・尊敬の語尾、指定詞、存在詞との結合関係は特に示していない。
※一部語尾かどうかで論議が分かれているものもここではハングル検定協会の提示リストに従って収録した。意味の分類と用例は筆者による。

	連結語尾		意味/用例
1	V-ㄴ/는다거나 A-다거나 N-(이)라거나	事実の羅列、例示	～するとか ～（だ）とか ～だとか
	・먹는다거나 마신다거나 할 틈도 없다. ・날씨가 맑다거나 흐리다거나 관계없이… ・슬프다거나 감동적이라거나 하는 느낌…		食べたり飲んだりする暇もない。 晴れるとか曇るとか関係なく… 悲しいとか感動的だとかという感じ…
2	V-ㄴ/는다든가 A-다든가 N-(이)라든가	事実の羅列、例示	～するとか ～（だ）とか ～だとか
	・책을 읽는다든가 노래를 듣는다든가… ・나쁘다든가 좋다든가 말을 해 봐. ・시기라든가 질투라든가 하는 것이…		本を読むとか歌を聴くとか… 悪いとか良いとか言ってみなさい。 妬みだとか嫉妬だとかということが…
3	V-ㄴ/는다든지 A-다든지 N-(이)라든지 V-(으)라든지	事実の羅列、例示	～するとか ～（だ）とか ～だとか ～しろとか
	・맛이 있다든지 없다든지 관심이 없다. ・시라든지 소설이라든지 다 좋아한다. ・자라든지 일어나라든지 잔소리가 심하다.		美味しいとかまずいとか関心がない。 詩だとか小説だとか全部好きだ。 寝ろとか起きろとか口やかましい。
4	V-ㄴ/는다면야 A-다면야 N-(이)라면야	仮定・条件の強調	(-ㄴ/는다면の強調) ～すると言うなら (-다면の強調) ～（だ）と言うなら (-(이)라면の強調) ～だと言うなら
	・결혼해 준다면야 얼마나 좋을까? ・조건이 같다면야 싼 게 좋지요. ・내가 새라면야 그렇게 하겠지만…		結婚してくれるというならどんなにうれしいだろうか。 条件が同じだというなら安いほうがいいです。 私が鳥ならそうするが…
5	VA-거든	条件、対比強調	～するなら、～するのにまして
	・비가 그치거든 떠나자. ・합격하고 싶거든 내 말을 들어라.		雨が止んだら出発しよう。 合格したかったら私の話を聞け。

第4章　文法

171

6	VA - 게끔	程度、基準	~するように、~く、~に（- 게の強調形）
	· 차가 지나가게끔 뒤로 비켜섰다.		車が通れるように後ろへ下がった。
	· 각자 분수에 맞게끔 생활해야 한다.		それぞれ分相応に生活するべきだ。
7	VA - 고는	前提・条件、羅列、繼起、根拠	~して / で、~してからは 縮 - 곤 （- 고の強調形）
	· 사람은 빵만 가지고는 살 수 없다.		人はパンだけでは生きることができない。
	· 남에게 지고는 못 참는 성격이다.		人に負けるのは我慢できない性格だ。
	· 그 편지를 읽고는 마음이 달라졌다.		その手紙を読んでから気持ちが変わった。
▶ - 고 - 고는의 形で			~するかどうかは
	· 난 네가 잘되고 못되고는 관심이 없다.		私は君が成功するかどうかには関心がない。
8	VA - 고도	相反・対立	~していながらも
	· 슬프고도 아름다운 이야기.		悲しくて美しい話。
	· 졸고도 졸지 않은 체하다.		居眠りしたのにしていない振りをする。
9	V - 고서	繼起、原因の強調	~してから、~して（- 고の強調形）
	· 가볍게 인사만 하고서 나가 버렸다.		軽く挨拶だけして出て行ってしまった。
	· 상한 음식을 먹고서 배탈이 났다.		痛んだものを食べてお腹をこわした。
10	V - 고서는	結果、条件の強調	~してから
	· 그는 장가를 가고서는 사람이 달라졌다.		彼は結婚してから人が変わった。
▶ - 지 않고서는, - 이 / 가 아니고서는 などの形で			~しなくては / でなくては
	· 의료의 질을 높이지 않고서는 어렵다.		医療の質を高めなくては（実現は）難しい。
11	V - 고서도	意外・不服	~しても、~した後も
	· 그렇게 먹고서도 또 먹으려고 해?		そんなに食べてからまだ食べるつもり?
	· 저렇게 놀기만 하고서도 시험에 붙다니.		あんなに遊んでばかりで試験にうかるなんて。
12	VA - 고서야	条件、不審の強調	~してからやっと、~して / では
	· 한 시간을 기다리고서야 살 수 있었다.		1時間を待ってからやっと買えた。
	· 졸기만 하고서야 어떻게 공부가 되겠나.		居眠りばかりしては勉強にならないだろう。
13	V - 고야	繼起、不審の強調	~してやっと、~していては、~しては
	· 한참을 더 울고야 울음을 그쳤다.		ひとしきり泣いた後泣き止んだ。
	· 월급만 가지고야 아이들 가르칠 수 있나.		給料だけでは子供たちの教育はできない。
14	V - 고자	意図、願望	~しようと
	· 체중을 줄이고자 운동을 시작했다.		体重を減らそうと運動を始めた。
	· 그의 이야기를 듣고자 찾아갔다.		彼の話を聞こうと訪ねて行った。
	· 이게 그가 말하고자 했던 부분이다.		これが彼が言いたかった部分である。
15	VA - 기로	理由、条件、譲歩	~することで / であることで
	· 타의 모범이 되기로 이에 표창을 함.		他人の模範になるのでここに表彰する。
	· 아무리 좋기로 그렇게까지 할까?		いくら好きでもそこまでやるだろうか。

16	VA - 기에	原因・理由・根拠	~するので / なので、~するから / だから
· 너무 사랑했**기에** 헤어질 수 없었다.			とても愛していたので別れられなかった。
· 아이가 보채**기에** 야단을 쳤다.			子供がせがむので叱った。

17	VA - 길래	原因・理由・根拠	~するので / なので、~するから / だから
· 맛있어 보이**길래** 사 왔다.			美味しく見えたので買って来た。
· 아프다고 하**길래** 걱정이 되어서 왔다.			痛いと言うから心配になって来た。

18	V - 느니	比較選択、羅列	~するよりは　　参 - 느니보다는
· 그냥 기다리**느니** 직접 찾아가자.			ただ待つより直接会いに行こう。
· 소풍을 가**느니** 마느니 말도 많다.			遠足に行くの行かないのとうるさい。

19	V - 느라고	原因・理由（目的）	~することによって、~するため、~するのに
· 시험 공부하**느라고** 놀 틈이 없었다.			試験勉強をしていて遊ぶ暇がなかった。
· 웃음을 참**느라고** 딴 데를 보았다.			笑いを堪えようとして別のところを見た。

20	V - 는데도	無関係（意外・不服）	~するのに
· 많이 먹는**데도** 살이 안 찐다.			たくさん食べているのに太らない。
· 열심히 일하는**데도** 가난하게 산다.			一生懸命働いているのに貧しく暮らす。

21	V - 다시피	追認、同然	~するとおり、~のとおり、~のように
· 보시**다시피** 건강합니다.			ご覧のとおり健康です。
· 그는 매일 오**다시피** 한다.			彼はほぼ毎日のように来る。

22	VA - 더니	理由・根拠、対立、状況説明	~していたが / だったが、~していると、【았 / 었더니の形で】~すると、~したら
· 날이 흐리**더니** 비가 오기 시작했다.			曇っていたが、雨が降り始めた。
· 비가 오**더니** 저녁 때부터 눈으로 변했다.			雨が降っていたが、夕方から雪に変わった。
· 운동을 했**더니** 온몸이 쑤신다.			運動をしたら全身が痛む。

23	VA - 더니마는	理由、対立、状況説明	~していた / だったが、~していると、【았 / 었더니마는の形で】~すると、~したら
☞ 「- 더니」の強調形			

24	VA - 더라고	回想説明・引用	~していたと / だったと
· 이상과는 다르**더라고** 씁쓸하게 말했다.			理想とは違っていたと苦々しく語った。
· 지금 아주 화가 나 있**더라고** 전해라!			いまとても怒っていると伝えて！

25	VA - 더라도	仮定、譲歩、強調	~しても / であっても
· 비가 오**더라도** 조금만 더 기다려 봐.			雨が降ってももう少し待ってみて。
· 누가 보**더라도** 완성된 작품이 아니다.			誰が見たって完成された作品ではない。

26	VA - 던데	①前置き、②逆接	~していたが、~していたのに
· 병원에 자주 가**던데** 무슨 일 있니?			病院によく行っていたが何かあるの？
· 다 기다리**던데** 나는 못 기다리겠다.			みんな待っていたけど、私は待てない。

第4章　文法

27	VA - 던지	疑問・推測、原因	〜したのか（どうか）、〜したからか
	・그때 누가 있었던지 생각이 안 난다.		あの時誰がいたのか思い出せない。
	・보기 안됐던지 자상하게 돌봐 줬다.		見かねたのか細やかに面倒をみてくれた。
28	VA - 든가	列挙	〜か、〜しようが / だろうが ・「-든지」と置き換えができる。㊁ -든
	・직접 가든가 전화를 걸든가 해라.		直接行くか電話をかけるかしなさい。
	・싸우든가 화해를 하든가 맘대로 해라.		喧嘩しようが和解しようが勝手にしろ。
29	VA -(으)ㄹ수록	程度の比例	〜（すれば）するほど、〜であればあるほど
	・읽으면 읽을수록 재미있다.		読めば読むほど面白い。
	・더우면 더울수록 잘 자란다.		暑ければ暑いほどよく育つ。
30	VA -(으)ㄹ지라도	譲歩、仮定	（たとえ）〜して / であっても
	・경기에 질지라도 정정당당하게 싸우자.		たとえ競技に負けても正々堂々と戦おう。
	・비가 올지라도 낚시를 가겠다.		雨が降っても釣りに行くつもりだ。
31	VA -(으)ㅁ에도	逆接、意外	〜するにも / であるにも
	・비가 옴에도 불구하고 낚시를 갔다.		雨が降っているにもかかわらず釣りに行った。
	・가난함에도 불구하고 포기하지 않았다.		貧しい暮らしにもかかわらず諦めなかった。
32	VA -(으)나	逆接、譲歩	〜するが / だが、〜しても〜しても
	・값은 싸나 품질은 좋지 않다.		値段は安いが、品質はよくない。
	・어디를 가나 물병을 가지고 다닌다.		どこに行っても水筒を持ち歩いている。
33	VA -(으)니까는	理由、状況の説明	〜（する / だ）から、〜（する / な）ので、 〜すると、〜したら・-(으)니까の強調形
	・약속을 했으니까 만나야지.		約束をしたから会わなくちゃ。
	・자세히 보니까 날개가 달려 있었다.		よく見ると羽根がついていた。
34	V -(으)려니 (까)	意図、様態	〜しようとしたら、〜しようとしていると
	・막상 자려니까 잠이 오지 않는다.		いざ寝ようとすると寝られない。
	・현관 문을 열려니까 열쇠가 없었다.		玄関を開けようとしたら鍵がなかった。
35	V -(으)려면	仮定・条件	〜しようとするならば、〜するつもりなら
	・성공하려면 노력을 해라.		成功しようとするなら努力をしなさい。
	・나중에 고생하지 않으려면 열심히 해.		後で苦労したくなければがんばって。
36	V -(으)려야	条件、譲歩	〜しようとしてはじめて、〜しようとして ・= -(으)ㄹ래야 /-(으)ㄹ 수 없다
	・스스로 하려야 되지.		自分でやろうとしないとできない。
	・가려야 갈 수 없는 고향.		帰ろうとしても帰れない故郷。
37	VA -(으)리라 (고)	推測・意志	〜（する）だろうと、〜してやるぞと
	・시험에 합격하리라고 생각도 못했다.		試験に合格するとは思わなかった。
	・실수를 되풀이하지 않으리라고 다짐했다.		失敗を繰り返さないと誓った。

38	V-(으)리만큼	程度、原因・根拠	～するほどに、～するくらい ・-(으)니만큼/-느니만큼：だけに、ので
	・고향이 몰라보**리만큼** 변했다.		故郷が見違えるほど変わった。
	・눈물이 나**리만큼** 고마웠다.		涙が出るほどありがたかった。
39	VA-(으)므로	理由・根拠	～（する/な）ので、～（する/だ）から
	・강물이 깊**으므로** 배 없이 못 건넌다.		川が深いので船なしには渡れない。
	・그는 부지런하**므로** 성공할 것이다.		彼は勤勉だから成功するだろう。
40	N-(이)라는	引用	～だという
	・그건 거짓말**이라는** 것이 밝혀졌다.		それは嘘だということが明らかになった。
	・헤미**라는** 사람을 찾고 있어요.		ヘミという人を探しています。
41	V-(아/어)다(가)	継起	～して、～してから
	・아기를 안**다가** 침대에 눕혔다.		赤ちゃんを抱いてベッドに寝かせた。
	・파를 뽑**아다가** 된장찌개에 썰어 넣었다.		ネギを取ってきて味噌チゲに切って入れた。
42	VA-(았/었)댔자	無関係、否定的な 判断・評価	（いくら）～した/だったところで
	・만났**댔자** 별로 재미없을 것 같다.		会ったところであまり面白くなさそうだ。
	・아이가 먹었**댔자** 얼마나 먹었겠어?		子供が食べたって大して食べられないだろう。
43	VA-(아/어)서야	継起の強調、前提	～して/では
	・날이 밝**아서야** 그 사실을 알 수 있었다.		夜が明けてからその事実が分かった。
	・보름이 넘**어서야** 아버지는 퇴원하셨다.		半月が過ぎてから父は退院した。
44	VA-(았/었)더라면	過去仮定	～した/であったならば
	・그 사람을 만났**더라면** 좋았을 텐데.		その人に会えたなら良かったのに。
	・네가 안 왔**더라면** 어떻게 됐을까?		君が来なかったならどうなっていたんだろう。
45	VA-(았/었)자	譲歩、無関係	（いくら）～した/だったところで
	・아무리 달래 봤**자** 소용없다.		いくらなだめたところで効き目がない。
	・아무리 골라 봤**자** 그게 그것이다.		いくら選んでみたってどれもこれも同じだ。
46	V-자니(까)	意図、状況	～しようと思うと、～するには
	・혼자 있**자니까** 좀 심심했다.		一人でいるにはちょっと退屈だった。
	・막상 얘기를 하**자니까** 좀 부끄럽다.		いざ話そうと思うとちょっと恥ずかしい。
47	V-자든가	提案の羅列	～しようとか～しようとか
	▶主に -자든가 -자든가の形で		
	・산에 가**자든가** 공원에 가**자든가** 시끄럽다.		山に行こうとか公園に行こうとかやかましい。
	・영화를 보**자든가** 술을 마시**자든가** 하면서.		映画を見ようとか酒を飲もうとか言いながら。
48	VA-지	対立・対照	～（する/な）のであって～（する/な）のではない
	・그는 욕심만 많**지** 실력은 없다.		彼は欲は深いけど、実力はない。
	・바람만 불**지** 비는 안 온대.		風は吹くけど、雨は降らないんだって。

第4章 文法

175

合格資料-31　準2級出題範囲の終結語尾リスト

※結合関係の表示：V（動詞）、A（形容詞）、N（名詞）。
※ほかに時制・尊敬の語尾、指定詞、存在詞との結合関係は特に示していない。
※一部語尾かどうかで論議が分かれているものもここではハングル検定協会の提示リストに従って収録した。意味の分類と用例は筆者による。

	終結語尾		意味 / 用例
1	V - ㄴ/는다니까(요) A - 다니까(요) N -(이)라니까(요) V -(으)라니까(요)	確認・強調	～するってば、～するんだって ～（だ）ってば、～（な）んだって ～だってば、～なんだって ～しろってば
	・난 정말 아는 게 없다니까. ・바로 그게 문제라니까. ・내 말을 믿으라니까.		僕は本当に知らないんだってば。 まさにそれが問題なんだよ。 僕の話を信じろってば。
2	V - ㄴ/는다며? A - 다며? N -(이)라며? V -(으)라며?	確認	～するんだって？ ～（な）んだって？ ～なんだって？ ～しろだって？
	・내일 민수를 만난다며? ・서울은 꽤 춥다며? ・벌써 애가 둘이라며?		明日ミンスに会うんだって？ ソウルはかなり寒いんだって？ もう子供が二人なんだって？
3	V - ㄴ/는다면서(요)? A - 다면서(요)? N -(이)라면서(요)? V -(으)라면서(요)?	確認	～するんだって？ ～（な）んだって？ ～なんだって？ ～しろだって？
	・내년에 유학을 간다면서? ・일손이 많이 부족하다면서? ・아홉 시에 오라면서?		来年留学に行くんだって？ 人手がかなり足りないんだって？ 九時に来いだって？
4	V - ㄴ/는다지(요)(?) A - 다지(요)(?) N -(이)라지(요)(?) V -(으)라지(요)(?)	確認、説明陳述	～するんだろ？、～するんだって？ ～（な）んだろ？、～（な）んだって？ ～なんだろう？、～なんだって？ （勝手に）～しろってんだ
	・내년에 졸업한다지? ・그 사람 돈이 많다지? ・자기들끼리 해 볼테면 해 보라지.		来年卒業するんだって？ あの人お金が多いんだって？ 自分達でやるなら勝手にやれってんだ。

5	V-ㄴ/는다	意志、事実の叙述	～するよ、～するんだよ、～だ、～（だ）ぞ
	· 나 먼저 간다.		私、先に行くよ。
	· 거짓말을 하면 벌을 받는다.		うそをつくと罰が当たるよ。
6	V-ㄴ/는단다 A-단다 N-(이)란다	親身な説明、自慢	～するんだよ ～（な）んだよ ～なんだよ
	· 아기는 정말 귀엽단다.		赤ちゃんは本当に可愛いよ。
	· 매일 이런 맛있는 음식을 먹는단다.		毎日こんな美味しいものを食べているんだ。
	· 나는 네 아빠 친구란다.		私はきみのパパの友達なんだよ。
7	V-ㄴ/는답니다 A-답니다 N-(이)랍니다 V-(으)랍니다	親近な説明、自慢	～するんですよ ～（な）んですよ ～なんですよ ～しろとのことです ～しろと言っています
	· 우리 식구는 모두 노래를 잘 부른답니다.		うちの家族はみんな歌がうまいんですよ。
	· 이곳 와인은 아주 맛있답니다.		ここのワインはとても美味しいんですよ。
	· 저도 아이가 둘이랍니다.		私も子供が二人です。
8	VA-게(요)?	意図の確認	～（する/な）のかい?、～（する/な）んだい?
	· 벌써 집에 가게?		もう帰るの?
	· 그 쓰레기는 가져가서 무엇을 하게?		そのゴミは持って行ってどうする?
	· 어딜 가게?		どこに行くの?
9	VA-고(요)(?)	確認、反論、意図	～（する）か?、～（する/な）のか?、 ～しな、～してね
	· 난 다 알고 있다고요.		私は全部知っていますよ。
	· 바쁘다고요?		忙しいんですって?
	· 그 애가 얼마나 욕심이 많다고요.		あの子は本当に欲深いんですよ。
	· 방해가 된다면 다음에 또 오고요.		邪魔だったら次にまた来ますが。
10	VA-고말고(요) N-(이)고말고(요)	強い肯定	（もちろん）～（する/だ）とも
	· 그렇고말고요.		そうですとも。
	· 귀엽고말고. 갓난아기는 정말 귀엽단다.		可愛いとも。赤ちゃんは本当に可愛いよ。
	· 물론이고말고요.		もちろんですとも。
11	A-구나/군 V-는구나/는군	驚き・感嘆、事実の確認	～（だ）なあ、～（だ）ね ～するね、～するなあ
	· 날씨가 참 좋구나/좋군.		本当にいい天気だね。
	· 전혀 말이 통하지 않는군요.		全然言葉が通じないんですね。

12	V - 느내 (요)(?) A -(으)내 (요)(?)	第三者の質問の伝達・質問	～するのかって (?) ～ (な) のかって (?)
	・몇 시 비행기로 가느내?		何時の飛行機で行くのかって？
	・왜 그렇게 사이가 좋내?		なんでそんなに仲がいいのかって？
13	V - 느냐? A -(으)냐?	質問、疑問	～するのか、～するのかね、～ (な) のか、 ～ (な) のかね
	・누가 오느냐?		誰が来るの？
	・이 그림을 보고 무엇을 느꼈느냐?		この絵を見て何を感じたの？
	・이사간 집은 넓으냐?		引っ越した家は広いの？
14	V - 느냐니 (요)? A -(으)냐니 (요)?	意外・驚き・反問	～するのかって？ ～ (な) のかって？
	・이게 작으냐니?		これが小さいのかって？
	・뭘 먹느냐니?		何を食べているのかって？
15	V - 느냐니까 (요) A -(으)냐니까 (요)	確認、強調	～するのかってば ～ (な) のかってば
	・몇 시에 도착하느냐니까?		何時に到着するのかってば。
	・내가 싫어? 왜 싫으냐니까?		私が嫌い？なんで嫌いかってば。
16	V - 느냡니다 A -(으)냡니다	第三者の質問の伝達	～するかと言っています ～ (な) のかと言っています
	・아빠는 언제 집에 오느냡니다.		パパはいつ家に帰って来るかと言っています。
	・서울은 날씨가 좋으냡니다.		ソウルは天気がいいのかと聞いています。
17	V - 는걸 (요) A -(으)ㄴ걸 (요) V -(으)ㄴ걸 (요)	感想、反論	～するね、～するなあ ～ (だ) ね、～ (だ) なあ ～したね、～したよ
	・아무리 봐도 모르겠는걸.		いくら見てもわからないなあ。
	・우린 이미 많이 먹은걸.		私たちはもうたくさん食べたんだよ。
	・이거 애들 소꿉놀이 같은걸.		これって子供たちのままごとみたいだなあ。
18	V - 니? A -(으)니?	質問	～ (する /な) のかい?、～ (する /な) の? ～なのかい?、～なの?
	・뭘 갖고 싶으니?		何が欲しいの？
	・아빠는 어디에 갔니?		パパはどこに行ったの？
19	VA - 다니	不審、意外、不服	～ (する / だ) とは、～ (する / だ) なんて
	・공부는 안 하고 만화만 읽다니!		勉強はしないで漫画ばかり読むなんて！
	・별안간 시집을 가다니?		いきなり嫁に行くとは？
	・아이만 남겨 두고 술을 마시러 가다니!		子供だけを残して酒を飲みに行くなんて！

20	VA - 다니 (요)? V -(으)라니 (요)?　　疑問、聞き返し N -(이)라니 (요)(?)		～（する）だって?、～（だ）って? ～しろだって? ～だとは、～だって?
	・그만두**다니**？누가요？		やめるって？誰がですか？
	・재미있**다니**？뭐가？		面白いって？何が？
	・올해 환갑**이라니**？내년이 아니고？		今年還暦だって？来年じゃなくて？
21	VA - 더구나 VA - 더군 (요)	回想・感想	～していた / だったなあ ～していた / だったなあ
	・먹어 보니 정말 맛있**더구나**.		食べてみたら美味しかったなあ。
	・서울이 많이 변했**더군요**.		ソウルが大分変わってましたね。
22	VA - 더냐?	質問	～していた / だったか?
	・그 여자가 그렇게 좋**더냐**?		彼女がそんなに好きだったのか。
	・그 사람이 나를 찾으러 왔**더냐**?		その人が私を探しに来ていたのか。
23	VA - 더라 (?)	内容の伝達、感想、自問	～していたよ、した / だったよ、 （疑問詞を伴い）～した / だっけ?
	・그 사람 노래를 잘 부르**더라**.		その人歌が上手だったよ。
	・그곳은 경치가 참 좋**더라**.		そこは景色が本当によかったよ。
	・저 사람을 어디서 보았**더라**?		あの人とどこで会ったっけ?
24	VA - 더라고 (요)	内容の伝達・感想	～していたって、～していたよ
	・이상과 현실은 거리가 멀**더라고요**.		理想と現実は距離が遠かったんですね。
	・돈이 좀 생기면 꼭 나타나**더라고**.		お金が少し入ってくると必ず現れたよ。
	・먹어 보니 정말 맛있**더라고**.		食べてみたらおいしかったよ。
25	VA - 더라니까 (요)	確認、強調	～していたってば、～していたんだって
	・그 일은 아무것도 모르**더라니까**.		そのことは何も知らないでいたってば。
	・그 녀석 놀기만 하**더라니까**.		あいつは遊んでばかりいたってば。
	・내일까지도 어렵겠**더라니까**.		明日までも無理そうだったよ。
26	VA - 더라며?	回想確認・質問	～した / だったんだって?
	・민규가 화를 내**더라며**?		ミンギュが怒っていたんだって?
	・연극이 재미있**더라며**?		芝居が面白いんだって?
27	VA - 더랍니다	引用伝達	～していた / だったそうです
	・그 애가 혼자 울면서 가**더랍니다**.		あの子が一人で泣きながら行ったそうです。
	・웬 여자가 민수를 찾아 왔**더랍니다**.		ある女性がミンスを訪ねてきたそうです。
28	VA - 더래 (요)(?)	引用伝達	～していたって / だったって（?）
	・처음 만났을 때부터 그 사람이 좋**더래**.		最初会った時からあの人が好きだったって。
	・진짜로 친구들과 싸우**더래**.		本当に友達と喧嘩していたって。

第4章　文法

179

29	VA - 던가 (요)? N+(이)던가 (요)?	質問、確認、自問	~していたのか?、~したかな?
	· 밥은 먹던가요?		ご飯は食べていましたか?
	· 미혜가 많이 아프던가?		ミヘは大分具合が悪かったの?
	· 내가 술에 취했던가?		酒に酔っていたのかな?
	· 그게 정말이던가?		それは本当だったのかな?
30	VA - 던걸 (요)	感想	~したね、~したなあ
	· 차가 아주 멋있던걸.		車がすごく格好良かったなあ。
	· 벌써 잘 알고 있던걸.		もう知ってたよ。
31	VA - 던데 (요)(?)	感想、説明	~していたけど(?)、~していたなあ
	· 그 칼국수 맛있던데.		その手打ちうどん美味しかったよ。
	· 그 사람은 집에 있던데요.		その人は家にいましたよ。
	· 나는 좋던데.		僕はよかったけどなあ。
32	VA - 아 / 어 (?)	叙述、質問、命令、勧誘	~する、~だ、~か?、~しろ、~しよう
	· 네가 얼마나 힘든지 잘 알아.		君が大変なのはよく知っている。
	· 무슨 일 있어? 이리 와! 같이 가.		何かあるの?こっち来い!一緒に行こう。
33	V -(아/어)라	命令	~せよ、~しろ、~しなさい
	· 화나는 일이 있더라도 참아라.		腹が立つ事があっても我慢しなさい。
	· 식기 전에 빨리 먹어라.		冷める前に早く食べなさい。
34	V -(으)ㄹ걸	後悔、未練	(主に独り言で) ~すればよかった (のに)
	· 이럴 줄 알았으면 잠이나 잘걸.		こうなるとわかっていたら寝ればよかった。
	· 먼저 저녁을 먹어 둘걸.		先に夕食でも食べておけばよかった。
35	VA -(으)ㄹ걸 (요)	推測	~(する)だろう
	· 사랑니를 뽑을 때 아주 아플걸요.		親知らずを抜く時はとても痛いでしょう。
	· 절대로 그 사람을 속일 순 없을걸.		絶対に彼をだますことはできないだろう。
36	V -(으)래 (요)(?)	命令の伝聞	~しろって(?)
	· 조금만 더 참으래.		もう少し我慢しろって。
	· 엄마가 빨리 하래.		ママがはやくしろって。
	· 언제 오래?		いつ来いって?
37	VA -(으)셔	説明、疑問、命令、勧誘	~なさるよ、~しなさい
	· 우선 방을 보고 정하셔.		まず部屋をみてから決めてください。
	· 오늘 손님이 오셔.		今日お客さんがいらっしゃるの。
	· 왜 웃으셔?		なんで笑うの?
	· 시장하실 테니까 많이 드셔.		お腹がすいたでしょうからたくさん召し上がって。
	· 빨리 오셔.		早くいらっしゃい。

38	N -(이)야 (?)	断定、疑問	～だ、～か？
	· 당신은 행복한 사람**이야**!		あなたは幸せな人だ。
	· 그게 사실이 아니**야**?		それ事実ではないの？
39	V - 자꾸나	勧誘、要求	～しようよ、～しようや
	· 우울한 얘기는 그만두**자꾸나**.		憂鬱な話はやめようよ。
	· 나도 좀 마시**자꾸나**.		私もちょっと飲もう。
40	V - 자니 (요)(?)	疑問、反問、予想外	～しようだなんて、～しようだって？
	· 여기까지 와서 돌아가**자니**?		ここまで来て帰ろうだって？
	· 밥을 먹**자니**? 조금 전에 먹었잖아?		ご飯を食べようって？さっき食べたばかりじゃないの？
41	V - 자니까 (요)	勧誘の強調（苛立ち）	～しようってば
	· 먼저 밥부터 먹고 하**자니까**.		まずご飯を食べてからしようってば。
	· 빨리 가**자니까**.		早く行こうってば。
42	V - 자며 ?	勧誘内容の再確認	～しようだって？
	· 아침 일찍 출발하**자며**?		朝早く出発しようだって？
	· 여름에 해외여행 가**자며**?		夏海外旅行に行こうだって？
43	V - 자면서 (요)?	勧誘内容の再確認	～しようだって？
	· 졸업식 때 치마저고리를 입**자면서**?		卒業式のとき、チマチョゴリを着ようだって？
	· 좀더 기다려 보**자면서**?		もう少し待ってみようだって？
44	V - 자지 (요)(?)	勧誘内容の伝達	～しようって (?)
	· 오늘 어려우면 내일 만나**자지**.		今日無理なら明日会おうって。
	· 그렇게 하려면 차라리 그만두**자지**.		そのようにするならいっそやめようって。
	· 내일 영화 보러 가**자지**?		明日映画を見に行こうって？
45	V- 자	勧誘、呼びかけ、 要求、申出、承諾	～しよう
	· 일단 가 보**자**.		一応行ってみよう。
	· 좀 조용히 하**자**.		ちょっと静かにしよう。
	· 나도 좀 마시**자**.		僕もちょっと飲もう。
	· 그림 그릴까? - 그래, 그러**자**.		絵を描こうか？- うん、そうしよう。
	· 하나의 예를 들어 보**자**.		一つの例を挙げてみよう。
46	V - 잡니다	勧誘・提案内容の伝達	～しようと言っています
	· 친구들이 올해는 꼭 여행을 가**잡니다**.		友だちが今年はぜひ旅行に行こうと言っています。
47	V - 재 (요)(?)	勧誘・提案の伝達、確認	～しようって (?)
	· 누나가 같이 밥 먹으러 가**재**.		姉が一緒にご飯食べに行こうって。
	· 방학 때 같이 여행 가**재**.		休みのとき一緒に旅行に行こうって。
	· 왜 그 남자가 헤어지**재**?		どうして彼が別れようって言うの？

合格資料－32　準2級出題範囲の連結表現リスト

※結合関係の表示：V（動詞）、A（形容詞）、N（名詞）。
※ほかに時制・尊敬の語尾、指定詞、存在詞との結合関係は特に示していない。
※このリストはハングル検定協会の準2級出題の慣用表現リストを元に、学習者が覚えやすいように筆者のほうで連結表現と終結表現に分けて分類し、意味と用例を追加してまとめたものである。

連結表現		意味／用例
1 VA-(으)ㄴ 데다가　　付加		～（な）上に、～である上に、～した上に
・이건 값이 비싼 **데다가** 질도 나쁘다.		これは値段が高い上に質も悪い。
・눈이 온 **데다가** 날씨까지 춥다.		雪が降った上に天気も寒い。
2 VA-(으)ㄴ 만큼　　理由、比例		～（だ）から、～（である）から（には）、～（な）だけに、～したから（には）、～しただけに
・아들에게 희망을 건 **만큼** 실망도 컸다.		息子に希望をかけていただけに失望も大きかった。
・일찍 일어난 **만큼** 일찍 졸음이 왔다.		早く起きたから早く眠たくなってきた。
3 A-(으)ㄴ 모양으로　　様子		～な風に
・언니는 펜을 이상한 **모양으로** 쥔다.		姉はペンを変な風に持つ。
・일은 이런 **모양으로** 해 놓고도 잘했다고?		仕事はこんな風にやらかして、うまくやったって？
4 V-(으)ㄴ 바(와) 같이　　同様		～した通り
・예상한 **바와 같이**		予想した通り
・앞에서 말한 **바와 같이**		先ほど話した通り
5 V-(으)ㄴ 바에야 V-(으)ㄴ 바에는　　条件、理由		（どうせ）～したからには、～したのなら、（どうせ）～なら、～であるからには
・여기까지 온 **바에야** 꼭대기까지 올라가자.		ここまで来たからには頂上まで登ろう。
・바보가 아닌 **바에는** 모를 리가 없지.		バカでないなら知らないはずがない。
6 V-(으)ㄴ 직후(에)　　直後		～した直後（に）
・그는 사건이 일어난 **직후에** 사라졌다.		彼は事件が起きた直後にいなくなった。
・병원에 입원을 한 **직후에** 돌아가셨다.		病院に入院した直後になくなった。
7 VA-(으)ㄴ 채(로)　　状態・持続		～のまま（で）、～したまま（で）
・그는 양말을 신은 **채** 잠을 잔다.		彼は靴下を履いたまま寝る。
・머리가 축축한 **채로** 놓아두면 안 된다.		髪が湿っぽいままにしておいてはいけない。
8 VA-(으)ㄴ 탓에 VA-(으)ㄴ 탓으로　　原因		～であるせい（で）、であるため（に）、～したせい（で）、～したため（に）
・늦게 도착한 **탓에** 저녁을 못 먹었다.		遅く着いたせいで夕食を食べられなかった。
・성격이 급한 **탓에** 실수를 자주 한다.		性格がせっかちであるためよく失敗をする。
9 VA-(으)ㄴ 판(에)　　状況・対立		～ところに、～ときに、～したところに
・생활하기도 힘든 **판에** 공부가 다 뭐냐.		生活するのも苦しいときに勉強とは何だ。
・자금도 떨어진 **판에** 다시 실험이라니!		資金もなくなったところにまた実験だとは！

10	A-(으)ㄴ가 하면	理由、対比	~かというと、~かと思えば、~かと思うと
· 왜 방세가 싼**가 하면** 역이 멀기 때문이다.			何で家賃が安いかというと駅が遠いからだ.
· 날씨가 따뜻한**가 하면** 다시 추워진다.			天気が暖かいかと思うとまた寒くなる.

11	V-(으)ㄴ 다음에야	完了強調	~してからはじめて、~してようやく
· 그가 떠난 **다음에야** 사랑인 줄 알았다.			彼が去ってからはじめて愛だとわかった.
· 한동안 울고 난 **다음에야** 잠이 들었다.			しばし泣いてからようやく寝た.

12	A-(으)ㄴ데야	譲歩	~(である)のに
· 이렇게 추운**데야** 누가 나가려 하겠어?			こんなに寒いのに誰が出かけようとする?
· 저렇게 바쁜**데야** 어쩌겠나?			あんなに忙しいのにどうする?

13	VA-(으)나-(으)나	無関係、常に	~しても~しても、~でも~でも
· 비가 오**나** 눈이 오**나** 일만 하던 엄마.			雨が降ろうが雪が降ろうが働いてばかりいた母.
· 추우**나** 더우**나** 오후엔 산책을 나선다.			寒かろうが暑かろうが午後は散歩に出かける.

14	V-(으)나 마나	無関係	~しても~しなくても、~したところで
· 몸에 맞으**나 마나** 돈이 있어야 사지.			体に合ってもお金がないので買えない.
· 발표를 보러 가**나 마나** 합격일 거야.			発表を見に行くまでもなく合格だろう.

15	VA-(으)ㄹ 것 같으면	条件・仮定	~ならば、~ようであれば
· 날씨가 좋을 것 **같으면** 등산을 가자.			天気が良さそうなら登山に行こう.
· 비가 올 것 **같으면** 행사는 중지한다.			雨が降りそうなら行事は中止する.

16	V-(으)ㄹ 겸	並行・同時	~(するの)を兼ねて、~がてら
· 피서도 할 **겸** 해서 시골에 내려갔다.			避暑がてら田舎に行った.
· 기분 전환도 할 **겸** 강변으로 나갔다.			気分転換を兼ねて川辺に出かけた.

17	V-(으)ㄹ 바에야 / V-(으)ㄹ 바에는	理由	(どうせ)~のなら、~からには
· 어차피 할 **바에는** 지금 하겠다.			どうせやるんだったら今やりたい.
· 이렇게 싸움만 할 **바에는** 다 그만두자.			こんなに喧嘩ばかりするのなら全部やめよう.

18	VA-(으)ㄹ 테고	推測	~(する)だろうし
· 시끄럽게 하면 아기가 깰 **테고**…			うるさくすると赤ちゃんが起きるだろう…
· 너도 바쁠 **테고** 나도 좀 바쁘니까…			きみも忙しいだろうし、私も忙しいから…

19	V-(으)ㄹ 테면	意図・条件	~(する)なら、~するつもりなら
· 그는 할 **테면** 해 보라는 듯한 태도였다.			彼はやりたければやってみろみたいな態度だった.
· 갈 **테면** 가라!			行きたければ行け!/帰りたければ帰れ!

20	A-(으)ㄹ 테지만	推測・対立	~(する)だろうが
· 바쁠 **테지만** 참석해 주었으면 한다.			忙しいだろうが出席してもらいたい.
· 내일 만나면 좋을 **테지만** 시간이 없다.			明日会えばいいだろうが、時間がない.

第4章 文法

21 VA-(으)ㄹ 텐데도　　推測・対立		～(する)だろうに(もかかわらず)
・좋은 사람이 있을 **텐데도** 결혼을 안 한다.		いい人がいるだろうに結婚をしない。
・추울 **텐데도** 옷을 얇게 입고 다닌다.		寒いだろうに薄い服を着て出歩く。
22 V-(으)란 듯(이)　　例示・様態		～せよと言わんばかりに
・보란 **듯이** 출세하고 싶었다.		これ見よがしに出世したかった。
・긴장을 풀란 **듯이** 등을 툭툭 친다.		緊張を解けというように背中をぽんと叩く。
23 V-(으)ㄹ까 봐(서)　　憂慮		～しろと言われそうで、～のではないかと思って
・나보고 다 하랄까 **봐** 얘기도 못 꺼냈어.		私に全部やれと言われそうで話せなかった。
・읽어 보랄까 **봐** 고개를 숙이고 있었다.		読んでみろと言われそうでうつむいていた。
24 N-(으)로인해서/인하여　　原因・理由		～によって、～により
・배기가스로 **인하여** 대기가 오염되고 있다.		排気ガスによって大気が汚染されている。
・이번 태풍으로 **인해서** 많은 피해를 입었다.		今度の台風によって多くの被害を受けた。
25 N-(으)로 보나　　理由、例示		～から見ても、～を見ても、～を取っても
・인물로 보나 나이로 **보나** 그가 적임자다.		人物からみても年から見ても彼が適任者だ。
・가격으로 보나 품질로 **보나** 좋은 상품이다.		価格面でも品質面でもいい商品だ。
26 N-(으)로 해서　　経由		を通って、～を経由して
・뒷쪽 골목으로 **해서** 바닷가로 나가 봤다.		裏の路地を通って海辺に行ってみた。
・나는 부산으로 **해서** 일본에 갈 생각이다.		私は釜山を経由して日本に行くつもりだ。
27 VA-(으)리라고는　　予測・推測		～(する/だ)とは、～(する/だ)なんて
・그가 유학을 가**리라고는** 생각도 못 했다.		彼が留学するとは思いもしなかった。
・서울이 이렇게 추우**리라고는** 예상을 못 했다.		ソウルがこんなに寒いとは予想だにしなかった。
28 V-(으)ㅁ과 동시에　　動詞		～すると同時に
・분업이 발달함**과 동시에** 물물교환이 생겼다.		分業の発達とともに物々交換が現れた。
・연설이 끝남**과 동시에** 박수가 이어졌다.		演説が終わるとともに拍手が起こった。
29 V-(으)ㅁ으로 해서　　原因・理由		～ことによって、～ことで
・그 일은 사장이 감**으로 해서** 해결됐다.		それは社長が行くことによって解決できた。
・그는 실력이 있음**으로 해서** 인정받았다.		彼は実力があることで認められた。
30 V-(으)ㅁ으로써　　理由		～ことによって、～ことで
・주야로 노력함**으로써** 난관을 극복했다.		昼夜努力することによって難関を突破した。
・그가 떠남**으로써** 둘의 관계는 끝났다.		彼が去っていくことで二人の関係は終わった。
31 VA-(으)면VA-(으)ㄹ수록　　程度・比例		～すれば～するほど、～ければ～いほど
・읽으면 읽**을수록** 새로운 감동을 준다.		読めば読むほど新しい感動を与える。
・꿈이 크면 **클수록** 노력을 많이 해야 한다.		夢が大きければ大きいほどたくさん努力すべきだ。
32 VA-(으)면 모를까　　条件強調		～ならまだしも、～ならともかく
・네가 오면 **모를까** 나는 갈 수가 없다.		お前が来るならともかく私はいけない。
・여유가 있으면 **모를까** 지금은 어렵다.		余裕があるならともかくいまは難しい。

33	VA-(으)면 몰라도	条件強調	~(する)ならまだしも、~(する)ならともかく
	· 한가하면 몰라도 일부러 올 필요는 없어.		暇ならまだしもわざわざ来る必要はない。
	· 차가 없으면 몰라도 걸어서는 안 갈 거야.		車がないならともかく歩いては行かない。
34	N-(이)고 N-(이)고(간에)	列挙	~であれ~であれ、~も~も
	· 책이고 책상이고 다 타 버렸다.		本も机も全部燃えてしまった。
	· 내겐 명예고 돈이고 간에 다 필요없다.		私には名誉も金も全部要らない。
35	N-(이)고 뭐고(간에)	否定・軽視	~も何も、~もへったくれも（ない）
	· 공부고 뭐고 다 집어치워라!		勉強も何も全部やめちまえ！
	· 영화고 뭐고 간에 난 졸려 죽겠다.		映画も何も私は眠くてしようがない。
36	N-(이)든가 N-(이)든가(간에)	列挙	~でも~でも、~なり~なり、~か~か
	· 떡이든가 빵이든가 먹고 싶은 것을 먹어라.		餅でもパンでも食べたいものを食べなさい。
	· 서울이든가 부산이든가 간에 난 관심 없다.		ソウルであれ釜山であれ私は興味がない。
37	N-(이)란 듯(이)	誇示、様態	~だと言わんばかりに
	· 자기가 주인이란 듯이 소파에 앉아 있다.		自分が主人であるかのようにソファに座っている。
	· 다 자기 잘못이란 듯이 사과를 하고 있다.		全部自分のミスだと言わんばかりにあやまっている。
38	N-(이)란 N-은/는	全部	（同じ名詞を用いて）~という~は全て
	· 창이란 창은 모두 완전 밀폐 상태였다.		窓という窓はすべて完全密閉状態だった。
	· 버스란 버스는 전부 춘천행뿐이었다.		バスというバスはすべて春川行きだけだった。
39	N-(이)랄까 봐(서)	憂慮	~と言われそうで、~と言われるかと思って
	· 사투리때문에 촌놈이랄까 봐 늘 조심했다.		なまりで田舎者と言われそうでいつも注意した。
	· 거짓말이랄까 봐서 얘기하지 않았다.		嘘だと言われるかと思って言わなかった。
40	N-(이)며 N-(이)며	列挙	~や（ら）~や（ら）、~とか~とか、~に~に
	· 청자며 백자며 골동품이 잔뜩 있었다.		青磁やら白磁やら骨董品がいっぱいあった。
	· 논이며 밭이며 집이며 다 물에 잠겼다.		田んぼに畑に家までもすべてが水に浸かった。
41	N-(이)나 되는 것처럼/듯이 N-(이)라도 되는 것처럼/듯이	比喩、皮肉	（あたかも）~でもあるかのように
	· 자기가 사장이나 되는 것처럼 말하더라.		自分が社長でもあるかのように話していたよ。
	· 금덩이라도 되는 것처럼 포장을 했다.		金塊でもあるかのようにパッキングをした。
42	V-ㄴ/는다는 것이	意図・予想外	~するつもりが、~しようとしたのが
	· 소금을 넣는다는 것이 설탕을 넣어 버렸다.		塩を入れるつもりが砂糖を入れてしまった。
	· 비밀로 한다는 것이 다 알려지고 말았다.		秘密にしようとしたのが全部知られてしまった。
43	VA-(아/어) 가지고	状態持続	~して、~(な)ので、~して（から）
	· 너무 기뻐 가지고 말이 안 나왔다.		うれしすぎて言葉が出なかった。
	· 서점에서 책을 잔뜩 사 가지고 왔다.		書店で本をいっぱい買ってきた。
44	VA-(아/어) 놓아서	原因、理由	~してしまって、~(な)ので
	· 섬이 작아 놓아서 지도에도 안 나온다.		島が小さいので地図にも出てこない。

第4章 文法

- 오늘은 졸려 놓아서 운전을 못 하겠다. 　　今日は眠いので運転できない。

45 V -아 / 어 보나 마나　　　不要・当然　　　~してみたところで、~せずとも

- 계산해 보나 마나 네가 틀렸어. 　　計算するまでもなく君が間違っているよ。
- 물어 보나 마나 대답은 뻔하다. 　　聞くまでもなく答えは決まっている。

46 V - (아 / 어) 본댔자　　　無用　　　~して（みて）も、~し（てみ）たところで

- 이제 와서 떠들어 본댔자 아무 소용없다. 　　今になって騒いでも何の役に立たない。
- 치료해 본댔자 나을 것 같지도 않다. 　　治療したところで治りそうもない。

47 V - (아 / 어) 봤댔자　　　無用・不要　　　~して（みて）も、~し（てみ）たところで

- 충고해 봤댔자 입만 아플 거다. 　　忠告してみたところで無駄だ。
- 잔소리해 봤댔자 쇠귀에 경 읽기예요. 　　口やかましく言ったところで馬耳東風だ。

48 V - (아 / 어) 봤자　　　無用　　　~して（みて）も、~し（てみ）たところで

- 아무리 골라 봤자 그게 그것이다. 　　いくら選んでもどれもこれも同じだ。
- 이제 와서 후회해 봤자 때는 늦었다. 　　今になって後悔しても時は遅しだ。

49 VA -았 / 었어도　　　仮定、譲歩　　　~（した / であった）としても

- 병원에 갔어도 회생하지 못했을 것이다. 　　病院に行ったとしても蘇生できなかっただろう。
- 지금보다 더 비쌌어도 샀을 거야. 　　今よりもっと高かったとしても買ったと思う。

50 얼마나/어찌나-A(으)ㄴ지　　　理由強調　　　とても~て

- 김치가 얼마나 매운지 나도 못 먹겠더라. 　　キムチが辛すぎて私も食べられないほどだった。
- 얼마나 즐거운지 시간 가는 줄 몰랐다. 　　楽しすぎて時間が経つのも知らなかった。

51 N -은 / 는커녕　　　否定対象強調　　　~どころか、~はおろか

- 비행기는커녕 기차도 타 본 적이 없다. 　　飛行機どころか汽車に乗ったこともない。
- 하와이에는커녕 제주도에도 못 가 보았다. 　　ハワイどころか済州島にも行ったことがない。

52 N 같아서는　　　例示、観点　　　~の様子 / 状態 / 事情では

- 마음 같아서는 물에 뛰어들고 싶은데. 　　気持ちとしては水に飛び込みたいが。
- 요즘 같아서는 살맛이 안 난다. 　　最近のようでは生きる意欲がわかない。

53 N 나름의　　　相応　　　~なりの

- 그 사람 나름의 판단으로 정한 것이다. 　　彼なりの判断で決めたものである。
- 누구나 제 나름의 생각이 있는 법이다. 　　誰でも自分なりの考えがあるものだ。

54 N 째 (로)　　　丸ごと、全部　　　~のまま（で）、~ごと

- 과일은 통째 먹으면 좋다. 　　果物は丸ごと食べればいい。
- 이 사과는 껍질째 안심하고 먹을 수 있다. 　　このりんごは皮ごと安心して食べられる。

55 N 쯤 해서　　　時期　　　~頃になって、~頃に

- 열 시쯤 해서 집으로 돌아왔다. 　　十時頃に家に帰ってきた。
- 가을쯤 해서 집을 고치겠다. 　　秋ごろに家を修繕するつもりだ。

56 N 탓에 / 으로　　　原因・理由　　　~のせいで

- 과음 탓에 실수를 많이 한다. 　　飲みすぎのせいでよく失敗する。

	· 바쁜 생활 **탓으로** 건강을 해쳤다.	忙しい生活のせいで健康を害した。
57 V A -게끔 하다 / 만들다　　使役・目標		~させる、~にする、~くする
	· 매일 일기를 쓰**게끔 했다**.	毎日日記を書かせた。
	· 부하들을 명령에 복종하**게끔 만들었다**.	部下たちを命令に服従させた。
	· 몸을 청결하**게끔 하자**.	体を清潔にしよう。
58 V -고 나니 (까)　　完了		~してみると、~したら、~したところ
	· 손자들이 가고 **나니** 집안이 조용하다.	孫たちが帰ると家の中が静かだ。
	· 마르고 **나니까** 색깔이 훨씬 선명해 보인다.	乾いてみると色がもっと鮮やかにみえる。
59 V -고 나면　　完了		~してみると、~したら、した後は
	· 사랑도 지나고 **나면** 별거 아니다.	愛も過ぎてみるとたいしたことはない。
	· 술이 깨고 **나면** 늘 후회를 한다.	酔いがさめたらいつも後悔する。
60 V -고 나서　　完了		~してから、~し終えてから
	· 당사자의 이야기를 듣고 **나서** 결정하자.	当事者の話を聞いてから決めよう。
	· 아이가 젖을 먹고 **나서** 토했다.	子供がお乳を飲んでから吐いた。
61 V -고 말고는　　選択		~するか~しないかは
	· 같이 하고 **말고는** 큰 문제가 아니다.	一緒にやるかやらないかはたいした問題ではない。
	· 가고 **말고는** 내 자유다.	行くか行かないかは私の自由だ。
62 V A -고 하니 (까)　　理由		~するから / だから、~するので / なので、~することだし / なことだし
	· 비도 오고 **하니** 집에서 책이나 읽겠다.	雨が降っているから家で本でも読むつもりだ。
	· 내일 시험도 있고 **하니** 일찍 자.	明日試験もあることだし早く寝なさい。
63 V A -고 해서　　理由		~したり / だったりして
	· 비도 오고 **해서** 안 가기로 했다.	雨も降ったりして行かないことにした。
	· 좀 덥고 **해서** 머리를 짧게 잘랐어.	少し暑かったりしたので髪を短く切った。
64 V -기 직전 (에)　　直前		~する直前 (に)
	· 퇴근하기 **직전에** 겨우 일을 마쳤다.	勤務が終わる直前にやっと仕事を終えた。
	· 잠들기 **직전에는** 안 먹는 것이 좋다.	寝る直前には食べないほうが良い。
65 V -기나 / 기라도 한 듯　　樣態、例示		~ (しでも) したかのように
	· 약속하**기나 한 듯** 모두 검은 옷을 입었다.	約束でもしたかのようにみんな黒い服を着た。
	· 바다를 처음 보**기라도 한 듯** 환성을 질렀다	海を初めて見たかのように歓声をあげた。
66 V -기가 바쁘게　　短時間		~するやいなや、~するなり、~した途端
	· 숟가락을 놓**기가 바쁘게** 다시 나갔다.	スプーンを置くやいなやまた出て行った。
	· 모두 타**기가 바쁘게** 버스는 출발했다.	みんなが乗るやいなやバスは出発した。
67 V A -기는커녕　　否定強調		~どころか、~のはおろか
	· 돕**기는커녕** 방해만 한다.	手伝うどころか邪魔ばかりする。
	· 춥**기는커녕** 더워 죽겠다.	寒いどころか暑くてしようがない。

第4章 文法

187

68 V -기를　　　　　　根拠・出所	~するには、~するところによると
・신문이 보도하**기를** 큰 눈이 온다더라.	新聞で報道するところによると大雪が降るとのことだ。
・내게 말하**기를** 아직도 그를 사랑한다더라.	私に言うにはまだ彼を愛しているとのことだった。
69 V -기만 하면　　　　　条件	~しさえすれば、~してばかりいると
・가볍게 터치를 하**기만 하면** 화면이 열린다.	軽くタッチさえすれば画面が開く。
・공부하**기만 하면** 다 되는 것이 아니다.	勉強しさえすればすべてがうまくいくわけではない。
70 VA -기만 해도　　　　条件	~だけでも、少し~ても
・생각하**기만 해도** 마음이 아프다.	思うだけでも心が痛む。
・냄새를 맡**기만 해도** 싫다.	においを嗅ぐだけでもいやだ。
71 V -기에 (는)　　　　　基準	~するに (は)、~したところ
・내가 보**기에는** 설명이 좀 부족한 것 같다.	私が見るには説明が少し足りないようだ。
・내가 판단하**기에는** 다 거짓말 같다.	私が判断するにはすべて嘘のようだ。
72 V -는 바람에　　　　原因・理由	~する/したせいで、~する/した拍子に
・급히 먹는 **바람에** 체했다.	急いで食べたせいで胃がもたれた。
・시간이 안 맞는 **바람에** 만나지 못했다.	時間が合わないせいで会えなかった。
73 V -는 식으로 / 의　　　方法・様子	~風に/の、~みたいに/な、~やり方で/の
・농담하는 **식으로** 말하면 믿음이 가지 않는다.	冗談みたいに話すと信頼できない。
・하루 벌어 하루 사는 **식의** 생활은 불안하다.	一日稼いで一日生きるみたいな生活は不安だ。
74 V -는 참에　　　　　時点、機会	~しているところに、~するついでに
・목욕을 하려는 **참에** 그가 찾아왔다.	風呂に入ろうとしているところに彼が訪ねてきた。
・편의점에 가는 **참에** 비누 좀 사 와라.	コンビニに行くついでに石けん買って来て。
75 V -는 한이 있어도 / 있더라도　　譲歩	~ことがあっても、~ところだとしても
・사표를 쓰는 **한이 있더라도** 못 하겠다.	辞表を出すことがあってもできない。
・약속에 늦는 **한이 있더라도** 화장은 꼭 한다.	約束に遅れても化粧は必ずする。
76 A -다 A -다 (하다)　　　列挙	~ (だ) とか~ (だ) とか (言う)
・늘 월급이 많**다** 적**다** 불평을 한다.	いつも給料が多いの少ないのと不平を言う。
・방이 덥**다** 춥**다** 말이 많다.	部屋が暑いの寒いのと口うるさい。
77 A -다 보니 (까)　　　原因・理由	~ (な) ものだから、~ (な) もので
・일이 재미있**다 보니** 힘든 줄을 몰랐다.	仕事が面白いものだから大変だとは思わなかった。
・경쟁이 심하**다 보니** 스트레스를 많이 받는다.	競争が激しいのでストレスをたくさん受ける。
78 A -다 치더라도　　　　譲歩	~ (だ) からと言って、~ (だ) としても
・본인은 그렇**다 치더라도** 가족의 명예는?	本人はそうだとしても家族の名誉は?
・돈이 많**다 치더라도** 낭비해서는 안된다.	金があるからと言って浪費してはいけない。
79 VA -(ㄴ/는)다 할지라도　　譲歩	~ (する) としても
・걱정이 있**다 할지라도** 내색을 안 한다.	心配があるとしても顔に出さない。
・경기에 진**다 할지라도** 정정당당히 싸우자.	競技に負けるとしても正々堂々と戦おう。

80	V-다(가) V-다(가)	反復・強調	（同じ動詞を繰り返して）〜し切れず、〜したあげく
	・하다가 하다가 포기하고 말았다.		やってやってやり切れず諦めてしまった。
	・참다가 참다가 웃음을 터뜨리고 말았다.		こらえ切れずに吹き出してしまった。
81	V-다(가) 못해	限界	〜し切れず、しかねて
	・그를 기다리다 못해 먼저 왔다.		彼を待ち切れず先に来た。
	・손자들을 보고 참다 못해 야단을 쳤다.		孫たちを見て我慢し切れず叱った。
82	A-다기보다(는/도)	比況	〜（だ）と言う、と言うか
	・실력이 좋다기보다는 운이 좋은 편이다.		実力があると言うより運がいいほうだ。
	・기쁘다기보다는 뭔가 착잡한 기분이다.		うれしいというか何か複雑な気持だ。
83	A-다느니 A-다느니(하다)	列挙	〜（だ）とか〜（だ）とか（言う）
	・코가 높다느니 눈이 작다느니 말이 많다.		鼻が高いとか目が小さいとかうるさい。
	・방이 넓다느니 좁다느니 불만이 많다.		部屋が広いとか狭いとか不満が多い。
84	A-대서(야)	非難	〜だなんて、〜などと言っては
	・학교에 피아노 하나 없대서야 말이 되나?		学校にピアノ一つないなんて話にならない。
	・이 정도 날씨가 춥대서야 말이 되나?		この程度の天気が寒いだなんて話にならない。
85	A-대야	軽視	〜だと言ったって、〜だったとしても
	・돈이 많대야 얼마나 있겠나?		金があると言ったってどれぐらい持っている？
	・책을 읽었대야 몇 권에 지나지 않는다.		本を読んだと言ったって数冊に過ぎない。
86	A-댔자	軽視	〜（だ）と言っても、〜（だ）としても
	・서울이 춥댔자 얼마나 춥겠나?		ソウルが寒いと言ってもたいしたことない。
	・수리비가 비싸댔자 2만원밖에 안 된다.		修理費が高いと言っても2万ウォンに過ぎない。
87	V-던 차에	時点	〜していたところ（に）、〜していた際（に）、〜していた折（に）、〜していたついで（に）
	・막 자려던 차에 전화가 왔다.		ちょうど寝ようとしていたときに電話があった。
	・길을 헤매던 차에 너를 만나서 다행이다.		道に迷っていたときに君に会えてよかった。
88	V-던 참에	時点	〜していたところに
	・뭘 할까 망설이고 있던 참에 그가 왔다.		何をしようか迷っていたところに彼が来た。
	・공항에 가던 참에 사고가 났다.		空港に行っていたときに事故に会った。
89	VA-든가 VA-든가	列挙	〜か〜か、〜なり〜なり
	・서울로 가든가 부산으로 가든가 관심 없다.		ソウルに行くか釜山に行くか興味がない。
	・싸든가 비싸든가에 관계없이 안 사겠다.		安いか高いかに関係なく買わない。
90	N-만 같아도	例示、条件	〜だったら
	・몇 년전만 같아도 하루에 할 수 있겠지만.		数年前だったら一日でできるだろうが。
	・중학생만 같아도 그런 소리는 안 할 것이다.		中学生でもそんなことは言わないだろう。
91	N-만 아니면	条件、譲歩	〜さえなければ、〜でなければ

· 흰 머리**만 아니면** 젊은이처럼 보인다.	白髪さえなければ若者の様に見える。
· 애들 공부**만 아니면** 시골에서 살고 싶다.	子供たちの勉強さえなければ田舎で住みたい。

92 N -에 반해(서)/ 반하여　　　対比
に反して

· 매출**에 반하여** 이익은 적다.	売り上げに反して利益は少ない。
· 냉정한 남편**에 반해** 아내는 정이 많다.	冷たい夫に反して妻は情に厚い。

93 N -에 의해(서)/ 의하여　　　根拠
~によって

· 진리는 실천**에 의하여** 검증된다.	真理は実践によって検証される。
· 국회의원은 선거**에 의해** 선출된다.	国会議員は選挙によって選出される。

94 N -에 한해(서)/ 한하여　　　限定
~に限って

· 선착순 100 명**에 한하여** 기념품을 준다.	先着順100名に限って記念品を与える。
· 주말**에 한해서** 외출이 허용된다.	週末に限って外出が許される。

95 N -에 비추어 (서)　　　根拠
~に照らして、~に照らし見て

· 자기 경험**에 비추어** 못 믿겠다고 했다.	自分の経験に照らして信用できないと言った。
· 상식**에 비추어** 생각해 보자.	常識に照らして考えてみよう。

96 N -에 의하면　　　根拠
~によると、~によれば

· 소문**에 의하면** 그가 결혼한다고 한다.	うわさによると彼が結婚するそうだ。
· 그의 말**에 의하면** 문제는 다 해결됐다고 한다.	彼の話によると問題はすべて解決されたそうだ。

97 N -와 / 과 더불어　　　並立
~と共に、~と一緒に

· 저희**와 더불어** 일할 사람을 찾고 있습니다.	私どもと共に働く方を求めています。
· 시골에서 자연**과 더불어** 노년을 보내고 싶다.	田舎で自然とともに老年を過ごしたい。

98 N -은 / 는 둘째 (로) 치고　　　対比、話題転換
~はともかく、~はさておいて

· 얼굴은 둘째 치고 성격이 너무 다르다.	顔はともかく性格がとても違う。
· 아픈 건 둘째 치고 우선 목이 말라 죽겠다.	痛いのはともかくのどが渇いてしようがない。

99 N -을 / 를 놓고　　　関連
~について、~をめぐって、~のことを

· 그걸 처분하는 문제를 놓고 고민했다.	それを処分する問題をめぐって悩んだ。
· 한번 실수한 것을 놓고 너무 야단치지 마라.	一度失敗したことをあまり叱るな。

100 N -을 / 를 두고　　　関連
~について、~をめぐって、~のことを

· 나를 두고 하는 말임은 두말할 나위가 없다.	私についての話であることは言うまでもない。
· 그와 만나는 것을 두고 잠시 망설였다.	彼と会うことについて少し躊躇した。

101 N -을 / 를 불문하고　　　無関係
~を問わず

· 청바지는 남녀노소를 **불문하고** 입는 옷이다.	ジーパンは老若男女を問わず着る服だ。
· 술에 취하면 장소를 **불문하고** 잔다.	酒に酔うと場所を問わず寝る。

102 N -이 / 가 아니고서는　　　限定
~でない限り(は)、~でなくては

· 그**가 아니고서는** 이 일을 할 사람이 없다.	彼以外このことをやれる人はいない。
· 엄마**가 아니고서는** 베풀 수 없는 사랑이다.	母親でなくては与えられない愛である。

合格資料－33　準2級出題範囲の終結表現リスト

※結合関係の表示：V（動詞）、A（形容詞）、N（名詞）。
※ほかに時制・尊敬の語尾、指定詞、存在詞との結合関係は特に示していない。
※このリストはハングル検定協会の準2級出題の慣用表現リストを元に、学習者が覚えやすいように筆者のほうで連結表現と終結表現に分けて分類し、意味と用例を追加してまとめたものである。

終結表現		意味／用例
1 V -던 터이다　　　時点		～した／していたところだ
・그의 말을 반신반의하던 **터이다**.		彼の話を半信半疑に思っていたところだ。
・지금 막 떠나려던 **터였다**.		今ちょうど出発しようとしていたところだった。
2 A -(으)ㄴ 감이 있다　　判断		～な／の感がある
・실내는 밝지만 좀 무더운 **감이 있다**.		室内は明るいが、ちょっと暑い感じがする。
・그를 도와 주기에는 좀 늦은 **감이 있다**.		彼を助けるにはちょっと遅い感じがする。
3 VA -(으)ㄴ 거지(요)　　確認・強調		～なんだ、～なのね、～したんだ、～したのね
・방이 너무 추운 **거 있지**.		部屋がとても寒いんだ。
・아무 말도 안 하고 간 **거 있지**.		何も言わずに帰ったんだ。
4 VA -(으)ㄴ 것도 같다　　推測		～（の）ような気もする、～した気もする
・무슨 사고가 난 **것도 같다**.		何か事故が起きたような気もする。
・길이 젖은 걸 보니 비가 온 **것도 같다**.		道が濡れているのをみると雨が降ったような気もする。
5 VA -(으)ㄴ 것만 같다　　推測、判断		～ようだ、～みたいだ、～（の）ような気がする
・정치적 상황은 코미디에 가까운 **것만 같다**.		政治的な状況はコメディーみたいだ。
・화장을 하니 원래 내가 아닌 **것만 같다**.		化粧をすると本来の私ではないような気がする。
6 VA -(으)ㄴ 듯싶다　　判断・推測		～ようだ、～みたいだ、～したようだ
・평일이라 결혼식 하객은 많지 않은 **듯싶다**.		平日なので結婚式の出席者は多くないようだ。
・그의 표정을 보니 내가 실수한 **듯싶었다**.		彼の表情を見ると私が失礼をしたようだった。
7 VA -(으)ㄴ 듯하다　　推測、判断		～ようだ、～みたいだ、～そうだ、～したようだ、～したみたいだ
・문제가 조금 어려운 **듯하다**.		問題が少し難しいようだ。
・약속 시간에 늦은 **듯하다**.		約束の時間に遅れそうだ。
8 A -(으)ㄴ 법이다　　当然		～であるものだ、～であるものなのだ
・기대가 크면 실망도 큰 **법이다**.		期待が大きければ失望も大きいものだ。
・여자란 눈물이 흔한 **법이다**.		女性って涙もろいものだ。
9 V -(으)ㄴ 셈이다　　判断		（ほとんど）～したようなものだ、～したわけだ
・이 정도면 구경은 많이 한 **셈이다**.		これぐらいなら結構見物したものだ。
・결국 우리가 진 **셈이다**.		結局われわれが負けたわけだ。

10 VA-(으)ㄴ 줄 모르다　　判斷、不測	~だなんて思わない、だなんて知らない、~したことに気づかない、~したなんて思わない
· 그 먼 길을 뛰어도 다리 아픈 줄을 몰랐다.	あの遠い道を走っても足が痛いなんて思わなかった。
· 정신이 없어서 비가 온 줄도 몰랐다.	慌てていて雨が降ったことも気づかなかった。
11 VA-(으)ㄴ 줄 알다　　判斷、誤認	~だと思う、~したと思う
· 나는 우리 팀이 우승한 줄 알았다.	私はうちのチームが優勝したと思った。
· 처음엔 한국어가 쉬운 줄 알았어.	最初は韓国語がやさしいと思った。
12 VA-(으)ㄴ/는 척하다　　樣子・態度	~であるふりをする、~したふりをする
· 그는 너무 유식한 척한다.	彼はなんでも知ったかぶりをする。
· 내가 인사를 했으나 그는 못 본 척했다.	私があいさつをしたが、彼は見て見ぬふりをした。
13 V-(으)ㄴ/는체 만체하다　　樣子・態度	適当に~する、~しても~しないふりをする、~したようなしないようなふりをする
· 이야기를 해도 늘 들은 체 만 체한다.	話をしてもいつも適当に聞き流す。
· 그는 옛친구를 본 체 만 체했다.	彼は旧友を無視した。
14 VA-(으)ㄴ 체하다　　樣子・態度	~であるふりをする、~したふりをする
· 벌레가 죽은 체하고 있다.	虫が死んだふりをしている。
· 머리가 아픈 체하고 누워 있었다.	頭が痛いふりをして横になっていた。
15 VA-(으)ㄴ 탓이다　　原因	~したせいだ、~したためだ
· 모든 것은 내가 잘못한 탓이다.	すべては私が悪かったせいだ。
· 모든 실수는 성격이 급한 탓이다.	すべての失敗は気が短いせいだ。
16 VA-(으)ㄴ가 싶다　　推測、判斷	~(の)ようだ、~みたいだ、~だろうと思う
· 아무래도 길을 잃은가 싶군요.	どうも道に迷ったようですね。
· 그 아이는 머리가 좋은가 싶다.	その子は頭がいいようだ。
17 A-(으)ㄴ가 하다　　推測、判斷	~だろうと思う、~かと思う
· 바쁜가 해서 전화를 안 했다.	忙しいかと思って電話をしなかった。
· 젊은가 했는데 그렇지도 않구나.	若いかと思ったが、そうでもないなあ。
18 V-(으)ㄹ 걸 그랬다　　後悔	~すればよかったなあ / よ / のに
· 혼자서라도 밥을 먹을 걸 그랬다.	一人ででもご飯を食べればよかった。
· 빨리 해 줄 걸 그랬다.	早くやってあげればよかった。
19 VA-(으)ㄹ 것도 같다　　推測、判斷	~しそうな気もする
· 그의 마음을 조금은 알 것도 같다.	彼の気持ちを少しは分かりそうだ。
· 나중에 보면 창피할 것도 같다.	後で見ると恥ずかしいような気もする。
20 V-(으)ㄹ 것만 같다　　樣子	(本当に)~しそうだ、~せんばかりだ
· 지금이라도 비가 올 것만 같다.	今にも雨が降りそうだ。
· 십 분쯤 뛰었더니 숨이 멎을 것만 같았다.	十分ぐらい走ったら息が止まりそうだった。

21	V-(으)ㄹ 나름이다　　条件、限定	~（し方）次第だ
	· 모든 일은 생각할 **나름이다**.	すべてのことは考え方次第だ。
	· 모든 것은 자기가 선택할 **나름이다**.	すべてのことは自分の選択次第だ。

22	VA-(으)ㄹ 대로 VA-다　　程度強調	~するだけ~する、~し尽くす
	· 그 둘의 애정은 식**을 대로 다** 식었다.	あの二人の愛情は冷め切っている。
	· 이미 영향을 받**을 대로 다** 받았다.	すでに影響を受けるだけ受けた。

23	V-(으)ㄹ 듯 말 듯하다　　様態	~しそうで（~）しない感じだ、~しているような（~）していないような感じだ
	· 비가 올 **듯 말 듯한** 날씨다.	雨が降るか降らないか微妙な天気だ。
	· 뭔가 말을 할 **듯 말 듯하다가** 말았다.	何か言いたげだったが、言わなかった。

24	VA-(으)ㄹ 듯싶다　　判断、推測	~しそうだ、~するだろう
	· 바다라도 보면 가슴이 후련할 **듯싶다**.	海でも見たら胸がすっきりしそうだ。
	· 평일이라 사람들이 많지 않을 **듯싶다**.	平日なので人は多くなさそうだ。

25	VA-(으)ㄹ 듯하다　　判断、推測	~しそうだ~するだろう
	· 기차가 연착할 **듯하다**.	列車が遅延しそうだ。
	· 이 모자는 작을 **듯하다**.	この帽子は小さそうだ。

26	VA-(으)ㄹ 따름이다　　限定	（もっぱら）~するだけだ、~である限りだ
	· 그 소식을 들으니 그저 기쁠 **따름이다**.	その話を聞くとただうれしい限りである。
	· 나는 내 할 도리를 다할 **따름이다**.	私は自分のやるべきことをやっただけだ。

27	V-(으)ㄹ 만하다　　価値、当然、可能、時期	~して当然だ、~するだけある、~するに値す る、~してみるべきだと思う、~する頃だと思う
	· 그런 건 비난 받을 **만하다**.	それは非難されて当然だ。
	· 이 음식은 먹을 **만하다**.	この料理は食べごたえがある。
	· 한 번쯤 가 볼 **만한** 곳이다.	一度行ってみるべきところだと思う。
	· 눈이 녹을 **만하면** 다시 내린다.	雪が解ける頃になるとまた降る。

28	V-(으)ㄹ 수가 있어야지(요)?　　反語	（全く）~（することが）できない、~するのは到底無理だ
	· 무거워서 가져갈 **수가 있어야지**.	重くて持っていくのは無理だ。
	· 그것을 보고 참을 **수가 있어야지**.	それをみて我慢できなかった。

29	VA-(으)ㄹ 줄 모르다　　予想外、不測	~する/だとは思わない、~する/だなんて思わない
	· 그가 나를 속일 줄 **몰랐다**.	彼が私をだますとは思わなかった。
	· 이렇게 다리가 아플 줄 **몰랐다**.	こんなに足が痛いとは思わなかった。

30	VA-(으)ㄹ 줄 알다　　判断、誤認	~（する/だ）と思う
	· 그 사람이 설명해 줄 줄 **알았다**.	その人が説明してくれると思った。
	· 추울 줄 알았는데 의외로 따뜻하다.	寒いと思ったが、意外と暖かい。

31	V-(으)ㄹ 테다 / 야　　推測、意志	~(する)だろう、~するつもりだ
	・내가 내일 갈 테다.	私が明日行くつもりだ。
	・지금 집에는 아무도 없을 테다.	いま家には誰もいないはずだ。
32	VA-(으)ㄹ까 싶다　　推測、判断、憂慮	~しそうだ、~するみたいだ、~かも知れない、~しようかと思う、~はずがないと(思う)
	・설마 그 아이가 시험에 떨어질까 싶다.	まさかあの子が試験に落ちるはずはないと思う。
	・내일은 오늘보다 더 추울까 싶다.	明日は今日よりもっと寒いみたいだ。
33	VA-(으)ㄹ는지(도) 모르다　推測、判断	~かも知れない
	・그 사람이 정말 올는지도 모른다.	彼が本当に来るかもしれない。
	・그것이 오히려 당연할는지 모른다.	それはむしろ当然かもしれない。
34	V-(으)ㄹ래야 V-(으)ㄹ 수 없다　　否定強調	~しようとしても~できない、しようにも~できない (語尾「-려야」の非標準語)
	・그 사람을 미워할래야 미워할 수 없다.	彼を憎もうとしても憎めない。
	・이젠 날이 저물어서 갈래야 갈 수도 없다.	もう日が暮れて行こうにも行けない。
35	V-(으)려(고) 하다　　状態変化	~しそうだ
	・비가 오려고 하니까 우산을 사자.	雨が降りそうだから傘を買おう。
	・버스가 막 출발하려고 한다.	バスがちょうど出発しようとしている。
36	V-(으)려는 참이다　　時点	~しようとしているところだ
	・막 밖으로 나가려는 참이다.	ちょうど外に出かけようとしているところだ。
	・식사 준비를 하려는 참이다.	食事の準備をしようとしているところだ。
37	V-(으)려다(가) 말다　　意図中止	~しようとして止める
	・새로운 사업을 시작하려다 말았다.	新しい事業を始めようとしてやめた。
	・그녀는 뭔가 나에게 말하려다 말았다.	彼女は何か私に言おうとしてやめた。
38	V-(으)려던 참이다　　時点	~しようとしていたところだ
	・오늘은 걸어서 가려던 참이다.	今日は歩いて行こうとしていたところだ。
	・공책을 사러 나가려던 참이다.	ノートを買いに出かけようとしていたところだ。
39	V-(으)려면 멀었다　　不足・不及	~するにはまだまだだ、~するにはほど遠い、~するまでにはまだ時間がかかる
	・그를 따라잡으려면 아직도 멀었다.	彼に追いつくにはまだまだだ。
	・아들은 철들려면 아직도 멀었다.	息子は分別がつくにはほど遠い。
40	N-(으)로 만들다　　変化	~にする
	・전쟁이 마을을 폐허로 만들었다.	戦争が村を廃墟にした。
	・A 사를 자회사로 만들었다.	A社を子会社にした。
41	V-(으)면 V-(으)ㄹ줄알아(요)　警告	~したら~すると思えよ、~したら~するからな
	・다시 담배를 피우면 쫓아낼 줄 알아.	またタバコを吸ったら追い出すからな。
	・숙제를 안 하면 밥은 못 먹을 줄 알아.	宿題をしないとご飯は食べられないと思えよ。

42	V - (으)면 못쓰다　　　忠告	~してはいけない
	· 거짓말을 하면 못써.	うそをついてはいけない。
	· 증거도 없이 의심하면 못쓰는 법이야.	証拠もなく疑ってはいけないよ。

43	VA - (으)면 뭐가 어때(요)?　反論、抵抗	~したら何だっていうのか、~したら悪いか
	· 벌레가 좀 먹었으면 뭐가 어때?	少し虫に喰われたってどうってことないよ。
	· 키가 작으면 뭐가 어때요?	背が低いからって何が悪いんですか。

44	VA - (으)면 뭐해 (요)?　反語、不要	~したところで意味はない、~する必要はない
	· 오늘만 재미있으면 뭐해?	今日だけ楽しくったって意味はない。
	· 지금 장갑을 사면 뭐해? 곧 4월인데…	いま手袋を買ってどうする?すぐ4月なのに…

45	VA -(으)면 VA -지 VA -지(는) 않다　比較強調	~することはあっても~することはない
	· 더 어려우면 어려웠지 쉽지는 않다.	より難しいことはあってもやさしいことはない。
	· 한국에 비해 작았으면 작았지 크지는 않다.	韓国に比べて小さいことはあっても大きいことはない。

46	N - (이)나 V - (으)ㄹ 수 있다　限定・可能	~がやっと~できる、~でなければ~できない
	· 이 게임은 어린애나 할 수 있다.	このゲームは子供でなければできない。
	· 머리가 좋은 사람이나 풀 수 있다.	頭のいい人でなければ解けない。

47	N - (이)나 아닐까?　推測・疑問	~ではないだろうか
	· 또 속는 것이나 아닐까?	また騙されたのではないか。
	· 혹시 길을 잃어버린 것이나 아닐까?	もしかして道に迷ったのではないか。

48	V -아 / 어 달라　　　要求	~してくれ
	· 책을 빌려 달라고 부탁했다.	本を貸してほしいと頼んだ。
	· 장난감을 사 달라고 조른다.	おもちゃを買ってくれとせがむ。

49	V -아 / 어 대다　　　程度・反復強調	しきりに~する、~しまくる、~し立てる、~し続ける、~し尽くす、~しふける、激しく~する
	· 너무 떠들어 대서 전화 소리가 안 들린다.	あまりにも騒ぎ立てて電話の声が聞こえない。
	· 스마트폰을 사 달라고 매일 졸라 댄다.	スマートフォンを買ってくれと毎日せがみ続ける。

50	A -아 / 어 보다　　　経験強調、驚き	~だったことがある / ない、~だったためしがある / ない
	· 집을 나온 뒤 마음이 편해 본 적이 없다.	家を出てから気が安らいだことがない。
	· 이런 맛없는 것을 먹어 보기는 처음이다.	こんなまずいものを食べたためしがない。

51	V -아 / 어 치우다　　　完了	~してしまう、~してのける
	· 밥 한 그릇을 순식간에 먹어 치웠다.	ご飯一杯を瞬く間に平らげた。
	· 책도 다 팔아 치워서 몇 권 남지 않았다.	本も全部売り払って何冊も残っていない。

52	V -아 / 어 둘걸　　　後悔・未練	~しておけばよかった(なあ / のに)、~しておくべきだった(なあ / のに)
	· 기계에 기름을 칠해 둘걸.	機械に油をさしておけばよかったのに。
	· 미리 연락을 해 둘걸.	前もって連絡しておけばよかったなあ。

195

53	A -아 / 어서 죽겠다　　　　極限		~くて死にそうだ、~くてたまらない
	・배 고파 죽겠다.		お腹がすいて死にそうだ。
	・집에만 있으니까 갑갑해 죽겠다.		家にこもっているから退屈でしょうがない。
54	VA -아 / 어서 (야) 되겠어 (요)?　　注意、反問		~して / であってはいけない
	・동생에게 그렇게 해서 되겠어?		弟にそういう風に当たってはいけないよ。
	・일도 안 하고 놀기만 해서야 되겠어?		仕事もしないで遊んでばかりいてはいけないよ。
55	V -았 / 었으면 고맙겠다　依賴		~してくれたらありがたい
	・결과를 빨리 알려 줬으면 고맙겠다.		結果を早く教えてくれたらありがたい。
	・시간은 꼭 지켜 줬으면 고맙겠어요.		時間は必ず守ってくれたらありがたい。
56	VA -았 / 었으면 어쩔 뻔했다　反問		~していたら大変だった、~しなくて幸いだった。
	・그 때 너를 못 만났으면 어쩔 뻔했을까?		その時君に会っていなかったら大変だった。
	・사고를 당했으면 어쩔 뻔했니?		事故に遭わなくて幸いだったよ。
57	N 탓이다　　　　　　原因		~のせいだ
	・이번 사고는 순전히 내 탓이다.		今回の事故はまったく私のせいだ。
	・엄마가 다친 건 아빠 탓이 아니다.		ママが怪我したのはパパのせいではない。
58	N 말이다　　　　　　確認、強調		~だ、~のことだ
	・며칠 전에 내게 준 돈 말이냐?		数日前に私にくれたお金のことかい?
	・누구 말이야? -아까 인사한 사람 말이야.		誰のこと? -先ほどあいさつをした人のことだよ。
59	V -게 되다　　　　　状態・實現		~するようになる、~することになる
	・오늘부터 한국어를 가르치게 되었어요.		今日から韓国語を教えるようになりました。
	・표시는 뚜껑 중앙에 하게 되어 있다.		表示は蓋の中央にすることになっている。
60	VA -게 / 기 마련이다　　当然		~するに決まっている、(当然) ~するものだ
	・물건이란 오래 쓰면 닳게 마련이다.		物とは長く使っているとすり減るものだ。
	・선구자는 다 외롭기 마련이다.		先駆者とはみんな寂しいものだ。
61	VA -게 만들다　　　　使役、変化		~させる、~にする、~くする
	・유치원 때부터 매일 일기를 쓰게 만들었다.		幼稚園の時から毎日日記を書かせた。
	・그의 모습이 나를 더 쓸쓸하게 만든다.		彼の姿が私をよけい寂しくする。
62	VA -게 생겼다　　　　判断、憂慮		~するはめになった、~してしまいそうだ
	・회사를 그만두어 굶어 죽게 생겼다.		会社をやめたので飢え死にしそうだ。
	・시골 학교는 다 문 닫게 생겼다.		田舎の学校は全部閉校してしまいそうだ。
63	V -고 나다　　　　　完了		~してしまう、~し終える
	・일을 마치고 나니 기분이 홀가분해졌다.		仕事を終えたら気持ちが軽くなった。
	・그 얘기는 우선 밥을 먹고 나서 하자.		その話はまずご飯を食べてからにしよう。
64	VA -고말고 (요)　　　肯定強調		(もちろん) ~する / だとも
	・귀엽고말고! 손자는 정말 귀엽단다.		かわいいとも! 孫は本当にかわいいんだよ。
	・같이 갈래요? -물론 가고말고요.		一緒に行きますか。-もちろん行きますとも。

65	V-고 (야) 말겠다	意志	~してやる、~してみせる、必ず~する
	・실험을 꼭 성공시키고야 말겠다.		実験を必ず成功させてみせたい。
	・이번 시합은 꼭 이기고 말겠다.		今度の試合は必ず勝ちたい。
66	V-고 (야) 말았다	結果、遺憾	~してしまった
	・실험은 또 실패하고 말았다.		実験はまた失敗してしまった。
	・기차가 떠나 버리고야 말았다.		列車が出発してしまった。
67	V-고 보자	主張、試み	(とりあえず) ~しよう、(まず) ~してみよう
	・면접! 이것만은 알고 보자.		面接!これだけは知っておこう。
	・일단 이야기만은 듣고 보자.		一応話だけは聞いてみよう。
68	V-고자 하다	意図	~しようと思う、~しようとする
	・장녀에 관해서 상담을 하고자 한다.		長女に関して相談をしようと思う。
	・건강을 위해 체중을 줄이고자 한다.		健康のために体重を減らしたいと思う。
69	V-곤 하다	繰り返し・習慣	~したりする、(よく) ~する
	・주말엔 모두 모여 식사를 하곤 하였다.		週末にはみんな集まってよく食事をした。
	・그는 저녁마다 찾아오곤 하였다.		彼は毎晩訪ねて来たりした。
70	VA-구나 (싶다 / 하다)	感想、判断	~なあと思う、~(だ) なあという気がする
	・이래서 결혼하는구나 싶었다.		これで結婚するんだなと思った。
	・동메달도 정말 힘들구나 싶었다.		銅メダルも本当に大変だなと思った。
71	그렇게 A-(으)ㄹ 수(가) 없다	程度強調	非常に~だ、とても~だ
	・시간이 그렇게 아까울 수가 없어요.		時間がもったいないったらありません。
	・기분이 그렇게 좋을 수가 없어요.		気持ちがいいったらありません。
72	A-기 그지없다	限界・極限	~(な) こと極まりない、~(な) 限りだ、~に堪えない、この上なく~である
	・그 소식을 들으니 기쁘기 그지없다.		その話を聞いてうれしい限りだ。
	・그녀는 마음씨가 부드럽기 그지없다.		彼女はこの上なく気立てが優しい。
73	V-기 나름이다	限定	~(し方) 次第だ
	・도움이 될지 안 될지는 읽기 나름이다.		役に立つか立たないかは読み方次第だ。
	・중요한지 어떤지는 생각하기 나름이다.		重要かどうかは考え方次第だ。
74	A-기 한이 없다	限界・極限	~(な) こと極まりない、~(な) 限りだ、~に堪えない、この上なく~である
	・자랑스럽고 기쁘기 한이 없다.		誇らしくうれしい限りだ。
	・우승을 놓쳐서 억울하기 한이 없다.		優勝を逃がして悔しい限りだ。
75	V-기나 하다	容認	(せめて) ~でもする、~するにはする
	・결과야 어떻든 한번 해 보기나 해.		結果はともかく一度やってみるだけでもやってみて。
	・정말 그 책을 읽어 보기나 했어?		本当にその本を読んだことでもあるの?

76	VA-기는〈疑問詞+助詞〉 VA-아/어(요)?	反問、非難	~ったって〈疑問詞+助詞〉~するのか?、~って〈疑問詞+助詞〉~のか?
	・덥기는 뭐가 더워?		暑いってどこが暑いの?
	・오긴 언제 와?		来るっていつ来るの?
77	A-기도 하다	詠嘆強調	とても~だ
	・달이 밝기도 하다!		月が明るいなあ!
	・사람이 많기도 하네.		人が多いなあ!
78	V-기로 하다	決心、計画	~することにする
	・내일 마당에 꽃을 심기로 했다.		明日庭に花を植えることにした。
	・다시는 그러지 않기로 했다.		二度とそうしないことにした。
79	VA-기만 하다	限定	~であるだけだ、~であるばかりだ、ただただ~だ、~してばかりいる、もっぱら~する
	・아내는 웃기만 할 뿐 아무 말이 없다.		妻は笑っているだけで何も言わない。
	・그냥 무섭기만 하더군요.		ただただ怖いだけでした。
80	VA-기야 하다	部分肯定、容認	~してはみる、~く/ではある
	・힘들기야 하지만 보람은 있다.		大変ではあるが、やりがいはある。
	・만나기야 하지만, 아무 말도 안 한다.		会うには会うが、何も話さない。
81	V-기에는 멀었다	不足・基準	~するにはまだまだだ、~するにはほど遠い、~するまでにはまだ時間がかかる
	・기술이 일류라고 하기에는 아직 멀었다.		技術が一流だというにはほど遠い。
	・챔피언이 되기에는 아직 멀었다.		チャンピオンになるにはまだまだだ。
82	A-기조차 하다	例示・付加	~でさえある、~でありさえする
	・경우에 따라서는 위험하기조차 하다.		場合によっては危険でさえある。
	・방은 가구 하나 없이 썰렁하기조차 하다.		部屋は家具一つなくがらんとした感じさえする。
83	V-나 싶다	判断、推測	~する/しているんだろうかと思う
	・비가 오나 싶어 빨래를 걷었다.		雨が降っているのかと思って洗濯物を取り込んだ。
	・오늘은 집에 있나 싶어 전화를 했다.		今日は家にいるのかなと思って電話をした。
84	N 나름이다	理由、原因	~次第だ、~によりけりだ
	・무슨 일이든 사람 나름이다.		何事であれ人間次第だ。
	・책도 책 나름이다.		本も本によりけりだ。
85	V-느니만 못하다	比較	~するには及ばない、~した方がまだましだ
	・말썽만 부리는 동생은 없느니만 못하다.		トラブルばかり起こす弟はいないほうがましだ。
	・이런 생활은 차라리 죽느니만 못하다.		こんな生活は一層死んだほうがましだ。
86	V-는 것만 못하다	比較	~するには及ばない、~する方がまだましだ
	・백 번 듣는 것이 한 번 보는 것만 못하다.		百回聞くことが一回見ることには及ばない。
	・하다 말면 처음부터 안 하는 것만 못하다.		途中でやめるなら最初からやらないほうがまだましだ。

87	V-는 날에는 / 이면　　　時点	~する / した日には、~する / した場合には、~しようものなら
	· 계약이 이루어지는 **날에는** 한 턱 내겠다.	契約になった場合にはご馳走するよ。
	· 시험에 떨어지는 **날에는** 군대에 가야 한다.	試験に落ちた日には軍隊に行かないといけない。

88	V-는 듯 마는 듯하다　　　様態	~するような（~）しないような感じだ、~しているようでもあり（~）していないようでもある
	· 신문을 보는 **듯 마는 듯** 뒤적거리고 있다.	新聞を読むともなくめくっている。
	· 비가 오는 **듯 마는 듯하다**.	雨が降ったりやんだりしているような感じだ。

89	V-는 법이 없다　　　習慣	~することはない、~することなどない
	· 사자는 배 부를 때 사냥을 하는 **법이 없다**.	ライオンは満腹のときは狩りをすることはない。
	· 그녀는 아무리 급해도 서두르는 **법이 없다**.	彼女はいくら急を要しても急ぐことがない。

90	V-는 법이 있어(요)?　反語・抗議	~することなんてあるか、~するなんてあり得るか
	· 아무 말도 않고 가는 **법이 있어요**?	黙って帰ることなんてありますか。
	· 여자는 꼭 남자에게 지라는 **법이 있어요**?	女性は男性に負けてもいいなんてことはないでしょう？

91	V-는 수(가/도) 있다　可能性	~することがある、~する場合がある
	· 모험을 하다 보면 죽는 **수도 있다**.	冒険をしていると死ぬこともある。
	· 원숭이도 나무에서 떨어지는 **수가 있다**.	サルも木から落ちることがある。

92	V-는 식이다(으로/의)　方法、仕方	~する風だ、~する / しているやり方だ
	· 각자 접시에 덜어서 먹는 **식이다**.	各自皿に分けて食べるやり方だ。
	· 볼테면 보라는 **식으로**…	見たけりゃ見ろという風に…

93	V-는 참이다　　　時点	~しているところだ
	· 그 친구를 기다리고 있는 **참이다**.	彼を待っているところだ。
	· 지금 마침 그 얘기를 하고 있는 **참이다**.	いまちょうどその話をしているところだ。

94	VA-다 싶다 / 하다　　　判断	~（だ）と思う、~（な）気がする
	· 집에 있겠**다 싶어** 전화를 했다.	家にいると思って電話をした。
	· 좀 시원하**다 싶었는데** 다시 더워졌다.	少し涼しいと思ったが、また暑くなった。

95	A-단 말이다　　　強調、確認	~（だ）ってば、~（な）のだ
	· 난 싫**단 말이야**.	私はいやだってば。
	· 약도 아무 소용이 없**단 말이다**.	薬も何の役にも立たないということだ。

96	V-던 참이다　　　時点	~していたところだ
	· 집에 돌아와 식사를 하**던 참이었다**.	家に帰ってきて食事をしていたところだった。
	· 갈까 말까 망설이고 있**던 참이다**.	行こうかどうしようか迷っていたところだ。

97	V-도록 하다　　　勧告	~するようにする
	· 날이 밝으면 출발하**도록 하자**.	夜が明けたら出発するようにしよう。
	· 일찍 자도록 **해라**.	早く寝るようにしなさい。

第4章　文法

199

98	N -만 같다	比況	(本当に)～のようだ、～としか思えない
	· 여기까지 오게 된 게 정말 꿈만 같다.		ここまで来られたのが本当に夢のようだ。
	· 아기의 귀여운 몸짓이 천사만 같다.		赤ちゃんのかわいいしぐさが天使のようだ。
99	N -만 같지 못하다	比較、不足	～には及ばない、～(の)方が良い
	· 영향력이 예전만 같지 못하다.		影響力は以前ほどではない。
	· 먼 곳의 친척은 이웃만 같지 못하다.		遠い親戚より近くの他人
100	N -만 하겠어 (요)?	比較・反語	～には及ばない、～にはかなわない
	· 동생이 형만 하겠어요?		弟は兄にはかないませんよ。(兄ほどの弟はいない)
	· 영어 실력이 그 사람만 하겠어요?		英語の実力があの人には及びません。
101	N -만 (은 / 도) 못하다	比況	～には及ばない、～にはかなわない
	· 장사가 예전만 못하다.		商売が以前ほどではない。
	· 지나침은 부족함만 못하다.		過ぎたるは及ばざるが如し。
102	안 V - (으)ㄴ N -이 / 가 없다	全部・強調	～は一通りやった
	· 1년 반 동안 안 해 본 일이 없다.		1年半ぐらいあらゆる仕事をやってみた。
	· 국내는 안 가 본 곳이 없다.		国内は行ったことのないところがない。
103	어떻게 V - (으)ㄹ 수 있겠어 (요)?	不可能強調	決して～できない、到底～できない
	· 그걸 어떻게 말할 수 있겠어?		それをどうやって話せるの？
	· 어떻게 첫사랑을 잊을 수 있겠어요?		初恋は決して忘れないよ。
104	얼마나 VA -았 / 었는지 모르다	程度強調	どれほど～した / だったことか、どれだけ～した / だったか分からない、とても～だった
	· 그 소식을 듣고 얼마나 기뻤는지 몰라.		それを聞いてどれほどうれしかったことか。
	· 주야로 얼마나 노력했는지 모른다.		昼夜でどれだけ努力したか分からない。
105	얼마나 VA -다고 (요)	主張、非難	①本当に～だ、②大して～できない (くせに)
	· 문제가 얼마나 어렵다고요.		問題が本当に難しい！
	· 왜 샀니? 얼마나 먹는다고.		何で買ったの？大して食べないくせに。
106	N -에 그치지 않다	付加	～に留まらない
	· 이전처럼 형식적인 조사에 그치지 않는다.		以前のように形式的な調査に留まらない。
	· 그의 노력은 여기에 그치지 않는다.		彼の努力はこれに留まらない。
107	N -에 불과하다	評価	～に過ぎない
	· 분교의 학생은 다섯 명에 불과하다.		分校の学生は5名に過ぎない。
	· 영원한 사랑이란 환상에 불과하다.		永遠な愛とは幻想に過ぎない。
108	여간 A -지 않다	程度強調	ちょっとやそっとの～さではない、並大抵の～さではない、とても～だ
	· 이 고추는 여간 맵지 않다.		この唐辛子はものすごく辛い。
	· 말투가 여간 상냥하지 않다.		言い方がとても優しい。

109	N-은/는 좀 뭐하다	迷い、遠慮	~はちょっとあれだ、~はちょっとはばかれる
· 오늘은 좀 뭐하니까 내일 만나자.			今日はちょっとあれだから明日会おう。
· 둘만이 만나는 것은 좀 뭐한 것 같다.			二人だけで会うのはちょっとはばかられるな。

110	V-자 하다	意図	~しようとする、~しようと思う
· 버리자 하니 좀 아깝다.			捨てようと思うとちょっともったいない。
· 몸을 씻자 하니 물이 안 나온다.			体を洗おうとしたら水が出ない。

111	V-지 그래(요)	提案、勧誘、命令	~したらどうだ、~すればいいのに
· 맥주 한 병 더 시키지 그래.			ビールをもう一本頼んだら。
· 피곤하면 쉬지 그래.			疲れているなら休めばいいのに。

112	V-지 그랬어(요)	残念、遺憾	~すればよかったのに
· 좀 도와 주지 그랬어.			ちょっと手伝ってやればよかったのに。
· 너도 오지 그랬어.			きみも来ればよかったのに。

113	VA-지 싶다	判断、推測	~と思う、~そうな気がする、~しそうだ
· 그는 돈이 없지 싶다.			彼はお金がなさそうだ。
· 아마 시험에 합격했지 싶다.			たぶん試験に合格したようだ。

114	V-지 않겠어(요)?	驚き、発見	~(する/な)んだ、~(する)ではないか
· 내 이야기가 재미있다고 웃지 않겠어요?			私の話が面白いと笑うんですよ。
· 이 겨울에 땀을 흘리고 있지 않겠어요?			この冬に汗を流しているんですよ。

115	V-지 않고서는 V-(으)ㄹ 수 없다	条件	~しなくては~できない
· 노력하지 않고서는 성공할 수 없다.			努力しなくては成功することができない。
· 검사를 하지 않고서는 구별할 수 없다.			検査をしなくては区別することができない。

116	VA-지 않나 싶다	判断、推測	~(する/している)のではないかと思う
· 이 부분에서 평가가 갈리지 않나 싶다.			この部分で評価が分かれるのではないかと思う。
· 좀더 짧게 요약해도 되지 않나 싶다.			もう少し短く要約してもいいのではないかと思う。

117	VA-지(가/를)않다	強調、語調調整	-지 않다を強調したり、語調を整えて述べる形
· 좀처럼 흥분이 가라앉지를 않았다.			なかなか興奮がおさまらなかった。
· 그 침묵은 오래 가지가 않았다.			その沈黙は長続きはしなかった。

118	V-지를 못하다	強調、語調調整	「-지 못하다」を強調
· 바빠서 동창회에 가지를 못한다.			忙しくて同窓会に行けない。
· 배가 아파서 밥을 먹지를 못했다.			お腹が痛くてご飯を食べられなかった。

正しい文法表現を選ぶ問題

※（　）の中に入れるのに適切なものを①〜④の中から1つ選びなさい。

❶ ── 누구 (　　　) 이래라저래라 하는 거야.
① 만치　　② 마저　　③ 한테서　　④더러

❷ ── 다 내가 잘못한 일인데 누구 (　　　) 원망하겠니?
① 보고　　② 치고　　③ 조차　　④ 에게로

❸ ── 이 하숙집은 월 50 만 원 (　　　) 꽤 시설이 좋네요.
① 이야말로　②치고는　③ 이라도　④ 은커녕

❹ ── 겨울 하늘을 바라보고 서 있는 그의 모습이 오늘 (　　　) 더욱 쓸쓸해 보였다.
① 마저　　② 에서나　　③ 보고　　④ 따라

❺ ── 앞을 분간하기 (　　　) 어려울만큼 안개가 짙게 끼었다.
① 로서　　② 만치　　③조차　　④ 치고서는

❻ ── A : 저축은 많이 했겠어요?
　　 B : 저축이요? 저축 (　　　) 생활비도 모자라요.
① 만큼도　　② 은커녕　　③ 마저　　④ 에다가

解答　❶-④　❷-①　❸-②　❹-④　❺-③　❻-②

〈解説は 310 ページへ〉

202

❼ ── 한 사람의 따뜻한 마음이 이처럼 점점 많은 이 (　　　) 퍼져나가는 것인가 보다.
□　① 한테서나　② 랑　③ 에게서부터　④ 에게로

❽ ── 큰 병에 걸린 친구의 고통을 내가 털끝 (　　　) 나누어 가질 수 없다는 사실이 슬펐다.
□　① 만치도　② 조차　③ 처럼　④ 대로

❾ ── 영민이는 그 일이 해결되자 마음속의 안개가 걷힌 것 (　　　) 느껴졌다.
□　① 마저　② 이라도　③ 마냥　④ 은커녕

❿ ── 엄마는 매일 잔소리를 하는데, 나 (　　　) 어쩌란 말인지 모르겠다.
□　① 한테로　② ㄹ더러　③ 대로　④ 따라

⓫ ── 옛날 드라마 (　　　) 볼까 말까 한 낡은 병원, 원장실이라고 해 봐야 새 것이라고는 없다.
□　① 말고는　② 에서처럼　③ 에서나　④ 에다

⓬ ── 내가 그럴 생각은 손톱 (　　　) 없으니까 걱정하지 마.
□　① 마냥　② 만큼도　③ 마저　④ 은커녕

⓭ ── A : 한국 민요라면 아리랑이 유명하다고 하던데 정말이에요?
　　　　B : 그럼요. 아리랑 (　　　) 한국을 대표하는 민요라고 할 수 있어요.
□　① 마저　② 만큼　③ 이야말로　④ 치고

解答　❼-④　❽-①　❾-②　❿-③　⓫-①　⓬-②　⓭-③

〈解説は310ページへ〉

203

正しい文法表現を選ぶ問題

⑭ ── 배가 너무 (　　　) 쉬는 시간에 편의점에 다녀왔다.
　　① 고프다면야　② 고프길래　③ 고프더니　④ 고프더라고

⑮ ── 우리 같은 서민들은 꿈도 못 꿀 텐데 궁전 같은 아파트를 (　　　) 무슨 소용이 있겠어.
　　① 짓는데도　② 짓기는커녕　③ 짓는댔자　④ 짓는다면야

⑯ ── 다른 사람에게 자신을 잘 (　　　) 우선 자기 자신을 정확하게 파악하는 것이 필요합니다.
　　① 나타내기에는　② 나타내면서도　③ 나타내려면　④ 나타내다가는

⑰ ── 연구실에서 (　　　) 밖에 나갈 시간이 없었다.
　　① 실험하게끔　② 실험하고서야　③ 실험하더라도　④ 실험하느라고

⑱ ── 현관에 다 (　　　) 차 안에 열쇠를 두고 왔다는 것을 알았다.
　　① 올수록　② 와서야　③ 오길래　④ 온 만큼

⑲ ── 너를 붙들고 (　　　) 차라리 지나가는 개한테 사정을 말하는 것이 낫겠다.
　　① 말한 탓에　② 말해 봤자　③ 말하느니　④ 말하기는커녕

⑳ ── 기상청은 이번 주말부터 본격적인 불볕더위가 (　　　) 예보했다.
　　① 시작되리라고　② 시작되고야　③ 시작되기에　④ 시작될 테

解答　⑭—③　⑮—②　⑯—③　⑰—④　⑱—②　⑲—③　⑳—①

〈解説は311ページへ〉

㉑ ── 공공장소에서는 사람들과의 접촉이 많아 쉽게 병에 걸릴 수 (　　　) 집에 돌아오면 반드시 손을 씻어야 한다.
　① 있음에도　② 있던데　③ 있으므로　④ 있더라도

㉒ ── 이런 이야기를 (　　　) 사실 여간 부끄럽지가 않아요.
　① 하려야　② 하자니까　③ 할수록　④ 하느니

㉓ ── (　　　) 결과는 달라질 게 없겠지만 이야기할 기회를 놓친 것은 아깝다.
　① 만났으나　② 만났댔자　③ 만났던지　④ 만나더니

㉔ ── 나는 원래 역사 소설을 (　　　) 했는데 자료를 찾다보니 전설에 대해 관심이 생겼다.
　① 쓰려면　② 쓰려야　③ 쓰고자　④ 쓰고서는

㉕ ── 그 냉장고 버리려면 저 주세요. 아직 (　　　) 너무 아까워요.
　① 버린다거나　② 버리기에는　③ 버리기로　④ 버리리라고

㉖ ── 어젯밤에는 바람이 심하게 (　　　) 아침에는 비가 온다.
　① 불더니　② 부니까　③ 부는데도　④ 불더라고

㉗ ── 아무것도 모르면 차라리 마음이 편하여 (　　　) 무엇이나 좀 알고있으면 걱정거리가 많아 도리어 힘들 때가 있다.
　① 좋거든　② 좋음에도　③ 좋기에　④ 좋으나

205

正しい文法表現を選ぶ問題

㉘ ── 우리 그런 우울한 애기는 그만두고 화제를 좀 (　　　).
　　① 돌리재　　② 돌리자지?　　③ 돌리라니까　　④ 돌리자꾸나

㉙ ── 영화가 정말 재미없네. 이럴 줄 알았으면 집에서 잠이나 (　　　).
　　① 자는걸　　② 잘걸　　③ 자다니　　④ 자래

㉚ ── 다음주부터 기말 고사가 시작되니 이번 학기도 다 (　　　).
　　① 끝난 셈이다　　② 끝나는 법이다　　③ 끝났더라　　④ 끝났더구나

㉛ ── 너 같은 애도 (　　　)? 책 한 권 읽지 않고 하루 종일 게임만 하면서.
　　① 학생이더라　　② 학생이야　　③ 학생이래　　④ 학생이고 말고

㉜ ── 집에 (　　　)? 지금이 몇 신데?
　　① 가다니　　② 가자꾸나　　③ 가자니까　　④ 가자니

㉝ ── 왜 그렇게 서둘러? 일을 시작하기 전에 일단 밥부터 (　　　).
　　① 먹재　　② 먹자니까　　③ 먹다니　　④ 먹더라고

㉞ ── A：더 놀지 않고 벌써 (　　　)?
　　　B：응, 다섯 시부터 학원에 가야 돼.
　　① 가라　　② 갈걸　　③ 가게　　④ 가래

解答　㉘-④　㉙-②　㉚-①　㉛-②　㉜-④　㉝-②　㉞-③

〈解説は312ページへ〉

206

㉟ ── 이번 연휴 동안에는 밀린 집안일도 하고 (　　　) 그냥 집에 있을 거예요.
　　① 쉴 겸　　　② 쉬려면　　　③ 쉬느라고　　　④ 쉬려니까

㊱ ── A : 이렇게 비싼데 잘 팔릴까?
　　　B : 백화점에서는 비싸면 (　　　) 오히려 잘 팔린대.
　　① 비싸든가　　② 비싸기에　　③ 비쌀수록　　④ 비싸다면야

㊲ ── 아이들이 장난감을 가지고 (　　　) 치우지 않아서 방이 지저분해요.
　　① 놀수록　　② 놀 텐데도　　③ 놀고서야　　④ 놀기만 하고

㊳ ── 어젯밤 늦게까지 술을 (　　　) 지금 머리가 너무 아프다.
　　① 마시고서야　　② 마시는 바람에　　③ 마시던데　　④ 마시느라고

㊴ ── A : 깜짝 놀랐네. 왜 그렇게 머리를 짧게 했어?
　　　B : 좀 (　　　) 짧게 잘랐어.
　　① 덥고 해서　　② 더운데다　　③ 덥다 치고　　④ 더운 탓에

㊵ ── 젊은 사람들이 다 농촌을 (　　　) 다시 농촌으로 돌아오는 젊은이가 있다니 얼마나 반가운 일인가?
　　① 떠나는 바람에　　② 떠날 테지만　　③ 떠난 다음에야　　④ 떠나는 판에

㊶ ── 이번에 새로 나온 스마트폰인데 화면도 크고 (　　　) 값도 싸요.
　　① 가벼울 테고　　② 가볍기는커녕　　③ 가벼운 데다가　　④ 가벼운 만큼

正しい文法表現を選ぶ問題

㊷ ──이 컴퓨터는 처음에는 좀 어렵기는 하지만 (　　　) 익숙해질 거예요.
① 쓰다 보면　② 쓴 탓에　③ 쓸 테면　④ 쓸 것 같으면

㊸ ──모처럼의 부탁이니까 들어주고 싶지만 날짜가 여유가 (　　　) 지금 당장은 어렵다.
① 있어 봤자　② 있고 하니　③ 있으면 모를까　④ 있기만 해도

㊹ ──(　　　) 이렇게 벚꽃이 피고 따뜻해지면 사람들로 붐볐을 텐데 올해는 왠지 조용하다.
① 작년만 같아도　② 작년에 비추어　③ 작년에 한해　④ 작년에 반해

㊺ ──아내의 끊임없는 잔소리를 (　　　) 집을 나와 살기로 결심을 했다.
① 견디기만 해도　② 견디느라고　③ 견디다 못해　④ 견딜 겸

㊻ ──조금만 더 가면 (　　　) 곳이 있으니까 거기서 좀 쉬었다 가기로 해요.
① 쉴 만한　② 쉴 듯한　③ 쉬지 않나 싶은　④ 쉬기에 좀 뭐한

㊼ ──삼 월 말이라서 날씨의 변화가 (　　　) 감기 환자가 많이 늘고 있다.
① 심하다 싶어　② 심하던 참에　③ 심하대야　④ 심하다 보니

㊽ ──옳지 못하게 돈을 (　　　) 그것이 과연 행복으로 이어질까?
① 벌던 차에　② 벌기에 반해　③ 벌어 봤댔자　④ 버는 건 둘째 치고

解答 ㊷－① ㊸－③ ㊹－① ㊺－③ ㊻－① ㊼－④ ㊽－③

〈解説は313ページへ〉

49 —— A : 소금을 더 넣을까요 ?
B : 더 넣으면 (　　　　) 넣지 마세요 .

☐ ① 짤 테고　② 짤 텐데　③ 짜던데　④ 짜거든

50 —— A : 내일 축구 경기는 누가 이길 것같아 ?
B : (　　　　)0:0 으로 비길 것 같아 .

☐ ① 해 보느니　② 해 보는데도　③ 하고 말고는　④ 해 보나마나

51 —— A : 가을이 되니까 왠지 쓸쓸해지는 것 같아 .
B : 계절이 바뀌면 누구나 다 (　　　　).

☐ ① 그런 셈이야　② 그런 탓이야　③ 그런 법이야　④ 그렇단 말이야

52 —— A : 집에 있는 가전 제품들이 요즘 고장이 많이 나네 .
B : 10 년 이상 쓰면 고장이 (　　　　).

☐ ① 나기 나름이야　② 나기 마련이야　③ 나기엔 멀었어　④ 나게 생겼어

53 —— A : 한국어의 높임법은 너무 어려워요 .
B : 그래서 높임법만 배우면 한국어는 다 (　　　　) 하잖아 .

☐ ① 배운 탓이라고　② 배우다시피　③ 배우느라고　④ 배운 셈이라고

54 —— A : 새로 생긴 가전제품 판매장에 가 보니 어땠어 ?
B : 생각했던 것보다 매장도 넓고 물건도 (　　　　).

☐ ① 많군　② 많더라고　③ 많기는 하지　④ 많은지 몰랐어

解答　49—②　50—④　51—③　52—②　53—④　54—②

〈解説は 314 ページへ〉

正しい文法表現を選ぶ問題

(55) ——A：잠깐만！그 우유 유효 기간이 지난 것 같은데．
B：어，정말이네．말해 주지 않았으면 날짜가 지난 우유를（　　　　）．

□ ① 마신 탓이네　② 마실 뻔했네　③ 마실까 했네　④ 마신 체했다

(56) ——A：일 주일 동안 약을 먹는데도 낫지를 않네．
B：그러지 말고 병원에 가서 진찰을 한번（　　　　）．

□ ① 받아보지 그래　② 받아 보더라　③ 받아보더래　④ 받아보래

(57) ——A：아이고，또 비가 오네．빨리 그쳐야 할 텐데．
B：여긴 비가（　　　　）도로가 물에 잠기니 여간 불편한 게 아니야．

□ ①오기만 하면　② 올 정도로　③ 오는 동안　④ 오고 나서

(58) ——A：이건 수입품이니까 질이 좋겠지？
B：아냐，질도 별로 안 좋고 값이（　　　　）．

□ ① 비싼 법이야　② 비쌀 것 같아　③ 비쌀걸　④ 비싸기만 해

(59) ——A：민수가 안 보여서 먼저 간 줄 알았더니 지금 막 일이 끝났대．
B：（　　　　）．잠자코 먼저 갈 리가 없지．기다려서 같이 가자．

□ ① 그러긴 해도　②그렇다 치고　③ 그러면 그렇지　④ 그럴지라도

(60) ——A：여긴 값이 좀 비싼 것 같네．다른 곳으로 가 볼까？
B：글쎄．다른 곳에（　　　　）값이 다 비슷하지 않을까？

□ ① 가 보려던 참에　② 가 보는 대신에　③ 가 봐야　④ 가 볼 텐데

解答　(55)—②　(56)—①　(57)—①　(58)—④　(59)—③　(60)—③

〈解説は 314 ページへ〉

61 A : 덕분에 이사가 일찍 끝났다. 이따가 저녁 살 테니까 좀 쉬고있어.
　　　B : 아니야. 난 오늘은 저녁에 약속이 있으니까 이만 가 볼게.
　　　　　오늘은 그냥 (　　　) 다음에 한잔 사.
　　① 먹을 테지만　② 먹고 말고는　③ 먹은 셈 칠테니까　④ 먹은 척하면

62 A : 요즘 장사가 안 돼서 걱정이에요.
　　　B : 장사란 (　　　) 잘될 때도 있고 안 될 때도 있어요. 곧 나아질 거예요.
　　① 하다 보면　② 하면 할수록　③ 하면 몰라도　④ 함으로 해서

63 A : 저 배우가 그렇게 인기가 많아요?
　　　B : 네, 얼굴도 잘생기고 연기도 (　　　) 인기가 많아요.
　　① 잘한 탓에　② 잘하고 해서　③ 잘할 테고　④ 잘하는 바람에

64 A : 중고차를 (　　　) 좀 낡은 줄 알았는데 새 것 같으네.
　　　B : 전 주인이 반 년도 안 탄 거라서 새 것이나 다를 게 없어.
　　① 산 셈이라서　② 살 바에야　③ 샀다길래　④ 사 봤자

65 A : 오늘까지 끝낸다던 일은 다 끝났어?
　　　B : 그게 말이야. 집에 서류를 두고 (　　　) 결국 아무 것도 못 했어.
　　① 오기는커녕　② 오는 바람에　③ 온대서　④ 오기만 해도

66 A : 아, 끝났다. 오늘은 정신없이 바빴네. 민수 씨, 퇴근 길에 한잔 하고 가죠.
　　　B : 난 아직이에요. 오늘은 좀 (　　　) 기다리지 말고 먼저 가요.
　　① 늦을 테고　② 늦는 바람에　③ 늦던 차에　④ 늦을 테니까

解答　61-③　62-②　63-②　64-③　65-②　66-④

〈解説は 315 ページへ〉

211

第5章

文の理解

	問題類型	出題問題数	配点
1	対話文の空欄補充問題	4	2
2	長文の読解問題	6	2

文の理解に関する問題

出題類型と対策

文の理解に関する問題では、
❶対話文の空欄補充問題が４問（配点２点）、
❷長文の読解問題が問題文１つに２問ずつの組み合わせで、６問（問題文は３つ、配点は各２点）、
程度が出題されます。比較的長い文章や対話文を読んで内容を理解しているかが問われる問題構成になっています。

出題類型 1　対話文の空欄に入る短文を選ぶ問題が出題される

２～３行の短い対話文を読んでその文中の空欄に入る短文を選ぶ問題が４問出題されます。空欄に当てはまる対話文はどれかを選ぶために、対話の全体の流れが理解できる読解力が求められる問題構成になっています。

既出例　対話文を完成させるのに適切なものを①～④の中から１つ選びなさい。
〈既出37回〉

A:（　　　　　　）
B: 네, 일시불로 하시겠습니까? 할부로 하시겠습니까?
① 신용카드로 지불해도 될까요?　② 좀 더 싸게 해주시면 안 될까요?
③ 환불이 가능할까요?　④ 원으로 바꿔 주세요.

【正解】　①

【解説】A：クレジットカードで払ってもいいですか。
　　　　B：はい、一回払いでなさいますか。分割払いでなさいますか。
①クレジットカードで払ってもいいですか。　②もう少し安くしていただけませんか。
③払い戻しが可能でしょうか。　④ウォンに両替してください。

出題類型 2　長文の内容を確認する問題が出題される

　文章を読んで、その内容について確認する長文読解の問題が問題文1つに2問ずつの組み合わせで6問（問題文は3つ）出題されます。

❶準2級の筆記試験は、49回試験までは47問構成、50回試験以降は40問構成で出題されていますが、この長文の読解問題と出題類型1の対話文の空欄補充問題と合わせると、長文の読解問題だけで60点満点中20点と全体の3分の1を占めています。この配点比率は38回試験までは長文3つに9問～12問（問題文1つに3問～4問、配点2点）構成で出題され、対話文の空欄補充問題と合わせると、読解力を問う問題だけで配点の半分以上を占めていましたが、39回の試験以降は、ほかの語彙・文法の問題を増やし、問題文1つに3つあった問題数を2つに減らして出題されています。

❷問題文の内容は、社会的な問題から個人的な日常の出来事まで幅広い題材のもので、新聞や雑誌の記事、広告、随筆、日記、手紙などの多様な形として出題されます。問題文は36回試験以降は長文2つと長文の対話文1つの構成で出題されています。文章をたくさん読んで文全体の内容を正確に把握できる力が求められます。

❸現行の試験形式とレベルに変わった26回試験以降、直近の5回分程度の質問項目などをまとめると次のようになります。必ずしも一定しているわけではありませんが、どういう形で内容が問われているか、その形態と全体の流れを確認する上で参考にしてください。いずれにせよ試験では次にまとめた質問項目のどれかの組み合わせで出題されます。

　　長文の問題文1：本試験では 8 の問題

【問1】＊＊＊＊＊の理由を①～④の中から1つ選びなさい。
【問2】本文の内容と一致するものを①～④の中から1つ選びなさい。

【問1】＊＊＊＊＊の理由を①～④の中から1つ選びなさい。
【問2】（　　　　　）に入れるのに最も適切なものを①～④の中から1つ選びなさい。
【問3】本文の内容と一致するものを①～④の中から1つ選びなさい。

【問1】Aが＊＊＊＊＊と言っている理由を①～④の中から1つ選びなさい。
【問2】（　　　　　）に入れるのに最も適切なものを①～④の中から1つ選びなさい。

215

【問3】 本文の内容と一致するものを①〜④の中から1つ選びなさい。

....

【問1】 Aが＊＊＊＊＊？と驚いた理由を①〜④の中から1つ選びなさい。
【問2】 この対話文から推測して、ありうることを①〜④の中から1つ選びなさい。
【問3】 本文の内容と一致するものを①〜④の中から1つ選びなさい。

....

【問1】 下線部＊＊＊＊＊と置き換えができる最も適切なものを①〜④の中から1つ選びなさい。
【問2】 (　　　) に入れるのに最も適切なものを①〜④の中から1つ選びなさい。
【問3】 下線部＊＊＊＊＊の理由として適切ではないものを①〜④の中から1つ選びなさい。

➡ 本文の内容と一致するものを選ぶ問題と、文中の語句を取り上げてその理由になるものを選ぶ問題がほぼ毎回出題されます。

長文の問題文２：本試験では ⑨ の問題

【問1】 ＊＊＊＊＊の例として適切でないものを①〜④の中から1つ選びなさい。
【問2】 가수の考えと一致するものを①〜④の中から1つ選びなさい。

....

【問1】 ＊＊＊＊＊の例として適切でないものを①〜④の中から1つ選びなさい。
【問2】 本文では「＊＊＊＊＊」という文が抜けているが、この文が入る位置として、もっとも適切なものを①〜④の中から1つ選びなさい。
【問3】 本文の内容と一致するものを①〜④の中から1つ選びなさい。

....

【問1】 (　　　) に入れるのに最も適切なものを①〜④の中から1つ選びなさい。
【問2】 ＊＊＊＊＊に当たらないものを①〜④の中から1つ選びなさい。
【問3】 本文の題名として最も適切なものを①〜④の中から1つ選びなさい。

....

【問1】 ＊＊＊＊＊とあるが、そのことが表れている例として適切でないものを①〜④の中から1つ選びなさい。
【問2】 (　　　) に入れるのに最も適切なものを①〜④の中から1つ選びなさい。
【問3】 ⅰ) とⅱ) を読んで、本文の内容と一致するものを〇、一致しないものを × とした場合の正しい組み合わせはどれか、①〜④の中から1つ選びなさい。

....

【問1】 (　　　) に入れるのに最も適切なものを①〜④の中から1つ選びなさい。
【問2】 本文のタイトルとして最も適切なものを①〜④の中から1つ選びなさい。
【問3】 本文の内容と一致するものを①〜④の中から1つ選びなさい。

➡ 文中の語句が意味するものとして適切でないもの（または最も適切なもの）を選ぶ問題と、本文の内容と一致するものを選ぶ問題がほぼ毎回、タイトルを選ぶ問題もときどき出題されます。

長文の問題文３：本試験では⑩の問題

【問1】 本文では「＊＊＊＊＊」という文が入る位置として、最も適切なものを①～④の中から１つ選びなさい。
【問2】 本文のタイトルとして最も適切なものを①～④の中から１つ選びなさい。

【問1】 AのBに対する気持ちが特に表れていないものを①～④の中から１つ選びなさい。
【問2】 ⅰ）とⅱ）を読んで、本文の内容と一致するものを○、一致しないものを×とした場合の正しい組み合わせはどれか、①～④の中から１つ選びなさい。
【問3】 本文のテーマとして最も適切なものを①～④の中から１つ選びなさい。

【問1】 AとBに入る言葉の組み合わせが適切なものを①～④の中から１つ選びなさい。
【問2】 ＊＊＊＊＊と言っている理由として最も適切なものを①～④の中から１つ選びなさい。
【問3】 本文の内容と一致するものを①～④の中から１つ選びなさい。

【問1】 （　　　）に入れるのに最も適切なものを①～④の中から１つ選びなさい。
【問2】 本文の内容と一致するものを①～④の中から１つ選びなさい。
【問3】 本文が何を示す一例として書かれているのか、最も適切なものを①～④の中から１つ選びなさい。

【問1】 ＊＊＊＊＊を入れるのに最も適切な箇所を①～④の中から１つ選びなさい。
【問2】 （　　　）に入れるのに最も適切なものを①～④の中から１つ選びなさい。
【問3】 （　　　）に入れるのに最も適切なものを①～④の中から１つ選びなさい。

【問1】 （　　　）に入れるのに最も適切なものを①～④の中から１つ選びなさい。
【問2】 本文の内容と一致するものを①～④の中から１つ選びなさい。
【問3】 本文のタイトルとして最も適切なものを①～④の中から１つ選びなさい。

➡ 文中の空欄に入れる、または文の挿入の位置として適切なものを選ぶ問題と本文の内容と一致するものを選ぶ問題がほぼ毎回、文のタイトルやテーマを選ぶ問題がときどき出題されます。

| 既出例 | 文章を読んで【問1】〜【問3】に答えなさい。 | 〈既出32回〉 |

　　그 레스토랑은 늘 빈자리가 많았으나 창가에는 한 번도 앉은 적이 없었다. 지나다니는 사람들의 구경거리가 되고 싶지는 않았기 때문이었다. 그러나 의외로 [29]그러한 일은 드물다는 것을 깨닫고 그 후로는 앉고 싶은 자리에서 편안하게 음식을 먹을 수 있었다. 그러던 어느 날이었다. 문득 고개를 들어 보니 어떤 젊은 청년 둘이 밖에서 나를 뚫어지게 쳐다보고 있는 것이었다. 나는 애써 아무렇지도 않은 듯이 식사를 계속했다. 그리고 차츰 나를 보고 있는 게 아니라는 걸 깨달았다. 그들이 보려고 하는 것은 (　　) 유리에 비치는 자신들의 모습이었던 것이다.

【問1】　[29]그러한 일とはどんなことですか。
　　　　① 지나가는 사람들을 구경하는 일
　　　　② 창가 자리에 앉아서 먹는 일
　　　　③ 창가에 빈자리가 많았던 일
　　　　④ 사람들이 안쪽을 들여다보는 일

【問2】　(　　)に入れるのに適切なものを①〜④の中から1つ選びなさい。
　　　　① 자리에 앉아 있는 나와
　　　　② 음식점 안의 내가 아니라
　　　　③ 구경거리를 보고 싶어하는
　　　　④ 창가의 자리가 아니라

【問3】　本文の内容と一致するものを①〜④の中から1つ選びなさい。
　　　　① 음식점은 늘 손님들로 붐볐다.
　　　　② 나는 창가 자리에서 먹은 적도 있다.
　　　　③ 젊은 청년들은 구경거리가 되었다.
　　　　④ 비어 있는 자리는 항상 창가였다.

【正解】　　【問1】④　【問2】②　【問3】②
【解説】そのレストランは常に空席が多かったが、窓側には一度も座ったことがなかった。往来する人たちから見られたくはなかったからだった。しかし、意外と[29]そういうことは少ないということがわかり、その後は座りたい席で気楽に食事でき

218

るようになった。そうしたある日だった。ふと顔を上げたらある若い青年二人が外から私をじっと見つめているのだった。私はつとめて何でもないように食事を続けた。そしてだんだん私を見ているのではないということがわかってきた。彼らが見ようとしているのは（　　　　　）ガラスに映る自分たちの姿だったのである。

【問1】 29 そういうこととはどんなことですか。
　① 通り過ぎる人々を見物すること
　② 窓側の席に座って食べること
　③ 窓側に空席が多かったこと
　④ 人々が内側をのぞき見ること

【問2】 （　　　）に入れるのに適切なものを①～④の中から1つ選びなさい。
　① 席に座っている私と
　② 飲食店の中の私ではなく
　③ 見せものを見たがる
　④ 窓側の席ではなく

【問3】 本文の内容と一致するものを①～④の中から1つ選びなさい。
　① 飲食店は常にお客さんたちで混雑した。
　② 私は窓側の席で食べたこともある。
　③ 若い青年たちは見せものになった。
　④ 空いている席はいつも窓側だった。

1 対話文の空欄補充問題

※対話文を完成させるのに適切なものを①~④の中から1つ選びなさい。

❶ ── A: 이 영화 봤어? 진짜 재미있다고 하더라고.
   B: 아직도 안 봤어? (   )

   ① 그럼 보고 와서 다시 말해.
   ② 남들 얘긴 믿을 게 못 되니까 직접 봐.
   ③ 진짜 재미있다고 야단이 났다던데.
   ④ 얼마나 재미있던지 난 두 번이나 봤어.

❷ ── A: 이번 주말에 우리 집에서 생일잔치를 할 건데 올 거지?
   B: (   )

   ① 물론 잔뜩 먹고 가야지.
   ② 물론 잔치 때라서.
   ③ 물론 가고말고.
   ④ 내가 빠지면 시작이 안 되지.

❸ ── A: 요즘 젊은 사람들은 회사 일보다 가정을 더 중요하게 생각하는 경향이 있어요.
   B: (   )

   ① 그건 참 중요한 현상이죠.
   ② 옛날 사람들과는 생각이 다른 거죠.
   ③ 가정을 소중히 여기는 사람이 많아서 좋아요.
   ④ 옛날 사람들은 가정을 너무 소홀히 했어요.

解答　①—④　②—③　③—②

〈解説は316ページへ〉

❹ ── A: 오늘 내가 저녁을 살게.
　　　B: 미안해. 오늘은 (　　　　　)

　　　① 나도 사도록 할게.
　　　② 바쁘니까 먹은 셈 칠게.
　　　③ 바쁘니까 저녁만 먹고 갈게.
　　　④ 나도 사야 할 텐데.

❺ ── A: 회의 시간 다 돼 가는데 자료 준비 아직 멀었어요?
　　　B: (　　　　　)

　　　① 멀긴요. 제출한지가 언젠데요.
　　　② 좀 기다리시면 준비해 놓을게요.
　　　③ 걱정 마세요. 이제 만들려고 하니까요.
　　　④ 아닙니다. 이제 다 돼 갑니다.

❻ ── A: 숙제를 하려다가 너무 졸려서 그냥 잤어요.
　　　B: (　　　　　)

　　　① 그럼 숙제를 전혀 못 했겠네요.
　　　② 피곤할 땐 자는 게 최고예요.
　　　③ 졸릴 땐 숙제고 뭐고 안 돼요.
　　　④ 그럼 좋은 꿈 꿨겠네요.

解答　❹—② ❺—④ ❻—①

〈解説は316ページへ〉

221

1 対話文の空欄補充問題

❼ ── A: 어디야? (　　　　　　)
　　　B: 이제 다 와 가니까 조금만 기다려.

　　① 여기가 어디냐니까.
　　② 통 어딘지 모르겠네.
　　③ 도착하려면 아직 멀었어?
　　④ 멀리까지 온 것 같은데.

❽ ── A: 이번 일을 통해서 많이 반성했어.
　　　B: 괜찮아. (　　　　　　)

　　① 반성은 천천히 해도.
　　② 반성한다는 체만 하면 돼.
　　③ 누구라도 그렇다니까.
　　④ 다음엔 그러지 않으면 돼.

❾ ── A: 아이들이 노는 걸 보니까 어린 시절이 떠오르네요.
　　　B: 그러게요. (　　　　　　)

　　① 어린 시절로 돌아갈 뻔했어요.
　　② 나도 지금 옛날 생각을 하고 있었어요.
　　③ 옛날엔 정말 재미있게 놀았어요.
　　④ 그땐 밤이나 낮이나 놀기만 했지요.

解答　❼-③　❽-④　❾-②

〈解説は317ページへ〉

⑩ ── A: 한국 사람들이 가장 좋아하는 음식이 뭐예요?
　　　B: (　　　　　　)

　　① 그거야 한국 사람 나름이죠.
　　② 입맛은 사람마다 다를 거예요.
　　③ 뭐니 뭐니 해도 김치를 빼 놓을 수가 없겠죠.
　　④ 김치 말고 말할 게 없어요.

⑪ ── A: 그냥 지나치려다가 친구 집에 들러봤어.
　　　B: (　　　　　　)

　　① 그랬더니 친구가 있었어?
　　② 잘 왔어. 쉬었다 가.
　　③ 그래서 밥 먹고 왔구나.
　　④ 그럼 여기도 들렀다 가.

⑫ ── A: (　　　　　　)
　　　B: 응, 공부하는 척하면서 컴퓨터 게임을 하고 있었거든.

　　① 시험이라 컴퓨터로 공부한다면서?
　　② 너 엄마한테 또 혼났다면서?
　　③ 그렇게 혼이 나고도 또 하니?
　　④ 게임이 그렇게 재미있니?

1 対話文の空欄補充問題

⓭ ── A: (　　　　　　)
　　　　B: 그때는 그게 좋았는지 축구를 하지 않은 날이 하루도 없었어요.

　① 뭔가 집중하던 운동이 있었어요?
　② 축구가 그렇게 재미있었어요?
　③ 어렸을 때는 뭘 하고 놀았어요?
　④ 축구에 빠졌던 적이 있었어요?

⓮ ── A: 한국 문화에 대해서 잘 아시네요.
　　　　B: (　　　　　　)

　① 모르는 게 있으면 저한테 맡기세요.
　② 문화를 연구하는 게 제 취미예요.
　③ 그렇지 않아요. 잠깐 봤을 뿐이에요.
　④ 아니에요. 잘 알려면 아직 멀었어요.

⓯ ── A: 아, 정말 신경질 나네. 왜 이렇게 일이 안 되지?
　　　　B: 그렇게 화만 내지 말고 모든 것을 긍정적으로 생각해 봐.
　　　　A: (　　　　　　)

　① 짜증 날 땐 화를 내는 게 좋아.
　② 긍정적은커녕 화만 내네.
　③ 네 충고 같은 건 듣기 싫어.
　④ 안 될 땐 모든 걸 쉬는 게 좋아.

解答　⓭—②　⓮—④　⓯—③

〈解説は 318 ページへ〉

⓰ ── A: 어떤 음악을 좋아해?
B: 난 음악이라면 다 좋은데 특히 재즈를 즐겨 들어. 너는?
A: (　　　　　　)

① 민요가 좋다면 왜 모두들 웃지?
② 난 특별한 음악은 별로야.
③ 난 장르에 상관없이 다 좋아.
④ 난 음악이라면 듣고 싶어 죽겠어.

⓱ ── A: 그 회사는 월급이 적다면서요?
B: (　　　　　　)
A: 그러면 거기는 포기해야겠군요.

① 월급은 둘째 치고 적성에 안 맞아요.
② 네. 형편없이 적대요.
③ 반드시 그런 건 아니에요.
④ 누가 그랬어요?

⓲ ── A: 이삿짐 정리 다 했어?
B: (　　　　　　)
A: 그럼 같이 밥부터 먹고 하자. 내가 도와 줄게.

① 지금 정리를 하던 참이야.
② 아니, 지금 이삿짐을 다 쌌어.
③ 아니, 아직 짐이 안 도착했어.
④ 다 하다니? 아직 시작도 못했는데.

1 対話文の空欄補充問題

⑲ ── A: 농담을 잘 한다지요?
B: (　　　　　　　)
A: 학생들이 그러던데요.

① 잘 한다기보다 좋아하죠.
② 그 말을 믿어요?
③ 절반만 믿으시라고요.
④ 누가 그래요?

⑳ ── A: 요즘 엄마는 좀 어떠시니?
B: 응. 지난번 수술 결과가 좋아서 며칠 있으면 퇴원하셔.
A: (　　　　　　　)

① 빨리 퇴원하시면 좋겠구나.
② 서두르지 않는 게 좋을 텐데.
③ 정말? 참 잘 됐구나.
④ 입원이 어제 같은데 벌써?

㉑ ── A: 저 영화 정말 슬픈 것 같아.
B: (　　　　　　　)
A: 그래? 난 슬퍼서 눈물이 나던데.

① 그래서 많이 울었어?
② 슬프긴 뭐가 슬퍼. 유치하기만 한데.
③ 슬픈 건 견디기가 힘들어.
④ 나도 그래. 정말 슬퍼.

226

㉒ ── A: 왜 안 먹어?
　　　　B: (　　　　　　)
　　　　A: 그러지 말고 더 먹어.

① 먹어도 배가 안 불러.
② 많이 먹은걸.
③ 체했나 봐.
④ 배탈이 났어.

㉓ ── A: 엄마. 다녀 올게.
　　　　B: 그래. 운전 조심하고, 운전 중에 전화 받지 말고.
　　　　A: (　　　　　　)

① 알았어, 전화 하지 않을게.
② 운전은 나한테 맡겨.
③ 전화 끊고 운전만 해.
④ 다 알아서 할 테니까 걱정 마.

㉔ ── A: 남은 음식을 왜 싸 가?
　　　　B: (　　　　　　)
　　　　A: 아, 그렇구나. 나도 다음부턴 그렇게 해야겠구나.

① 가져 가서 끓여 먹어.
② 그러지 않으면 다 버리게 되니까.
③ 싸야지만 가져 가기가 편해.
④ 쓰레기는 각자 가져 가야 돼.

正解 ㉒—② ㉓—④ ㉔—②

〈解説は 320 ページへ〉

1 対話文の空欄補充問題

㉕ ── A: 저, 죄송하지만 사진 좀 찍어 주실 수 있으세요?
　　　　B: 아, 저요? 네. 찍어 드릴게요. 이걸 누르기만 하면 돼요?
　　　　A: 네. (　　　　　　　)

① 조심해서 찍어 주세요.
② 그걸 누르고 있으면 돼요.
③ 지금 빨리 눌러 주세요.
④ 뒤에 있는 코끼리도 나오게 찍어 주세요.

㉖ ── A: 너 어떻게 된 거야? 내가 어제 얼마나 기다렸는지 알아?
　　　　B: 정말 미안해. 약속을 깜빡 잊어버렸어.
　　　　A: (　　　　　　　)

① 살다 보면 그럴 수도 있겠지.
② 그러니까 오늘은 네가 한잔 사.
③ 약속을 잊어버리다니 어떻게 그럴 수가 있니?
④ 미안해 할 것 없어. 나도 그러니까.

㉗ ── A: 저, 미안해서 어떻게 하지? 어제 빌린 볼펜을 잃어버렸어.
　　　　B: 아, 그래? 괜찮아.
　　　　A: (　　　　　　　)

① 지금 찾으러 갈 테니까 여기서 기다려.
② 대신에 내 볼펜을 줄 테니까 쓸래?
③ 괜찮을 리가 있나? 잃어버렸는데.
④ 괜히 빌려서 미안해. 찾아 줄게.

解答　㉕-④　㉖-③　㉗-②

〈解説は320ページへ〉

㉘ ── A: 왜 아이가 크게 잘못한 것도 아닌데 왜 그렇게 심하게 야단을 쳐?
　　　B: 잘못된 것은 어렸을 때 바로 고치는 게 좋아요.
　　　　（　　　　　　　　　）

　　① 젊어서 고생은 사서도 한다고 하잖아요.
　　② 세 살 적 버릇 여든까지 간다고 하잖아요.
　　③ 그 아버지에 그 아들이라고 하잖아요.
　　④ 눈에 넣어도 아프지 않다고 하잖아요.

㉙ ── A: 많이 피곤해 보여요.
　　　B:（　　　　　　　　　）
　　　A: 오늘은 집에 일찍 가서 쉬지 그래요.

　　① 일할 게 많아서요.
　　② 일이 바쁠 때는 그렇게 보여요.
　　③ 쉬고 싶은데 일이 많아서요.
　　④ 며칠 동안 야근을 해서 좀 힘들어요.

㉚ ── A: 오늘 공연 어땠어?
　　　B: 감동적이었어. 특히 남자 주인공의 목소리가 멋지지 않았어?
　　　A: 그래.（　　　　　　　　　）

　　① 역시 목소리가 좋아야 감동할 수 있는 것 같아.
　　② 목소리뿐만 아니라 연기도 훌륭했던 것 같아.
　　③ 공연이 감동적일 땐 목소리도 멋지게 들려.
　　④ 주인공 목소리가 나빴으면 큰일 날 뻔 했어.

2 長文の読解問題（１）

【１】対話文を読んで、【問１】～【問２】に答えなさい。

가 : 요즘 내 동생 때문에 걱정이야. 얼마 전에 남자 친구가 생겼는데 공부는 나중이고 어찌나 멋을 내는지, 주말이면 데이트한다고 옷장에 있는 옷은 다 꺼내서 입어 보느라고 정신이 없어.
나 : 중학생인데 벌써? 요즘 아이들은 이성 친구를 일찍 사귀는구나.
가 : 요즘 애들은 초등학교 때부터 이성에 대한 관심이 이만저만이 아니야.
나 : 그래? 우리 때와는 많이 다르구나. 우리가 학교 다닐 때 이성 친구를 만나면 어른들께 야단을 맞았잖아.
가 : 그건 옛날이지. 요즘은 학교는 물론이고 학교 밖에서도 자연스럽게 데이트하는 모습을 쉽게 볼 수 있어. 그리고 요즘 그런 소리를 하면 세대 차이가 나느니 대화가 안 되느니 하면서 같이 말도 안 하려고 할 거야.
나 : 이런, 나도 벌써 구세대가 된 느낌인데. 나도 학교 후배들하고 세대 차이를 느낄 때가 가끔 있어. 서로 사고 방식이 다르니까 할 말도 별로 없고…
가 : 그래. 요즘은 쌍둥이도 세대 차이가 난다고 하잖아. 그래서 난 시간이 있을 때는 동생과 대화를 하면서 생각의 차이를 줄이려고 노력하고 있어.

【問１】「그런 소리」とはどんなことですか。

① 동생이 공부는 안 하고 멋만 내서 걱정이다.
② 중학생이 이성 친구를 사귀다니 건방지다.
③ 후배들과 사고 방식이 달라서 할 얘기가 없다.
④ 우리가 학생 땐 이성 친구를 만나면 야단 맞았다.

【問２】本文の内容と一致するものを①～④の中から１つ選びなさい。

① 쌍둥이라 할지라도 세대 차이를 줄이기 위해 노력해야 한다.
② 중학교에 비해 초등학교 땐 이성에 대한 관심이 별로 높지 않다.
③ 세대 간의 생각의 차이를 좁히기 위해선 대화가 필요하다.
④ 이성에 대한 관심이 높을수록 이성 친구를 일찍 사귄다.

解答　【問１】―④　【問２】―③

〈解説は 322 ページへ〉

【2】対話文を読んで、【問1】～【問2】に答えなさい。

가 : 경민아, 나 이번에 회사를 그만두려고 해.
나 : 왜 그만둬? 사람들이 모두 부러워하는 직업을 가지고 있잖아.
가 : 그렇지만 왠지 은행원은 내 적성과는 맞지 않는 것 같아. 정말 오래 고민한 끝에 내린 결정인데 난 농사를 짓고 싶어.
나 : 네가 그 일을 하고 싶다는 생각이 든다면 해 보는 것도 좋겠지.
가 : 그런데 내가 은행 일을 그만두고 싶다니까 우리 부모님께서 많이 반대를 하셔. 잘못 결정해서 후회하는 수가 있으니까.
나 : 물론 부모님의 말씀에도 일리가 있지만 일은 무엇보다도 자기가 하고 싶고 자신의 적성에 맞아야 하는 게 아닐까? 우리 주위에는 너처럼 직업을 바꿔서 자신의 평생 직업을 찾은 사람들을 많이 볼 수 있어.
가 : 정말? 사실 갑자기 이렇게 직업을 바꾸는 게 한편으로는 겁이 나기도 해.
나 : 지금 초등학교 교사로 계시는 우리 이모도 원래는 간호사였는데 아이들을 좋아해서 직업을 바꾸셨거든.
가 : 정말 대단하시구나! 그런 용기를 내는 것이 쉽지 않았을 텐데. 사실 결정을 내리고도 마음이 영 편치가 않았는데 지금 네 말을 들으니까 용기가 나네.

【問1】「네 말을 들으니까 용기가 나네」の例として適切でないものを①～④の中から1つ選びなさい。

① 간호사였던 이모가 교사로 직업을 바꾼 것
② 은행을 그만두려고 오래 고민할 때 위로해 준 말
③ 직업을 바꿔 평생 직업을 찾은 사람들이 많은 것
④ 적성에 맞고 하고자 하는 일을 하는 게 좋겠다는 말

【問2】「나」の考えと一致するものを①～④の中から1つ選びなさい。

① 사표를 낼 때 부모가 반대하면 신중하게 결정하는 것이 좋다.
② 적성과 하고자 하는 일은 적당히 타협해서 정하는 것이 좋다.
③ 직업이 적성에 안 맞으면 하고 싶은 것을 해 보는 것도 좋다.
④ 직업을 바꾸려 고민할 때는 주위의 예를 참고하는 것이 좋다.

〈解説は322ページへ〉

2 長文の読解問題（１）

【３】 対話文を読んで、**【問１】**～**【問２】**に答えなさい。

가 : 이거 여기서 구입한 전자사전인데요. 교환을 하고 싶거든요.
나 : 상품 포장을 뜯으면 교환이 안되는데요.
가 : 네. 그건 알아요. 그런데 제가 최신형을 달라고 했는데 이걸 권하셨잖아요. 이거하고 신제품하고 기능은 똑같지만 가격이 훨씬 싸다고 하시면서요.
나 : 그랬죠. 그런데 무슨 문제라도 있어요?
가 : 집에 가서 이거하고 신제품을 비교해 봤더니 이게 기능이 많이 떨어지더라고요. 그리고 가격도 큰 차이가 없고요.
나 : 그럴 리가 없을 텐데. 요즘에는 뭐, 하루가 멀다 하고 신제품이 나오니까.
가 : 저한테도 제대로 알아보지 않은 탓이 있지만 여기서 정확한 설명을 해 주지 않으셨으니까 이 사전은 바꿔 주세요.
나 : 그럽시다. 내가 미처 확인을 못했으니까 이번에는 특별히 최신형으로 교환해 드리지요. 대신 앞으로 이런 거 살 일 있으면 꼭 우리 가게로 와야 돼요.

【問１】「교환을 하고 싶거든요」の理由を①～④の中から１つ選びなさい。

① 상품 포장이 뜯겨져 있기 때문에
② 상품이 구입하려던 최신형이 아니었기 때문에
③ 구입한 직후 신제품이 나왔기 때문에
④ 사용법에 대해 정확한 설명을 안 해 주었기 때문에

【問２】 本文の内容と一致するものを①～④の中から１つ選びなさい。

① 상품을 최신형이라고 속여서 판 주인에게 항의를 한다.
② 바가지를 썼다는 것을 알고 반품하려고 왔다.
③ 신제품이랑 기능이 같고 값이 싼 것으로 교환하러 왔다.
④ 최신형인 줄 알고 잘못 산 것을 바꾸려고 왔다.

〈解説は 323 ページへ〉

【4】対話文を読んで、【問1】～【問2】に答えなさい。

가 : 민수 씨!(ㄱ) 많이 늦었네요. 늦잠을 잔 모양이군요.
나 : 미안해요. 집에서는 일찍 나왔는데 오다가 일이 생기는 바람에 늦었어요.
가 : 무슨 일이 있었어요?
나 : 지하철에서 졸다가 (ㄴ) 책을 두고 내렸지 뭐예요.
가 : 어머나! 그래서 늦은 모양이군요. 그런데 잃어버린 책은 어떻게 하셨어요?
나 : 역무원에게 책 찾을 방법을 물어보았어요. 그랬더니 시청역 분실물 센터에 가 보라더군요. 그래서 그곳에 가서 잃어버린 책 제목과 날짜, 그리고 제 연락처를 남기고 왔어요.
가 : 책을 찾게 되면 연락을 준대요?
나 : 네, 찾게 되면 제 휴대전화로 연락을 준대요.
가 : 아침부터 정신이 (ㄷ) 하나도 없으셨겠네요.
나 : 네, 그래요. 그런데 잃어버린 책을 찾을 수 있을까요?
가 : 제가 (　　) 찾기 어려울 듯해요. (ㄹ) 미련을 버리고 다시 사세요.

【問1】 「그만」を入れるのに最も適切な個所を①～④の中から1つ選びなさい。

① (ㄱ)
② (ㄴ)
③ (ㄷ)
④ (ㄹ)

【問2】 (　　) に入れるのに最も適切なものを①～④の中から1つ選びなさい。

① 확인한 바로는
② 연락을 해 봤더니
③ 생각하기에는
④ 말한 대로

③ 長文の読解問題（2）

【1】 文章を読んで、【問1】～【問2】に答えなさい。

(ㄱ) 선물을 주고받는 것은 즐거운 일이지만 조금만 더 신경을 쓰면 좀더 기분 좋게 마음까지 주고받을 수 있다고 생각한다. (ㄴ) 따라서 받는 사람에게 필요한 것이나 취향을 잘 생각해서 선물을 준비하도록 해야 한다. (ㄷ) 이렇게 정성껏 준비한 선물은 가격만 비싼 성의 없는 선물보다 받는 사람의 기분을 좋게 할 것이다.

반면에 가격이 너무 비싼 선물은 받는 사람을 부담스럽게 할 수 있다. 그런 선물을 받으면 이렇게 비싼 선물을 한 의도가 뭘까, 다음에 나도 상대방에게 그 정도의 선물을 해 줘야 하는 것이 아닐까 하는 생각을 하게 된다. (ㄹ) 그래서 선물은 주는 사람도 받는 사람도 부담이 없는 정도가 적절하다.

【問1】 本文で「정성이 담긴 선물은 가격이 조금 싸도 받는 사람을 행복하게 할 수 있다.」という文が入る位置として、最も適切なものを①～④の中から1つ選びなさい。

① (ㄱ)
② (ㄴ)
③ (ㄷ)
④ (ㄹ)

【問2】 本文の内容と一致するものを①～④の中から1つ選びなさい。

① 선물을 받는 사람의 취향을 모를 때는 좀더 신경을 써야 한다.
② 가격만 비싼 성의 없는 선물을 하려면 그만두는 게 낫다.
③ 너무 비싼 선물을 받으면 그 의도를 의심하게 된다.
④ 선물은 값 싸게 마음을 주고 받을 수 있는 수단이다.

【2】文章を読んで、【問1】～【問2】に答えなさい。

　최근에는 쓰레기를 줄이고 자원을 절약하는 것이 환경 보호의 한가지 방법으로 제시되고 있다. 쓰레기는 크게 산업 폐기물과 일반 쓰레기로 구분할 수 있는데, 일반 쓰레기의 대부분은 생활 쓰레기이다. 생활 쓰레기의 많은 양은 음식물 쓰레기나 재활용 가능한 것들이어서 조금만 주의한다면 크게 줄일 수 있다. 특히 일회용품 사용을 줄인다면 쓰레기의 양도 줄이고 자원도 보호할 수 있다. 일회용품은 썩지 않는 것이 많은 것은 물론 생산과정에서 많은 양의 오염 물질을 배출한다. 따라서 일회용품을 쓰지 않는 것이 오염도 줄이고 환경도 보호하는 길이다.

　재활용의 좋은 점은 단지 쓰레기를 줄이는 것에 그치지 않는다. 재활용은 자원을 새로 만드는 데 필요한 에너지 사용과 환경오염을 줄인다.

　그러므로 재활용은 물건을 아껴쓰는 것만이 아니라 환경을 살리는 길이기도 하다. 우리는 자연을 잠시 빌려쓰는 것에 불과하다. 깨끗이 사용하여 후손에게 물려주어야 한다. 그 가장 손쉬운 방법이 분리수거와 재활용이다.

【問1】「환경 보호의 한가지 방법」に当たらないものを①～④の中から1つ選びなさい。

　　① 음식물 쓰레기를 줄인다.
　　② 가능한 것은 재활용한다.
　　③ 생산과정의 오염 물질 배출을 줄인다.
　　④ 일회용품을 사용하지 않는다.

【問2】本文の内容と一致するものを①～④の中から1つ選びなさい。

　　① 재활용에 필요한 에너지 사용도 줄일 필요가 있다.
　　② 일회용품은 많은 양의 오염 물질을 배출한다.
　　③ 생활 쓰레기 중에서 일회용품을 줄이는 것이 중요하다.
　　④ 생활 쓰레기는 모두 재활용하도록 해야 한다.

〈解説は325ページへ〉

3 長文の読解問題（2）

【3】文章を読んで、【問1】～【問2】に答えなさい。

　직장 생활을 하는 사람들은 누구나 아침에 일찍 일어나지 못해서 서둘러 집을 나선 적이 있을 것이다. (ㄱ) 나도 그런 경험을 한 적이 있다. (ㄴ) 아침에 늦게 일어나서 서둘러 나왔는데 엘리베이터에 '고장' 이라는 쪽지가 붙어 있었다. 아, 우리 집은 15층인데… (ㄷ) 계단을 뛰어 내려가기 시작했다. 다리가 떨렸지만 그래도 급히 뛰어 내려갔다. 그런데 이게 웬일인가. 가쁜 숨을 쉬며 차를 타려고 보니 자동차 열쇠를 안 가지고 나온 것이다. '그래도 어떡해. 다시 뛰어 올라가야지.' 더 빨리 뛰어 15층까지 올라갔다. 그런데 아무리 찾아도 열쇠가 보이지 않았다. 항상 책상 서랍 안에 두었던 열쇠가 없는 것이었다. 다시 뛰어 내려오는데 다리에 힘도 빠지고 기운도 없었다. 겨우 택시를 잡아 탔다. (ㄹ) 지각은 안 했지만 하루에 쓸 에너지를 아침에 모두 써버린 힘든 날이었다.

【問1】「하루에 쓸 에너지를 아침에 모두 써버린」の理由として最も適切なものを①～④の中から1つ選びなさい。

　① 늦잠을 잔 데다가 택시가 안 잡혀 지각할 뻔 했기 때문에
　② 엘레베이터가 고장 나 계단을 뛰어 내려왔기 때문에
　③ 자동차 열쇠를 잃어버려 당황했기 때문에
　④ 15층을 반복해서 뛰어 올라갔다 내려왔기 때문에

【問2】「할 수 없이」を入れるのに最も適切な個所を①～④の中から1つ選びなさい。

　① (ㄱ)
　② (ㄴ)
　③ (ㄷ)
　④ (ㄹ)

【4】 文章を読んで、**【問1】**～**【問2】** に答えなさい。

　우리는 어릴 때부터 커서 무엇이 되고 싶으냐는 질문을 많이 받아 왔다. 아이들은 이런 질문에 과학자나 선생님, 소방관, 가수, 영화배우가 되고 싶다고 쉽게 대답을 한다. 그러나 언젠가부터 이 질문에 대답하기가 쉽지 않게 된다.
　직업을 선택하는 것은 보고 싶은 영화를 고르는 것처럼 쉬운 일이 아니다. 그 이유는 직업이 우리 삶에서 너무나 중요한 역할을 하기 때문이다. 우리는 직업을 통해서 생계를 유지할 뿐만 아니라 자신의 꿈을 실현한다. 다시 말해 일을 해서 생활에 필요한 돈을 벌고 원하는 것을 할 수 있게 된다. 그리고 그 과정에서 우리는 행복을 느낀다. 일을 하면서 다른 사람들에게 자신의 능력을 보여주고 사회의 한 사람으로서 살아가는 것이다.
　직업은 이렇게 중요한 것이기 때문에 직업을 선택할 때 우리는 여러 가지를 생각해 봐야 한다. 특히 자신의 일에 만족감을 느끼면서 살아가기 위해서 조건보다는 적성에 맞는 일, 좋아하는 일을 선택하는 것이 중요하다. 어떤 직업을 선택하느냐에 따라 우리의 삶이 행복할 수도 있고 그렇지 않을 수도 있기 때문이다.

【問1】「이 질문에 대답하기가 쉽지 않게 된다」の理由として適切でないものを①〜④の中から1つ選びなさい。

① 직업은 우리 인생을 좌우할 만큼 중요하므로
② 직업을 통해 삶의 행복이 좌우될 수도 있으므로
③ 직업을 가져야 생계 유지와 꿈의 실현이 가능하므로
④ 직업 선택은 아이들이 생각하는 만큼 간단하지 않으므로

【問2】 本文のタイトルとして最も適切なものを①〜④の中から1つ選びなさい。

① 직업과 삶의 만족도
② 어릴 때의 꿈과 현실
③ 직업 선택의 중요성
④ 직업을 통한 행복의 실현

4 長文の読解問題 (3)

【1】文章を読んで、【問1】〜【問2】に答えなさい。

　다른 사람의 잘못을 용서하는 것은 쉽지 않은 일이다. 사과하기가 힘든 것도 이처럼 용서하기가 힘들다는 사실을 알기 때문이다. 그러나 사과를 한 뒤 전보다 서로에 대한 믿음이 더 생기기도한다. 사과한다는 것은 물론 어려운 일이다. 하지만 언제 어떻게 사과할까 생각만 하다 보면 시간이 흘러 사과할 기회마저 놓치고 만다. (ㄱ) 그래서 상대방과의 관계가 더욱 멀어지게 된다. (ㄴ) 정말로 멋진 사과는 자신이 잘못했다고 느끼자마자 가능한 한 빨리 하는 것이다.

　그러나 마음에 없는 사과를 한다면 아마도 상대방은 금방 당신의 사과가 진심이 아니라는 것을 알게 될 것이다. (ㄷ)

　그러므로 사과할 때 "죄송합니다."라는 말만 하기보다 다시는 똑같은 실수를 하지 않겠다는 결심을 보여주는 것이 좋다. 그런 말을 하면 상대방은 내가 그런 실수를 다시 하지 않을 거라고 생각하게 된다. (ㄹ)

【問1】「그러면 더 화가 날것이다」を入れるのに最も適切な個所を①〜④の中から1つ選びなさい。

① (ㄱ)
② (ㄴ)
③ (ㄷ)
④ (ㄹ)

【問2】本文のタイトルとして最も適切なものを①〜④の中から1つ選びなさい。

① 사과는 빨리, 그리고 진심으로
② 남의 잘못을 용서하자
③ 사과는 말보다 결심으로
④ 사과는 멋지게 빨리 하자

〈解説は327ページへ〉

【2】文章を読んで、【問1】～【問2】に答えなさい。

　지구에서 웃을 수 있는 동물은 인간뿐이다. 아무리 사람과 비슷해도 동물은 웃지 못한다. 침팬지나 오랑우탄은 기분을 표현하고 소리를 지르기는 하지만 웃지는 못한다. 인간의 웃음은 뇌가 우스운 상황을 느끼고 근육에 명령을 내리면서 시작된다. 자연스럽게 얼굴 근육이 움직여 표정을 만들고, 가슴의 근육이 움직여 소리를 낸다. 그러나 이것이 전부는 아니다.
　많이 웃는 것은 사람의 몸에 좋은 영향을 미친다. 자신이 행복하다고 느끼고 자주 웃는 사람은 그렇지 않은 사람보다 훨씬 건강하고 병에 걸릴 확률이 낮다. 웃으면 호흡량이 늘어나고 혈액 순환이 잘되어 면역 기능이 높아질 뿐 아니라 심리적으로 안정되어 분노와 같은 감정이 적어진다.
　그러나 무엇보다 웃음이 주는 가장 큰 효과는 개인이 행복을 느낄 수 있다는 것이다. 잘 웃는 사람은 같은 상황에서 더 만족하고 행복감을 느낀다. 이러한 만족과 행복감은 개인의 인생을 바람직하게 바꾼다. 반면에 잘 웃지 못하는 사람은 만족하지 못하기 때문에 자신의 일생이 불행하다고 느낄 것이다.

【問1】「웃는 것은 사람의 몸에 좋은 영향을 미친다」の例として適切でないものを①～④の中から１つ選びなさい。

① 만족감과 행복을 느낄 수 있다.
② 화를 잘 안내게 된다.
③ 병에 잘 걸리지 않는다.
④ 마음이 안정되어 감정이 적어진다.

【問2】本文のタイトルとして最も適切なものを①～④の中から１つ選びなさい。

① 인생과 웃음
② 웃음과 행복
③ 웃음의 효과
④ 인간과 동물

4 長文の読解問題（3）

【3】文章を読んで、【問1】～【問2】に答えなさい。

　한 설문조사 회사가 20대～40대 직장인을 대상으로 '피하고 싶은 날과 기대하는 날'을 조사했는데 응답자의 25.2%가 명절을 가장 피하고 싶다고 대답했습니다. 이와 같이 <u>명절을 피하고 싶은 이유</u>는 '정신적, 육체적 스트레스 때문에'가 41.8%에 달해 가장 높게 나타났고, '하기 싫은 일을 해야 하기 때문에'가 17.1%, '돈을 써야 하기 때문에'가 13%로 나타났습니다. 조사 결과 여성들이 남성보다 더 명절을 싫어하며 특히 기혼 여성이 미혼 여성보다 더 싫어하는 것으로 나타났습니다. 그 이유는 며느리로서 명절 때 일을 해야만 하는 부담이 크기 때문인 듯합니다.

　반면에 직장인들이 가장 기대하는 날은 휴가로서 29.7%로 나타났습니다. 그 이유는 '휴가 보너스를 받기 때문에'가 32.3%로 가장 많았고, '여행을 떠날 수 있기 때문에'가 21.4%, '휴식을 가질 수 있기 때문에'가 18%였습니다. 직장인들이 피하고 싶은 명절, 어떻게 하면 이 명절을 스트레스 안 받고 즐겁게 보낼 수 있을까요? 오랜만에 만난 가족들과 휴가를 보낸다는 즐거운 마음으로 명절을 받아들이면 스트레스의 명절이 아니라 즐거운 명절이 될 겁니다.

【問1】「명절을 피하고 싶은 이유」の理由として適切でないものを①～④の中から1つ選びなさい。

① 며느리로서 해야만 하는 일이 많기 때문에
② 명절에 여러가지로 돈이 많이 들기 때문에
③ 몸과 마음이 다 스트레스를 받기 때문에
④ 오랫만에 가족과 만나면 스트레스를 받기 때문에

【問2】本文の内容と一致するものを①～④の中から1つ選びなさい。

① 명절에는 스트레스를 받지만 보너스를 받기때문에 좋다.
② 명절은 피하고 싶지만 가족과 휴가를 보내는 것은 즐겁다.
③ 미혼 여성에 비해 기혼 여성이 명절에 대해 부담을 느낀다.
④ 휴가 때는 여행을 떠나거나 휴식을 가지면서 즐겁게 보낸다.

【4】文章を読んで、【問1】～【問2】に答えなさい。

우리 신체중 가장 고생하는 부분은 어디일까? (ㄱ) 평생 신발 속에서 우리 몸을 받치고 걸어야 하는 발이 아닐까? (ㄴ) 발은 우리 몸에서 가장 중요한 역할을 하는 곳 중의 하나지만 더럽고 냄새가 난다는 이유로 우리의 관심 밖에 있으며 우리는 그 고마움을 잊고 산다.

사람이 태어나서 60 세까지 걷는 거리는 약 16 만 킬로미터 정도로 지구를 세 바퀴 반이나 도는 것과 비슷하다고 한다. (ㄷ) 보통 1 킬로미터 걸을 때 16 톤의 힘이 들어간다. 그래서 발 모양이 변하고 발에 여러 가지 문제가 생기기 쉽다.

건강한 발은 우리 몸과 마음을 편하게 해 준다. 발이 차면 소화가 잘 안되는데, 이때 따뜻한 물에 발을 담그고 있으면 좋다. (ㄹ) 오랜 시간 동안 걸어서 다리가 아플 때에는 발을 주무르고 씻어 주는 것이 효과적이다. 이렇게 발은 우리 몸의 교통 수단일뿐만 아니라 몸 전체의 건강과도 관계가 있기 때문에 발을 잘 관리하는 것이 중요하다.

【問1】 「그것은 아마도」を入れるのに最も適切な個所を①～④の中から１つ選びなさい。

① (ㄱ)
② (ㄴ)
③ (ㄷ)
④ (ㄹ)

【問2】 本文のタイトルとして最も適切なものを①～④の中から１つ選びなさい。

① 발은 우리 몸의 교통 수단
② 발은 늘 청결하게 관리해야
③ 다리가 아프면 발을 주무르자
④ 발이 건강해야 몸도 건강하다

第6章

訳文

	問題類型	出題問題数	配点
1	短文の日本語訳を選ぶ問題	4	1
2	短文の韓国語訳を選ぶ問題	4	1

訳文に関する問題

出題類型と対策

訳文に関する問題では、
❶韓国語文の日本語訳を選ぶ問題が4問(配点1点)、
❷日本語文の韓国語訳を選ぶ問題が4問(配点1点)、
程度出題されます。韓→日本語訳では韓国語の連語、慣用句、慣用的な表現が取り上げられ、日→韓国語訳でも同様の慣用的な表現などが多く取り上げられます。

出題類型 1　韓国語の短文の日本語訳を選ぶ問題が出題される

　韓国語の短文の日本語への部分訳を選ぶ問題が4問(配点1点)程度出題されます。文中に含まれた韓国語の連語、慣用句、慣用的な表現を日本語に訳すものが多く、選択肢の訳の異同を確認すれば比較的簡単に選べます。合格資料の該当リストに目を通して訳しにくい箇所はないかチェックをしてみてください。

既出例　下線部の日本語訳として適切なものを①〜④の中から1つ選びなさい。
〈既出33回〉

이사를 끝내고 나서 어머니는 몸살을 심하게 앓으셨다.

① ひどく体調をくずした　　② ひどくやせた
③ ひどくぐちをこぼした　　④ 胸がいっぱいになった

【正解】　①
【解説】　引っ越しが終わってから母はひどく体調をくずした。

※訳は幅を持って文脈に沿って訳される。敢えて直訳でない場合も多いので、文脈とほかの選択肢の訳とも比較して適訳を選ぶようにする。

合格資料－34　既出の日本語訳問題の例

※この資料は準２級の日本語訳問題の既出問題の中から一部を選び、その傾向がわかるようにまとめたものである。慣用句的な部分が多く出題されているので直訳を意識しては混乱する可能性がある。合格資料の連語リスト、慣用句リストをしっかり覚えることがこの問題の対策には効率的である。

- [ ] 바람직하기 그지 없는 상황이다.
  = 望ましい限りの
- [ ] 안 데려갈 거면 몰라도 그런 거 아니면 빨리 가시죠.
  = 連れて行かないならまだしも
- [ ] 아침을 굶었다고 살이 빠질 줄 알아?
  = やせるわけないよ
- [ ] 그의 한마디 한마디가 가슴에 와 닿았다.
  = 心に響いた
- [ ] 그런 별일 아닌 일로 억지 쓰지 마세요.
  = 無理強いしないでください
- [ ] 그만 해. 아무리 죽는 소리해도 달라질 건 없어.
  = いくら大変だと泣き言を言っても
- [ ] 이제 와서 밑도 끝도 없이 그런 말을 하면 곤란해요.
  = だしぬけに
- [ ] 한눈 팔지 않고 꾸준히 계속하는 자가 성공한다.
  = わき目も振らずに
- [ ] 그는 끝까지 자기가 옳다고 억지를 부렸다.
  = 意地を張った
- [ ] 코가 비뚤어지도록 마셨으니 못 일어날 거야.
  = ぐでんぐでんになるほど
- [ ] 그 여배우를 바로 눈앞에서 봤는데 그렇게 예쁠 수가 없었어요.
  = 本当にきれいでした
- [ ] 속수무책으로 속만 태웠다.
  = どうすることも出来ずに
- [ ] 지금까지 눈에 가시 같았는데 정말 시원하네요.
  = 目の上のたんこぶだったけど
- [ ] 온다 간다 말도 없이 사라져 버리면 어떻게 해?
  = だまって
- [ ] 이제 형편이 나아져서 애완동물을 기르려고 한다.
  = 経済的余裕ができて

出題類型 2　日本語の短文の韓国語訳を選ぶ問題が出題される

　日本語短文の韓国語への部分訳を選ぶ問題が4問(配点1点)程度出題されます。

　日本語の慣用的な表現や形容詞などを韓国語に訳すものが多く、これも選択肢の訳の異同を確認すれば比較的簡単に選べる問題です。

　このパターンの問題もやはり韓国語の連語や慣用句、慣用的な表現、形容詞などをしっかり覚えているかどうかの総合的な語彙力が問われています。

既出例　下線部の訳として適切なものを①~④の中から1つ選びなさい。

〈既出38回〉

そんなこと、誰に聞いても明らかなことだ。
① 누구의 의견도 아닐거야
② 다른 사람은 이해 못한다
③ 명백한 사실을 물어본다
④ 길가는 사람에게 물어봐라

【正解】　④

【解説】　그건 누구한테 물어봐도 분명한 일이다.
　① 誰の意見でもないだろう　　② 他人は理解できない
　③ 明白な事実を聞いてみる　　④ 道行く人に聞いてみろ

※「誰に聞いても明らかなことだ」の訳は直訳すると「누구한테 물어봐도 분명한 일이다」になるが、問題の選択肢にはそれがない。代わりに「길가는 사람에게 물어봐라」=「道行く人に聞いてみろ」、つまり「みんなに聞いてみろ、誰に聞いたって明らかなことだ」の意の慣用句を選択肢として提示している。

　このように必ずしも直訳にはならない場合もあるので、全体の意味を理解した上で、文脈に沿って適訳を選ぶ必要がある。

　ただ、ほかの選択肢同士を比べてみると、適訳を選ぶのはそれほど難しくない。

合格資料-35　既出の韓国語訳問題の例

※この資料は準2級の韓国語訳問題の既出問題の中から一部を選び、その傾向がわかるようにまとめたものである。多くの場合、訳は韓国語の慣用句的な表現に対応させている。このパターンの問題も合格資料の連語リスト、慣用句リストをしっかり覚えることが対策としては効率的である。

- □ その親子はうりふたつだった。
  = 판에 박은 듯한 얼굴
- □ あんなに嘘を並べる人は、初めてだ。
  = 그렇게 허풍이 센 사람은
- □ 先生、お話がございます。お時間いただけないでしょうか。
  = 드릴 말씀이 있습니다
- □ おっしゃる通りです。
  = 맞는 말씀입니다
- □ 仕事も大事だけどほどほどにね。
  = 어지간히 해 둬
- □ あれほど愛し合っているカップルを見たことある？
  = 죽기 살기라는
- □ 気にしないで。ただ言ってみただけだよ。
  = 그냥 해 본 소리야
- □ いくら我慢しようとしてもこれ以上は無理です。
  = 참을래야
- □ 一生懸命練習してきたのによりによって試合の日が雨になるなんて。
  = 하필이면
- □ 予想どおり会社は倒産した。
  = 아니나 다를까
- □ 子供が無事に帰り、やっと安心した。
  = 가슴을 쓸어내렸다
- □ 納得がいかないようですが、何かご不満でもありますか。
  = 못마땅한
- □ 何もかもうんざりだ。
  = 지긋지긋하다
- □ 大変身ですね。同じ人じゃないみたいです。
  = 아닌가 했습니다
- □ 明日までに部屋を空けてくれと大家に言われた。
  = 비워 달라고
- □ 今の上司は腰が低く、とても人柄が良い人だ。
  = 겸손하고

1 短文の日本語訳を選ぶ問題

※下線部の日本語訳として適切なものを①～④の中から1つ選びなさい。

❶ ──그의 말을 들고 보니 가슴에 짚이는 게 있었다.

☐　① 胸に響く　　　　　　② 胸に突き刺さる
　　③ 心が痛む　　　　　　④ 思い当たる

❷ ──아무리 애를 써도 요즘은 제대로 되는 게 없다.

☐　① 何一つうまくいかない　② ろくにやることがない
　　③ どうしても出来が悪い　④ ろくに仕事もできない

❸ ──빚도 다 갚았으니까 이제부턴 두 다리 쭉 뻗고 잘 수 있다.

☐　① 遠慮なく足を向けて　　② 枕を高くして
　　③ ずっと足を延ばして　　④ 大の字になって

❹ ──좀더 싸지면 몰라도 지금은 살 생각이 없다.

☐　① 安くなるかわからないが　② 安くなってみないと
　　③ 安くても分からないが　　④ 安くなればまだしも

❺ ──미우나 고우나 내 자식인데 어떡하겠어?

☐　① 恨めしいことには　　　② ダサいと言われても
　　③ 否が応でも　　　　　　④ 恨んでみたところで

解答　1-④　2-①　3-②　4-④　5-③

〈解説は331ページへ〉

248

❻ ── 그때는 너무 할 일이 많아서 눈코 뜰 사이가 없었다.

☐　① 見るに堪えなかった　② 目が回るほど忙しかった
　　③ 途方に暮れていた　　④ 目も開けられなかった

❼ ── 고생 시켜 드린 것을 생각하면 부모한테는 입이 열 개라도 할 말이 없다.

☐　① 口をつぐまざるを得ない　② 心にもないお世辞は言えない
　　③ 簡単には話を切り出せない　④ 何も言えない

❽ ── 아무리 그래도 내가 그 일을 맡기에는 자존심이 허락을 않는다.

☐　① プライドが許さない　　② 周りが許してくれない
　　③ 資金が足りない　　　　④ 自分の気持ちが進まない

❾ ── 그 소식을 듣고도 우리는 한숨만을 쉴 뿐 속수무책이었다.

☐　① 急いで取り掛かった　② やるべきことが多かった
　　③ なすすべがなかった　④ 傍観するしかなかった

❿ ── 그렇게 운다고 엄마가 네 말을 들어줄 줄 알아?

☐　① 聞いていると思うのか　② 聞いてあげるわけないよ
　　③ 聞くわけないさ　　　　④ 聞いてあげたとは思わないで

⓫ ── 온종일 싫은 일을 해야만 하니 괴롭기가 그지없다.

☐　① 苦しみをなめる　　　② これ以上退屈なことはない
　　③ 非常に辛い　　　　　④ 我慢の限度を超えている

解答　❻—② ❼—④ ❽—① ❾—③ ❿—② ⓫—③

〈解説は 331 ページへ〉

1 短文の日本語訳を選ぶ問題

⑫ ── 연극이든 영화든 무조건 벗기는 것은 딱 질색이다.

☐ ① まったく色気がない　　② まっぴら御免だ
　　③ きっぱりと断る　　　　④ ぱっとやめる

⑬ ── 이번에 보니 그 사람도 갈 데까지 간 것 같다.

☐ ① やっと行き着いた　　　② 地の果てまで行った
　　③ 落ちるところまで落ちた　④ ようやく着いた

⑭ ── 이 고추는 작은데 얼마나 매운지 입안이 얼얼하다.

☐ ① 食欲がなくなった　　　② 口の中がひりひりする
　　③ 口の中が痛かった　　　④ 舌なめずりをした

⑮ ── 아이가 끝까지 자기가 하겠다고 고집을 부렸다.

☐ ① 主張した　② あばれた　③ 意地を張った　④ せがんだ

⑯ ── 마음 같아서는 지금이라도 이 회사를 그만두고 싶다.

☐ ① 率直に言うと　　　　② 心に誓って
　　③ 気持ちとしては　　　④ 本音を吐けば

⑰ ── 동생은 자기가 좋아하는 가수의 콘서트가 보고 싶어서 몸살이 났다.

☐ ① ひどく体調をくずした　② 胸がいっぱいだ
　　③ ひどく寒気がした　　　④ うずうずしている

解答　⑫—②　⑬—③　⑭—②　⑮—③　⑯—③　⑰—④

〈解説は332ページへ〉

⑱ ── 아무 연락도 없이 바람을 맞아서 기분이 좀 언짢다.

☐　① 足止めをくらって
　　② 約束をすっぽかされて
　　③ 気晴らしができなくて
　　④ 風の吹くまま

⑲ ── 역시 내가 갈 걸 그랬나 봐.

☐　① 行ったらそんな目にあったかもしれない
　　② 行きたければ行けばいいのに
　　③ 行ったほうがよかったかなあ
　　④ 行かなかったほうがよかった

⑳ ── 너는 몰라도 한참 모르는 것 같은데 잠자코 있어라.

☐　① 何もわかっていないようだから
　　② しばらく知らないふりをしたほうが
　　③ 分からないのにでしゃばらず
　　④ 長い間気づいていなかったようだが

㉑ ── 내가 다음주엔 사정이 있어서 못 나오니까 그렇게 알고 있어라.

☐　① そのように考えたほうがいいよ
　　② そのように配慮してほしいな
　　③ そのつもりでいなさい
　　④ それぐらいは知っているね

㉒ ── 여기서는 속을 털어놓고 애기할 친구가 없어서 답답하다.

☐　① 心が通じ合って　　　② 本音を打ち明けて
　　③ 悩みを素直に　　　　④ 心が折れても

正解　⑱-② ⑲-③ ⑳-① ㉑-③ ㉒-②

〈解説は 332 ページへ〉

251

2 短文の韓国語訳を選ぶ問題

※下線部の訳として適切なものを①～④の中から１つ選びなさい。

❶ ── 兄弟なのに性格は<u>まったく違う</u>。

☐ ① 안 맞는 게 당연하다　　② 틀린 건 물론이다
　③ 다를 뿐만이 아니다　　④ 영 딴판이다

❷ ── 選んでみたって<u>どれもこれも同じだ</u>。

☐ ① 그게 그거다　　② 그냥 해 본 거다
　③ 그도 그럴 것이다　　④ 그 얼굴이 그 얼굴이다

❸ ── 故郷が<u>見違えるほど変わったので</u>驚いた。

☐ ① 흔적도 없을 만큼 변해서　　② 몰라 볼 만큼 변해서
　③ 뭔가 잘못 봤나 해서　　④ 옛날과 다른 것을 보고

❹ ── 子供だけを残して酒を<u>飲みに行くなんて</u>！

☐ ① 마시러 가지 그래　　② 마시러 간 줄을
　③ 술술 나오다 보니까　　④ 먹으러 가다니

❺ ── 彼女はいい人がいるだろうに<u>結婚をしない</u>。

☐ ① 시집을 안 보낸다　　② 장가를 안 보낸다
　③ 시집을 안 간다　　④ 장가를 안 든다

解答　❶-④　❷-①　❸-②　❹-④　❺-③

〈解説は333ページへ〉

❻ ──最近食欲がなくて<u>おかゆばかり食べている</u>。

☑　① 식욕이 돋아서　　　　② 입맛이 없어서
　　③ 밥 구경을 못해서　　　④ 밥이 목에 안 넘어가서

❼ ──<u>ナムルを和えるとき</u>はごま油を入れます。

☑　① 나물을 담글 때　　　　② 나물을 섞을 때
　　③ 나물을 마련할 때　　　④ 나물을 무칠 때

❽ ──韓国では<u>夏バテしないように</u>参鶏湯をよく食べる。

☑　① 더위를 먹지 않게　　　② 더위에 지치지 않도록
　　③ 더위에 안 걸리게　　　④ 더위를 마시지 않도록

❾ ──授業中は静かにしなさいと先生に<u>叱られた</u>。

☑　① 야단을 쳤다　　　　　② 잔뜩 얻어맞았다
　　③ 꾸중을 들었다　　　　④ 혼을 내 주었다

❿ ──周りの人から<u>非難される</u>ようなことをしてはいけない。

☑　① 손가락질을 할　　　　② 욕을 먹을
　　③ 비난을 견딜　　　　　④ 손때가 묻은

⓫ ──今の実力では世界で通じないのは<u>言うまでもない</u>。

☑　① 말이 필요 없다　　　　② 두말을 못하다
　　③ 두말 할 나위 없다　　　④ 말해 봐야 입만 아프다

【解答】 ❻-② ❼-④ ❽-① ❾-③ ❿-② ⓫-③

〈解説は 333 ページへ〉

2 短文の韓国語訳を選ぶ問題

⑫ —— 噂によると彼はまもなく会社を辞めるらしい。

① 소문이 나는 바람에　② 소문에 의하면
③ 소식에 따르면　④ 소식을 들은 탓에

⑬ —— 時間がとてももったいない。

① 그렇게 아까울 수가 없어　② 이렇게 심심한 건 처음이야
③ 정말 아까운 줄 알았지　④ 얼마나 지루했는지 알아

⑭ —— 給料をもらったら買いたいものがたくさんある。

① 보수가 입금되면　② 월급을 타면
③ 급료를 지불하면　④ 임금이 결제되면

⑮ —— 家では父が食事を始めるまでは先に食べてはいけない。

① 수저를 놓을 때까지　② 밥을 짓기까지
③ 수저를 들 때까지　④ 상을 차릴 때까지

⑯ —— 田舎で一週間正月を過ごして帰ってきた。

① 정월을 지내고　② 섣달을 보내고
③ 설을 쇠고　④ 설날을 맞이하고

⑰ —— 彼女は人当たりがいいのでどこに行っても可愛がられる。

① 콧대가 높아서　② 물이 좋아서
③ 물불을 안 가려서　④ 붙임성이 있어서

解答　⑫—②　⑬—①　⑭—②　⑮—③　⑯—③　⑰—④

〈解説は334ページへ〉

⑱ ──その話を聞いて<u>とてもうれしかった</u>。

① 정말 속이 끓었어　　② 얼마나 기뻤는지 몰라
③ 속이 타 죽을 뻔했어　④ 벌린 입을 다물지 못했어

⑲ ──<u>思い余って</u>彼に一言忠告をしておいた。

① 생각만 할 바에야　　② 아무 생각 없이
③ 생각다 못해　　　　④ 자기 생각을 접고

⑳ ──<u>結婚はしたいけど</u>、会社は女性ばかりで男性と出会える機会がない。

① 시집을 가고 싶지만　② 며느리가 되고 싶지만
③ 국수가 먹고 싶지만　④ 시집을 보냈으면 하지만

㉑ ──私は<u>寒さに弱いので</u>冬はソウルに行きたくない。

① 추위를 먹어서　　　② 조금 따뜻해질 때까지
③ 추위를 타서　　　　④ 추위가 멀어질 때까지

㉒ ──旅行に行っている間、パソコンを<u>盗まれた</u>。

① 도둑을 만났다　　　② 도둑을 맞았다
③ 도둑이 들어왔다　　④ 도둑이 들었다

㉓ ──<u>騙されたつもりで</u>もう一度彼の頼みごとを聞いてやることにした。

① 속아 봤댔자　　　　② 속는 셈치고
③ 속일 생각으로　　　④ 속은 것이 분해서

해답　⑱-② ⑲-③ ⑳-① ㉑-③ ㉒-② ㉓-②

〈解説は335ページへ〉

# 第7章

模擬テスト

	模擬テスト	試験時間	出題問題数	配点
1回	筆記問題	60分	47問	60点
2回	筆記問題	60分	47問	60点

第1回
模擬テスト

● 解答 p 278
● 解説 p 336 ~ 343

点

筆記

試験時間 60 分

1 下線部を発音どおりに表記したものを①~④の中から1つ選びなさい。
(1点 × 3問)

❶ 내가 뭐 도와줄 일이 없니? ☐1

① 도와줄리리 ② 도와줄니리
③ 도와주리리 ④ 도와준니리

❷ 성격도 쾌활하고 붙임성도 있어 괜찮은 아이라는 생각이 들었다. ☐2

① 부침썽도 이써 ② 부팀성도 잎써
③ 부팀썽도 이써 ④ 부침성도 잎써

❸ 그래도 어려운 시기를 무사히 잘 넘겼네요. ☐3

① 잘넘견네요 ② 잘럼견네요 ③ 잘럼견네요 ④ 잘넘견네요

2 ( )の中に入れるのに適切なものを①~④の中から1つ選びなさい。
(1点 × 8問)

❶ 특히 심야 시간에는 택시를 ( ) 하는 것이 당연시되고 있지만, 나는 그것
이 너무 싫다. ☐4

① 단념 ② 합승 ③ 충돌 ④ 승차

❷ 경사가 심한 비탈길은 비가 오면 ( ) 때문에 바닥에 돌을 깐 곳이 많았다. ☐5

① 소홀하기 ② 색다르기 ③ 미끄럽기 ④ 메스껍기

❸ 저는 그 때 그 소식을 듣고 온 몸이 (　　) 떨려서 견딜 수가 없었습니다.

　　① 부들부들　　② 따끔따끔　　③ 근질근질　　④ 꿀꺽꿀꺽

❹ 모처럼 남산타워에 올랐지만 잔뜩 (　　) 날씨 탓에 서울 시내가 거의 보이지 않았다.

　　① 달라붙은　　② 찌푸린　　③ 둘러싼　　④ 뚫린

❺ A: 윤정이가 대답도 안 하고 자기 방으로 들어가던데 무슨 일이 있었어?
　　B: 아까 장난감을 사 달라고 고집을 (　　) 야단을 쳤어요.

　　① 흔들어서　　② 겪어서　　③ 내세워서　　④ 부려서

❻ A: 왜 그렇게 멍하니 하늘만 바라보고 있어요?
　　B: 어머니가 갑자기 병원에 입원하셨다는 연락이 와서 일이 손에 (　　) 않아요.

　　① 걸리지　　② 잡히지　　③ 묶이지　　④ 닿지

❼ A: 저 사람이 그렇게 (　　) 이라면서요?
　　B: 그럼요. 일도 잘하고 노래도 잘하고 운동도 잘하고 못하는 것이 없어요.

　　① 비몽사몽　　② 선견지명　　③ 호시탐탐　　④ 팔방미인

❽ A: 메달을 못 땄어? 왜? 그 종목에선 그를 상대할 사람이 없을 텐데…
　　B: (　　) 더니 이번 경기에서는 결정적인 실수를 한 것 같아.

　　① 꿩 먹고 알 먹는다
　　② 원숭이도 나무에서 떨어진다
　　③ 피는 물보다 진하다
　　④ 백 번 듣는 것이 한 번 보는 것만 못하다

3 (　　)の中に入れるのに適切なものを①〜④の中から1つ選びなさい。

(1点 × 6問)

❶ 영화제에서 작품상 받은 영화 (　　) 지루하지 않은 영화가 없다고 하더니 그말이 맞구나.

　　① 치고　　② 조차　　③ 마저　　④ 부터

❷ 청소니 (　　) 쉬지 않고 해도 집안일은 끝이 없다.　　□13

　① 빨래든지　② 빨래니　③ 빨래고　④ 빨래든가

❸ 저 가게는 일주일 내내 문을 닫은 걸 보니까 장사를 (　　).　□14

　① 그만두었나 보다　　② 그만둔 줄 알았다
　③ 그만둘 생각이다　　④ 그만둔다고 한다

❹ A: 이번 주말에 축구하러 갈 거예요? 아까 민수 씨한테서 연락이 왔던데.
　 B: 나도 가고 싶은데 아내가 집안에 일이 있다고 (　　).　□15

　① 못 가게 해요　　② 못 가게 돼요
　③ 가면 안 돼요　　④ 가지 못해요

❺ A: 요즘 아침 일찍 일어나서 조깅을 하는 사람들이 많은 것 같아요.　□16
　 B: 건강에 대한 관심이 (　　) 그런 것 같아요.

　① 높댔자　　② 높아지더라도
　③ 높대야　　④ 높아지다 보니

❻ A: 그 태블릿 PC 언제 샀어요? 아주 좋아 보이는데 사용해 보니까 어때요?
　 B: 언제 어디서나 찾아볼 수 있어서 아주 편리해요. 가벼워서 들고 (　　) 편하고요.
　　　　　　　　　　　　　　　　　　　　　　　　　　　　　　　　　□17

　① 다님에도 불구하고　　② 다니기에도
　③ 다닌다 해도　　　　　④ 다닐 수 있게끔

[4] 次の文の意味を変えずに下線部の単語と置き換えが可能なものを①〜④の中から1つ選びなさい。
　　　　　　　　　　　　　　　　　　　　　　　　　　　(1点 × 6問)

❶ 내 체면을 봐서라도 이 친구를 용서해 주십시오.　□18

　① 얼굴　② 눈길　③ 낯가림　④ 몸짓

260

❷ 무더위로 전기 사용이 급증한 요즘 전기를 <u>절약해서</u> 사용하는 생활 태도가 필요하다. ☐19

① 데워서　　　② 녹여서　　　③ 저축해서　　　④ 아껴서

❸ 나는 식구들이 깰까 봐 <u>슬그머니</u> 집을 나왔다. ☐20

① 간신히　　　② 즉시　　　③ 몰래　　　④ 하필

❹ 갑작스러운 그의 행동에 <u>어이가 없어서</u> 한동안 창밖만 바라보았다. ☐21

① 기가 질려서　　② 기가 막혀서　　③ 넋이 나가서　　④ 눈에 거슬려서

❺ A: 그 책? 나는 제목만 보고 재미가 없을 거라고 생각했어. ☐22
　B: 무슨 얘기야. <u>얼마나 재미있다고</u>. 꼭 한번 읽어 봐.

① 그런 대로 재미있어　　　　② 엄청 재미있어
③ 굉장히 재미있대　　　　　 ④ 재미있는 게 당연하지

❻ A: 일 년 동안 공짜로 유학도 시켜주고 장학금도 준다는 얘기가 있어. ☐23
　B: 그거야말로 <u>꿩 먹고 알 먹기</u>네? 어디서 모집하는지 알려 줘.

① 그림의 떡　　　　　　　　② 누워서 떡 먹기
③ 일석이조　　　　　　　　　④ 티끌 모아 태산

5 すべての（　）の中に入れることができるもの（用言は適当な活用形に変えてよい）を①～④の中から1つ選びなさい。　　　　（2点 × 3問）

❶ 주사를 （　　） 하자 아기가 울음을 터뜨렸다. ☐24
　아이가 엄마 손을 （　　） 않고 꼭 잡았다.
　일손을 （　　） 차를 마시면서 잠시 잡담을 했다.

① 치다　　　② 떼다　　　③ 풀다　　　④ 놓다

❷ (　　　) 살면 아무래도 사이가 멀어지기 쉽다.　　　　25
　용돈이 다 (　　　) 이제부터 어떻게 지내야 할지 걱정이다.
　어젯밤 지진으로 컵이 여러 개 (　　　) 깨졌다.

　① 가르다　　　② 부딪치다　　　③ 떨어지다　　　④ 없어지다

❸ 큰 맘 (　　　) 샀는데 바가지를 쓰고 말았다.　　　　26
　할아버지는 귀가 (　　　) 남의 말을 잘 알아듣지 못하다.
　아이들 때문에 부모가 욕을 (　　　) 때도 있다.

　① 듣다　　　② 먹다　　　③ 얻다　　　④ 받다

6 対話文を完成させるのに適切なものを①~④の中から1つ選びなさい。

(2点 × 4問)

❶ A: 막상 군대에 가려니 여자 친구가 걱정이 돼요.　　　　27
　B: (　　　　　　　)

　① 왜요? 무슨 일이 있었어요?
　② 군대에 가면 연락이 안 돼요?
　③ 막상 가려니 무서워요?
　④ 왜요? 마음이 바뀔까 봐서요?

❷ A: 모레 떠나지?　　　　28
　B: (　　　　　　　)

　① 응, 아무도 안 간대서.
　② 아니, 내가 글피에 떠난다고 했잖아.
　③ 아니, 그날 꼭 간다고 했잖아.
　④ 응, 모레 말고는 떠날 수 있어.

❸ A: 와, 저 옷 좀 봐. 예쁘지 않니?　　　　29
　B: 너무 비싸다. 우리 월급을 생각해 봐. 저렇게 비싼 걸 어떻게 사 입니?
　A: 그래, 맞아. (　　　　　　　)

① 우리에겐 그림에 떡이지.
② 우리에겐 도토리 키재기지.
③ 우리에겐 물 위의 기름이지.
④ 우리에겐 꿩 먹고 알 먹기지.

❹ A: 난 이번 시험 결과가 안 좋아서 엄마한테 또 혼났어.　　30
　B: 그래? 난 이번 시험에서 또 A 받았다. 그래서 아빠가 용돈을 올려 줬어.
　A: 야! (　　　　　　)

① 그거 잘 됐다. 한턱 내라.
② 넌 공부 잘해서 좋겠다. 방법을 좀 가르쳐 줘.
③ 나도 공부 잘하면 엄마가 용돈 올려 주겠대.
④ 넌 지금 내 기분이 어떤지 생각 좀 해 주면 안 돼?

7 下線部の漢字と同じハングルで表記されるものを①〜④の中から１つ選びなさい。
（1点 × 3問）

❶ <u>汚</u>染　　　　　　　　　　　　　　　　　　　　31

① 語　　② 誤　　③ 御　　④ 魚

❷ 実<u>行</u>　　　　　　　　　　　　　　　　　　　　32

① 幸　　② 興　　③ 坑　　④ 形

❸ <u>歓</u>迎　　　　　　　　　　　　　　　　　　　　33

① 汗　　② 限　　③ 憲　　④ 幻

8 対話文を読んで、【問1】〜【問2】に答えなさい。　　(2点 × 2問)

가 : 음식물 쓰레기를 건조해서 자원으로 이용하는 기술을 개발한 이영순 선생님을 만나보겠습니다. 안녕하십니까?
나 : 안녕하세요? 반갑습니다.
가 : 어떻게 해서 음식물 쓰레기 건조 장치를 만들게 되었습니까?
나 : 주부들이 귀찮아하는 일중의 하나가 쓰레기를 종류별로 나누어 버리는 일입니다. 그 중에서도 음식물 쓰레기는 양이 많이 나오는 데 반해 좋은 처리 방법은 없었습니다.
가 : 그럼 이 기계는 선생님의 경험에서 나온 것이군요!
나 : 그렇습니다. 집안 일을 하다 보면 매일 음식물 쓰레기가 많이 나옵니다. 어떻게 하면 이 음식물 쓰레기를 잘 버리고 이용할 수 있을까 생각하다가 건조장치를 만들게 되었습니다.
가 : 이 건조장치는 음식물의 냄새를 없애는 데다가 양도 10분의 1로 줄인다고 들었습니다.
나 : 그렇습니다. 또한 음식물 쓰레기를 가루로 만들어서 재활용할 수 있습니다.
　그래서 국내 못지않게 해외에서도 좋은 평가를 받고 있습니다.
가 : 그리고 또 어떤 연구를 하고 있습니까?
나 : 지금은 음식물 쓰레기를 전부 재활용해서 연료로 사용할 수 있는 방법을 연구 중입니다.
가 : 네, 말씀 감사합니다.

【問1】「음식물 쓰레기 건조 장치」の機能の例として適切でないものを①〜④の中から1つ選びなさい。　　34

① 음식물 쓰레기의 재활용을 위해 가루로 만들 수 있다.
② 음식물 쓰레기를 종류별로 나누어 처리할 수 있다.
③ 음식물 쓰레기를 건조시켜 냄새를 없앨 수 있다.
④ 음식물 쓰레기의 양을 크게 줄일 수 있다.

【問2】本文の内容と一致するものを①〜④の中から1つ選びなさい。　　35

① 음식물 쓰레기는 건조시켜 연료로 쓸 수 있다.
② 주부들의 아이디어로 건조 장치를 만들게 되었다.
③ 주부들은 쓰레기를 버릴 때 구분하는 일을 귀찮아 한다.
④ 음식물 쓰레기는 양이 많고 냄새가 나는 것이 문제다.

9 文章を読んで、【問1】～【問2】に答えなさい。　　　　　(2点 × 2問)

　아이들이 그린 그림은 말보다 정확하다. 자신의 생각을 말로 표현하기 어려운 경우에 말 대신 그림으로 자신의 감정을 나타낼 수 있기 때문이다. 그러므로 그림 치료 전문가들은 어린아이의 <u>그림으로 평소에는 알 수 없었던 아이의 정신적인 문제와 성격</u>, 가족 관계 등을 알아내어 아이를 치료하는 것이다.
　선이 잘 보이지 않고 자주 끊어지면 아이가 불안하다는 뜻이다. 또 자신감이 없는 아이는 종이 한쪽 구석에 그림을 작게 그리는 편이다. 사람 그림에서는 손을 그렸는지가 중요하다. 왜냐하면 손이 없으면 자신감이 없다는 증거이기 때문이다. 발을 실제보다 크게 그리면 그 아이의 성격은 매우 활동적인 편이다.

【問1】「그림으로 평소에는 알 수 없었던 아이의 정신적인 문제와 성격」の例として<u>適切でない</u>ものを①～④の中から1つ選びなさい。　　36

① 발을 크게 그리는 아이는 활동적인 편이다.
② 손을 실제보다 크게 그리면 자신감이 있다는 증거다.
③ 그림을 구석에 작게 그리면 자신감이 없음을 나타낸다.
④ 선이 자주 끊어진 그림은 불안함을 나타낸다.

【問2】本文の内容と一致するものを①～④の中から1つ選びなさい。　　37

① 자신감이 없으면 발과 손을 그리지 않는 경향이 있다.
② 그림만 보면 아이들의 정신적인 문제를 전부 파악할 수 있다.
③ 아이들은 말로 표현하기 힘든 것을 그림으로 나타낼 수 있다.
④ 아이들이 감정을 나타낼 때 말보다는 그림을 더 좋아한다.

10 文章を読んで、【問1】～【問2】に答えなさい。　　　　　(2点 × 2問)

　사람은 누구나 직업이 필요하다. (ㄱ) 모든 사람이 적성에 맞고 능력을 발휘할 수 있는 직장을 원한다. 그러나 그런 직업을 갖는다 할지라도 만족하지 않을 수도 있다. 임금이 너무 적어 생활하기 힘든 경우도 있고 보수가 많아도 자신의 적성에 맞지 않아 일을 하면서 어려움을 겪기도 한다.
　(ㄴ) 일할 수 있는 능력 못지않게 갖추어야 할 것이 긍정적인 직업관이

다. 모든 직업은 사회의 건전한 발전을 위해 필요하다. 직업에 차별이 있어서는 안 된다. 따라서 모든 사람은 자신의 직업에 자신을 가져야 한다. (ㄷ) 직업은 개인의 자아 실현뿐만 아니라 사회 발전을 위한 기초적인 수단이기 때문이다.
　일을 하는 보람은 일하는 태도에 따라 결정된다. (ㄹ) 단지 돈을 벌기 위해서만 일을 한다면 기계나 마찬가지다. 일은 개인에게는 자아를 실현하는 계기이며 사회적으로는 사회를 유지하는 중요한 활동이다. 따라서 능력이나 적성 못지않게 건전한 직업 의식이 필요하다.

【問1】「일은 단순히 생계 수단의 도구만은 아니다.」を入れるのに最も適切な個所を①～④の中から1つ選びなさい。　　　　　38

① (ㄱ)
② (ㄴ)
③ (ㄷ)
④ (ㄹ)

【問2】本文の内容と一致するものを①～④の中から1つ選びなさい。　39

① 모든 사람이 적성과 능력에 맞는 직장에 취직하기는 어렵다.
② 직업을 구할 때는 적성 못지않게 보수도 무시해선 안 된다.
③ 직업은 개인의 자아 실현과 사회 발전을 위해 필요한 것이다.
④ 자기 직업에 대해 자신감을 가지려면 능력과 보람이 있어야 한다.

11　下線部の日本語訳として適切なものを①～④の中から1つ選びなさい。

(1点 × 4問)

❶ 입원한 친구의 치료비 마련에 모두들 발 벗고 나섰다.　　40

　① 素足で取り組んだ　　　　② 積極的に取り組んだ
　③ 街頭で募金をはじめた　　④ 各所を訪ね歩いた

❷ 내 말만 잘 들으면 너는 손해 볼 게 하나도 없다.　　41

　① 安心してやっていける　　② 想像するにあまりある
　③ 損をすることはない　　　④ 決して大した損はしない

266

❸ 남편은 한번 잠이 들면 누가 업어 가도 모른다. ☐42

① 何があっても起きない
② 泥棒に入られても気づかない
③ おぶってやりたいほど可愛い
④ 誰かに叩かれてもわからない

❹ 사장이라는 사람이 달아났으니 이 회사도 볼장을 다 봤다. ☐43

① この会社もお先真っ暗だね
② この会社も幸運に巡り合えたね
③ この会社も終わりだね
④ この会社もやるべきものはやり尽くしたね

12 下線部の訳として適切なものを①～④の中から1つ選びなさい。（1点 × 4問）

❶ 目と鼻の先に学校があるのにいつも遅刻をする。 ☐44

① 눈코 바로 앞에　　　　② 엎어지면 코 닿을 데에
③ 눈코가 닿을 곳에　　　④ 엎어지면 눈 닿을 데에

❷ 姉は昨年2級の試験を受けたが、落ちた。 ☐45

① 떨어뜨렸다　　　　　② 미역국을 먹였다
③ 꽃이 졌다　　　　　　④ 미역국을 먹었다

❸ 最近酒を飲むと時々記憶をなくすときがある。 ☐46

① 필름을 끊을 때　　　　② 정신을 잃을 때
③ 필름이 끊길 때　　　　④ 기억이 흐려질 때

❹ 映画館の前は主演の俳優を一目見ようとする観客であふれた。 ☐47

① 관객 때문에 장마가 졌다
② 관객들로 물바다가 되었다
③ 관객들 때문에 물이 넘쳤다
④ 관객으로 홍수를 이루었다

第2回
模擬テスト

●解答 p 278
●解説 p 344 ~ 351

点

筆記

試験時間 60 分

1 下線部を発音どおりに表記したものを①~④の中から1つ選びなさい。
(1点 × 3問)

❶ 영화 제목은 낯익지만 주인공의 얼굴은 잘 떠오르지 않는다. ☐1

① 나칙찌만   ② 난닉찌만   ③ 나딕지만   ④ 나닉지만

❷ 아마 산더미처럼 할 일이 쌓여 있을 거야. ☐2

① 할니리 싸여 이쓸거야   ② 할리리 싸여 읻슬 꺼야
③ 할리리 싸여 이쓸꺼야   ④ 하리리 싸여 읻쓸 거야

❸ 사람들은 끊임없이 자신의 페이스북에 새로운 내용을 기록한다. ☐3

① 끄니멉씨   ② 끄님업시   ③ 끄님멈시   ④ 끄니멈씨

2 ( )の中に入れるのに適切なものを①~④の中から1つ選びなさい。
(1点 × 8問)

❶ 기름 유출 사고의 결과로 고래가 (   )를 감추는 등 생태계 파괴 현상이 일어났다.
☐4

① 충치   ② 폭포   ③ 발등   ④ 자취

❷ 그녀는 뜨개질을 하면서 육아에 관해서 (   ) 이것저것 물었다. ☐5

① 어중간하게   ② 스스럼없이   ③ 뻔뻔스럽게   ④ 형편없이

❸ 비가 쏟아지는 날씨 탓인지 회의에 참석한 사람은 (   ) 다섯 명에 불과했다.
☐6

① 기껏해야   ② 너나없이   ③ 머지않아   ④ 두고두고

268

❹ 그녀의 가야금 연주는 맑고 힘이 있어서 듣는 이의 마음을 (　　) 힘을 가지고 있다. ☐7

① 붙잡는　　② 안기는　　③ 사로잡는　　④ 열중하는

❺ A: 너, 엄마보고 슬금슬금 뒷걸음을 (　　) 걸 보니 뭔가 켕기는 게 있는 모양이구나.
B: 아냐. 아무 일도 없어. 갑자기 엄마가 나타나니까 놀랐을 뿐이야. ☐8

① 향하는　　② 보이는　　③ 걷는　　④ 치는

❻ A: 그게 무슨 얘기야. 난 잘 모르겠는데…
B: 다 알고 얘기하는 거니까 (　　) 떼지 말고 솔직하게 말해. ☐9

① 변명　　② 시치미　　③ 자취　　④ 핑계

❼ 앞으로는 이쪽에서 먼저 대응하지 않고 저쪽에서 취하는 상황을 보아 가면서 그때 그때 (　　)으로 대처해 나갈 생각이에요. ☐10

① 과대망상　　② 임기응변　　③ 자업자득　　④ 선견지명

❽ A: 그분은 그럴 분이 아닌데…
　 그건 그냥 질투하는 사람들이 낸 소문일지도 몰라.
B: 나도 그렇게 생각하지만 '(　　)'라는 옛말도 있잖아. ☐11

① 하나를 보고 열을 안다　　② 세 살 적 버릇이 여든까지 간다
③ 돌다리도 두드려 보고 건너라　　④ 아니 땐 굴뚝에 연기 날까

3 (　　)の中に入れるのに適切なものを①~④の中から1つ選びなさい。
(1点 × 6問)

❶ 언니는 나 (　　) 왜 이렇게 늦게 오느냐고 화를 냈다. ☐12

① 한테로　　② 에게서나　　③ 대로　　④ 더러

❷ 한국 사람 (　　　) 누구나 다 김치를 좋아하는 것은 아니다.　　13

　① 이라면　　② 이라고 해서　　③ 이라든가　　④ 임에도 불구하고

❸ 민수는 그 책이 (　　　) 나에게도 읽어보라고 권했다.　　14

　① 재미있던데　　　　② 재미있대서야
　③ 재미있더라면서　　④ 재미있어서

❹ A: 말다툼을 한 후에 친구를 피하게 돼요.
　B: 말다툼을 (　　　) 안 만나면 사이는 점점 멀어져요.　　15

　① 했다고 해서　　　② 할 것 같다고
　③ 하던 참에　　　　④ 하는 한이 있더라고

❺ A: 그 두 사람이 사귀고 있다는 거 정말이에요?
　B: 내가 정말이냐고 본인에게 (　　　) 그냥 친구 사이래요.　　16

　① 물어보던데　　　② 물어볼 바에야
　③ 물어봤더니　　　④ 물어봤댔자

❻ A: 한국어능력시험 4급에 합격했다면서요? 축하해요.
　B: 시험에 (　　　) 걱정했는데 다행히 합격해서 기뻐요.　　17

　① 떨어진다길래　　② 떨어진 셈 치고
　③ 떨어질까 봐　　　④ 떨어진 바람에

4　次の文の意味を変えずに下線部の単語と置き換えが可能なものを①〜④の中から1つ選びなさい。　　(1点 × 6問)

❶ 어른을 만나도 먼저 인사를 하지 않는 것은 <u>버릇</u> 없는 행동이다.　　18

　① 흐름　　② 마음　　③ 예의　　④ 습관

❷ 휴가철이라 여행을 떠나는 사람들이 많아서 공항이 아주 <u>복잡했다</u>.　|19|

① 넉넉했다　　② 지저분했다　③ 어지러웠다　　④ 붐볐다

❸ 그동안 감춰졌던 모든 의문이 깨끗이 해소될 때 우리는 <u>떳떳하게</u> 세상에 나설 수 있을 것이다.　|20|

① 씩씩하게　　② 당당하게　　③ 까다롭게　　　④ 단단하게

❹ 이 일은 아무리 <u>애를 써도</u> 안 될 것 같으니까 그만두는 게 낫겠다.　|21|

① 속을 끓여도　② 노력해도　　③ 큰 맘을 먹어도　④ 정을 쏟아도

❺ 하품을 하든 잠꼬대를 하든 <u>누가 뭐라나</u>? 자기가 하고 싶어서 하는데…　|22|

① 나 몰라라 한다　　　　② 누워서 침 뱉기다
③ 아무도 불평 안 한다　　④ 누구는 몰라서 안 해?

❻ A: 민수는 동아리 모임에 나오고 있어?　|23|
　B: 나오기는 나오는데 잠자코 앉아 있을 때가 많아. <u>물 위의 기름이야</u>.

① 잘 안 어울려　　　　② 기름처럼 떠 있어
③ 물 만난 고기 같아　　④ 물불을 안 가려

5　すべての (　　) の中に入れることができるもの (用言は適当な活用形に変えてよい) を①~④の中から1つ選びなさい。　　　(2点 × 3問)

❶ 아기가 자고 있으니까 소리가 (　　　) 않도록 조용히 하자.　|24|
　오늘은 갑자기 배탈이 (　　　) 회사를 쉬었다.
　할머니는 시골에서 겨울을 (　　　) 서울로 돌아오셨다.

① 내다　　　②지나다　　　③ 생기다　　　④ 나다

❷ 소리를 질렀더니 (　　) 이 잠겨서 말을 제대로 할 수가 없다.　　25
　 승리에 대한 감격으로 (　　) 이 메여 밥이 넘어가질 않는다.
　 그는 (　　) 이 타는지 남은 맥주를 단숨에 마셨다.

　① 입　　　② 목　　　③ 가슴　　　④ 속

❸ 아내는 아들을 (　　) 안아 담요 위에 눕혔다.　　26
　 학생이 손을 (　　) 들고 질문을 했다.
　 순간적으로 그의 눈빛이 (　　) 빛난 것처럼 보였다.

　① 불쑥　　② 펄쩍　　③ 번쩍　　④ 슬쩍

6 対話文を完成させるのに適切なものを①~④の中から１つ選びなさい。
(2点 × 4問)

❶ A: 사람들은 직업을 통해서 자기 능력을 발휘하는 것 같아요.
　 B: (　　　　　)　　27

　① 물론 직업 없이는 능력 발휘를 못 해요.
　② 그러나 실제로 그런 사람은 많지 않아요.
　③ 능력이 있어도 직업을 구하기 힘든 세상이에요.
　④ 직업을 통하지 않고는 살기가 힘들어요.

❷ A: 얼굴이 어두운 걸 보니 남편하고 또 싸웠구나?
　 B: (　　　　　)　　28

　① 얼굴에 쓰여 있대?
　② 그게 웬일이니?
　③ 어떻게 알았어?
　④ 무슨 싸움을 했어?

❸ A: 어머! 머리가 왜 이래요?
　 B: (　　　　　)
　 A: 그래도 이건 너무 짧아서 남자 같아요.　　29

① 짧은 게 유행이잖아요.
② 더울 땐 짧은 게 좋아요.
③ 길게 자르라고 안 하셨잖아요.
④ 짧게 자르라고 하셨잖아요.

❹ A: 무슨 음악회가 이래?
B: 그러게 말이야. 연주도 엉망, 구성도 엉망, 지루해서 혼났어.
A: (　　　　　)　　　　　　　　　　　　　30

① 나도 정말 혼날 뻔했어.
② 나도 거의 졸다시피 했어.
③ 나도 기분이 엉망이야.
④ 나도 연주가 엉망이라고 혼났어.

7　下線部の漢字と同じハングルで表記されるものを①～④の中から１つ選びなさい。
　　　　　　　　　　　　　　　　　　　　　　　　　（1点 × 3問）

❶ 好奇心　　　　　　　　　　　　　　　　　　　　31

　　① 効　　② 考　　③ 呼　　④ 孝

❷ 終着駅　　　　　　　　　　　　　　　　　　　　32

　　① 増　　② 従　　③ 銃　　④ 症

❸ 否認　　　　　　　　　　　　　　　　　　　　　33

　　① 鼻　　② 疲　　③ 布　　④ 負

8　対話文を読んで、【問1】～【問2】に答えなさい。　（2点 × 2問）

가 : 어떻게 오셨습니까?
나 : 요즘에 계속 소화도 안되고 두통도 심한데, 무슨 이상이 있는 건 아닌지 궁금해서요.
가 : 일단 진찰을 해 봐야 하니까 이쪽으로 누워 보십시오.

273

< 잠시 후 >

가 : 음, 몸에 큰 이상이 있는 건 아닌 것 같은데 혹시 최근에 스트레스를 받는 일이 좀 있으셨어요?
나 : 얼마 전에 회사에서 새로 맡은 업무가 제 적성에 맞지 않아서 그런지 스트레스가 심한 편이기는 한데요.
가 : 잘 아시겠지만 스트레스는 모든 병의 근원입니다.
스트레스가 계속 쌓이면 나중에 큰 병이 될 수도 있거든요.
나 : 그거야 저도 알지만 그게 마음대로 되는 일이 아니라서요. 어떻게 하지요? 약을 좀 먹어야 할까요?
가 : 약을 처방해 드릴 수는 있지만 약에 의존하기보다는 마음을 편하게 먹고 충분한 휴식을 취하는 게 좋을 것 같네요.

【問1】 「스트레스는 모든 병의 근원」의 理由を①~④の中から1つ選びなさい。　　34

① 스트레스가 쌓이면 소화가 안 되고 두통이 심해지므로
② 스트레스를 받으면 일이 적성에 맞지 않게 되므로
③ 스트레스는 약에 의존해도 좀처럼 낫지 않으므로
④ 스트레스가 쌓이면 몸에 큰 이상이 생길 수 있으므로

【問2】 本文の内容と一致するものを①~④の中から1つ選びなさい。　　35

① 충분한 휴식을 취하는 게 스트레스를 푸는 하나의 방법이다.
② 새로운 일을 맡을 때는 적성에 맞는지를 판단해야 한다.
③ 몸에 이상이 있을 때는 스트레스를 의심해야 한다.
④ 스트레스를 받으면 소화가 안 되고 두통이 심해진다.

⑨　文章を読んで、【問1】~【問2】に答えなさい。　　(2点 × 2問)

　　남녀 공학 고교에 다니고 있는 학생들의 성적을 남학교와 여학교에 다니고 있는 학생들과 비교하면 그 결과는 어떨까?
　　교육부에서 세 종류 학교의 5년치 공통시험 평균 성적을 비교해 본 결과 남녀 공학 고교의 성적이 가장 낮은 것으로 나타났다. (ㄱ) 특히 지난해의 성적은 남녀 공학의 평균이 남학교보다 무려 10점 이상 낮은 것으로 나타났다. (ㄴ) 이런 현상은 어느 한 해의 일시적 현상이 아니라 최근 10년 동안 일관되게 나타난 것이다.

(ㄷ) 이성에 관심이 많을 나이이므로 자연히 공부보다 외모에 신경을 쓰게 되고, 학교 안에서의 이성 교제가 많아 학습 결과에 영향을 미친 것 같다고 한다. 한편 남녀 공학이 교육적으로 더 바람직하다는 분석을 내놓는 교육 전문가들도 있다. 이들은 표면적으로 드러나는 성적만으로는 교육의 효과를 평가하기 어려우며 남녀 공학이 성격 형성에 미치는 긍정적인 효과도 무시할 수 없다고 주장한다. (ㄹ) 현재 공학 학교수는 770 개로 남학교 362 개교와 여학교 299 개교를 합친 것보다 많다.

【問1】 「교사들에 따르면」を入れるのに最も適切な個所を①～④の中から1つ選びなさい。　　36

① (ㄱ)
② (ㄴ)
③ (ㄷ)
④ (ㄹ)

【問2】 本文の内容と一致するものを①～④の中から1つ選びなさい。　　37

① 교육 전문가들은 남녀 공학의 수를 제한하자고 주장한다.
② 남녀 공학의 학생들이 성적이 낮은 것은 일시적인 현상이다.
③ 성격 형성의 관점에서 남녀 공학이 더 바람직하다는 전문가도 있다.
④ 남녀 공학의 학생들이 여학교에 비해 이성에 대한 관심이 높다.

10　文章を読んで、【問1】～【問2】に答えなさい。　　(2点 × 2問)

시립정신건강센터에서는 지난 6 일 한국인들의 스트레스 해소 방법에 대한 설문 조사를 실시했다. 이 조사는 대도시에 거주하는 20 대에서 60 대까지의 성인 남녀 500 명을 대상으로, 스트레스를 풀기 위해 가장 자주 하는 일에 대한 질문을 중심으로 이루어졌다. 그 결과 '동료들과 식사를 한다' 가 24.5% 로 1 위, '집에서 가족들과 쉬면서 함께 시간을 보낸다' 가 18.7% 로 2 위, 그리고 '그냥 참고 그 일이 지나가기를 기다린다' 가 11% 로 3 위를 차지하였다. 조사결과를 보면 한국의 현대인들은 주로 사람들과 함께 즐거운 시간을 보내며 스트레스를 해소한다는 것을 알 수 있다. 또 특별한 해소 방법 없이 그냥 참고 넘기는 사람들도 많다는 사실을 알 수 있다. 한편 '스트레스를 처음부터 받지 않는다' 는 응답도 상당수 있었는데 이를 통해 처음부터 스트레스를 받지 않도록 노력하는 사람들도 많은 것으로 나타났다.

【問1】本文のタイトルとして最も適切なものを①~④の中から1つ選びなさい。　38

① 스트레스는 처음부터 받지 않도록 노력해야
② 현대인들은 어떻게 스트레스를 해소할까?
③ 즐거운 시간을 보내야 스트레스 풀려
④ 스트레스 해소에는 동료와의 식사가 최고

【問2】本文の内容と一致するものを①~④の中から1つ選びなさい。　39

① 동료나 가족과 시간을 보내며 스트레스를 해소하는 사람이 많다.
② 스트레스를 받고도 그저 참기만 하는 사람들은 거의 없다.
③ 한국인들은 대부분 처음부터 스트레스를 받지 않는 편이다.
④ 스트레스 해소를 위해 여가 생활을 즐기는 사람들도 적지 않다.

11　下線部の日本語訳として適切なものを①~④の中から1つ選びなさい。

（1点 × 4問）

❶ 책값보다 송료가 더 비싸다니 <u>배보다 배꼽이 더 크네</u>.　40

① 冗談にも程がある　　② 腹を抱えて笑いたくなる
③ へそで茶をわかすよ　④ 本末転倒だね

❷ <u>하루가 멀다고</u> 신상품이 나와서 어떤 걸 골라야 할지 모르겠다.　41

① 立て続けに　　　　② ほぼ毎日のように
③ 短い間隔で　　　　④ 一日おきに

❸ 뭐든지 괜찮으니까 빨리 줘. <u>배가 등에 가 붙었어</u>.　42

① 腹が減って動けないよ
② 船が座礁するところだったよ
③ 腹ペコだよ
④ 腹を壊したよ

276

❹ 갑자기 내린 눈 때문에 차들이 언덕길에서 <u>오도 가도 못하고 있다</u>. ⬜43

① 行き来できないでいる
② すれ違うことすらできないでいる
③ 渋滞を起こしている
④ 立ち往生している

12 下線部の訳として適切なものを①〜④の中から１つ選びなさい。(1点 × 4問)

❶ 彼は社長を前にして<u>蛇に睨まれた蛙</u>のように固まった。 ⬜44

① 고양이 앞에 쥐　　　② 뱀 앞에 개구리
③ 쥐 앞에 벌레　　　　④ 개구리 앞에 파리

❷ 日本全国<u>津々浦々</u>まですべて行ったことがある。 ⬜45

① 팔방미인　　　　② 미사여구
③ 방방곡곡　　　　④ 비몽사몽

❸ あんなに謝っているのだから、<u>許してあげたら</u>？ ⬜46

① 용서해 드리면 돼？
② 사과를 받아 주지 그러니？
③ 사과를 받았으면 좋겠다
④ 용서를 받았으면 좋겠다

❹ 大事な話に<u>水を差す</u>ことはやめて。 ⬜47

① 물 뿌리지 마
② 고춧가루 뿌리지 마
③ 물 먹이는 건 그만 둬
④ 후춧가루는 넣지 마

模擬テストの正答と配点

●筆記 60 点満点

問題		マークシート番号	第 1 回正答	第 2 回正答	配点
1	1)	1	①	②	1
	2)	2	①	③	1
	3)	3	③	①	1
2	1)	4	②	④	1
	2)	5	③	②	1
	3)	6	①	①	1
	4)	7	②	③	1
	5)	8	④	④	1
	6)	9	②	②	1
	7)	10	④	②	1
	8)	11	②	④	1
3	1)	12	①	④	1
	2)	13	②	②	1
	3)	14	①	③	1
	4)	15	①	①	1
	5)	16	④	③	1
	6)	17	②	③	1
4	1)	18	①	③	1
	2)	19	④	④	1
	3)	20	③	②	1
	4)	21	②	②	1
	5)	22	②	③	1
	6)	23	③	①	1

5	1)	24	④	④	2
	2)	25	③	②	2
	3)	26	②	③	2
6	1)	27	④	②	2
	2)	28	②	③	2
	3)	29	①	④	2
	4)	30	④	②	2
7	1)	31	②	③	1
	2)	32	①	②	1
	3)	33	④	④	1
8	1)	34	②	④	2
	2)	35	③	①	2
9	1)	36	②	③	2
	2)	37	③	③	2
10	1)	38	④	②	2
	2)	39	③	①	2
11	1)	40	②	④	1
	2)	41	③	②	1
	3)	42	①	③	1
	4)	43	③	④	1
12	1)	44	②	①	1
	2)	45	④	③	1
	3)	46	③	②	1
	4)	47	④	②	1
合計					60

第7章 模擬テスト 正答と配点

第8章

解説編

	解　　説	
1	筆記編	1章・2章・3章・4章・5章・6章
2	模擬テスト編	1回・2回

筆記問題の解説

第1章　発音に関する問題

正しい発音を選ぶ問題

※下線部を発音どおりに表記したものを①〜④の中から1つ選びなさい。

1. ひまわりの花柄があるブラウスを買った。
   ❶ [꼰무니]：꽃무늬 [꼳 + 무니] → [꼰 + 무니]　☞資料3 鼻音化1③参照

2. 何人前を注文なさいますか？
   ❹ [며딘부늘]：몇 인분을 [몇 + 인분] → [며 + 딘분]　☞資料7 絶音化参照

3. わがチームは創団以来初優勝をおさめた。
   ❸ [처두승을]：첫 우승을 [첟 + 우승] → [처 + 두승]　☞資料7 絶音化参照

4. 外は日差しががんがん照り付けて出歩くことができないほどだった。
   ❸ [핻뼈치]：햇볕이 [핻뼈 + 치]　☞資料5 口蓋音化参照

5. 地図に色鉛筆で太い線を引いた。
   ❷ [생년필로]：색연필로 [색 + 년필] → [생 + 년필]
   ☞ㄴ添加後、鼻音化。資料8 ㄴ添加参照

6. 彼は誘惑に負けてまた賭博に手を出してしまった。
   ❶ [몬니기고]：못 이기고 [몯 + 니기고] → [몬 + 니기고]
   ☞資料8 ㄴ添加の注意2参照

7. 急な用事ができて先に失礼します。
   ❸ [그판 볼리리]：급한 볼일이 [그판 + 볼 + 닐] → [그판 + 볼 + 릴]
   ☞資料2 激音化⑤、資料8 ㄴ添加の注意1（ㄴ添加後の流音化）参照

282

8. 生前の彼の小説は日の目を見られずに埋もれてしまった。
   ❶ [무치고]：묻히고 [무치고] ☞資料5口蓋音化③参照

9. 当時の国力から見るとイギリスは世界最強の国だっただろう。
   ❹ [궁녀그로]：국력으로 [국 + 력] → [궁 + 녁] ☞資料3鼻音化3①参照

10. 食欲がない時であるからこそ食べ物は偏りなく食べなければならない。
    ❹ [임마덥쓸 때]：입맛 없을 때 [임맏 + 업쓸] → [임마덥쓸 때]
    ☞資料3鼻音化1⑥と資料7絶音化参照

11. 彼女はいつも服の着こなしが端正だ。
    ❶ [온맵씨]：옷맵시 [온 + 맵시] → [온 + 맵씨]
    ☞資料3鼻音化1③参照

12. 二人の間は以前より悪くなって言葉も交わさない。
    ❸ [아콰되어]：악화되어 [아 + 콰되어] ☞資料2激音化①参照

13. 両親に親戚の結婚式の時、着る服一着をプレゼントした。
    ❹ [오탄버를]：옷 한벌을 [온 + 한버를] → [오 + 탄버를]
    ☞資料2激音化③参照

14. 彼女は彼の話を真に受けた。
    ❹ [고지곤때로]：곧이곧대로 [고지 + 곤때로]
    ☞資料5口蓋音化①参照＋資料4濃音化1⑦参照

15. 笑う人はそうではない人より病気にかかる確率が低い。
    ❷ [황뉴리 낟따]：확률이 낮다 [확 + 뉼] → [황 + 뉼]
    ☞資料3鼻音化3①参照

16. ごみを減らすことに劣らず重要なのがリサイクルだ。
    ❷ [몯찌 안케]：못지 않게 [몯찌 + 안케]
    ☞資料4濃音化1⑩＋資料2激音化②参照

17. 漢江沿いを走る車の明かりだけが点のように動いた。
    ❸ [불삗만]：불빛만 [불삗 + 만] → [불삗 + 만]
    ☞資料4濃音化2⑧＋資料3鼻音化1③参照

18. 今日も事故がなく<u>無事</u>に終わったなという安堵感みたいなものです。
   ❶ [잘 끈낟꾸나] : 잘 끝났구나 [끝 + 낟 + 꾸나] → [끈 + 낟꾸나]
      ☞資料3鼻音化1④、資料4濃音化1⑥

19. 文の順序を変えたい部分を<u>コピーして貼り付け</u>をすればよい。
   ❷ [복싸해서 부치기] : 복사해서 붙이기 [복싸해서 + 부치기]
      ☞資料4濃音化1④ + 資料5口蓋音化②参照

20. タクシーに乗って目的地も言わずに直進しろという<u>手振りだけをした</u>。
   ❶ [손찓만 핻따] : 손짓만 했다 [손찓 + 만] → [손찓 + 만]
      ☞資料4濃音化2⑤ + 資料3鼻音化1③参照

21. お正月の<u>連休</u>に故郷を訪ねる人たちは雪道に気を付けなければならないようだ。
   ❹ [설랄려뉴에] : 설날 연휴에 [설 + 랄 + 년 + 휴에] → [설랄 + 려 + 뉴에]
      ☞資料6流音化② + ㄴ添加後、流音化。資料8ㄴ添加参照

22. <u>第一印象が良い</u>と相手に肯定的な印象を与えることができる。
   ❶ [처딘상이 조아야] : 첫인상이 좋아야 [첟 + 인상] → [처 + 딘상]
      ☞資料7絶音化参照

23. 私たちはちょっと<u>余裕</u>があるが、親戚はそうではないように見えて切ない。
   ❷ [넝너칸데] : 넉넉한데 [넝너 + 칸데] ☞資料3鼻音化1②参照

24. 食用油は種類ごとに味と性質が違う。
   ❸ [시공뉴는 종뉴마다] : 식용유는 종류마다 [시공 + 유] → [시공 + 뉴]
      ☞資料8のㄴ添加参照、[종뉴] ☞資料3鼻音化2②参照

25. 街で活気に満ちた<u>若者たちの日常</u>を見て感じることができます。
   ❹ [절므니드레 일쌍] : 젊은이들의 일상 [일쌍] ☞資料4濃音化2⑨参照

26. その人に連絡する方法はないだろうか。
   ❶ [열라칼 빵법] : 연락할 방법 [연 + 락 + 할 + 방법] → [열 + 라 + 칼 + 빵법]
      ☞資料6流音化① + 資料2激音化① + 資料4濃音化3参照

27. 木の葉の色がだんだん黄色く変わっている。
   ❷ [나문니페] : 나뭇잎의 [나문 + 니페] → [나문 + 니페]
      ☞資料8ㄴ添加 + 資料3鼻音化1④参照

28. 彼は十七歳の時、アメリカに渡って音楽を勉強した。
    - ❶ [열릴곱쌀때] : 열일곱살 때 [열 + 닐곱] → [열 + 릴곱]
      - ☞資料8 ㄴ添加＋資料6流音化②参照

29. 文化人類学は人類の社会と文化に対して総合的に勉強する。
    - ❷ [무놔일류하근] : 문화 인류학은 [일 + 류학]
      - ☞資料6流音化①参照

30. 風は花びらの上に留まらずかすめていくだけだ。
    - ❸ [꼰니뷔에] : 꽃잎 위에 [꼰 + 닙 + 위] → [꼰 + 니 + 뷔]
      - ☞資料8 ㄴ添加＋資料7絶音化参照

31. 外見がみんな同じで名前も覚えられないという不満が多い。
    - ❶ [모되우겐따] : 못 외우겠다 [몯 + 외우겐따] → [모 + 되우겐따]
      - ☞資料7絶音化の注意2参照

32. 何人かの心理学者たちが指摘する失敗の原因がそれだ。
    - ❸ [면먼 심니학짜] : 몇몇 심리학자 [멷 + 멷] → [면 + 먼] ☞資料3鼻音化1③参照、
      [심리] → [심니] ☞資料3鼻音化2①参照

33. いつも短く過ぎ去る春の日差しが惜しかったが、今年は結構長く感じられる。
    - ❸ [짤게 지나가는 봄뼈치] : 봄볕이 [봄 + 뼈 + 치]
      - ☞資料4濃音化2⑬＋資料5口蓋音化②参照

34. 食欲がない時、簡単に作って食べられるおかずを紹介します。
    - ❷ [밤마덥쓸때] : 밥맛 없을때 [밤 + 맏 + 업쓸때] → [밤마 + 덥쓸때]
      - ☞資料3鼻音化1⑥＋資料7絶音化参照

35. 職場の同僚に好感を感じた理由を男女別で調べてみた。
    - ❶ [직짱동뇨] : 직장 동료 [직짱] ☞資料4濃音化1⑤参照、
      [동뇨] ☞資料3鼻音化2②参照

36. ハングルの日を10月9日に決めたのはハングルが公布された日から由来する。
    - ❶ [한글라를] : 한글날을 [한글 + 랄] ☞資料6流音化②参照

第8章 解説編

285

37. 二人は十六歳の年の差を乗り越えて結婚した。
    ❷ [열려섣쌀] : 열여섯 살 [열 + 녀섣] → [열 + 려섣]
        ☞資料8ㄴ添加の注意1参照

38. 明け方から外が見えないほど雪が降った。
    ❶ [새병녁뿌터 바까치] : 새벽녘부터 바깥이 [새병 + 녁] → 資料3 鼻音化1②参照、
        [바까 + 치] ☞資料5 口蓋音化②参照

39. 道端に車を止めた後、霧が晴れるのを待った。
    ❹ [거치기를] : 걷히기를 [거치기를] ☞資料5 口蓋音化③参照

40. 秋に種をまいて翌年の初夏に収穫する。
    ❹ [천녀르메] : 첫여름에 [천 + 녀름] → [천 + 녀름]
        ☞資料8ㄴ添加 + 資料3 鼻音化1④参照

41. カレンダーのやるべきことリストを使って日程を管理する。
    ❷ [할릴몽노글] : 할 일 목록을 [할 + 닐] → [할 + 릴], [목 + 녹] → [몽 + 녹]
        ☞資料8ㄴ添加 + 資料6 流音化② 、資料3 鼻音化3①参照

42. 男性が女性の心を読めない理由は脳の違いから由来するという。
    ❶ [몬닝는] : 못 읽는 [몬 + 닉 + 는] → [몬 + 닝 + 는]
        ☞資料7 絶音化 + 資料8ㄴ添加、資料3 鼻音化1②参照

43. ソウル駅に到着した私はどきどきしながら列車に乗った。
    ❷ [서울려게 도차칸] : 서울역에 도착한 [서울 + 녁] → [서울 + 력], [도차 + 칸]
        ☞資料8ㄴ添加 + 資料6 流音化② 、資料2 激音化②参照

44. 空港まで直行列車で便利で早く移動することができる。
    ❸ [지캥녈차로] : 직행 열차로 [지캥 + 녈차]
        ☞資料2 激音化① + 資料8ㄴ添加参照

45. この昆虫は草の葉の上に宿った露を飲んで生きている。
    ❶ [풀리뷔에 맨친] : 풀잎 위에 맺힌 [풀 + 닙 + 위] → [풀 + 리 + 뷔]
        ☞資料8ㄴ添加→資料6 流音化 + 資料7 絶音化参照

第2章　語彙に関する問題

1 文の空欄語句補充の問題

※（　　　）の中に入れるのに適切なものを①〜④の中から１つ選びなさい。

1. 引っ越し祝いに行くのに（　　　）で行くわけにはいかないので果物を少し買った。
   ① 空拳　② 素足　③ 足の甲　❹ 手ぶら

2. ソウル市は日増しに増加する交通量で深刻な（　　　）を抱えている。
   ❶ 悩み　② 計画　③ 腹痛　④ 副作用

3. 女性の商品化を（　　　）させるなど女性を保護する法律などを作った。
   ① 促進　❷ 禁止　③ 成立　④ 相談

4. 兄は口数が少なく人見知りをするのに対して弟（妹）は陽気で（　　　）がいい。
   ① 自尊心　② 長所　❸ 人当たり　④ 自慢

5. 彼女はさほど警戒する（　　　）もなくドアを開けてくれた。
   ① 行動　② 情熱　③ 顔　❹ 様子

6. 今日このようにごみ減らしキャンペーンが（　　　）に乗るようになったのはボランティアたちの献身的な努力のたまものです。
   ① てっぺん　❷ 軌道　③ 真ん中　④ 関心

7. 事故によってその一帯の（　　　）がほぼまひ状態になった。
   ① 暮らし　② 式場　③ 産業　❹ 交通

8. 使い捨ての食器は（　　　）をする必要がなくて便利だが、環境汚染をもたらす恐れがある。
   ❶ 皿洗い　② バーベキュー　③ 言い訳　④ 行為

9. 母は息子の日記帳を（　　　）に戻して触った痕跡が残らないようにしておいた。
   ① 煙突　② 待合室　❸ 引き出し　④ 備品

287

10. 昔は眠気を覚ますためとか食後に（　　　）でガムをかむ人たちがたくさんいた。
    ① 感想　❷ 口直し　③ 習慣　④ 楽しみ

11. 彼らには自分の家族だけではなく、この集まりに参加している会員たちも大きな（　　　）の中の家族であるわけだ。
    ① 網　② 敷居　❸ 垣根／枠　④ 市場

12. できればお酒やタバコ、そして辛くて塩辛い食べ物など（　　　）なものを避けたほうが良い。
    ① 実質的　❷ 刺激的　③ 必然的　④ 悲観的

13. 私たちは（　　　）夫婦です。それで子供を保育園に預けたりベビーシッターを雇ったりします。
    ① 同窓生　② 棒　③ 当事者　❹ 共働き

14. ミンスは話は（　　　）言うけれど、実際に実践に移すことは見たためしがない。
    ① 平凡に　❷ それらしく　③ しめっぽく　④ やぼったく

15. 大部分の発展途上国は早急に産業化を成し遂げるために環境問題には（　　　）場合が多い。
    ① まっ暗な　② 暇な　❸ 疎かな　④ 明るい

16. この年でまた勉強を始めるということが少し（　　　）怖いが、一生懸命にがんばってみようと思います。
    ❶ 照れくさくて　② せっかちで　③ 退屈で　④ 幼稚で

17. この問題を（　　　）解決しようとすると、どのようなやり方で近付いたほうが良いだろうか。
    ① 軟らかく　② 意地悪に　③ 険しく　❹ 円満に

18. そばで見ている私は（　　　）のに、当の本人は平気な顔をしている。
    ① 物静かな　❷ はらはらしている　③ いぶかしい　④ 厚かましい

19. 子供を（　　　）育てようとすると、幼い時から偏食をしないようにしなければならない。
    ① 気の毒に　② 利口に　❸ 丈夫に　④ 頼もしく

20. 半分ぐらい開けられたカーテンの間から（　　　）月明りが漏れて差し込んできた。
　　❶ かすかな　② 満足のいく　③ 汚い　④ 熱い

21. 岩の間に根付いて育った松の（　　　）とした姿に自然の驚くべき生命力が感じられた。
　　① ちくちく　② そよそよ　❸ くねくね　④ もじもじ

22. 彼は今まで目の前に置いてあった杯を持って一気に（　　　）飲み干した。
　　① きらっと　② がばっと　③ かちかちに　❹ ぐっと

23. 秋になると常に肌が乾燥して体が（　　　）する。
　　① どきどき　❷ むずむず　③ ぶるぶる　④ にこにこ

24. 遠く闇の中からまるで夜空の星のように（　　　）明りが現れた。
　　① びりびりと　② ずきずきと　❸ 点々と　④ こそこそと

25. 階段を下りてくる途中、急にめまいがして（　　　）座りこんでしまった。
　　① ほうっと　❷ べったりと　③ 快く　④ ぞろぞろ

26. 自分がこちらで商売をするようになるまでの話を（　　　）打ち明け始めた。
　　❶ とつとつと　② わくわく　③ のろのろ　④ ぐらぐら

27. 学校へ行っても階段を上り下りするたびに足が重く、膝が（　　　）してとても大変だった。
　　① くねくね　② ぽかぽか　③ べたべた　❹ ずきずき

28. 今回の行事は韓日両国が新しい交流の次元に進むきっかけを（　　　）。
　　① 成り立った　② うなずいた　③ 犯した　❹ 作ってくれた

29. 私は重要なものには線を（　　　）勉強をしています。
　　① 使いながら　❷ 引きながら　③ 描きながら　④ つなぎながら

30. 彼女は去年恋人と別れてからまだ（　　　）ことができずに迷い続けているそうです。
　　❶ 気持ちを切り替える　② 気を使う　③ 気を引く　④ 決心する

289

31. それが誰のミスなのか（　　　　）前に私の責任が大きいというのはよく分かっています。
　① 察する　❷ 明らかにする　③ 打ち明ける　④ 漂わす

32. 姉は運転免許を（　　　　）から5年間一度も運転をしたことがないそうです。
　① つかんで　② 得て　③ 受けて　❹ 取って

33. ヨンミンは目を細く（　　　　）ミンスの変な行動を注視した。
　① 開けて（窓などを）　❷ 開けて（目を）　③ 開けて（口などを）　④ 閉めて

34. 毎年夏になると観光客たちが捨てて行ったごみがわれわれの眉を（　　　　）させる。
　① 痛ま　② 広げ　❸ ひそめ　④ 流

35. 警察を見てそっと後ずさりを（　　　　）のを見ると何か後ろめたいことがあるようだ。
　❶ する　② 歩く　③ 付ける　④ 出す

36. 村の前の小川では魚が群れを（　　　　）泳ぎ回っている姿が見られる。
　① 作って　② 先に立たせて　❸ なして　④ 選り分けて

37. 彼はそれをもらって皮を（　　　　）やいなや一口で食べてしまった。
　① 壊す　② 漬ける　③ 脱ぎ捨てる　❹ 剥く

38. ミソンが湯気の（　　　　）トック（雑煮）を持って来て食べなさいと勧めた。
　❶ 立つ　② 浮かぶ　③ 立ちこめた　④ 漏れた

39. この建物は設計変更によって建設費が予定より倍もかかるようになってとても頭が（　　　　）。
　① つらい　❷ 痛い　③ ややこしい　④ 憂鬱だ

40. 隣の家から聞こえてくる音楽の音が耳に（　　　　）読書に集中できなかった。
　① つかまって　② 乗り気になって　③ 不慣れで　❹ 障って

41. ヨンミンは青白い顔で最近暑すぎるせいか食欲がなくて食事を（　　　　）時が多いと言った。
　① 加える　② 引く　❸ 抜かす　④ 整える

42. 午前中は雲の多い天気となりますが、（　　　）晴れてくる見込みで、雨の降る確率は10パーセントしかないと言います。
    ❶ 次第に　② どうしても　③ とっくに　④ いっそう

43. 所得水準が高くなるに従って大型家電製品の需要が（　　　）増えている。
    ① かろうじて　❷ ますます　③ 逆に　④ それさえも

44. 川水も使えば減るというのに、（　　　）お金をそんなに何の考えもなく使っていては後で大きく後悔すると思うよ。
    ❶ ましてや　② 単に　③ よりによって　④ ひとしきり

45. 彼は（　　　）空いている客席を眺めながら、夜遅くまで稽古をしていた無名時代を思い浮かべた。
    ① まったく　② 非常に　❸ がらんと　④ ずっと

46. 私は話があまりにも上手な人を見ると（　　　）信頼が置けない。
    ❶ なんだか　② ひょっとすると　③ ふっと　④ いつのまにか

47. 今まで討論をしたからもう（　　　）結論をまとめて夕飯を食べに行きましょう。
    ① そよそよと　② ぞろぞろ　③ ちくちく　❹ そろそろ

48. 一生を通じて人に巡ってくるチャンスは（　　　）1～2回しかない。
    ① 突然　② 確かに　❸ わずか　④ ようやく

49. A: 昨日は出席すると言ったのに今日になって来られないと言うの？
    B: そうなんだよね。（　　　）変わるその腹の中がまったく分からないな。
    ① もしかして　❷ 一日に何度も　③ 一日二日でもなくて　④ することなく

50. A: ヘヨンは嫁に行って幸せに暮らしていますか。
    B: ゴマが（　　　）幸せに暮らしているようですよ。先月は娘が生まれたそうです。
    ① 香ばしく　② 落ちるように　③ 味が付くように　❹ 零れ落ちるように＝仲睦まじく

51. A: （　　　）。こんなに重要なものを忘れていたな。これ、きみの列車の切符。
    B: ありがとう。出発の1時間前に待合室に行って待っているから。
    ① 私はそんなの知らないよ　　　　② 私の勝手だ
    ❸ 危なかった！（気づいてよかった）　④ 知らんぷりをするね

291

52. A: 結婚することにしたんだって？ おめでとう。 ところで日取りは（　　　）？
    B: 仕事が忙しすぎて婚姻届だけ出して、結婚式は来年あげることにしたの。
    ① 漏れたの　❷ 決めたの　③ 立てたの　④ 作ったの

53. A: 今日会社からボーナスをもらいました。 私が（　　　）。
    B: やめてください。 この前もおごってもらったのに。 今回は私が出しますよ。
    ① 言ってみただけです　② 灰を撒きますよ　③ 一刻を争います　❹ ご馳走しますよ

54. A: 私はバスに長く乗っていると少し目まいがしますが、ヨンミさんは大丈夫ですか。
    B: 私もそうなんです。 バスに乗るたびに乗り物酔いをして（　　　）。
    ❶ 大変です　② 叱ります　③ 気をもみます　④ 薬もありません

55. A: ミンスの家はものすごい金持ちらしいよ。 財産が何十億だって。
    B: あの子の話は信用しないほうがいいよ。誇張が（　　　）。
    ① 届くから　❷ ひどいから（ほら吹きだから）　③ 吹くから　④ 高いから

56. A: これどう？ 1万ウォンで買ったけど、いいでしょう？
    B: これが1万ウォンなの？ 私は3000ウォンで買ったのに。 完全に（　　　）。
    ❶ ぼったくられたね　② 勘付いたね　③ 大騒ぎになったね　④ 墓穴を掘ったね

57. A: どうしてそんなに元気がないの？ どっか具合でも悪いの？
    B: 恋人と約束をしたんだけど、結局（　　　）帰って来るところなの。それでちょっと…
    ① 試験に落ちて　② 浮気をして　❸ すっぽかされて　④ 足で蹴って

58. A: あちらに座っている人にとても（　　　）誰だか思い出せません。
    B: もしかして昔の学校の時の友達ではありませんか。
    ① 目を避けているが　② 見覚えがないが　③ 目が眩しいが　❹ 見覚えがあるが

59. A: ヨンミンさんが今日の集まりにも（　　　）なかったですね。
    B: 多分何かわけがあるでしょう。最近全然会えませんね。
    ① むっとし　❷ 顔を出さ　③ 白を切ら　④ 顔を生かさ

60. A: キョンミンさんもそろそろ結婚する時期になりましたよね。
    B: ええ、結婚したい気持ちは（　　　）良い人がいないですね。
    ❶ やまやまだが　② 柱のようだが　③ 惜しいが　④ 熱いが

61. A: どうして足を引きずっているんですか。どこかけがをしましたか。
    B: 道で（　　　）自転車にぶつかりました。
    ① 呼吸を合わせていて　② 中心を取っていて
    ❸ よそ見していて　　　④ 仮面をかぶっていて

62. A: 今度の仕事はヨンスさんと一緒にすることになったんですって？
    B: ええ、私たちは呼吸がよく（　　　）本当によかったです。
    ❶ 合うから　② 息苦しいから　③ つかまるから　④ 引くから

63. A: 彼はサムスンに就職してから（　　　）ようだね。
    B: そう？学生時代はとても控え目なやつだったのに…
    ① 仮面をかぶる　❷ 鼻が高くなった　③ けちをつける　④ 聞き流す

64. A: そんなに仕事ばかりしていては健康を害しますよ。たまに休んだほうが良いですよ。
    B: この仕事だけ終わらせれば大丈夫です。そうしたら（　　　）休むことができます。
    ① 胸を張って　② 頭をあげて　❸ 安心して（思い切り）　④ 無心になって

65. A: なんでそんなにのどが（　　　）？
    B: 昨夜サッカーを見に行って、のどが張り裂けんばかりに応援をしたらこうなったの。
    ① つまったの　❷ かれたの　③ 飛んだの　④ 乗ったの

66. A: 水も飲んでゆっくり食べてください。そんなに急いで食べたら胃がもたれますよ。
    B: 最近の数日間（　　　）んですよ。
    ① 食欲がなかった　② 腹が立った
    ③ 酒が飲みたかった　❹ ご飯にありつけなかった

67. その問題について会員同士で頭を突き合わせて（　　　）を重ねたが、適当な解決策は見つからなかった。
    ① 試行錯誤　② 生死と苦楽　③ 単刀直入　❹ 深思熟考（熟慮）

68. A: ヨンミンがそんなに頑固ですか。
    B: （　　　）のようです。性格が夫とまったく同じなんです。
    ① 天真爛漫　② 八方美人
    ③ 夢うつつ　❹ 父伝子伝（血は争えない、子供は親に似る）

293

69. A: どうですか？ここは気に入りますか。
    B: はい、全国（　　　）行ってみましたが、ここほど良いところはなかったです。
    ① 先見の明　❷ 津々浦々　③ 虎視耽々　④ 正々堂々

70. A: それは契約書を読んで見れば分かると思います。
    B: 読んではみましたが、内容が（　　　）で何の意味か全然分かりません。
    ① 半信半疑　② 美辞麗句　❸ 曖昧模糊　④ お手上げ（なすすべがない）

71. うちの夫は新年になるたびにタバコをやめて一生懸命運動すると大きなことを言うが、いつも（　　　）です。
    ❶ 三日坊主　② 九死に一生を得る　③ 自業自得　④ 山海の珍味

72. A: 外国の農産物を開放することで結論が出ましたか。
    B: いいえ、開放が良いのか悪いのか評価を下すにはちょっと（　　　）のようです。
    ① 時々刻々　② 臨機応変　❸ 時期尚早　④ 誇大妄想

73. A: あるお婆さんが一生のり巻きだけを売って10億をためたという話が新聞に載ってますね。
    B: （　　　）というけれど、その言葉通りですね。
    ① 絵に描いた餅　　② 水の上の油
    ❸ ちりも積もれば山となる　④ 便りのないのはよい便り

74. A: 今日の展示会を見た感想はどうですか。
    B: こんなに多様な製品を見てとても驚きました。私はいままで（　　　）のようにうちの会社の製品だけが最高だと思っていました。もっともっと研究しなければと思っています。
    ❶ 井の中の蛙　　② 十年たてば山河も変わる
    ③ 一挙両得　　④ 百聞は一見に如かず

75. A: 子供がコンピューターゲームばかりしているので心配です。やめなさいと言っても聞かないんです。
    B: うちの子も同じです。（　　　）ですよ。
    ① どんぐりの背くらべ　② 一つを見て十を分かる
    ❸ 馬の耳に念仏　　④ 三つ子の魂百まで

294

76. A: ヨンミンは最近忙しいようだね。全然会えない。
    B: そうみたい。あ！（　　　）というけど、あそこにヨンミンが来るね。
    ❶ うわさをすれば影が差す　② 一つを見て十を分かる
    ③ 血は水より濃い　　　　　④ 若い時の苦労は買ってでもせよ

77. A: 名前が少し知られると傲慢になる人が多いのに、あの方はいつ見ても常に腰がひくいですね。
    B: （　　　）というけど、あの方に対して言う言葉のようです。
    ① 石橋をたたいて渡る　　　② 目に入れても痛くない
    ③ 雨降って地固まる　　　　❹ 実るほど頭の下がる稲穂かな

2　類義表現を選ぶ問題

※次の文の意味を変えずに下線部の単語と置き換えが可能なものを①～④の中から１つ選びなさい。

1. あの人は酒を飲むといつもうるさいのが欠点です。
   ① 不安　② 不平　③ 軽率　❹ 欠点

2. ギョンミンは貧しい家庭状況のために、中学校を卒業して社会に出て家族の面倒を見た。
   ① 不幸　② 条件　③ 機運　❹ 事情

3. 朴さんは警察につかまった息子に対する心配で夜を明かした。
   ① 救命　② 苦労　③ 絶望　❹ 心配

4. ミスコリアたちの芸能界進出に対して否定的な視点で批判する人たちも多い。
   ❶ 観点　② 着用　③ 目配せ　④ 論争

5. あの人はお酒を飲むと人に喧嘩を売る悪い癖がある。
   ① 性格　② 寝言　❸ 習慣　④ 我（意地）

6. 合格の知らせを聞いてからも彼の表情には喜ぶ気配がまったく見えなかった。
   ① 目頭　❷ 顔色　③ 面目　④ 身振り

7. 彼はこらえ性がなく、まじめでもなく、それにたまに正直ではない時もある。
　① 親近感　② 責任感　③ 勤勉さ　❹ 忍耐力

8. 私はその瞬間あまりにも恥ずかしくて見えない所にでも隠れたい気持ちだった。
　① 図図しくて　② 切なくて　❸ 恥ずかしくて　④ つらくて

9. 結果をまともに言えないのを見ると、仕事を間違って処理したに違いない。
　① 有力だ　❷ 確かだ　③ 望ましい　④ 当然だ

10. 子供の笑いが消えるとしたら我々の社会は明るい未来が期待できない。
　① 減る　② 逃げる　❸ 消える　④ 悔やむ

11. 彼女が離婚を決心するようになったのは夫との性格の違いが原因のようだ。
　① 無心にするように　② 苦労するように
　❸ 決心するように　④ 手本をまねるように

12. 青少年問題を解決するためには家族の愛が必要だということを悟らなければならない。
　① 感じなければ　② なだめなければ　③ 数えなければ　❹ 理解しなければ

13. 知らない人と二人だけで向き合って座っているのが窮屈で私はトイレへ行く振りをして出てきてしまった。
　❶ 気まり悪くて　② 乗り気になって　③ 中途半端で　④ 寂しくて

14. いくら教育環境が良いと言っても教師の熱意と努力がなければ役に立たない。
　① とんでもない　② 面目ない　❸ 役に立たない　④ 相変わらずだ

15. この小説がこのように大きい反響を起こすとは誰も予測できなかった。
　① 期待　② 覚悟　③ 告白　❹ 予想

16. 診察結果が出てくると分かると思うが、体に異常があることだけは確かだ。
　① 変わりない　❷ 間違いない　③ すきがない　④ 無駄だ

17. 何年か前から眼鏡の代わりにコンタクトレンズを着用する人たちが増えている。
　① 減少して　② 押し寄せて　③ 減って　❹ 増加して

18. 急にお腹が痛み、堪えることができなくて病院へ行ったら胃もたれだという診断を受けた。
　① 吐く　❷ 耐える　③ 折る　④ 抱く

19. うちの息子はアメリカで留学を終えてからも働き口が決まらなくて帰国を延ばしている。
    ① 覆して ❷ 延ばして ③ 選んで ④ 遠ざけて

20. 鼻風邪にはこれがよく効くよ。これを飲んでみて。
    ① 有名だ ② よく売れている ❸ 効果がある ④ たくさん食べて

21. 私はほうっとたまねぎの皮をむいている妻の手を見ていた。
    ❶ 剥いて ② 取り離して ③ 和えて ④ 乾かして

22. 今回の試合では負けると思っていたが、予想外に勝ててすごくうれしかった。
    ① むしろ ❷ 思いのほか ③ とにかく ④ しかも

23. 一度に親と兄弟を全部失ったあの子がとても哀れに思われた。
    ❶ 可哀想に ② 貧しく ③ さびしく ④ 不満に

24. 多くの人々の笑いものになりながらも地道に努力した結果、ついに彼は新しい製品開発に成功した。
    ① このように ② いざ ③ どうせ ❹ とうとう

25. 彼女は苦しがっている友達の姿を見て涙がでて、そっと病室を抜け出てきた。
    ❶ こっそり ② そろそろ ③ 一気に ④ 瞬く間に

26. 彼女は彼の頼みをやむを得ず聞いてやった。
    ① 何も言わずに ❷ 仕方なく ③ 無駄に ④ 甲斐なく

27. 子供の日は勉強だけを除いて、やりたいことをやりながら思う存分遊べるようにしてください。
    ① なるべく ② ほうっと ❸ 思いきり ④ あれこれ

28. お正月や秋夕のような伝統的な祝日の意味は現在まで変わらず続いている。
    ① 要するに ② とにかく ③ 長らく ❹ そのまま

29. 実はそのすべてのことがわずか何秒かの間に起こった事だった。
    ① おおよそ ② ともすると ③ そういえば ❹ せいぜい

30. （道に）迷ったあげく明け方頃になってやっと村に降りていく道を見つけた。
    ① ついに ❷ やっと ③ こっそりと ④ いよいよ

31. 彼らはただ食べていくために一生懸命働いている。
    ① たまに ❷ ただ ③ どうか ④ いわば

32. 口の中がひりひりするほど辛かったビビン冷麺が最近はお客さんたちの好みに
    よってだんだん少し酸っぱくて甘ったるく変わりつつある。
    ❶ 徐々に ② むしろ ③ もっと ④ 改めて

33. 彼は入社してから間もなくこの会社の状況がおおよそ見当がついた。
    ① 十分に ② 全部 ❸ 大体 ④ あれこれ

34. 彼は横になるとすぐいびきをかき始めた。
    ① 突然 ② 一気に ❸ すぐ ④ 前もって

35. 普通の人なら誰でも隠したがる恥ずかしい過去も彼は隠さずに打ち明けた。
    ① 勇敢に ② おとなしく ③ 気兼ねなく ❹ 率直に

36. かあっとなってあの子にあまりにもひどいことを言ってしまったようで心が痛む。
    ❶ ひどい ② 罰あたりな ③ 心にもない ④ 意地悪な

37. 人がいらいらしているとは知らず横でずっと冗談ばかり言っています。
    ① うんざりしている ② 息苦しい ❸ 苛立っている ④ 怒っている

38. 心が乱れていて仕事が手につかない。
    ① 人手が足りない   ② 仕事をする気がしない
    ③ 手がかかる   ❹ 集中できない

39. 今回の試験での失敗をかがみとしてもっと一生懸命勉強することに決心した。
    ① 口実として ❷ 教訓として ③ きっかけとして ④ 乗り越えて

40. 外国語を学ぶには何といっても現地へ行って生活しながら学ぶことほど確かで良
    い方法はないと思う。
    ① 話はそうだが ❷ とにかく ③ 否が応でも ④ おわかりのとおり

41. 一人で思い余って先生の助言を聞きに学校に訪ねて行った。
    ① 諦めて ② 全然だめなので ❸ 悩んだあげく ④ 知らず知らず

42. 引越しした家は比較的新しい家だったが、手入れをする所が多くて何を先にすればいいかわからない。
    ❶ 直す ② 塗る ③ 片付ける ④ 触る

43. アメリカに留学に行って最初は言葉があまり通じなくて苦労した。
    ① とても悲しかった ❷ 苦労をした ③ 切なかった ④ 努力をたくさんした

44. 空は暗くはあったが、なかなか雨が降りそうにはなかった。
    ① 暗いとは思わなかったが   ② 暗いことも暗いことだが
    ❸ 暗いと言えるが   ④ 暗くもなかったが

45. その本はとても読みにくいと言われていますが、他の本を買ったらどうですか。
    ① 買うに値します   ② 買うかどうか迷っています
    ③ 買えばいいそうです   ❹ 買ったほうがいいと思いますよ

46. 入学試験に落ちるのではないか心配したが、ビリでも受かって本当によかったです。
    ① 落ちるほど ❷ 落ちそうで ③ 落ちるだろうが ④ 落ちるほどで

47. 糖分の多い食べ物は食欲を落とすので避けた方が良い。
    ① しょっちゅうなので   ② ご飯がのどを通らないので
    ③ ご飯にありつけないので   ❹ 食欲をなくすので

48. 子供に携帯電話を買ってやるつもりは全然なかったが、子供にしつこく買ってくれと言われて仕方なく買ってやりました。
    ① こっそりとねだるので   ❷ ずっとねだるので
    ③ 生まれて初めてねだるので ④ せっかくねだったので

49. 資格がいくつかあれば就職するのに有利だというので資格を取っておきました。
    ❶ 有利だと言われて ② 有利だが ③ 有利なはずなのに ④ 有利だとしても

50. 車を磨いたり窓ガラスを磨いたりすれば決まって雨が降るので腹が立つ。
    ① 磨くほど ② 磨くやいなや ③ 磨くことは磨くが ❹ 磨くたびに

51. みんな紙を節約したところでどれぐらい節約できるかという考えで紙を気ままに使って捨てる。
    ① 節約するよりは ❷ 節約すると言っても
    ③ 節約しようとか ④ 節約しようとして

299

52. 済州島に行って来たんですって？どうでしたか。
   ① 来られましたか　　　　　② 来られたそうです
   ❸ 来られたそうですね　　　④ 来られていました

53. いくら大変だとしても最後まであきらめないで努力するつもりだ。
   ❶ 大変だとしても　② 大変なうえ　③ 大変なので　④ 大変なために

54. 彼はどんなことがあっても決して顧客との約束を破ることがない。
   ① 破らざるを得ない　　　② 破ってしまう
   ③ 破るに決まっている　　❹ 破らない

55. かなり異なるようでも詳しく見ればそれほど違いがない。
   ① 不可思議だ　❷ 大同小異だ　③ 前代未聞だ　④ 時期尚早だ

3 多義語 / 共通語彙を選ぶ問題

※すべての(　)の中に入れることができるもの(用言は適当な活用形に変えてよい)を①～④の中から1つ選びなさい。

1. 2千万ウォンを私の名前で兄に（부치게 / 送るように）した。
   その事実は皆には秘密に（부치게 / するように）した。
   私はもうちょっと深く研究したかったが、力（手）に（부쳐서 / 余って）やめた。
   ① 付け加える　② 乗せる　③ 濡らす　❹ 送る、(秘密に)する、(手に)余る

2. 雨に濡れた服がもう（말랐다 / 乾いた）。
   勉強のため体がだいぶ（말랐다 / 痩せた）。
   秋になると木の葉が黄色く（말라서 / 枯れて）落ちた。
   ① 乾かす　❷ 乾く、痩せる、枯れる　③ 変わる　④ 駄目にする

3. 彼は相手を見ては心の中で嘲笑（쳤다 / した）。
   稲妻が（친 / 走った）瞬間、闇の中で彼の顔を見た。
   試験に受かると豪語（쳤지만 / したが）落ちた。
   ① 流す　　　　　　　　　　② 破裂させる
   ❸ 嘲笑(する)、稲妻が(走る)、豪語(する)　④ (声を)張り上げる

4. 我が地元を（찾는 / 訪れる）観光客に親切に接しましょう。
   彼からは昔の名残は（찾을 / 見つける）ことができなかった。
   銀行へ行って貯金したお金を（찾았다 / 引き出した）。
   ① 上り下りする　② 手探りする
   ③ 面倒を見る　❹ 訪れる、見つける、（金）引き出す

5. 彼は昨日家の前に車を（대다가 / 駐車している途中）接触事故を起こした。
   子供達は互いにくつの大きさを（대 (어) / 比べて）みた。
   危ないから絶対に手を（대지 / 触れ）ないでください。
   ❶ つける、比べる、触れる　② はかる　③ よける　④ 立てる

6. 新聞に（난 / 出た）学校記事を切り抜いて整理しておいた。
   火事が（나지 / 起き）ないように気を付けて扱うようにしなさい。
   腹が（날 / 立つ）たびに母の顔を思い浮かべながら我慢した。
   ① つく　② 燃やす　③ 積む　❹ 出る、（火災）起きる、（腹）立つ

7. 腕を（끼고 / 組んで）歩きながら将来のことを話した。
   霧が（끼면 / 立つと）運転する時、気を付けなければならない。
   あまりにも寒くて手袋を（껴도 (끼어도) / はめても）指先がひりひりする。
   ① 帯びる　② 担ぐ　③ 滲む　❹ （腕）組む、霧（立つ）、（手袋）はめる

8. 単位が（따서 / 取れなくて）結局卒業できなかった。
   青唐辛子を（따다가 / 取ってきて）みそにつけて食べた。
   五十を超えてからやっと運転免許を（땄다 / 取った）。
   ① 得る　❷ 取る　③ つまむ　④ 受ける

9. 親元を離れてから早く起きる習慣が（들었다 / ついた）。
   南側の部屋なので日がよく（들기 때문에 / 当たるので）暖かい。
   留学すると最初はお金がたくさん（들다 / かかる）。
   ① かかる　② つく　❸（習慣）つく、（日）当たる、（金）かかる　④ 寄り集まる

10. 一人で家の（볼 / 留守番をする）時、電話が鳴ったが、怖くて出なかった。
    人の顔色だけ（보지 / うかがわ）ないで自ら考えて仕事をやってみなさい。
    損を（보면서 / しながら）商売するということは嘘だ。
    ① のぞく　② 酔う　❸（留守番）する、（顔色）うかがう、（損）する　④ 守る

第8章　解説編

301

11. 臭いがひどすぎて鼻を（막아도 / おさえても）気を失いそうだった。
    私の部屋は木の枝に窓が（막아 / さえぎられて）昼でも暗い。
    犯罪を（막기 위해 / 防ぐために）商店街の路地ごとにカメラを設置した。
    ❶（鼻）おさえる、さえぎる、防ぐ　② かぶせる　③ 封じる　④ さえぎる、覆う

12. 数日間頭を（감지 / 洗わ）なかったら痒い。
    彼は腕に包帯を（감고 / 巻いて）テニスをしに出かけた。
    彼は静かに目を（감고 / 閉じて）ため息をついた。
    ① 結ぶ　❷（頭）洗う、巻く、(目)閉じる　③ 使う　④ 解く

13. そんなことを見てしまったら後味が（쓰다 / 悪い）。
    そのように険しい表情を（쓰지 / し）ないで仲良くしなさい。
    いろいろと力を（썼지만 / 尽くしたが）、結果は良くなかった。
    ① 果たす　② 刻む　❸ 苦い、(表情を)する、尽くす　④ 分ける

14. 利益は皆に平等に（나눠야 / 分けないと）不満が生じる。
    私たちは喜びと悲しみを共に（나누며 / 分かちあいながら）生活している。
    その問題について意見を（나눴지만 / 交わしたが）、結論は出せなかった。
    ① 引く　② 足す　③ かける　❹ 分ける、分かち合う、交わす

15. 良い席を（잡으려고 / 取ろうと）明け方から校門の前で待った。
    祖父はいまだに船に乗って出かけて、魚を（잡으신다 / 取っている）。
    家族旅行は9月初めにソウルに行くことで日にちを（잡았다 / 決めた）。
    ① 決める　② 求める　❸ 取る　④ 狙う

16. 私の友達は田舎でニンニクの農業を（짓고 / 営んで）いる。
    薬局で（지어 / 調合して）くれた薬なのにあまり効果がないようだ。
    今日の会議でこの問題の結論を（지으려고 / つけようと）思っている。
    ① 出す　❷（農業）営む、(薬)調合する、(結論)つける　③ 作る　④ 送る

17. 娘は封筒から切手を（떼어서 / はがして）集めるのが趣味だ。
    彼は書類から目を（떼지 / 離さ）ないで話した。
    みんな全部分かっているのに知らんぷりを（뗐다 / した）。
    ① 切り取る　② 回す　❸ はがす、離す、(知らんぷり)する　④ 破る、裂く

18. ここから抜け出る方法があるのか（물어 / 聞いて）みた。
　　彼女は枕に顔を（묻고 / うずめて）声を殺して泣いた。
　　服に（묻은 / ついた）土をはたいて立ち上がりながら言った。
　　① かくす　② つく　③ 探す、立ち後れる　❹ 尋ねる、埋める、つく

19. 運動靴の紐が何度も（풀려서 / ほどけて）走ることができない。
　　一日中寝たら疲れが少し（풀린 / とれた）ようだ。
　　週末あたりには寒さが（풀린다 / 和らぐ）と言う。
　　❶ ほどける、とれる、和らぐ　② かかる　③ 消える　④ 遅らせる

20. 家に帰って来ると（바지 / ズボン）を脱いでスカートに着替える。
　　（바지 / ズボン）をまくりあげて川を渡ろうとしたが、やめた。
　　上着の色と（바지 / ズボン）がよく似合うね。
　　① 袖　② シャツ　❸ ズボン　④ スニーカー

21. 二人は何の話をしているのか口を（귀 / 耳）に当ててささやいている。
　　その話はあまりにもたくさん聞いて（귀 / 耳）が痛いほどだ。
　　彼女が結婚するという話に（귀 / 耳）を疑わざるを得なかった。
　　① えくぼ　② 男　③ 体つき　❹ 耳

22. 赤ちゃんは１歳の誕生日が過ぎてすぐ（걸음 / 歩き）始めた。
　　軽い（걸음 / 足取り）で山を降りているとき、どこかで水音が聞こえた。
　　重い（걸음 / 足取り）で家に帰って来て大きくため息をついた。
　　① 身なり　❷ 歩行、足取り　③ 心　④ 姿

23. そんなふうに言うなんて、あいつは（허풍 / 誇張）がひどいようだね。
　　彼の言葉は多少（허풍 / 誇張）のように思われたが、黙って聞いていた。
　　（허풍 / 誇張）しないで今日はちょっと率直に言ってごらん。
　　① 欲　② 誇張　❸ 誇張、ほら　④ 嘘

24. 何をするかわからないので私たちは（숨 / 息）を殺して見守った。
　　あの子は先生の前に立つと（숨 / 息）も大きくできない。
　　事故を起こした青年が病院に運ばれたが、結局（숨 / 息）を引き取った。
　　❶ 息　② 呼吸　③ 命　④ ため息

25. 彼は持っていたお金を（몽땅 / 全部）はたいて宝くじを買った。
　　急ににわか雨が降ったせいで服が（몽땅 / 全部）濡れてしまった。
　　旅行の思い出が込められたフィルムを（몽땅 / すべて）なくしてしまった。
　　① こっそり　② ちらっと　❸ 全部　④ ひっくるめて

26. 他の人も多いのになぜ（하필 / よりによって）私が行かないといけないの？
　　（하필 / よりによって）その日欠席をしてどうする？
　　（하필 / よりによって）今日みたいに暑い日に大掃除をすることもないだろうに。
　　① さらには　② いざ　③ とにかく　❹ よりによって

27. それが何の意味なのか（통 / まったく）理解できません。
　　彼女のことが気になって本の内容が（통 / 全然）頭に入って来なかった。
　　ヨンミはどこに行ったの？最近（통 / 全然）会えないね。
　　① あまりにも　❷ 全然　③ いままで　④ ひときわ

28. 彼は（살며시 / そっと）妻の手を握った。
　　寝入っているママの顔を（살며시 / そっと）のぞいてみた。
　　つつじを鼻に当てて（살며시 / そっと）花の香りを嗅いでみた。
　　① こっそりと　② 思う存分　❸ そっと　④ 快く

29. 干しておいた洗濯物があっという間に（바싹 / からっと）乾いた。
　　私は先生のそばに（바싹 / ぴったりと）寄り添って座った。
　　体は（바싹 / めっきり）やせたが、健康には全然問題がない。
　　① ちらっと　② ぱっと　❸ からから、ぴったり、めっきり　④ ぱあっと

第3章　漢字に関する問題

同音の漢字語選択の問題

※下線部の漢字と同じハングルで表記されるものを①~④の中から1つ選びなさい。

1. 限界　한계
   ① 現 현　　　② 減 감　　　③ 兼 겸　　　❹ 寒 한

2. 慎重　신중
   ① 真 진　　　❷ 身 신　　　③ 賃 임　　　④ 侵 침

3. 試食　시식
   ① 詞 사　　　② 姉 자　　　❸ 施 시　　　④ 誌 지

4. 室内　실내
   ❶ 実 실　　　② 執 집　　　③ 湿 습　　　④ 質 질

5. 到達　도달
   ① 頭 두　　　② 討 토　　　③ 童 동　　　❹ 図 도

6. 通帳　통장
   ① 総 총　　　② 層 층　　　③ 創 창　　　❹ 統 통

7. 逮捕　체포
   ❶ 替 체　　　② 怠 태　　　③ 弟 제　　　④ 対 대

8. 彫刻　조각
   ① 走 주　　　② 草 초　　　③ 超 초　　　❹ 兆 조

9. 住宅　주택
   ① 抽 추　　　② 獣 수　　　❸ 株 주　　　④ 柔 유

10. 急速　급속
    ① 球 구　　　❷ 級 급　　　③ 宮 궁　　　④ 休 휴

11. 証明　증명
　　① 将 장　　② 蔵 장　　③ 焦 초　　❹ 増 증

12. 親切　친절
　　① 設 설　　❷ 絶 절　　③ 舌 설　　④ 接 접

13. 秩序　질서
　　❶ 質 질　　② 執 집　　③ 臭 취　　④ 鉄 철

14. 構成　구성
　　① 綱 강　　② 稿 고　　③ 吸 흡　　❹ 口 구

15. 混乱　혼란
　　❶ 魂 혼　　② 献 헌　　③ 金 금　　④ 均 균

16. 送金　송금
　　① 装 장　　② 挿 삽　　❸ 松 송　　④ 争 쟁

17. 疲労　피로
　　① 費 비　　❷ 避 피　　③ 微 미　　④ 否 부

18. 透明　투명
　　❶ 投 투　　② 討 토　　③ 渡 도　　④ 頭 두

19. 勤務　근무
　　❶ 根 근　　② 魂 혼　　③ 禁 금　　④ 緊 긴

20. 提出　제출
　　① 底 저　　② 体 체　　③ 勢 세　　❹ 製 제

21. 教養　교양
　　① 鏡 경　　② 狂 광　　❸ 巧 교　　④ 購 구

22. 特色　특색
　　① 触 촉　　② 職 직　　③ 植 식　　❹ 索 색

23. 判定　판정
　　❶ 情 정　　② 提 제　　③ 状 상　　④ 従 종

24. 破損　파손
    ① 端 단　② 麻 마　❸ 波 파　④ 凡 범

25. 孤独　고독
    ① 項 항　② 弧 호　③ 湖 호　❹ 鼓 고

26. 合唱　합창
    ① 衝 충　❷ 創 창　③ 忠 충　④ 章 장

27. 読後感　독후감
    ① 得 득　② 德 덕　❸ 独 독　④ 諾 락

28. 弱点　약점
    ① 翌 익　❷ 約 약　③ 訳 역　④ 役 역

29. 考査　고사
    ① 校 교　② 功 공　③ 香 향　❹ 顧 고

30. 評判　평판
    ❶ 平 평　② 票 표　③ 病 병　④ 並 병

31. 寒波　한파
    ① 看 간　② 感 감　❸ 閑 한　④ 歓 환

32. 契機　계기
    ① 軽 경　❷ 計 계　③ 京 경　④ 脅 협

33. 親族　친족
    ① 即 즉　② 属 속　③ 統 속　❹ 足 족

34. 鋭敏　예민
    ① 栄 영　② 泳 영　❸ 予 예　④ 幼 유

35. 登録　등록
    ① 銅 동　② 棟 동　❸ 藤 등　④ 童 동

36. 簡潔　간결
    ① 館 관　❷ 幹 간　③ 管 관　④ 環 환

307

37. 契約 계약
   ❶ 階 계   ② 惠 혜   ③ 改 개   ④ 敬 경

38. 結果 결과
   ① 化 화   ② 賀 하   ③ 夏 하   ❹ 過 과

39. 暴動 폭동
   ❶ 幅 폭   ② 棒 봉   ③ 貿 무   ④ 望 망

40. 誇示 과시
   ① 貨 화   ② 仮 가   ❸ 課 과   ④ 顧 고

41. 該当 해당
   ① 涯 애   ❷ 海 해   ③ 概 개   ④ 街 가

42. 初旬 초순
   ❶ 招 초   ② 彫 조   ③ 兆 조   ④ 促 촉

43. 農作物 농작물
   ① 悩 뇌   ② 納 납   ❸ 濃 농   ④ 能 능

44. 判決 판결
   ① 飯 반   ② 反 반   ❸ 販 판   ④ 犯 범

45. 穀物 곡물
   ① 刻 각   ❷ 曲 곡   ③ 告 고   ④ 極 극

46. 概念 개념
   ① 害 해   ❷ 改 개   ③ 怪 괴   ④ 界 계

47. 空気 공기
   ❶ 功 공   ② 鋼 강   ③ 強 강   ④ 驚 경

48. 乾杯 건배
   ① 困 곤   ② 兼 겸   ③ 検 검   ❹ 健 건

49. 貴重 귀중
   ① 既 개   ❷ 帰 귀   ③ 軌 궤   ④ 寄 기

308

50. 短縮　단축
　①談 담　　　②誕 탄　　　③炭 탄　　　❹団 단

51. 変換　변환
　①編 편　　　❷弁 변　　　③返 반　　　④便 편

52. 反省　반성
　❶声 성　　　②生 생　　　③静 정　　　④整 정

53. 画家　화가
　①河 하　　　②夏 하　　　❸華 화　　　④賀 하

54. 看板　간판
　①冠 관　　　②管 관　　　③観 관　　　❹刊 간

55. 周囲　주위
　①遺 유　　　②異 이　　　❸為 위　　　④畏 외

第4章　文法に関する問題

正しい文法表現を選ぶ問題

※（　　）の中に入れるのに適切なものを①〜④の中から1つ選びなさい。

1. 誰（に向かって）ああしろこうしろと言うんだ？
   ① ほど　　② さえ　　③ から　　❹ に、に対して、に向かって

2. すべて私が間違ったことなのに誰（を）恨むの？
   ❶ に対して、を　② ならば　③ までも　④ に

3. この下宿は月50万ウォン（のわりには）かなり施設が良いですね。
   ① こそ　　❷ のわりには　③ でも　④ はおろか

4. 冬空を眺めて立っている彼の姿が今日（に限って）もっと寂しく見えた。
   ① さえ　　② でも　　③ に　　❹ に限って

5. 前を見分けること（さえ）難しいほど霧が深く立ち込めた。
   ① として　② ほど　　❸ さえ　④ のわりには

6. A：貯金はたくさんしたんでしょう？
   B：貯金ですか。貯金（どころか）生活費も足りません。
   ① ほども　❷ どころか　③ さえ　④ に

7. 一人の暖かい心がこのようにますます多くの人（に）広がっていくようだ。
   ① からでも　② と　　③ から　　❹ に

8. 重い病気にかかった友達の苦痛を私が毛の先（ほども）分かち合えることができないという事実が悲しかった。（털끝만치도：毛の先ほども→少しも）
   ❶ ほども　② さえ　　③ のように　④ のとおり

9. ヨンミンはその事が解決されると心の中の霧が晴れた（ように）感じられた。
   ① までも　② でも　　❸ のように　④ どころか

10. ママは毎日小言を言うけど、私（に）どうしろという話なのか分からない。
    ① のところに　❷ に　　③ とおりに　④ に限って

11. 昔のドラマ（ででも）見られるかどうかぐらいの古い病院、院長室だといっても新しいものはない。

310

① 以外は　　　② でのように　　❸ででも　　　　④ に

12. 私がそうするつもりはつめの垢（ほども）ないから心配するな。
    ① のように　　❷ ほども　　　③ までも　　　④ どころか

13. A: 韓国民謡ならアリランが有名だそうですが、本当ですか。
    B: そうですよ。アリラン（こそ）韓国を代表する民謡だと言えます。
    ① までも　　　② ほど　　　　❸ こそ　　　　④ ならば

14. お腹があまりにも（すいたので）休み時間にコンビニに行って来た。
    ① すいたならば　❷ すいたので　③ すいていたら　④ すいていたと

15. 私たちのような庶民には夢のまた夢だから宮殿みたいなアパートを（建てたところで）何の役にも立たない。
    ① 建てるにも　　② 建てるどころか　❸ 建てたところで　④ 建てるとしたら

16. 他人に自分をよく（表わそうとすると）まず自分自身を正確に把握することが必要です。
    ① 表わすには　　② 表わしながらも　❸ 表わそうとすると　④ 表わしては

17. 研究室で（実験していたので）外に出る時間がなかった。
    ① 実験するように　② 実験してから　③ 実験しても　　❹ 実験していたので

18. 玄関にほぼ（着いてから）車の中に鍵を置いて来たということが分かった。
    ① 来るほど　　　❷ 着いてから　　③ 来たので　　④ 来たから

19. お前をつかまえて（話すより）いっそ通り過ぎる犬に事情を話したほうがましだ。
    ① 話したせいで　② 話してみたところで　❸ 話すより　　④ 話すどころか

20. 気象庁は今週末から本格的な猛暑が（始まると）予報した。
    ❶ 始まると　　② 始まってから　③ 始まるので　④ 始まるだろうし

21. 公共の場所では人との接触が多くて容易に病気にかかる可能性が（あるので）家に帰って来ると必ず手を洗わなければならない。
    ① あるにも　　② あったが　　　❸ あるので　　④ あっても

22. こんな話を（しようと思うと）実はとても恥ずかしいです。
    ① しようとしても　❷ しようと思うと　③ するほど　　④ するより

23. （会ったところで）結果は変わるわけがないだろうが、話す機会を逃したことは惜しい。
    ① 会ったが　　　❷ 会ったところで　③ 会ったのか　　④ 会ったら

24. 私は元々歴史小説を（書こうと）したが、資料を調べているうちに伝説について興味がわいた。
    ① 書こうとすれば　② 書こうとしても　❸ 書こうと　④ 書いてからは

25. その冷蔵庫捨てるつもりなら私にください。まだ（捨てるには）とてももったいないです。
    ① 捨てるとか　❷ 捨てるには　③ 捨てることに　④ 捨てろと

26. 昨夜は風が強く（吹いていたが）朝は雨が降っている。
    ❶ 吹いていたが　② 降っているから　③ 吹いているのに　④ 吹いていたと

27. 何も分からなければかえって気が楽で（良いが）、何でも少し知っていると心配のたねが多くてむしろ苦しい時がある。
    ① 良かったら　② 良いにも　③ 良いから　❹ 良いが

28. そんな憂鬱な話はやめて話題をちょっと（変えよう）。
    ① 変えようって　② 変えようって？　③ 変えろってば　❹ 変えよう

29. 映画が本当につまらないね。こうだとわかっていれば家で（寝ていればよかった）。
    ① 寝ているね　❷ 寝ていればよかった　③ 寝るなんて　④ 寝ろって

30. 来週から期末考査が始まるから今学期もほぼ（終わったようなものだ）。
    ❶ 終わったようなものだ　② 終わるものだ　③ 終わっていたよ　④ 終わっていたね

31. お前みたいな子も（学生なの）？本も読まないで一日中ゲームばかりしているくせに。
    ① 学生だったよ　❷ 学生なの　③ 学生だって　④ 学生であるとも

32. 家に（帰ろうだなんて）？いま何時なの？
    ① 帰るなんて　② 帰ろう　③ 帰ろうってば　❹ 帰ろうだなんて

33. どうしてそんなに急いでいるの？仕事を始める前にとりあえずご飯を先に（食べようってば）。
    ① 食べようって　❷ 食べようってば　③ 食べるなんて　④ 食べていたよ

34. A: もう少し遊ばないでもう（帰るの）？
    B: うん、5時から塾に行かないといけないから。
    ① 帰りなさい　② 帰ればよかった　❸ 帰るの　④ 帰れって

35. 今度の連休の間にはたまった家事もし、（休みも兼ねて）そのまま家にいるつもりです。
    ❶ 休みも兼ねて　② 休もうとすれば　③ 休んでいたので　④ 休もうとしたら

36. A: こんなに（値段が）高いのにうまく売れるだろうか。
    B: デパートでは高ければ（高いほど）むしろよく売れるんだって。
    ① 高いとか　② 高いから　❸ 高いほど　④ 高いというなら

312

37. 子供達がおもちゃを持って（遊ぶばかりで）片付けないので部屋が散らかっています。
   ① 遊ぶほど ② 遊ぶはずなのに ③ 遊んでから ❹ 遊ぶばかりで

38. 昨夜遅くまで酒を（飲んだせいで）いまとても頭が痛い。
   ① 飲んでから ❷ 飲んだせいで ③ 飲んでいたが ④ 飲んでいて

39. A: びっくりしたな。どうしてそのように髪を短くしたの？
   B: ちょっと（暑かったりしたから）短く切ったの。
   ❶ 暑かったりしたから ② 暑い上に ③ 暑いとして ④ 暑いせいで

40. 若い人たちがみんな農村を（去っていくところに）また農村に戻って来る若者がいるなんてとてもうれしいことである。
   ① 去っていくせいで ② 去っていくだろうが ③ 去った後で ❹ 去っていくところに

41. 今度新しく出たスマートフォンなのですが、画面も大きくて（軽い上に）値段も安いです。
   ① 軽いだろうし ② 軽いどころか ❸ 軽いうえ ④ 軽いだけに

42. このパソコンは最初は少し難しいけれど（使っているうちに）慣れてくるでしょう。
   ❶ 使っているうちに ② 使ったせいで ③ 使うなら ④ 使うようならば

43. せっかくの頼みだから聞いてあげたいけど、日にちに余裕が（あればともかく）今すぐには難しい。
   ① あったところで ② あるから ❸ あればともかく ④ あるだけでも

44. （昨年だったら）こんなに桜が咲いて暖かくなると人で混んでいたはずだけど、今年はなぜか静かだ。
   ❶ 昨年だったら ② 昨年に比べて ③ 昨年に限り ④ 昨年に反して

45. 妻の絶え間ない小言に（耐えられなくなり）、家を出て暮らすことを決心した。
   ① 耐えるだけでも ② 耐えていて ❸ 耐えられなくなり ④ 耐えることを兼ねて

46. もう少し行けば（休める）所があるからそこでちょっと休んでから行くことにしましょう。
   ❶ 休める（休むに適した） ② 休みそうな
   ③ 休まないかと思う ④ 休むのにちょっとふさわしくない

47. 三月末なので天候の変化が（激しく）風邪の患者がだいぶ増えている。
   ① 激しいと思って ② 激しいところに ③ 激しいといっても ❹ 激しいので

48. 不正に金を（稼いだところで）それが果たして幸せにつながるだろうか。
   ① 稼いだところに ② 稼ぐのに反して ❸ 稼いだところで ④ 稼ぐのはさておいて

313

49. A: 塩をもっと入れましょうか。
    B: もっと入れると（しょっぱくなるから）入れないでください。
    ① しょっぱいだろうし ❷ しょっぱくなるから
    ③ しょっぱかったが   ④ しょっぱかったら

50. A: 明日のサッカーの競技はどちらが勝ちそう？
    B: （やるまでもなく）0：0で引き分けになりそうだよ。
    ① やってみるより   ② やってみるが
    ③ やるかやらないかは ❹ やるまでもなく

51. A: 秋になるとなぜか寂しくなるような気がする。
    B: 季節が変わると誰でもみんな（そうなんだよ）。
    ① そんなわけだ ② そういうせいだ ❸ そうなんだよ ④ そうなんだってば

52. A: 家にある家電製品が最近よく故障するね。
    B: 10年以上使うと故障（するものだよ）。
    ① 故障次第だ ❷ するものだよ ③ するにはまだまだだ ④ しそうだ

53. A: 韓国語の敬語法はとても難しいです。
    B: それだから敬語法さえ学べば韓国語は全部（学んだようなものだと）言うじゃない。
    ① 学んだせいだと ② 学んだように ③ 学んでいて ❹ 学んだようなものだと

54. A: 新しくできた家電製品売り場に行ってみたらどうだった？
    B: 思ったより売場も広くて品物も（多かったよ）。
    ① 多いな ❷ 多かったよ ③ 多いのは多い ④ 多いとは思わなかった。

55. A: ちょっと待って！その牛乳、有効期間が過ぎたようだけど。
    B: うん、本当だね。言ってくれなかったら期限が過ぎた牛乳を（飲むところだったね）。
    ① 飲んだせいだね ❷ 飲むところだったね ③ 飲むかと思ったよ ④ 飲んだ振りをした

56. A: 一週間薬を飲んだのに治らないね。
    B: そんなこと言わないで病院へ行って一度診察を（受けてみたらどう）。
    ❶ 受けてみたらどう ② 受けていたよ ③ 受けていたって ④ 受けろって

57. A: やれやれ、また雨が降るね。早く止んでくれたらいいのに。
    B: ここは雨が（降ると決まって）道路が水に浸かるからとても不便なんだよ。
    ❶ 降ると決まって ② 降るくらいに ③ 降っている ④ 降ってから

58. A: これは輸入品だから質が良いよね？
    B: いや、質もあまり良くないし、値段ばかりが（高いだけだよ）。
    ① 高いものだよ　② 高そうだ　③ 高いだろう　❹ 高いだけだよ

59. A: ミンスが見えないので先に帰ったと思ったら今ちょうど仕事が終わったんだって。
    B: （やはりそうなんだ）。黙って先に帰るわけがないな。待って一緒に帰ろう。
    ① それはそうだが　② そうだとして　❸ やはりそうなんだ　④ そうだとしても

60. A: ここは値段がちょっと高いようだね。他のところに行ってみようか。
    B: まあ、他のところに（行ったって）値段はみんな似たり寄ったりだろう。
    ① 行ってみようとしていたときに　② 行ってみる代りに
    ❸ 行ってみたって　　　　　　　　④ 行ってみるはずだが

61. A: おかげさまで引っ越しが早く終わった。後で夕食をご馳走するからちょっと休んでいて。
    B: いや。僕は今日は夕方約束があるからもう帰るよ。今日はこのまま（食べたことにしておくから）次に一杯おごってよ。
    ① 食べるだろうが　　　　② 食べるか食べないかは
    ❸ 食べたことにしておくから　④ 食べたふりをすると

62. A: 最近商売がうまくいかないので心配です。
    B: 商売というのは（やっているうちには）うまくいく時もあるし、うまくいかない時もあります。今によくなるでしょう。
    ❶ やっているうちには　② やればやるほど　③ やるならまだしも　④ やることによって

63. A: あの俳優はそんなに人気が高いですか。
    B: ええ、顔もハンサムで演技も（うまいので）人気が高いです。
    ① うまかったせいで　❷ うまいので　③ うまいだろうし　④ うまいせいで

64. A: 中古車を（買ったというから）少し古いと思ったけど、新車のようだね。
    B: 前の持ち主が半年も乗っていなかったものなので新車みたいなものだよ。
    ① 買ったわけなので　② 買うならば　❸ 買ったというから　④ 買ったところで

65. A: 今日まで終わらせると言っていた仕事は全部終わったの？
    B: それがさ、家に書類を置いて（きたので）結局何もできなかったよ。
    ① 来るどころか　❷ 来たので　③ 来ると言われて　④ 来ると必ず

66. A: あ、終わった。今日はものすごく忙しかったな。ミンスさん、会社の帰りに一杯飲んで行きましょう。
    B: 私はまだです。今日は少し（遅くなるから）待たないで先に帰ってください。
    ① 遅いだろうし　② 遅れたせいで　③ 遅れていたところに　❹ 遅くなるから

第5章 文の理解に関する問題

1 対話文の空欄補充問題

※ 対話文を完成させるのに適切なものを①～④の中から1つ選びなさい。

1. A: この映画見た？本当に面白いと言っているんだけど。
   B: まだ見てないの？（　　　）
   ① では、見て来てからまた話しなさい。
   ② 他の人の話は信用できないから直接見なさい。
   ③ 本当に面白いと大騒ぎになっているんだって。
   ❹ ものすごく面白くて私は二回も見たの。

2. A: 今度の週末にうちで誕生日パーティーをするつもりだけど、来られるね？
   B: （　　　）
   ① もちろんいっぱい食べて行かなくちゃ。
   ② もちろんパーティーのときなので。
   ❸ もちろん行くよ。
   ④ 私が抜けると始まらないね。

3. A: 最近の若い人たちは会社の仕事より家庭をもっと大切に思いがちです。
   B: （　　　）
   ① それは本当に重要現象です。
   ❷ 昔の人たちとは考え方が違いますね。
   ③ 家庭を大事に思う人が多いので良いです。
   ④ 昔の人たちは家庭をあまりにも疎かにしました。

4. A: 今日私が夕食をおごるよ。
   B: ごめん。今日は（　　　）
   ① 私もおごるようにするから。
   ❷ 忙しいから食べたことにしておくよ。
   ③ 忙しいから夕食だけ食べて行くよ。
   ④ 私もおごらないといけないんだけど。

5. A: まもなく会議の時間になりますが、資料の準備はまだですか。
   B: （　　　）
   ① まだだなんて。とっくに提出しましたが。←直訳：提出したのがいつだと思っているんですか。
   ② ちょっとお待ちになれば準備しておきますよ。
   ③ 心配しないでください。いま作ろうとしていますから。
   ❹ いいえ、もうすぐ出来上がります。

6. A: 宿題をしようとしたが、あまりに眠くてそのまま寝ました。
　 B:（　　　）
　 ❶ じゃあ、宿題は全然できなかったでしょうね。
　 ② 疲れているときは寝るのがいちばんです。
　 ③ 眠いときは宿題も何もできないんですよ。
　 ④ じゃあ、すばらしい夢を見たんでしょうね。

7. A: どこ？（　　　）
　 B: もうすぐ着くからちょっと待って。
　 ① ここはどこかってば。
　 ② 全然どこなのか分からないな。
　 ❸ 到着するにはまだ時間がかかる？
　 ④ 遠くまで来たようだが。

8. A: 今度のことを通じて大いに反省したよ。
　 B: 大丈夫。（　　　）
　 ① 反省はゆっくりしても。
　 ② 反省するというふりさえすればいい。
　 ③ 誰でもそうだというから。
　 ❹ 次はそうしなければいいよ。

9. A: 子供たちが遊んでいるのを見ると子供の頃が思い浮かびますね。
　 B: そうですね。（　　　）
　 ① 子供の頃に戻るところでした。
　 ❷ 私もいま昔のことを思い浮かべていました。
　 ③ 昔は本当に楽しく遊びました。
　 ④ その頃は夜も昼も遊んでばかりいました。

10. A: 韓国の人たちが一番好きな食べ物は何ですか。
　　B:（　　　）
　 ① それは韓国人によりけりです。
　 ② 好みは人によって違うでしょう。
　 ❸ 何といってもキムチを除くわけにはいかないでしょう。
　 ④ キムチ以外は言えるものがありません。

11. A: そのまま通り過ぎようとしていたが、友だちの家に寄ってみたんだ。
　　B:（　　　）
　 ❶ そうしたら友だちはいたの？
　 ② よく来てくれた。休んで行きなさい。
　 ③ それでご飯を食べてきたんだ。
　 ④ ではここも寄って行きなさい。

12. A: (　　　　)
    B: うん、勉強するふりをしながらコンピューターゲームをしていたから。
    ① 試験だからパソコンで勉強をするんだって？
    ❷ お前ママにまた叱られたんだって？
    ③ そんなに叱られてからもまたやっているの？
    ④ ゲームがそんなに面白いの？

13. A: (　　　　)
    B: あの時はそれが良かったのかサッカーをしていなかった日は一日もありませんでした。
    ① 何か集中していた運動がありましたか。
    ❷ サッカーがそんなに楽しかったですか。
    ③ 幼い頃は何をして遊びましたか。
    ④ サッカーに熱中したことがありましたか。

14. A: 韓国の文化についてお詳しいですね。
    B: (　　　　)
    ① 分からないことがあれば私に任せてください。
    ② 文化を研究するのが私の趣味です。
    ③ そうではありません。ちょっと見ただけです。
    ❹ いえ、よく理解するにはまだまだなんです。

15. A: あ、本当にいらいらする。どうしてこんなにうまく行かないんだろう。
    B: そんなに怒らないで、すべてを肯定的に考えてみて。
    A: (　　　　)
    ① いらいらするときは怒ったほうがいい。
    ② 肯定的どころか怒ってばかりいるね。
    ❸ 君の忠告なんか聞きたくない。
    ④ うまく行かないときはすべてのことを休んだほうがいい。

16. A: どんな音楽が好き？
    B: 私は音楽なら何でも好きだけど、特にジャズをよく聞いている。君は？
    A: (　　　　)
    ① 民謡が好きだと言ったらどうしてみんな笑うんだろう？
    ② 私は特別な音楽はそれほど好きじゃない。
    ❸ 私はジャンルに関係なくみんな好きだよ。
    ④ 私は音楽なら聞きたくてたまらない。

17. A: その会社は給料が少ないんですって？
    B: (　　　　)
    A: それではそこはあきらめたいですね。
    ① 給料はさておき、適性に合わないんです。
    ❷ ええ、ものすごく少ないそうです。
    ③ 必ずしもそうではないです。
    ④ 誰がそう言ったんですか。

18. A: 引越荷物の整理は終わった？
    B: (　　　　)
    A: じゃあ、先にご飯を食べてからにしよう。私が手伝うから。
    ① いま整理をしていたところだ。
    ② いや、いま引越荷物を全部荷造りしたよ。
    ③ いや、まだ荷物が到着していない。
    ❹ 終わったかって？まだ始まってもないのに。

19. A: 冗談をよく言うんですって？
    B: (　　　　)
    A: 学生たちがそう言っていましたよ。
    ① よく言うというより好きなんです。
    ② その話を信じますか。
    ③ 半分だけ信じてください。
    ❹ 誰が言ったんですか。

20. A: この頃お母さんの体調はどう？
    B: うん、この間の手術の結果が良いので数日後には退院するよ。
    A: (　　　　)
    ① 早く退院なされば良いね。
    ② 急がないほうが良いと思うけど。
    ❸ 本当？それはよかったね。
    ④ 入院が昨日のようだけど、もう（退院するの）？

21. A: あの映画本当に悲しいんだね。
    B: (　　　　)
    A: そう？私は悲しくて涙が出るんだけど。
    ① それでたくさん泣いたの？
    ❷ 悲しいってどこが悲しい？ただ幼稚なだけなのに。
    ③ 悲しいのは耐えがたいよ。
    ④ 私もそう。本当に悲しい。

22. A: どうして食べないの？
　　B: （　　　）
　　A: そう言わないでもっと食べて。
　　① 食べてもお腹がいっぱいにならない。
　　❷ たくさん食べたよ。
　　③ 胃もたれしたみたい。
　　④ おなかを壊したの。

23. A: お母さん。行って来るよ。
　　B: そう。運転に気を付けて、運転中は電話に出ないでね。
　　A: （　　　）
　　① わかった。電話しないから。
　　② 運転は私に任せて。
　　③ 電話は切って運転だけしなさい。
　　❹ みんな分かっているから心配ないで。

24. A: 残った食べ物をどうして包んで持ち帰るの？
　　B: （　　　）
　　A: あ、そうだね。私も次からはそうしたいね。
　　① 持って行って煮て食べる。
　　❷ そうしないと全部捨てるようになるから。
　　③ 包むと持ち帰りやすいよ。
　　④ ごみは各自持ち帰らないといけないよ。

25. A: あの、すみませんが、写真をちょっと撮っていただけますか。
　　B: あ、私ですか。はい、お撮りします。これを押せば良いですか。
　　A: はい。（　　　）
　　① 気を付けて撮ってください。
　　② それを押していればいいです。
　　③ いま早く押してください。
　　❹ 後ろにいる象も写るように撮ってください。

26. A: お前、どうしたんだ？私が昨日どれぐらい待ったのか分かっている？
　　B: 本当にごめん。約束をうっかり忘れてしまって。
　　A: （　　　）
　　① 生きていたらそんなこともあり得るだろう。
　　② だから今日はお前が一杯おごりなさい。
　　❸ 約束を忘れるなんて、そんなのあり得ないだろう。
　　④ すまないと思わなくてもいい。私もそうだから。

320

27. A: あの、申し訳なくてどうしよう。昨日借りたボールペンをなくしてしまったの。
    B: あ、そう？大丈夫だよ。
    A: （　　　）
    ① いま探しに行くからここで待って。
    ❷ 代わりに私のボールペンをあげるから使う？
    ③ 大丈夫なわけがないだろう。なくしてしまったのに。
    ④ わけもなく借りてごめんね。探してやるから。

28. A: 子供が大して間違ったことをしたわけでもないのに、なんでそんなに厳しく叱るの？
    B: 間違ったことは幼い頃に正しく直したほうが良いです。（　　　）
    ① 「若いときの苦労は買ってでもせよ」と言うじゃありませんか。
    ❷ 「三つ子の魂百まで」と言うじゃありませんか。
    ③ 「この親にしてこの子あり」と言うじゃありませんか。
    ④ 「目の中へ入れても痛くない」と言うじゃありませんか。

29. A: とても疲れているように見えますね。
    B: （　　　）
    A: 今日は早く家に帰って休んだらどうですか。
    ① やるべき仕事が多いからです。
    ② 仕事が忙しい時はそのように見えます。
    ③ 休みたいんですが、仕事が多いので。
    ❹ 数日間夜勤をしたのでちょっとしんどいです。

30. A: 今日の公演はどうだった？
    B: 感動的だったよ。特に男の主人公の声が素敵じゃなかった？
    A: そうだね。（　　　）
    ① やはり声が良いと感動できるようだね。
    ❷ 声だけではなく演技も立派だったね。
    ③ 公演が感動的な時は声も素敵に聞こえるね。
    ④ 主人公の声が悪かったら大変なことになるところだったね。

2 長文の読解問題（1）

[1] 対話文を読んで、【問1】～【問2】に答えなさい。

가: 最近妹のことで心配だよ。こないだ彼氏ができたんだけど、勉強は二の次にしておめかしに夢中で、週末になるとデートするからとタンスにある服はすべて取り出して試着するのに夢中なんだ。

나: 中学生なのにもう？最近の子供達は異性の友達と早く付き合うんだね。

가: 最近の子供たちは小学校の時から異性に対する関心が並大抵ではないよ。

나: そう？私たちの時とはだいぶ違うね。私たちが学校に通っている時は異性の友達に会ったら大人たちに叱られたんだけど。

가: それは昔だろう。最近は学校はもちろん、学校の外でも自然にデートする姿はよく見られるよ。そしていまそんな話をしたら世代差があるとか対話にならないとか言って一緒に話もしようとしないだろう。

나: あれ、私ももう旧世代になったような感じだね。私も学校の後輩たちと世代差を感じる時がたまにあるよ。お互い考え方が違うから話せることもあまりないし…

가: そうだね。いまは双子も世代差があると言うんだね。それで私は時間があるときは妹と話し合いながら考え方の違いを縮めようと努力しているよ。

【問1】「그런 소리」とはどんなことですか。
① 妹が勉強はしないでおめかしだけに夢中で心配だ。
② 中学生が異性の友達とつき合うなんて生意気だ。
③ 後輩たちと考え方が違って話せることがない。
❹ 私たちが学生の時は異性の友達と会ったら叱られた。

【問2】本文の内容と一致するものを①～④の中から１つ選びなさい。
① たとえ双子と言っても世代差を縮めるために努力しなければならない。
② 中学校に比べて小学校の時は異性に対する関心があまり高くない。
❸ 世代間の考え方の違いを縮めるためには対話が必要だ。
④ 異性に対する関心が高いほど異性の友達と早く付き合う。

[2] 対話文を読んで、【問1】～【問2】に答えなさい。

가: ギョンミン、私、今度会社を辞めようと思っている。

나: どうして辞めるの？みんなが羨ましがる職業についているのに。

가: だけど、なぜだか銀行員は私の適性に合わないような気がする。本当に長く悩んだ末に下した決定だけど、私は農業がしたい。

나: きみがその仕事がしたいと思うならやってみるのもいいかもしれない。

가: ところが私が銀行の仕事をやめたいと言ったら親が強く反対をするの。
決断を間違って後悔することもあるから。
나: もちろん両親のお話にも一理はあるけど、仕事は何よりも自分がやりたくて、自分の適性に合わなければならないと思う。私たちの周りにはきみのように職業を変えて自分の一生の職業を見つけた人たちがたくさんいるよ。
가: 本当？実は急にこんな風に職業を変えるのが一方では怖い気もするのよ。
나: いま小学校の教師をやっているうちの叔母も元々は看護師だったけど、子供たちが好きで職業を変えたんだよ。
가: 本当にすごいね！そんな勇気を出すのは簡単ではなかっただろうに。実は決定をしてからも気持ちが全然落ち着かなかったけれども、いまあなたの話を聞いたら勇気が出るわ。

【問1】「네 말을 들으니까 용기가 나네」の例として適切でないものを①〜④の中から1つ選びなさい。
① 看護師だった叔母が教師に職業を変えたこと
❷ 銀行をやめようと長く悩んでいる時に慰めてくれたことば
③ 職業を変えて一生の職業を見つけた人たちが多いこと
④ 適性に合う、やりたい仕事をやったほうが良いという話

【問2】「나」の考えと一致するものを①〜④の中から1つ選びなさい。
① 辞表を出す時、親が反対したら慎重に決めた方が良い。
② 適性とやりたいと思う仕事は適当に妥協して決めた方が良い。
❸ 職業が適性に合わなければやりたいことをやってみるのも良い。
④ 職業を変えようと悩む時は周りの例を参考にした方が良い。

[3] 対話文を読んで、【問1】〜【問2】に答えなさい。

가: これはここで購入した電子辞典なのですが、交換をしたいんですけど。
나: 商品の包装を開けると交換はできないのですが。
가: はい。それは分かっています。しかし、私が最新型がほしいと言ったのにこれを勧めたじゃありませんか。これと新製品とは機能は同じだけど、値段がずっと安いからとおっしゃって。
나: そう言いました。しかし何か問題でもありますか。
가: 家に帰ってこれと新製品とを比べてみたらこれは機能がかなり劣っていました。そして値段もそれほど差がなかったですし。
나: そんなわけはないと思いますが。最近はほぼ毎日のように新製品が出てくるので。
가: 私にもちゃんと調べなかった責任がありますが、ここで正確な説明をしてくださらなかったからこの辞典は換えてほしいんです。
나: 分かりました。私が前もって確認ができなかったので今回は特別に最新型に交換して差し上げます。その代わりこれからもこういうものを買うときはぜひうちの店に来てください。

【問1】「교환을 하고 싶거든요」の理由を①~④の中から1つ選びなさい。
 ① 商品包装が開けられているので
 ❷ 商品が購入しようとしていた最新型ではなかったので
 ③ 購入した直後、新製品が出たから
 ④ 使い方について正確な説明をしてもらえなかったので

【問2】本文の内容と一致するものを①~④の中から1つ選びなさい。
 ① 商品を最新型だとだまして売った店主に抗議をする。
 ② ぼったくられたということが分かって返品するために来た。
 ③ 新製品と機能が同じで値段が安いものに交換しに来た。
 ❹ 最新型であると思って間違って買ったものを交換しに来た。

[4] 対話文を読んで、【問1】~【問2】に答えなさい。

가: ミンスさん!(ㄱ)かなり遅れましたね。寝坊をしたようですね。
나: ごめんなさい。家からは早く出て来ましたが、来る途中問題が起きて遅れました。
가: 何かありましたか。
나: 地下鉄でうとうとして(ㄴ)本を置き忘れて降りたんですよ。
가: まあ!それで遅れたんですね。ところで置き忘れた本はどうなりましたか。
나: 駅員に本を見つける方法を聞いてみました。すると市庁駅の忘れ物センターへ行ってみるようにと言われまして。それでそこに行って置き忘れた本の題名と日付、そして私の連絡先を残して来ました。
가: 本が見つかったら連絡をくれると言うんですか。
나: はい、見つかったら私の携帯電話に連絡をくれるそうです。
가: 朝から気が(ㄷ)気でなかったでしょうね。
나: ええ、そうです。ところで置き忘れた本は見つかるでしょうかね。
가: 私が(思うには)見つかるのは難しそうです。(ㄹ)未練は捨ててまた買ったほうがいいと思います。

【問1】「그만」を入れるのに最も適切な個所を①~④の中から1つ選びなさい。
 ①(ㄱ) ❷(ㄴ) ③(ㄷ) ④(ㄹ)

【問2】(   )に入れるのに最も適切なものを①~④の中から1つ選びなさい。
 ① 確認したところでは   ② 連絡をしてみたら
 ❸ 思うには   ④ 言った通りに

3 長文の読解問題（2）

[1] 文章を読んで、【問1】～【問2】に答えなさい。

（ㄱ）贈り物をあげたりもらったりすることは楽しい事だが、もう少し気を使えばさらに気持ち良く心まで交わすことができると思う。（ㄴ）したがってもらう人に必要なものや趣向をよく考えて贈り物を準備するようにしなければならない。（ㄷ）このように心を込めて準備した贈り物は価格だけ高い誠意のない贈り物よりもらう人の気持ちを良くするだろう。

一方で値段があまりにも高い贈り物はもらう人に負担を与える可能性がある。そのような贈り物をもらうとこんなに高い贈り物をした意図は何か、次に私も相手にそれくらいの贈り物をしなければならないのではないかと思うようになる。（ㄹ）だから贈り物はあげる人ももらう人も負担にならないくらいがちょうど良い。

【問1】 本文で「정성이 담긴 선물은 가격이 조금 싸도 받는 사람을 행복하게 할 수 있다.」という文が入る位置として、最も適切なものを①～④の中から1つ選びなさい。
① （ㄱ）　❷ （ㄴ）　③ （ㄷ）　④ （ㄹ）

【問2】 本文の内容と一致するものを①～④の中から1つ選びなさい。
① 贈り物をもらう人の趣向が分からない時はさらに気を使わなければならない。
② 値段ばかり高い誠意のない贈り物をするならやめたほうが良い。
❸ あまり高い贈り物をもらうとその意図を疑うようになる。
④ 贈り物は安く心を交わすことができる手段である。

[2] 文章を読んで、【問1】～【問2】に答えなさい。

最近はごみを減らして資源を節約するのが環境保護の一つの方法として提示されている。ごみは大きく産業廃棄物と一般ごみで区分することができるが、一般ごみの大部分は生活ごみである。生活ごみの多くの量は生ごみやリサイクル可能なものなのでもう少し気を付ければ大きく減らすことができる。特に使い捨ての使用を減らしたらごみの量も減らして資源も保護することができる。使い捨ては腐らないものが多いのはもちろん、生産過程で多くの量の汚染物質を排出する。したがって使い捨てを使わないことが汚染も減らし、環境も保護する道である。

リサイクルの長所はただごみを減らすに終わらない。リサイクルは資源を新たに作るのに必要なエネルギーの使用と環境汚染を減らす。

だからリサイクルはものを節約して使うことだけでなく環境を生かす道でもある。私たちは自然をしばらく借りて使っているに過ぎない。きれいに使って子孫に譲り渡さなければならない。その一番手軽な方法が分別収集とリサイクルである。

【問1】「환경 보호의 한가지 방법」に当たらないものを①～④の中から1つ選びなさい。
① 生ごみを減らす。
② 可能なものはリサイクルする。
❸ 生産過程での汚染物質の排出を減らす。
④ 使い捨てを使わない。

【問2】本文の内容と一致するものを①～④の中から1つ選びなさい。
① リサイクルに必要なエネルギー使用も減らす必要がある。
② 使い捨ては多くの量の汚染物質を排出する。
❸ 生活ごみの中で使い捨てを減らすのが重要だ。
④ 生活ごみはすべてリサイクルするようにしなければならない。

[3] 文章を読んで、【問1】～【問2】に答えなさい。

会社勤めをしている人たちは誰でも朝早く起きることができなくて急いで家を出たことがあるだろう。(ㄱ) 私もそのような経験をしたことがある。(ㄴ) 朝遅く起きて急いで出てきたが、エレベーターに「故障」という張り紙が貼ってあった。ああ、うちは15階なのに…(ㄷ) 階段を走って降り始めた。足が震えたが、それでも急いで走って降りて行った。ところがこれはなんということだ。苦しい息をしながら車に乗ろうとしたら車の鍵を持って来なかったのである。「でもどうしよう。また走って上がらなくちゃ。」もっと早く走って15階まで上がった。ところがいくら捜しても鍵が見えなかった。いつも机の引き出しの中に置いてあった鍵がないのである。また走って降りたが、足の力も抜けて元気もなかった。やっとタクシーを拾って乗った。(ㄹ) 遅刻はしなかったが、一日に使うエネルギーを朝全部使ってしまった辛い日だった。

【問1】「하루에 쓸 에너지를 아침에 모두 써버린」の理由として最も適切なものを①～④の中から1つ選びなさい。
① 寝坊したうえにタクシーが拾えなくて遅刻するところだったので
② エレベーターが故障して階段を走って降りたから
③ 車の鍵をなくしてしまって慌てたので
❹ 15階を繰り返し走って昇り降りしたので

【問2】「할 수 없이」を入れるのに最も適切な個所を①～④の中から1つ選びなさい。
① (ㄱ)　② (ㄴ)　❸ (ㄷ)　④ (ㄹ)

[4] 文章を読んで、【問1】～【問2】に答えなさい。

私たちは幼い時から大きくなったら何になりたいかと言う質問をたくさん受けて来た。子供たちはこのような質問に科学者や先生、消防士、歌手、映画俳優になりたいと簡単に答える。

しかし、いつからかこの質問に答えるのが簡単ではなくなる。
　職業を選択することは見たい映画を選ぶことのように簡単なことではない。その理由は職業が私たちの人生であまりにも重要な役割をするからである。私たちは職業を通じて生計を維持するだけでなく、自分の夢を実現する。言い換えれば仕事をして生活に必要なお金を稼ぎ、やりたいことができるようになる。そしてその過程で私たちは幸せを感じる。仕事をしながら他の人たちに自分の能力を見せてやり、社会の一員として生きて行くのである。
　職業はこのように重要なものなので、職業を選択する時、私たちはさまざまなことを考えなければならない。特に自分の仕事に満足感を感じながら生きて行くために条件よりは適性に合う仕事、好きな仕事を選択することが重要だ。どんな職業を選択するかによって私たちの人生が幸せになれることもそうなれないこともあるからである。

【問1】「이 질문에 대답하기가 쉽지 않게 된다」の理由として適切でないものを①～④の中から1つ選びなさい。
① 職業は私たちの人生を左右するほど重要なので
② 職業を通じて人生の幸せが左右されることもあるので
❸ 職業を持って初めて生計維持と夢の実現が可能なので
④ 職業選択は子供たちが考えるほど簡単ではないので

【問2】本文のタイトルとして最も適切なものを①～④の中から1つ選びなさい。
① 職業と生の満足度　　② 幼い時の夢と現実
❸ 職業選択の大切さ　　④ 職業を通じた幸せの実現

4 長文の読解問題（3）

[1] 文章を読んで、【問1】～【問2】に答えなさい。

　他人の過ちを許すことは簡単なことではない。謝るのが大変なこともこのように許すことが大変だという事実が分かるからだ。しかし謝った後、前より互いに対する信頼がもっと生じたりもする。謝るということはもちろん難しい事だ。しかし、いつどのように謝ろうか考えているばかりでいると時間が経って謝る機会さえ逃してしまう。（ㄱ）それで相手との関係がさらに遠くなるようになる。（ㄴ）本当に素敵な謝罪は自分が間違ったと感じるとできるだけ早く謝ることだ。
　しかし、心にもない謝罪をすると多分相手はすぐあなたの謝罪が本気ではないということが分かるようになるだろう。（ㄷ）
　だから謝る時は「申し訳ありません」という言葉だけを言うよりは二度と同じ間違いをしないという決心を見せたほうが良い。そんなことを話すと相手は私がそういう間違いを二度とし

ないだろうと思うようになる。（ㄹ）

【問1】 「그러면 더 화가 날것이다」を入れるのに最も適切な個所を①~④の中から1つ選びなさい。
① （ㄱ）　② （ㄴ）　❸ （ㄷ）　④ （ㄹ）

【問2】 本文のタイトルとして最も適切なものを①~④の中から1つ選びなさい。
❶ 謝罪は早く、そして心より　　② 他人の過ちを許そう
③ 謝罪は言葉より決心で　　　　④ 謝罪は格好よく速やかにしよう

[2] 文章を読んで、【問1】~【問2】に答えなさい。

　地球で笑うことができる動物は人間だけだ。いくら人と似ていても動物は笑うことができない。チンパンジーやオランウータンは気持ちを表現して大声を出すことはあるが、笑うことはできない。人間の笑いは脳がおかしい状況を感じて筋肉に命令を下してから始まる。自然に顔の筋肉が動いて表情を作り、胸の筋肉が動いて声を出す。しかし、これが全部ではない。
　たくさん笑うのは人の体に良い影響を及ぼす。自分が幸せだと感じてよく笑う人はそうではない人よりずっと元気で病気にかかる確率が低い。笑えば呼吸量が増えて血液循環がよくできて免疫機能が高まるだけでなく、心理的に安定して怒りのような感情が少なくなる。
　しかし、何より笑いが与える最も大きな効果は個人が幸せを感じることができるということだ。よく笑う人は同じ状況でもっと満足し、幸福感を感じる。このような満足と幸福感は個人の人生を望ましく変える。一方でよく笑えない人は満足することができないので自分の一生が不幸だと感じるだろう。

【問1】 「웃는 것은 사람의 몸에 좋은 영향을 미친다」の例として適切でないものを①~④の中から1つ選びなさい。
① 満足感と幸せを感じることができる。　　② あまり怒らないようになる。
③ 病気にあまりかからない。　　　　　　　❹ 心が安定して感情が少なくなる。

【問2】 本文のタイトルとして最も適切なものを①~④の中から1つ選びなさい。
① 人生と笑い　　② 笑いと幸せ　　❸ 笑いの効果　　④ 人間と動物

[3] 文章を読んで、【問1】~【問2】に答えなさい。

　あるアンケート調査会社が20代~40代の会社員を対象に「避けたい日と期待する日」を調べたが、回答者の25.2%が祝日（民俗的な）を最も避けたいと答えました。このように祝日を避けたい理由（として）は「精神的、肉体的なストレスのため」が41.8%に達して最も高く、「やりたくないことをやらなければならないので」が17.1%、「お金を使わなければならないので」

328

が13%でした。調査の結果、女性たちが男性よりもっと祝日を嫌がり、特に既婚の女性が未婚の女性よりもっと嫌がっていることが分かりました。その理由は嫁として祝日の時、仕事をしなければならない負担が大きいためのようです。

一方で会社員たちが最も期待する日は休暇で29.7%でした。その理由は「休暇のボーナスがもらえるので」が32.3%で最も多く、「旅行に行けるので」が21.4%、「休息を取ることができるので」が18%でした。会社員たちが避けたい祝日、どうすればこの祝日をストレスを受けないで楽しく過ごすことができるでしょうか。久しぶりに集まった家族たちと休みを過ごすという楽しい心で祝日を受け入れればストレスの祝日ではなく、楽しい祝日になるはずです。

【問1】「명절을 피하고 싶은 이유」の理由として適切でないものを①〜④の中から1つ選びなさい。
① 嫁としてやらなければならないことが多いので
② 祝日にいろいろとお金がたくさんかかるので
③ 体と心がともにストレスを受けるので
❹ 久しぶりに家族と会えばストレスを受けるので

【問2】本文の内容と一致するものを①〜④の中から1つ選びなさい。
① 祝日にはストレスを受けるが、ボーナスをもらうので良い。
② 祝日は避けたいが、家族と休みを過ごすのは楽しい。
❸ 未婚の女性に比べて既婚の女性のほうが祝日に対して負担を感じる。
④ 休暇の時は旅行に行ったり休息を取ったりしながら楽しく過ごす。

[4] 文章を読んで、【問1】〜【問2】に答えなさい。

私たちの体の中で最も苦労する部分はどこだろう？（ㄱ）一生くつの中で私たちの体を支えて歩かなければならない足ではないだろうか。（ㄴ）足は私たちの体で最も重要な役割をするところの中の一つだが、汚くて臭いという理由で私たちの関心を引かず、私たちはその有難みを忘れて暮している。

人が生まれて60歳まで歩く距離は約16万キロメートルぐらいで地球を三周半も回るのと似ていると言う。（ㄷ）普通1キロメートルを歩く時16トンの力が加わる。それで足の形が変わって足にさまざまな問題が起こりやすい。

元気な足は私たちの体と心を楽にさせてくれる。足が冷たいと消化がうまくできないが、この時温かいお湯に足を漬けていると良い。（ㄹ）長時間歩いて足が痛い時は足を揉んで洗うのが効果的だ。このように足は私たちの体の交通手段だけではなく、体全体の健康とも関係があるので、足をよく管理することが重要だ。

【問1】「그것은 아마도」を入れるのに最も適切な箇所を①〜④の中から1つ選びなさい。
❶ （ㄱ）　② （ㄴ）　③ （ㄷ）　④ （ㄹ）

【問2】本文のタイトルとして最も適切なものを①〜④の中から1つ選びなさい。
 ① 足は私たちの体の交通手段
 ② 足は常に清潔に管理すべき
 ③ 足が痛ければ足を揉もう
 ❹ 足が健康だと体も健康

第6章　訳文に関する問題

1 短文の日本語訳を選ぶ問題

※　下線部の日本語訳として適切なものを①～④の中から1つ選びなさい。

1. 彼の話を聞いてみると<u>思い当たる</u>ものがあった。
   ❹ 思い当たる

2. いくら頑張っても最近は<u>うまくいくものがない</u>。
   ❶ 何一つうまくいかない

3. 借金もすべて返したから今からは<u>枕を高くして寝られる</u>。
   ❷ 安心して（枕を高くして）

4. もう少し<u>安くなればまだしも</u>今は買うつもりがない。
   ❹ 安くなればまだしも

5. <u>憎かろうが可愛かろうが（否が応でも）</u>自分の子供なんだから仕方ない。
   ❸ 否が応でも

6. あの時はあまりにも仕事が多くて<u>目が回るほど忙しかった</u>。
   ❷ 目が回るほど忙しかった

7. 苦労させたことを思うと親には<u>口が十個あっても言うべきことばがない</u>。
   ❹ 何も言えない

8. いくらそれでも私がその仕事を引き受けるには<u>プライドが許さない</u>。
   ❶ プライドが許さない

9. その便りを聞いてからも私たちはため息をつくばかりで<u>なすすべがなかった</u>。
   ❸ なすすべがなかった

10. そのように泣くからとママがあなたの話を<u>聞いてあげるわけないよ</u>。
    ❷ 聞いてあげるわけないよ

11. 一日中いやな仕事をしなければならないのでとても辛い。
   ❸ 非常に辛い

12. 演劇でも映画でも無条件で脱がせるのはまっぴら御免だ。
   ❷ まっぴら御免だ

13. 今回見たらその人も落ちるところまで落ちたようだ。
   ❸ 落ちるところまで落ちた

14. この唐辛子は小さいのに非常に辛くて口の中がひりひりする。
   ❷ 口の中がひりひりする

15. 子供が最後まで自分がやると意地を張った。
   ❸ 意地を張った

16. 気持ちとしては今にでもこの会社をやめたい。
   ❸ 気持ちとしては

17. 弟（妹）は自分が好きな歌手のコンサートが見たくてうずうずしている。
   ❹ うずうずしている

18. 何の連絡もなく約束をすっぽかされてちょっと不愉快だ。
   ❷ 約束をすっぽかされて

19. やっぱり私が行ったほうがよかったかなあ。
   ❸ 行ったほうがよかったかなあ

20. お前は何もわかっていないようだから黙っていなさい。
   ❶ 何もわかっていないようだから

21. 来週は事情があって出られないからそのつもりでいなさい。
   ❸ そのつもりでいなさい

22. ここでは腹を割って話せる友だちがいなくて困っている。
   ❷ 本音を打ち明けて（腹を割って）

2 短文の韓国語訳を選ぶ問題

※ 下線部の訳として適切なものを①〜④の中から1つ選びなさい。

1. 兄弟なのに性格は<u>まったく違う。</u>
   ① 合わないのが当然だ　　② 違ったのは勿論だ
   ③ 違うだけではない　　　❹ まったく違う

2. 選んでみたって<u>どれもこれも同じだ。</u>
   ❶ どれもこれも同じだ　　② ただやってみただけだ
   ③ それもそのはずだ　　　④ どれもこれも同じ顔だ

3. 故郷が<u>見違えるほど変わったので</u>驚いた。
   ① 跡形もないほど変わって　　❷ 見違えるほど変わって
   ③ 何か見間違ったかと思って　　④ 昔と違ったのを見て

4. 子供だけを残して<u>酒を飲みに行くなんて！</u>
   ① 飲みに行ったらどう？　　② 飲みに行ったとは
   ③ すらすら出てきたので　　④ 食べに行くなんて

5. 彼女はいい人がいるだろうに<u>結婚をしない。</u>
   ① 嫁に行かせない　　　　　② （男性を）結婚させない
   ❸ 嫁に行かない（結婚しない）　　④ （男性が）結婚をしない

6. 最近<u>食欲がなくて</u>おかゆばかり食べている。
   ① 食欲がわいて　　　　　❷ 食欲がなくて
   ③ ご飯にありつけなくて　　④ ご飯がのどを通らなくて

7. <u>ナムルを和えるとき</u>はごま油を入れます。
   ① ナムルを漬ける時　　　② ナムルを交ぜる時
   ③ ナムルを用意する時　　❹ ナムルを和えるとき

8. 韓国では<u>夏バテしないように</u>参鶏湯をよく食べる。
   ❶ 夏バテしないように　　② 暑さにくたびれないように
   ③ 暑さにかからないように　　④ 暑さを飲まないように

9. 授業中は静かにしなさいと先生に叱られた。
　　① 叱った　　　　　　　　　　② いっぱいなぐられた
　　❸ 叱られた　　　　　　　　　④ 懲らしめてやった

10. 周りの人から非難されるようなことをしてはいけない。
　　①（後ろ）指を差す　　　　　❷ 悪口を言われる（非難される）
　　③ 非難に耐える　　　　　　　④ 手垢がついた

11. 今の実力では世界で通じないのは言うまでもない。
　　① 話が要らない　　　　　　　② 何も言えない
　　❸ 言うまでもない　　　　　　④ 言ったところで口ばかり痛い（言うだけ無駄だ）

12. 噂によると彼はまもなく会社を辞めるらしい。
　　① うわさが立ったせいで　　　❷ 噂によると
　　③ 消息によれば　　　　　　　④ 消息を聞いたせいで

13. 時間がとてももったいない。
　　❶ とてももったいない　　　　② こんなに退屈なのは初めてだ
　　③ 本当にもったいないと思った　④ いかに退屈だったか分かる

14. 給料をもらったら買いたいものがたくさんある。
　　① 報酬が振り込まれると　　　❷ 給料をもらったら
　　③ 給料を払えば　　　　　　　④ 賃金が決済されれば

15. 家では父が食事を始めるまでは先に食べてはいけない。
　　① さじとはしをおくまで（食事が終わるまで）　　② ご飯を炊くまで
　　❸ さじとはしを持つまで（食事を始めるまで）　　④ お膳を調えるまで

16. 田舎で一週間正月を過ごして帰ってきた。
　　① 1月を過ごして　　　　　　② 師走を過ごして
　　❸ 正月（元日）を過ごして　　④ 元旦を迎えて

17. 彼女は人当たりがいいのでどこに行っても可愛がられる。
　　① 鼻が高くて　　　　　　　　② 活きがいいので
　　③ いかなる危険も恐れないので　❹ 人当たりがいいので

18. その話を聞いて<u>とてもうれしかった</u>。
    ① 本当に腸が煮えくり返った　❷ とてもうれしかった
    ③ 非常に気がもめた　　　　　④ 開いた口がふさがらなかった

19. <u>思い余って</u>彼に一言忠告をしておいた。
    ① 考えてばかりいるくらいなら　② 何にも考えることなく
    ❸ 思い余って　　　　　　　　　④ 自分の考えを諦めて

20. 結婚はしたいけど、会社は女性ばかりで男性と出会える機会がない。
    ❶ 嫁に行きたいが　　　　　② 嫁（姑からみての）になりたいが
    ③ 麺が食べたいが　　　　　④ 嫁に行かせたらと思うが

21. 私は<u>寒さに弱いので</u>冬はソウルに行きたくない。
    ① 寒さに負けて　　　　　② 少し暖かくなるまで
    ❸ 寒さに弱いので　　　　④ 寒さが遠くなるまで

22. 旅行に行っている間、パソコンを<u>盗まれた</u>。
    ① 泥棒に出くわした　　　❷ 盗まれた
    ③ 泥棒が入って来た　　　④ 泥棒に入られた

23. <u>騙されたつもりで</u>もう一度彼の頼みごとを聞いてやることにした。
    ① だまされたところで　　❷ 騙されたつもりで
    ③ だますつもりで　　　　④ だまされたことが悔しくて

模擬テストの解説

第1回　模擬テスト

1　下線部を発音どおりに表記したものを①~④の中から1つ選びなさい。

1) 私が何か手伝うことはないの？
   ❶ [도와줄리리] : 도와줄 일이 [도와줄 + 니리] → [도와줄 + 리리]
   ☞資料8 ㄴ添加、資料6流音化②参照

2) 性格が快活で愛想もあるので良い子だという気がした。
   ❶ [부침썽도 이써] : 붙임성도 있어 [부 + 침 + 썽도 이 + 써]
   ☞資料5口蓋音化②、資料4濃音化2⑭参照

3) それでも難しい時期を無事によく乗り越えましたね。
   ❸ [잘럼견네요] : 잘 넘겼네요 [잘 + 넘겯 + 네요] → [잘 + 럼견 + 네요]
   ☞資料6流音化②、資料3鼻音化1④参照

2　(　　)の中に入れるのに適切なものを①~④の中から1つ選びなさい。

1) 特に深夜の時間にはタクシーに（相乗り）するのが当然と思われているが、私はそれが大嫌いだ。
   ① 断念　❷ 相乗り　③ 衝突　④ 乗車

2) 傾斜の急な坂道は雨が降ると（滑る）ので路面に石を敷いた所が多かった。
   ① 疎かな　② 一風変わっている　❸ 滑る　④ むかむかする

3) 私はその時その消息を聞いて全身が（ぶるぶる）震えてたまらなかったです。
   ❶ ぶるぶる　② ちくちく　③ むずむず　④ ごくごく

4) せっかく南山タワーに上がったが、どんより（曇った）空模様のせいでソウル市内がほとんど見えなかった。
   ① くっついた　❷ 曇った　③ 取り囲んだ　④ 開けられた

336

5) A：ユンジョンが返事もしないで自分の部屋に入って行ったが、何かあったの？
　　B：先ほどおもちゃを買ってくれと我を（張ったので）叱りました。
　　① 振ったので　② 経験したので　③ 主張したので　❹ 張ったので

6) A：どうしてそんなにぼうっと空ばかり眺めているのですか。
　　B：母が急に病院に入院したという連絡が来たので仕事が手に（つか）ないんです。
　　① かから　❷ つか　③ 縛られ　④ 届か

7) A：あの人がすごく（八方美人）ですって？
　　B：そうなんですよ。仕事もよくできるし、歌も上手だし、スポーツもできるし、なんでもよくできるんです。
　　① 夢うつつ　② 先見の明　③ 虎視耽耽　❹ 八方美人

8) A：メダルが取れなかったの？なんで？その種目では彼の相手になる人はいないはずなのに…
　　B：（猿も木から落ちる）というけど、今回の競技では決定的なミスをしたようだね。
　　① 一挙両得＝きじを食べ、卵も食べる　❷ 猿も木から落ちる
　　③ 血は水より濃い　　　　　　　　　　　④ 百聞は一見にしかず

3 （　　）の中に入れるのに適切なものを①～④の中から１つ選びなさい。

1) 映画祭で作品賞をもらった映画（で）退屈でない映画はないと言うけど、その言葉通りだね。
　　❶ で（のうち、はすべて）　② さえ　③ まで　④ から

2) 掃除やら（洗濯やら）休まずにやっても家事は終わりがない。
　　① 洗濯とか　❷ 洗濯やら　③ 洗濯でも　④ 洗濯とか

3) あの店は一週間ずっと閉まっているのをみると商売を（やめたようだ）。
　　❶ やめたようだ　② やめたと思った　③ やめるつもりだ　④ やめると言う

4) A：今週末にサッカーをしに行きますか。先ほどミンスさんから連絡がありましたが。
　　B：私も行きたいんですが、妻が家に用事があるからといって（行かせないんです）。
　　❶ 行かせないんです　　　② 行けなくなります
　　③ 行ったら駄目です　　　④ 行けません

5) A: 最近朝早く起きてジョギングをする人たちが多いようです。
　　B: 健康に対する関心が（高くなっているので）多いみたいです。
　　① 高いといったって　② 高くなっても　③ 高いと言っても　❹ 高くなっているので

6) A: そのタブレット PC いつ買いましたか？とても良さそうに見えますが、使って見てどうでしたか。
　　B: いつでもどこでも調べられるのでとても便利です。軽いので持ち（歩くにも）楽ですし。
　　① 歩くにもかかわらず　❷ 歩くにも　③ 歩くとしても　④ 歩けるように

4 次の文の意味を変えずに下線部の単語と置き換えが可能なものを①〜④の中から1つ選びなさい。

1) 私の体面を考えてこの人を許してください。
　　❶ 顔　② 雪道　③ 人見知り　④ 身振り

2) 蒸し暑さで電気使用が急増したこの時期、電気を節約して使う生活態度が必要だ。
　　① 温めて　② 溶かして　③ 貯蓄して　❹ 節約して

3) 私は家族が起きないようにこっそり家を出た。
　　① やっと　② すぐ　❸ こっそり　④ よりによって

4) 急な彼の行動にあきれ返ってしばらく窓の外ばかりを眺めていた。
　　① 怖気ついて　❷ あきれ返って　③ 呆然として　④ 目障りで

5) A: その本？私はタイトルだけ見て面白くないと思ったの。
　　B: 何を言っている。とても面白いんだよ。ぜひ一度読んでみて。
　　① それなりに面白いよ　　❷ すごく面白いんだよ
　　③ とても面白いんだって　④ 面白いのが当たり前だよ

6) A: 一年の間、ただで留学もさせてくれて奨学金もくれるという話がある。
　　B: それこそ一石二鳥だね。どこで募集しているのか教えてね。
　　① 絵に描いた餅　② 朝飯前　❸ 一石二鳥　④ ちりも積もれば山となる

5 すべての（　）の中に入れることができるもの（用言は適当な活用形に変えてよい）を①〜④の中から１つ選びなさい。

1) 注射を（놓으려고 / 打とうと）したら赤ちゃんが泣き出した。
   子供がママの手を（놓지 / 放さ）ないでぎゅっと握った。
   仕事の手を（놓고 / 休めて）お茶を飲みながらしばらく雑談をした。
   ① 打つ　② 離す　③ 解く　❹ (注射)打つ、放す、中止する

2) （떨어져 / 離れて）暮らすとどうしても仲が疎遠になりやすい。
   小遣いが全部（떨어져서 / なくなって）これからどう生活すればいいか心配だ。
   昨晩地震でコップがいくつか（떨어져 / 落ちて）割れた。
   ① 分ける　② ぶつかる　❸ 落ちる、離れる、なくなる　④ 消える

3) 一大決心を（して / 먹고）買ったのに、ぼったくられてしまった。
   祖父は耳が（먹어서 / 遠くて）人の話があまり聞き取れない。
   子供たちのせいで親が悪口を（먹을 / 言われる）時もある。
   ① 聞く　❷ (決心を)する、(耳が)遠い、(悪口を)言われる
   ③ 得る　④ 受ける

6 対話文を完成させるのに適切なものを①〜④の中から１つ選びなさい。

1) A: いざ軍隊に行こうとすると彼女のことが心配になります。
   B: （　　　　　）
   ① どうしてですか。何かありましたか。
   ② 軍隊に行ったら連絡が取れませんか。
   ③ いざ行こうとすると怖くなりましたか。
   ❹ どうしてですか。（彼女の）気持ちが変わるかもしれないから？

2) A: あさって行くの？
   B: （　　　　　）
   ① うん、誰も行かないというので。
   ❷ いや、私はしあさって行くと言っただろう。
   ③ いや、その日必ず行くと言っただろう。
   ④ うん、あさって以外は行けるよ。

3) A: わぁ、あの服見て。可愛くない？
   B: 高過ぎる。私たちの給料を考えてみてよ。あんなに高いものは買って着れないわ。
   A: ああ、そうだね。（　　　　　　　　）
   ❶ 私たちには絵に描いた餅だね
   ② 私たちにはどんぐりの背くらべだね。
   ③ 私たちには水の上の油（除け者）だね。
   ④ 私たちには一石二鳥だね。

4) A: 僕は今回の試験の結果が良くなかったので母にまた叱られたよ。
   B: そう？僕は今回の試験でまたAもらったよ。それで父が小遣いを上げてくれた。
   A: おい！（　　　　　　　　）
   ① それよかった。おごって。
   ② お前は勉強ができていいね。方法を教えて。
   ③ 私も勉強ができれば母が小遣いをあげてくれるんだって。
   ❹ お前はいま私の気持ちがどうなのか考えていないな。(＝考えてくれてはいけないのか。)

7 下線部の漢字と同じハングルで表記されるものを①～④の中から1つ選びなさい。

1) 汚染 오염
   ① 語 어　❷ 誤 오　③ 御 어　④ 魚 어

2) 実行 실행
   ❶ 幸 행　② 興 흥　③ 坑 항　④ 形 형

3) 歓迎 환영
   ① 汗 한　② 限 한　③ 憲 헌　❹ 幻 환

8 対話文を読んで、【問1】～【問2】に答えなさい。

가: 生ごみを乾燥させて資源として利用する技術を開発したイ・ヨンスン先生です。こんにちは。
나: こんにちは。（お会いできて）うれしいです。
가: どのようにして生ごみの乾燥装置を作るようになりましたか。
나: 主婦たちが面倒だと思っていることの中の一つがごみを種類別に分けて捨てる事です。その中でも生ごみは量がたくさん出るのに比べて良い処理方法はなかったのです。

가: では、この機械は先生の経験から生まれたものですね！
나: そうです。家事をしていると毎日生ごみがたくさん出ます。どうすればこの生ごみをうまく捨てて利用することができるかを考えているうちに乾燥装置を作るようになりました。
가: この乾燥装置は食べ物の臭いを無くすうえに量も10分の1に減らすと聞きました。
나: そうです。また生ごみを粉にしてリサイクルすることができます。
　それで、国内だけでなく海外でも良い評価を受けています。
가: それから他にどういう研究をされていますか。
나: いまは生ごみを全部リサイクルして燃料として使える方法を研究中です。
가: そうですか。お話ありがとうございました。

【問1】「음식물 쓰레기 건조 장치」の機能の例として適切でないものを①〜④の中から1つ選びなさい。
① 生ごみのリサイクルのために粉にすることができる。
❷ 生ごみを種類別に分けて処理することができる。
③ 生ごみを乾燥させて臭いを無くすことができる。
④ 生ごみの量を大幅に減らすことができる。

【問2】本文の内容と一致するものを①〜④の中から1つ選びなさい。
① 生ごみは乾燥させて燃料で使うことができる。
② 主婦たちのアイディアで乾燥装置を作るようになった。
❸ 主婦たちはごみを出す時、分別することを面倒だと思っている。
④ 生ごみは量が多く、臭いがするのが問題だ。

9 文章を読んで、【問1】〜【問2】に答えなさい。

　子供たちが描いた絵は言葉より正確だ。自分の考えを言葉で表現しにくい場合に言葉の代わりに絵で自分の感情を表わすことができるからだ。だから絵の治療の専門家たちは子供の絵で普段は分からなかった子供の精神的な問題と性格、家族関係などを見つけ出して子供を治療するのだ。
　線がはっきり見えないでときどき切れると子供が心細いという意味だ。また自信のない子供は紙の片隅に絵を小さく描く傾向がある。人の絵では手を描いたのかどうかが重要だ。何故なら手がなければ自信がないという証拠になるからだ。足を実際より大きく描けばその子の性格は非常に活動的だと言える。

【問1】「그림으로 평소에는 알 수 없었던 아이의 정신적인 문제와 성격」の例として適切でないものを①〜④の中から1つ選びなさい。

① 足を大きく描く子供は活動的なほうだ。
❷ 手を実際より大きく描けば自信があるという証拠だ。
③ 絵を片隅に小さく描けば自信がないことを表わす。
④ 線がときどき切れた絵は心細さを表わす。

【問2】本文の内容と一致するものを①〜④の中から1つ選びなさい。
① 自信がないと足と手を描かない傾向がある。
② 絵を見れば子供たちの精神的な問題をすべて把握することができる。
❸ 子供たちは言葉で表現しにくいことを絵で表わすことができる。
④ 子供たちが感情を表わす時に言葉よりは絵をもっと好む。

10 文章を読んで、【問1】〜【問2】に答えなさい。

　人は誰でも職業が必要だ。（ㄱ）すべての人が適性に合った能力が発揮できる職場を求める。しかし、そういう職業についたとしても満足しない場合もある。賃金がとても少なくて生活するのが大変な場合もあり、報酬が多くても自分の適性に合わなくて仕事をする課程で困難にぶつかったりする。
　（ㄴ）働ける能力とともに身につけなければならないのが肯定的な職業観だ。すべての職業は社会の健全な発展のために必要だ。職業に差別があってはならない。したがってすべての人は自分の職業に自信を持たなければならない。（ㄷ）職業は個人の自我の実現だけではなく社会発展のための基礎的な手段だからだ。
　仕事をするやりがいは働く態度によって決まる。（ㄹ）ただお金を稼ぐためだけで仕事をするとしたら機械と同じだ。仕事は個人には自我を実現するきっかけであり、社会的には社会を維持する重要な活動だ。したがって能力や適性とともに健全な職業意識が必要だ。

【問1】「일은 단순히 생계 수단의 도구만은 아니다」を入れるのに最も適切な個所を①〜④の中から1つ選びなさい。
① （ㄱ）　② （ㄴ）　③ （ㄷ）　❹ （ㄹ）

【問2】本文の内容と一致するものを①〜④の中から1つ選びなさい。
① すべての人が適性と能力に合う職場に就職するのは難しい。
② 職業を求める時は適性とともに報酬も無視してはいけない。
❸ 職業は個人の自我の実現と社会の発展のために必要だ。
④ 自分の職業に対して自信を持つためには能力とやりがいがなければならない。

11 下線部の日本語訳として適切なものを①~④の中から1つ選びなさい。

1) 入院した友達の治療費を工面するためにみんな積極的に取り組んだ。
   ❷ 積極的に取り組んだ

2) 私の言うことさえよく聞けばお前は損することはない。
   ❸ 損をすることはない

3) 夫は一度寝てしまうと何があっても起きない。(=誰かに背負って行かれても気づかない。)
   ❶ 何があっても起きない

4) 社長という人が逃げたからこの会社も終わりだね。
   ❸ この会社も終わりだね

12 下線部の訳として適切なものを①~④の中から1つ選びなさい。

1) 目と鼻の先に学校があるのにいつも遅刻をする。
   ① 目と鼻のすぐ前に　　　❷ 目と鼻の先に
   ③ 目と鼻が届く所に　　　④ 転ぶと目に触れる所に

2) 姉は昨年2級の試験を受けたが、落ちた。
   ① 落とした　　　② ワカメスープを飲ませた
   ③ 花が散った　　❹ 落ちた(ワカメのスープを飲んだ)

3) 最近酒を飲むと時々記憶をなくすときがある。
   ① フィルムを切る時　　　　　　　　② 気を失う時
   ❸ 記憶をなくす(=フィルムが切られる時)　④ 記憶が薄れる時

4) 映画館の前は主演の俳優を一目見ようとする観客であふれた。
   ① 観客のために洪水になった
   ② 観客たちで水浸しになった
   ③ 観客たちのために水があふれた
   ❹ 観客であふれた(=観客で洪水を成した)

第2回　模擬テスト

1 下線部を発音どおりに表記したものを①～④の中から1つ選びなさい。

1) 映画のタイトルは覚えがあるが、主人公の顔はよく思い浮かばない。
❷ [난닉찌만] : 낯익지만 [낟 + 닉찌만] → [난 + 닉찌만]
　☞資料8 ㄴ添加、資料3 鼻音化1④、資料4 濃音化1⑤参照

2) 多分山のようにやるべきことがたまっているだろう。
❸ [할리리 싸여 이쓸꺼야] : 할 일이 쌓여 있을 거야 [할 + 니리] → [할 + 리리]
　☞資料6 流音化②参照

3) 人々は絶えず自分のフェイスブックに新しい内容を記録する。
❶ [끄니멉씨] : 끊임없이 [끄니멉 + 시] → [끄니멉 + 씨]
　☞資料4 濃音化1⑪参照

2 （　　　）の中に入れるのに適切なものを①～④の中から1つ選びなさい。

1) 油流出事故の結果、鯨が（姿）を隠すなど生態系の破壊現象が起きた。
　① 虫歯　　② 滝　　③ 足の甲　　❹ 姿、痕跡

2) 彼女は編物をしながら育児について（気兼ねなく）あれこれ聞いた。
　① 中途半端に　　❷ 気兼ねなく　　③ 図々しく　　④ さんざんに

3) 雨が降りしきる天気のせいか会議に参加した人は（せいぜい）五人に過ぎなかった。
　❶ せいぜい　　② 誰彼なしに　　③ 近いうちに　　④ いつまでも

4) 彼女の伽倻琴演奏は冴えわたって力があって聞く人の心を（引きつける）力を持っている。
　① つかまえる　　② 抱かれる　　❸ 引きつける　　④ 熱中する

5) A: あんた、お母さんを見てこそこそ後ずさりを（する）のを見ると何かうしろめたいことがあるようだね。
　B: いや、何もない。急にお母さんが現われたから驚いただけだよ。
　　① 向かう　　② 見える　　③ 歩く　　❹ （後ずさりを）する

344

6) A: それは何の話？　私はよく分からないけど…
　　B: すべて分かっていて話すことだから（知らんぷり）しないで正直に言って。
　　① 弁明　　❷ 知らんぷり　　③ 痕跡　　④ 言い訳

7) これからはこちらで先に対応しないであちらで取る状況を見ながらその時その時（臨機応変）に対処して行くつもりです。
　　① 誇大妄想　　❷ 臨機応変　　③ 自業自得　　④ 先見の明

8) A: その方はそんな方ではないのに… それはただ嫉妬している人たちが出したうわさかも知れない。
　　B: 私もそう思うけど、「（火のない所に煙は立たぬ）」ということわざもあるから。
　　① 一を聞いて十を知る　　　② 三つ子の魂百まで
　　③ 石橋を叩いて渡れ　　　❹ 火のない所に煙は立たぬ

3 （　　）の中に入れるのに適切なものを①〜④の中から1つ選びなさい。

1) 姉は私（に）どうしてこんなに遅く来るのかと怒った。
　　① のところに　② からでも　③ なりに　❹ に

2) 韓国人（だからと言って）誰でもみんなキムチが好きなわけではない。
　　① なら　❷ だからと言って　③ だとか　④ であるにもかかわらず

3) ミンスはその本が（面白かったと言って）私にも読むようにと勧めた。
　　① 面白かったが　　　　　　② 面白いなどと言っては（非難）
　　❸ 面白かったと言って　　　④ 面白くて（「어서/아서」の後には勧誘・命令形は来ない）

4) A: 口げんかをした後、友達を避けるようになります。
　　B: 口げんかを（したからと言って）会わないと仲はますます疎遠になりますよ。
　　❶ したからと言って　　　② しそうだと
　　③ しているところに　　　④ することがあっても

5) A: あの二人が付き合っているということは本当ですか。
　　B: 私が本当なのかと本人に（聞いてみたら）ただの友だちの関係だそうです。
　　① 聞いていたが　　　　② 聞いてみるくらいなら
　　❸ 聞いてみたら　　　　④ 聞いてみたところで

6) A: 韓国語能力試験4級に合格したんですって？おめでとうございます。
   B: 試験に（落ちるのではないかと）心配しましたが、幸い合格してうれしいです。
   ① 落ちると言うから　　② 落ちたつもりで
   ❸ 落ちるのではないか　④ 落ちたせいで

4 次の文の意味を変えずに下線部の単語と置き換えが可能なものを①～④の中から1つ選びなさい。

1) 目上の人に会っても先にあいさつをしないのは<u>行儀</u>の悪い行動だ。
   ① 流れ　② 心　❸ 礼儀　④ 習慣

2) 休暇のシーズンなので旅行に行く人が多くて空港はとても<u>混雑していた</u>。
   ① 十分だった　② きたなかった　③ 目まいがした　❹ 混んでいた

3) それまでの間隠されていたすべての疑問がきれいに解消される時、私たちは<u>堂々と</u>世の中に出ることができるだろう。
   ① たくましく　❷ 堂々と　③ 気難しく　④ 堅く

4) このことはいくら<u>努力しても</u>駄目そうだからやめたほうがいいと思う。
   ① 気をもんでも　❷ 努力しても　③ 一大決心をしても　④ 愛情を注いでも

5) あくびをしようが寝言を言おうが<u>誰も文句を言わない</u>。自分がやりたくてやるのだから…
   ① 知らんぷりをする　　② 天につばする
   ❸ 誰も文句を言わない　④ 誰だって知っているよ

6) A: ミンスはサークルの集まりに出ているの？
   B: 出るのは出るけど、黙って座っている時が多い。<u>水の上の油</u>だよ。（みんなに溶け込まない）
   ❶ あまり付き合わない　　② 油のように浮かんでいる
   ③ 水を得た魚　　　　　　④ 水火も辞さない

5 すべての（　）の中に入れることができるもの（用言は適当な活用形に変えてよい）を①～④の中から1つ選びなさい。

1) 赤ちゃんが寝ているから音が（나지 / 出）ないように静かにしよう。
   今日は急にお腹を（나서 / 壊して）会社を休んだ。
   祖母は田舎で冬を（나고 / 過ごして）ソウルに戻って来た。
   ① 出す　② 過ごす　③ 生じる　❹ (音)出る、(お腹)壊す、(冬)過ごす

2) 声を張り上げたら（목 / 喉）がれて話がまともにできない。
   勝利に対する感激で（목 / 喉）が詰まってご飯が通らない。
   　　※ 목이 메다：喉が詰まる　→感極まる
   彼は（목 / 喉）が渇くのか残ったビールを一気に飲み干した。
   ① 口　❷ 喉　③ 胸　④ 内、心中

3) 妻は息子を（번쩍 / 軽々と）抱いて毛布の上に寝かせた。
   学生が手を（번쩍 / ぱっと）挙げて質問をした。
   瞬間的に彼の目が（번쩍 / きらっと）光ったように見えた。
   ① ぬっと　② ぴょんと　❸ 軽々と、ぱっと、きらっと　④ こっそり

6 対話文を完成させるのに適切なものを①〜④の中から1つ選びなさい。

1) A: 人々は職業を通じて自分の能力を発揮するようです。
   B: (　　)
   ① もちろん職業なしには能力の発揮ができません。
   ❷ しかし実際にそういう人は多くありません。
   ③ 能力があっても職を探しにくい世の中です。
   ④ 職業を通じなくては生活しにくいです。

2) A: 顔が暗いのを見ると夫とまた喧嘩したんだね。
   B: (　　)
   ① 顔に書いてあるんだって？
   ② それはどういうこと？
   ❸ どうして分かったの？
   ④ 何の喧嘩をしたの？

3) A: あれ！髪がなんでこうなったんですか。
   B: (　　　　)
   A: でもこれは短すぎて男みたいですよ。
   ① 短いのが流行じゃないですか。
   ② 暑い時は短いほうが良いです。
   ③ 長く切ってほしいとおっしゃらなかったじゃないですか。
   ❹ 短く切ってほしいとおっしゃったじゃないですか。

4) A: 何で音楽会がこんなにひどいの？
   B: そうだね。演奏もめちゃくちゃ、構成もめちゃくちゃ、退屈で大変だった。
   A: (　　　　　　　　　)
   ① 私も本当に叱られるところだった。
   ❷ 私もほとんど居眠りをしていたよ。
   ③ 私も気持ちが散々だよ。
   ④ 私も演奏がめちゃくちゃだと叱られた。

7 下線部の漢字と同じハングルで表記されるものを①〜④の中から1つ選びなさい。

1) 好奇心 호기심
   ① 効 효 ② 考 고 ❸ 呼 호 ④ 孝 효

2) 終着駅 종착역
   ① 増 증 ❷ 従 종 ③ 銃 총 ④ 症 증

3) 否認 부인
   ① 鼻 비 ② 疲 피 ③ 布 포 ❹ 負 부

8 対話文を読んで、【問1】〜【問2】に答えなさい。

가: どうされましたか。
나: 最近ずっと消化もされないし、頭痛もひどいので、何か異常があるのではないかと気になりまして。
가: まずは診察をしてみなければなりませんからこちらに横になってください。
〈しばらく後〉
가: うーん、体に特別な異常があるわけではないようですが、もしかして最近ちょっとストレスを受けることはありませんでしたか。
나: 少し前に会社で新たに担当した業務が私の適性に合わないせいか非常にストレスを受けてはいますが。
가: よく御存じだと思いますが、ストレスは万病のもとです。
   ストレスがずっとたまると後で大きな病気になることもあるんですよ。
나: それは私も知っていますが、それが自分の思うようにできることではないので。
   どうすればいいのでしょうか。薬を飲んだほうがいいでしょうか。
가: 薬を処方してあげることはできますが、薬に頼るよりは気持ちを楽にして十分な休みを取ったほうがいいと思います。

【問1】「스트레스는 모든 병의 근원」の理由を①~④の中から1つ選びなさい。
 ① ストレスがたまると消化ができず、頭痛がひどくなるので
 ② ストレスを受けると仕事が適性に合わなくなるので
 ③ ストレスは薬に頼ってもなかなか治らないので
 ❹ ストレスがたまると体に大きい異常が生じる可能性があるので

【問2】本文の内容と一致するものを①~④の中から1つ選びなさい。
 ❶ 十分な休息を取ることがストレスを解消する一つの方法だ。
 ② 新しい仕事を引き受ける時は適性に合うかを判断しなければならない。
 ③ 体に異常がある時はストレスを疑わなければならない。
 ④ ストレスを受けると消化ができず、頭痛がひどくなる。

9 文章を読んで、【問1】~【問2】に答えなさい。

　男女共学の高校に通っている学生たちの成績を男子高と女子高に通っている学生たちと比べるとその結果はどうなるだろうか。

　教育部で三つの種類の学校の5年分の共通試験の平均成績を比べてみた結果、男女共学高の成績が一番低いことがわかった。（ㄱ）特に去年の成績は男女共学の平均が男子高よりおおよそ10点以上低い結果が出た。（ㄴ）このような現象はある年の一時的な現象ではなく、最近の10年間一貫して出てきたものだ。

　（ㄷ）異性に関心が高い年齢なので自然に勉強より外見に気を使うようになり、学校の中での異性との交際も多いことが学習結果に影響を及ぼしたようだと言う。一方男女共学が教育的にもっと望ましいという分析を出す教育専門家たちもいる。彼らは表面的に現われる成績だけでは教育の効果を評価しにくいし、男女共学が性格形成に及ぶ肯定的な効果も無視できないと主張する。（ㄹ）現在共学の学校数は770校で男子高362校と女子高299校を合わせた数よりも多い。

【問1】「교사들에 따르면」を入れるのに最も適切な個所を①~④の中から1つ選びなさい。
 ① （ㄱ）　② （ㄴ）　❸ （ㄷ）　④ （ㄹ）

【問2】本文の内容と一致するものを①~④の中から1つ選びなさい。
 ① 教育専門家たちは男女共学の数を制限しようと主張している。
 ② 男女共学の学生たちが成績が低いのは一時的な現象だ。
 ❸ 性格形成の観点で男女共学がもっと望ましいという専門家もいる。
 ④ 男女共学の学生たちが女子高に比べて異性に対する関心が高い。

10 文章を読んで、【問1】～【問2】に答えなさい。

　市立精神健康センターでは去る6日韓国人たちのストレス解消方法に関するアンケート調査を実施した。この調査は大都市に居住する20代から60代までの成人男女500人を対象に、ストレスを解消するために一番よくしていることについての質問を中心に実施された。その結果、「同僚たちと食事をする」が24.5%で1位、「家で家族と休みながら一緒に時間を過ごす」が18.7%で2位、そして「ただ我慢してその事が過ぎ去ることを待つ」が11%で3位を占めた。調査結果を見ると韓国の現代人は主に人々と共に楽しい時間を過ごしてストレスを解消するということが分かる。また特別な解消方法なしにただ我慢してやり過ごす人も多いという事実が分かる。一方「最初からストレスを受けない」と言う回答も相当数あったが、これを通じて最初からストレスを受けないように努力する人も多いことがわかった。

【問1】本文のタイトルとして最も適切なものを①～④の中から1つ選びなさい。
　① ストレスは最初から受けないように努力すべき
　❷ 現代人はどのようにストレスを解消しているか
　③ 楽しい時間を過ごすとストレスは解消される
　④ ストレス解消には同僚との食事が最高

【問2】本文の内容と一致するものを①～④の中から1つ選びなさい。
　❶ 同僚や家族と時間を過ごしながらストレスを解消する人が多い。
　② ストレスを受けてからもただ堪えてばかりいる人はほとんどいない。
　③ 韓国人はほとんど最初からストレスを受けないほうだ。
　④ ストレス解消のために余暇生活を楽しむ人たちも少なくない。

11 下線部の日本語訳として適切なものを①～④の中から1つ選びなさい。

1) 書籍代より送料がもっと高いなんて<u>本末転倒だね</u>。
　❹ 本末転倒だね

2) <u>ほぼ毎日のように</u>新商品が出てくるのでどれを選んだらいいのかわからない。
　❷ ほぼ毎日のように

3) 何でもいいから早く頂戴。<u>腹ペコだよ</u>。
　❸ 腹ペコだよ

4) 急に降った雪のせいで車が坂道で<u>立ち往生している</u>。
　❹ 立ち往生している

12 下線部の訳として適切なものを①～④の中から１つ選びなさい。

1) 彼は社長を前にして<u>蛇に睨まれた蛙</u>のように固まった。
   ① 猫の前のねずみ＝蛇に睨まれた蛙　　② 蛇の前の蛙
   ③ 鼠の前の虫　　　　　　　　　　　　④ 蛙の前のハエ

2) 日本全国<u>津々浦々</u>まですべて行ったことがある。
   ① 八方美人　　　② 美辞麗句
   ❸ 津津浦浦　　　④ 夢うつつ

3) あんなに謝っているのだから、<u>許してあげたら</u>？
   ① 許してあげればいいの？
   ❷ 許してあげたら（＝謝りを受け入れたら？）
   ③ 謝ってもらいたい
   ④ 許してもらいたい

4) 大事な話に<u>水を差す</u>ことはやめて。
   ① 水を撒くな
   ❷ 水を差すな（＝唐辛子粉を振りかけるな）
   ③ 陥れるのはやめて
   ④ 胡椒は入れないで

答案用紙サンプル

「ハングル」能力検定試験

ハングル能力検定協会

※必ずご記入ください

受験級	受験地コード	受験番号	生まれ月日
1級			月 日
2級			
準2級			
3級			
4級			
5級			

氏名
受験地

(記入心得)
1. 必ず先の丸いHBの鉛筆を使用してください。
2. 訂正するときは、消しゴムで完全に消してください。
3. 枠からはみ出さないように、ていねいに塗りつぶしてください。

(記入例)解答が「1」の場合
■ [2] [3] [4]

解 答 欄

1	[1] [2] [3] [4]		21	[1] [2] [3] [4]		41	[1] [2] [3] [4]
2	[1] [2] [3] [4]		22	[1] [2] [3] [4]		42	[1] [2] [3] [4]
3	[1] [2] [3] [4]		23	[1] [2] [3] [4]		43	[1] [2] [3] [4]
4	[1] [2] [3] [4]		24	[1] [2] [3] [4]		44	[1] [2] [3] [4]
5	[1] [2] [3] [4]		25	[1] [2] [3] [4]		45	[1] [2] [3] [4]
6	[1] [2] [3] [4]		26	[1] [2] [3] [4]		46	[1] [2] [3] [4]
7	[1] [2] [3] [4]		27	[1] [2] [3] [4]		47	[1] [2] [3] [4]
8	[1] [2] [3] [4]		28	[1] [2] [3] [4]		48	[1] [2] [3] [4]
9	[1] [2] [3] [4]		29	[1] [2] [3] [4]		49	[1] [2] [3] [4]
10	[1] [2] [3] [4]		30	[1] [2] [3] [4]		50	[1] [2] [3] [4]
11	[1] [2] [3] [4]		31	[1] [2] [3] [4]		51	[1] [2] [3] [4]
12	[1] [2] [3] [4]		32	[1] [2] [3] [4]		52	[1] [2] [3] [4]
13	[1] [2] [3] [4]		33	[1] [2] [3] [4]		53	[1] [2] [3] [4]
14	[1] [2] [3] [4]		34	[1] [2] [3] [4]		54	[1] [2] [3] [4]
15	[1] [2] [3] [4]		35	[1] [2] [3] [4]		55	[1] [2] [3] [4]
16	[1] [2] [3] [4]		36	[1] [2] [3] [4]		56	[1] [2] [3] [4]
17	[1] [2] [3] [4]		37	[1] [2] [3] [4]		57	[1] [2] [3] [4]
18	[1] [2] [3] [4]		38	[1] [2] [3] [4]		58	[1] [2] [3] [4]
19	[1] [2] [3] [4]		39	[1] [2] [3] [4]		59	[1] [2] [3] [4]
20	[1] [2] [3] [4]		40	[1] [2] [3] [4]		60	[1] [2] [3] [4]

答案用紙サンプル

「ハングル」能力検定試験

ハングル能力検定協会

※必ずご記入ください

受験級	受験地コード	受験番号	生まれ月日

1級
2級
準2級
3級
4級
5級

(記入心得)
1. 必ず先の丸いHBの鉛筆を使用してください。
2. 訂正するときは、消しゴムで完全に消してください。
3. 枠からはみ出さないように、ていねいに塗りつぶしてください。

(記入例)解答が「1」の場合

氏名
受験地

解 答 欄

《著者紹介》

李昌圭
武蔵野大学名誉教授

◎市販中の著書はネット書店で著者名から検索できます。

装　丁　金賢花

ハングル能力検定試験 準2級 対策問題集
―筆記編―

Ⓒ 2013 年 11 月 1 日　　初版発行
2022 年 4 月 27 日　　第 3 刷発行

著者　　　李昌圭
発行者　　原雅久
発行所　　株式会社　朝日出版社
　　　　　101-0065　東京都千代田区西神田 3-3-5
　　　　　電話　03-3263-3321
　　　　　振替口座　00140-2-46008
　　　　　http://www.asahipress.com/
　　　　　組版 / KEN　印刷 / 図書印刷

乱丁、落丁本はお取り替えいたします。
ISBN978-4-255-00743-4 C0087